Univ.-Prof. Dr. Anja Amend-Traut (Hrsg.)

2018: Familie und Recht

SCHRIFTENREIHE DES INSTITUTS FÜR NOTARRECHT AN DER JULIUS-MAXIMILIANS-UNIVERSITÄT WÜRZBURG

TAGUNGSBAND 18

2018: Familie und Recht

Herausgegeben von
Univ.-Prof. Dr. Anja Amend-Traut

Mit Beiträgen von:

Dr. Peter Günter
Dr. Gabriele Müller-Engels
Univ.-Prof. Dr. Elisabeth Koch
Univ.-Prof. Dr. Peter Mankowski
Dr. Malte Ivo
Dr. Wolfgang Reetz
Prof. Dr. Dr. Herbert Grziwotz
Dr. Christof Münch

DeutscherNotarVerlag

Symposium des Instituts für Notarrecht an der Universität Würzburg 2018

Copyright 2018 by Deutscher Notarverlag, Bonn
Umschlaggestaltung: gentura, Holger Neumann, Bochum
Druck: Medienhaus Plump GmbH, Rheinbreitbach
ISBN 978-3-95646-165-1

Bibliografische Information der Deutschen Bibliothek
Die Deutsche Bibliothek verzeichnet diese Publikation in der Deutschen Nationalbibliografie; detaillierte bibliografische Daten sind im Internet über http://dnb.ddb.de abrufbar.

Vorwort

Familienrechtliche Implikationen dürfte ein jeder von uns täglich erleben, bewusst oder unbewusst, als Jurist/in im Beruf oder als Nichtjurist/in im Alltag – Familie ist überall. Auch deshalb ist dieses Rechtsgebiet wie kaum ein anderes der Spiegel des gesellschaftlichen wie sozialen Wertewandels und unterliegt folglich wie wohl kaum ein anderes juristisches Arbeitsfeld ständigen Anpassungen hieran. Familienrecht muss aber auch mit den Anforderungen abgestimmt werden, die die medizinischen Möglichkeiten im Hinblick auf die steigende Lebenserwartung der Menschen und die Reproduktion sowie die stetig voranschreitende Internationalisierung bzw. Globalisierung zwischen Individuen, Institutionen und Staaten mit sich bringen. Mit sämtlichen Aspekten verbunden sind vielfältige Herausforderungen an Wissenschaft und Praxis. Diesen Neuerungen war das 18. Wissenschaftliche Symposium des Instituts für Notarrecht an der Julius-Maximilians-Universität Würzburg gewidmet, das am 8. Juni 2018 unter dem Titel „Familie und Recht" stattfand.

Dr. Peter Günter, Richter am XII. Zivilsenat des Bundesgerichtshofs in Karlsruhe, berichtet über die „Anforderungen an die Patientenverfügung", die die Rechtsprechung des höchsten deutschen Zivilgerichts hieran stellt. Der Gesetzgeber hat mit der Einführung der Regelungen zur Patientenverfügung in § 1901a BGB die Möglichkeit geschaffen,[1] für den Fall des Verlusts der Einwilligungsfähigkeit eine verbindliche Entscheidung darüber zu treffen, welche ärztlichen Maßnahmen in bestimmten Behandlungssituationen ergriffen werden sollen oder nicht. Hierdurch ist den Gerichten die Aufgabe zugefallen, das Spannungsverhältnis zwischen solchen Verfügungen und den entgegenstehenden Interessen der den Patienten nahestehenden oder verantwortlichen Personen – v.a. anhand des auslegungsfähigen Inhalts und der Bestimmtheit einer Patientenverfügung – zu befrieden.

Dr. Gabriele Müller-Engels, Referatsleiterin für Familien- u. Erbrecht am Deutschen Notarinstitut, legt die Leitlinien dar, die sich der jüngsten Judikatur aus dem Bereich der Vorsorgevollmachten entnehmen lassen. Obgleich die Rechtsprechung den gesetzlich verankerten Vorrang der privatautonomen Vorsorgevollmacht gegenüber der staatlichen Fürsorge in Form der Betreuung stärkt, und zwar v.a. durch Einschränkung der Rechte des Kontrollbetreuers und der Vermutung der Geschäftsfähigkeit bei der Wirksamkeitsbeurteilung einer Vorsorgevollmacht, bleiben eine Reihe von Zweifelsfällen und offenen Fragen. Deren Kenntnis ist insbesondere für die notarielle Praxis von zentraler Bedeutung.

Prof. Dr. Dr. Herbert Grziwotz, Notar in Regen, schildert ausgehend von der demographischen Entwicklung und der hierdurch bedingten steigenden Zahl von Demenzerkrankungen, welche juristischen Konsequenzen sich daraus v.a. bezüglich der fehlenden Geschäftsfähigkeit für die Betreuung und die Übergabe von Vermögensgegenständen ergeben. So geben weder Wissenschaft noch Rechtsprechung eine einheitliche Linie bei der Beantwortung der Frage vor, ob die Haus- oder Betriebsübergabe durch einen Betreuer zulässig ist. Auch andere Fragen zu den Voraussetzungen

---

1   3. Gesetz zur Änderung des Betreuungsrechts vom 29.07.2009, BGBl. I, 2268.

schenkweiser Übertragungen sind im betreuungsrechtlichen Kontext der § 1908i II 1 i.V.m. § 1804 BGB höchst umstritten und damit ein notarrechtliches Minenfeld. Prof. Dr. Elisabeth Koch, Universität Jena, skizziert in ihrem Beitrag den rechtlich zulässigen Rahmen von Vereinbarungen zur künstlichen Fortpflanzung. Altes und Neues wird hier einer kritischen Würdigung unterzogen: Noch immer legt allein das ärztliche Standesrecht fest, wer zulässige Vertragsparteien für eine solche Vereinbarung sein können.[2] Für lesbische Paare und alleinstehende Frauen bedeutet dies, dass ihnen ohne gesetzliche Grundlage in Deutschland die Möglichkeit entzogen ist, mittels einer Samenspende ein Kind zu zeugen. Dagegen hat der Gesetzgeber mit Wirkung zum 01.07.2018 das Recht auf Kenntnis der eigenen Abstammung von Kindern gestärkt, die mittels einer Samenspende gezeugt wurden, indem es ein Samenspenderregister und einen Auskunftsanspruch vorsieht.[3]

Die durch den europäischen und den deutschen Gesetzgeber eingeführten Neuerungen im Bereich des Internationalen Familienrechts stellen die notarielle Praxis vor größere Herausforderungen. Prof. Dr. Peter Mankowski von der Universität Hamburg umschreibt in seinem Beitrag v.a. die wichtigsten Veränderungen, die sowohl mit den im Januar 2019 in Kraft tretenden EuGüVO[4] und EuPartVO[5] einhergehen als sich auch durch das Gesetz über die „Ehe für alle"[6] und das Gesetz zur Bekämpfung von Kinderehen[7] für das deutsche Internationale Eherecht ergeben.

Dr. Malte Ivo, Notar in Hamburg, erläutert in seinem Überblick die Probleme, die bei der Beteiligung Minderjähriger an Personen- und Kapitalgesellschaften und im Hinblick auf den Handlungsspielraum Minderjähriger in der Gesellschaft auftreten können. Insbesondere mit Rücksicht auf die gesetzliche Vertretung und die hier gegebenenfalls erforderliche familiengerichtliche Genehmigung oder Einbindung eines Ergänzungspflegers bedarf es einer sorgsamen notariellen Beratung, kann doch die Nichtbeachtung der einschlägigen gesetzlichen Vorgaben zu erheblichen Nachteilen, etwa der Versagung steuerlicher Vorteile, führen.

Dr. Wolfgang Reetz, Notar in Köln, setzt sich in seiner Zwischenbilanz mit dem seit rund neun Jahren geltenden Versorgungsausgleichsrecht auseinander,[8] das zu einem nachhaltigen Systemwechsel führte und privatautonome Vereinbarungen privilegiert. Letztere haben deshalb auch in der notariellen Praxis, namentlich zu Fragen über

---

2   Richtlinien der Bundesärztekammer zur Durchführung der assistierten Reproduktion, Deutsches Ärzteblatt 103 (2006), A 1393. Für die Landesärztekammern gibt es entsprechende Bestimmungen.
3   Gesetz zur Regelung des Rechts auf Kenntnis der Abstammung bei heterologer Verwendung von Samen v. 17.07.2017, BGBl. 2017 I, 2513.
4   Verordnung (EU) 2016/1103 des Rates vom 24.06.2016 zur „Durchführung einer Verstärkten Zusammenarbeit im Bereich der Zuständigkeit, des anzuwendenden Rechts und der Anerkennung und Vollstreckung von Entscheidungen in Fragen des ehelichen Güterstandes".
5   Verordnung (EU) 2016/1104 des Rates vom 24.06.2016 zur „Durchführung der Verstärkten Zusammenarbeit im Bereich der Zuständigkeit, des anzuwendenden Rechts und der Anerkennung und Vollstreckung von Entscheidungen in Fragen güterrechtlicher Wirkungen eingetragener Lebenspartnerschaften".
6   Gesetz zur Einführung des Rechts auf Eheschließung für Personen gleichen Geschlechts v. 20.07.2017, BGBl. 2017 I, 2787.
7   Gesetz v. 17.07.2017, BGBl. 2017 I, 2429.
8   Gesetz zur Strukturreform des Versorgungsausgleichs (VAStrRefG) v. 03.04.2009, BGBl. 2009 I, 700.

Vereinbarungstypen und Gestaltungsmöglichkeiten, erheblich an Relevanz gewonnen. Die von der Rechtsprechung zur Überprüfung von Eheverträgen als sog. „Kernbereichslehre" entwickelte Ausübungs- und Wirksamkeitskontrolle zeigt die Grenzen auf, an denen sich die Kautelarjurisprudenz orientieren sollte.

Dr. Christof Münch, Notar in Kitzingen, klärt schließlich über den steuerrechtlichen Umgang des Bundesfinanzhofs mit eben dieser Kernbereichslehre und über familiensteuerrechtliche Alltagsfälle mit teilweise komplizierten Steuerfolgen auf, die sich etwa infolge von Scheidung und Auseinandersetzung ergeben können. Da das BGB bei der Ermittlung des Unternehmenswertes im Rahmen des Zugewinns keine bestimmte Bewertungsmethode vorschreibt, folgt auch der BGH, freilich mit einigen Besonderheiten, der betriebswirtschaftlichen Ertragswertmethode. Vor allem der neue Standard zur Unternehmensbewertung IDW S 13,[9] der sich mit der Unternehmensbewertung im Familien- und Erbrecht befasst, ist an diese Rechtsprechung des BGH angepasst, die hier im Einzelnen vorgestellt und kritisch gewürdigt wird.

So wie die Veranstaltung sich an alle vertragsgestaltend und forensisch tätigen Praktiker und einschlägig interessierte Wissenschaftler gleichermaßen richtete, verschafft der vorliegende Tagungsband sämtlichen juristischen Arbeitsbereichen erhellende Aufklärung, praktische Hinweise und Stoff für weiterführende Überlegungen.

Sowohl den Referentinnen und Referenten als auch sämtlichen Diskutant/innen und allen anderen, die zum Gelingen des Symposiums beigetragen haben, gilt hierfür nochmals herzlicher Dank!

Würzburg, im August 2018

Univ.-Prof. Dr. Anja Amend-Traut

---

9 In: IDW-Prüfungsstandards, IDW-Stellungnahmen zur Rechnungslegung, Loseblattsammlung, 2007.

Inhaltsverzeichnis

Anforderungen an die Patientenverfügung nach der Rechtsprechung des Bundesgerichtshofs

von RiBGH Dr. Peter Günter, Karlsruhe

I. Einleitung

Das Recht, eigenverantwortlich und selbstbestimmt über einen ärztlichen Eingriff zu entscheiden, zählt zu den wichtigsten Bedürfnissen des Menschen und genießt einen hohen verfassungsrechtlichen Schutz. Die medizinische Behandlung einer erkrankten Person gegen deren natürlichen Willen greift zum einen in das Grundrecht auf körperliche Unversehrtheit ein (Art. 2 Abs. 2 Satz 1 GG). Zum anderen berührt der in einer medizinischen Behandlung liegende Eingriff in besonders intensiver Weise das von Art. 2 Abs. 2 Satz 1 GG mitgeschützte Recht auf diesbezügliche Selbstbestimmung. Beide Freiheitsgrundrechte garantieren das Recht des Einzelnen, selbst darüber zu entscheiden, ob er sich therapeutischen oder sonstigen Maßnahmen unterziehen will, die seiner „Genesung" dienen[1]. Die grundrechtlich geschützte persönliche Freiheit schließt damit auch die „Freiheit zur Krankheit" und damit das Recht ein, auf Heilung zielende Eingriffe abzulehnen, selbst wenn diese nach dem Stand des medizinischen Wissens dringend angezeigt sind[2].

Medizinische Behandlungen greifen in den Schutzbereich der genannten Grundrechte nur dann nicht ein, wenn sie von der frei, auf der Grundlage der gebotenen ärztlichen Aufklärung, erteilten Einwilligung des betroffenen Patienten gedeckt sind. Dies setzt voraus, dass der Patient trotz seiner körperlichen oder geistigen Einschränkungen einwilligungsfähig ist, d. h. Art, Bedeutung und Folgen der Maßnahme verstehen bzw. seinen Willen danach bestimmen kann. Problematisch sind daher die Fälle, in denen ein Patient – etwa nach einem Unfall oder aufgrund einer schweren Erkrankung – seine Einwilligungsfähigkeit verloren hat. Liegt eine Vorsorgevollmacht vor, obliegt die Berechtigung zur Einwilligung in eine beabsichtige ärztliche Maßnahme grundsätzlich dem Vorsorgebevollmächtigten, der seine Entscheidung an den Interessen und dem tatsächlichen oder mutmaßlichen Willen des Vollmachtgebers auszurichten hat. Liegt keine Vorsorgevollmacht vor, muss nach § 1896 Abs. 1 BGB dem Betroffenen ein Betreuer für den Aufgabenkreis der Gesundheitssorge bestellt werden, der dann als Vertreter des Patienten (§ 1902 BGB) über die Einwilligung in die beabsichtigte ärztliche Maßnahme entscheiden muss, wobei der Betreuer diese Entscheidung ebenfalls allein am Wohl des Betreuten auszurichten hat (vgl. § 1901 Abs. 2 und 3 BGB). Soweit es um ärztliche Maßnahmen handelt, die mit einer besonderen Gefahr für Leib oder Leben des Patienten verbunden sind, wird die Einwilligung des Vorsorgebevollmächtigten oder des Betreuers zudem erst nach gerichtlicher Genehmigung wirksam (vgl. § 1904 Abs. 1 und 2, Abs. 6 BGB). Durch diese

---

1 Vgl. BVerfGE 22, 180, 219 f.
2 Vgl. BVerfGE 58, 208, 226; 30, 47, 53; 22, 180, 219.

Möglichkeiten scheint auf den ersten Blick rechtlich umfassend gewährleistet, dass auch bei einwilligungsunfähigen Patienten keine ärztlichen Behandlungen durchgeführt werden, die die betroffene Person eigentlich ablehnt. Die Wirklichkeit in der gerichtlichen Praxis zeigt jedoch ein anderes Bild. Häufig herrschen bei den Personen, die dem Patienten nahestehen oder für ihn als Vorsorgebevollmächtigter, Betreuer oder Arzt verantwortlich sind, ganz unterschiedliche Auffassungen darüber, wie sich der Patient zu einer notwendigen Behandlung verhalten würde, wenn er die Entscheidung selbst treffen könnte.

Mit der Einführung der Regelungen zur Patientenverfügung in § 1901a BGB durch das 3. Gesetz zur Änderung des Betreuungsrechts vom 29. Juli 2009[3] hat der Gesetzgeber mit Wirkung zum 1. September 2009 erstmals ein Rechtsinstitut geschaffen, welches es ermöglicht, schon frühzeitig für den Fall, dass durch Krankheit oder durch einen Unfall die Einwilligungsfähigkeit verloren geht, verbindlich darüber zu entscheiden, welche ärztlichen Maßnahmen in bestimmten Behandlungssituationen gewünscht oder abgelehnt werden.

II. Die Patientenverfügung, § 1901a Abs. 1 Satz 1 BGB

In § 1901a Abs. 1 Satz 1 BGB ist die Patientenverfügung definiert. Danach kann ein einwilligungsfähiger Volljähriger für den Fall seiner Einwilligungsunfähigkeit schriftlich festlegen, ob er in bestimmte, zum Zeitpunkt der Festlegung noch nicht unmittelbar bevorstehende Untersuchungen seines Gesundheitszustands, Heilbehandlungen oder ärztliche Eingriffe einwilligt oder sie untersagt. Rechtlich betrachtet ist eine wirksame Patientenverfügung als eine antizipierte Einwilligung des Patienten in die darin bezeichneten ärztlichen Maßnahmen zu betrachten. Ist für den Patienten eine Betreuung eingerichtet oder hat er selbst einen Vorsorgebevollmächtigten bestellt, ist deren Einwilligung in die beabsichtigten ärztlichen Maßnahmen daneben nicht erforderlich. Ihre Aufgabe besteht vielmehr darin, dem Willen des Betroffenen Ausdruck und Geltung zu verschaffen (§ 1901a Abs. 1 Satz 2, Abs. 5 BGB). Da die Patientenverfügung als eine eigene Erklärung des Patienten anzusehen ist, findet auch § 1904 BGB keine Anwendung, so dass auch eine betreuungsgerichtliche Genehmigung der Einwilligung in die beabsichtigte ärztliche Maßnahme nicht erforderlich ist.

Während sich die rechtlichen Folgen, die sich aus dem Vorliegen einer wirksamen Patientenverfügung ergeben, klar definieren lassen, wirft die Frage, welche Anforderungen an den Inhalt einer Patientenverfügung zu stellen sind, erhebliche Schwierigkeiten auf. Aus der Legaldefinition der Patientenverfügung in § 1901a Abs. 1 Satz 1 BGB lassen sich nur wenige Hinweise dafür entnehmen, wie eine Patientenverfügung inhaltlich zu gestalten ist. Danach muss sich aus der Patientenverfügung jedenfalls die zukünftige Lebens- und Behandlungssituationen, in der Patientenverfügung gelten soll, ergeben und die ärztlichen Maßnahmen, in die der Patient einwilligt oder

---

3   BGBl. I 2268.

nicht einwilligt, müssen „bestimmt" festgelegt werden. Wie dieses Bestimmtheitser-fordernis zu erfüllen ist, wird in § 1901a Abs. 1 Satz 1 BGB nicht näher geregelt. Aus ihm folgt aber jedenfalls, dass ganz allgemein gehaltene Formulierungen in einer Patientenverfügung wie die Äußerung, keine lebenserhaltenden Maßnahmen zu wün-schen[4] oder die Aufforderung, ein würdevolles Sterben zu ermöglichen oder zuzulas-sen, wenn ein Therapieerfolg nicht mehr zu erwarten[5] ist für sich genommen unzu-reichend sind.

Letztlich führt das Bestimmtheitserfordernis zu einem Konflikt, der die Gestaltung einer Patientenverfügung schwierig macht. Einerseits muss sich aus ihr der Wille des Patienten so konkret entnehmen lassen, dass er von einem Betreuer, einem Bevoll-mächtigten oder den behandelnden Ärzten zweifelsfrei erkannt und umgesetzt wer-den kann. Andererseits ist es kaum möglich, zum Zeitpunkt der Erstellung der Pati-entenverfügung sowohl die zukünftige Lebens- und Behandlungssituation als auch erforderlichen ärztlichen Maßnahmen wirklich genau zu beschreiben. Insbesondere kann der Ersteller der Patientenverfügung weder seine eigene Biografie als Patient voraussehen noch kann er die zukünftigen Fortschritte in der Medizin vorweg-nehmend berücksichtigen[6].

III. Inhaltliche Anforderungen an die Patientenverfügung nach der Rechtsprechung des Bundesgerichtshofs

Aufgrund dieser Unsicherheit zu den inhaltlichen Anforderungen an eine bindende Patientenverfügung musste sich der Bundesgerichtshof bereits mehrfach mit dieser Thematik befassen. Insbesondere in drei Beschlüssen aus den Jahren 2014[7], 2016[8] und 2017[9] haben die Karlsruher Richter sich mit der Wirkung und dem notwendigen Inhalt von Patientenverfügungen nach § 1901a BGB befasst. Die Sachverhalte, die den Entscheidungen vom 6. Juli 2016 und 8. Februar 2017 zu Grunde lagen, zeigten dabei, dass auch eine sorgfältig erstellte Patientenverfügung letztlich keine Garantie dafür bietet, dass dem Willen des Patienten wirklich Rechnung getragen wird.

In dem der Entscheidung vom 6. Juli 2016 zugrundeliegenden Sachverhalt erlitt die im Jahre 1941 geborene Betroffene Ende November 2011 einen Hirnschlag. Noch im Krankenhaus wurde ihr eine PEG-Sonde gelegt, über die sie ernährt wurde und Me-dikamente verabreicht bekam. Im Januar 2012 wurde sie in ein Pflegeheim aufge-nommen. Die zu diesem Zeitpunkt noch vorhandene Fähigkeit zur verbalen Kommu-nikation verlor die Betroffene infolge einer Phase epileptischer Anfälle im Frühjahr 2013.

---

4   Vgl. BT-Drucks. 16/8442 S. 15.
5   Vgl. BGH Beschl. v. 6.7.2016 – XII ZB 61/16 – BGHZ 211, 67 = DNotZ 2017, 199 Rn. 46.
6   Vgl. BGH Beschl. v. 8.2.2017 – XII ZB 604/15 – BGHZ 214, 62 = DNotZ 2017, 611 Rn. 18.
7   BGH Beschl. v. 17.9.2014 – XII ZB 202/13 – BGHZ 202, 226 = DNotZ 2015, 47.
8   BGH Beschl. v. 6.7.2016 – XII ZB 61/16 – BGHZ 211, 67 = DNotZ 2017, 199.
9   BGH Beschl. v. 8.2.2017 – XII ZB 604/15 – BGHZ 214, 62 = DNotZ 2017, 611.

Aus der Ehe der Betroffenen mit ihrem – im Februar 2013 verstorbenen – Ehemann sind drei volljährige Töchter hervorgegangen. Bereits am 10. Februar 2003 hatte die Betroffene eine schriftliche „Patientenverfügung" unterzeichnet. In derselben Urkunde erteilte sie für den Fall, dass sie außerstande sein sollte, ihren Willen zu bilden oder zu äußern, einer ihr vertrauten Person die Vollmacht, „an meiner Stelle mit der behandelnden Ärztin (…) alle erforderlichen Entscheidungen abzusprechen. Die Vertrauensperson soll meinen Willen im Sinne dieser Patientenverfügung einbringen und in meinem Namen Einwendungen vortragen, die die Ärztin (…) berücksichtigen."

Die Bevollmächtigte und die die Betroffene behandelnde Hausärztin waren übereinstimmend der Auffassung, dass der Abbruch der künstlichen Ernährung nicht dem in der Patientenverfügung geäußerten Willen der Betroffenen entspricht. Demgegenüber vertraten die beiden anderen Töchter die gegenteilige Meinung.

In dem der Entscheidung vom 6. Juli 2016 zugrundeliegenden Sachverhalt erlitt die im Jahr 1940 geborene Betroffene im Mai 2008 einen Schlaganfall und befand sich seit einem hypoxisch bedingten Herz-Kreislaufstillstand im Juni 2008 in einem wachkomatösen Zustand. Sie wurde seitdem über eine Magensonde (PEG) künstlich ernährt und mit Flüssigkeit versorgt.

Bereits im Jahr 1998 hatte die Betroffene eine schriftliche „Patientenverfügung" unterzeichnet und ihrem Sohn als ihrer Vertrauensperson die Vollmacht erteilt, „an meiner Stelle mit der behandelnden Ärztin (…) alle erforderlichen Entscheidungen abzusprechen. Die Vertrauensperson soll meinen Willen im Sinne dieser Patientenverfügung einbringen und in meinem Namen Einwendungen vortragen, die die Ärztin (…) berücksichtigen." Zu nicht genauer festgestellten Zeitpunkten von 1998 bis zu ihrem Schlaganfall äußerte die Betroffene mehrfach gegenüber verschiedenen Familienangehörigen und Bekannten angesichts zweier Wachkoma-Patienten aus ihrem persönlichen Umfeld, sie wolle nicht künstlich ernährt werden, sie wolle nicht so am Leben erhalten werden, sie wolle nicht so daliegen, lieber sterbe sie. Sie habe durch eine Patientenverfügung vorgesorgt, das könne ihr nicht passieren. Im Juni 2008 erhielt die Betroffene einmalig nach dem Schlaganfall die Möglichkeit, trotz Trachealkanüle zu sprechen. Bei dieser Gelegenheit sagte sie ihrer Therapeutin: „Ich möchte sterben."

Unter Vorlage der Patientenverfügung von 1998 regte der Sohn der Betroffenen im Jahr 2012 beim Amtsgericht an, ihr einen Betreuer zu bestellen, und erklärte sich zur Übernahme der Betreuung bereit. Gleichzeitig bat er darum, den Ehemann der Betroffenen zum Ersatzbetreuer zu bestellen. Das Amtsgericht bestellte daraufhin den Sohn und den Ehemann zu jeweils alleinvertretungsberechtigten Betreuern der Betroffenen.

Der Sohn der Betroffenen war, im Einvernehmen mit dem bis dahin behandelnden Arzt, seit 2014 der Meinung, die künstliche Ernährung und Flüssigkeitszufuhr solle eingestellt werden, da dies dem in der Patientenverfügung niedergelegten Willen der Betroffenen entspreche. Ihr Ehemann lehnte dies ab.

Den Antrag der Betroffenen, vertreten durch ihren Sohn, auf Genehmigung der Therapiezieländerung dahingehend, dass künstliche Ernährung und Flüssigkeitszufuhr eingestellt werden sollten, hatte das Amtsgericht abgelehnt. Die dagegen gerichtete Beschwerde der Betroffenen hatte das Landgericht zurückgewiesen.

In beiden Fällen hatten die Betroffenen gleichlautende Patientenverfügungen erstellt, die auszugsweise folgenden Wortlaut hatten:

„Dagegen wünsche ich, dass lebensverlängernde Maßnahmen unterbleiben, wenn medizinisch eindeutig festgestellt ist,

- *dass ich mich unabwendbar im unmittelbaren Sterbeprozeß befinde, bei dem jede lebenserhaltende Therapie das Sterben oder Leiden ohne Aussicht auf Besserung verlängern würde, oder*

- *dass keine Aussicht auf Wiedererlangung des Bewußtseins besteht, oder*

- *dass aufgrund von Krankheit oder Unfall ein schwerer Dauerschaden des Gehirns zurückbleibt, oder*

- *dass es zu einem nicht behandelbaren, dauernden Ausfall lebenswichtiger Funktionen meines Körpers kommt.*

Behandlung und Pflege sollen in diesen Fällen auf die Linderung von Schmerzen, Unruhe und Angst gerichtet sein, selbst wenn durch die notwendige Schmerzbehandlung eine Lebensverkürzung nicht auszuschließen ist. Ich möchte in Würde und Frieden sterben können, nach Möglichkeit in meiner vertrauten Umgebung.

Aktive Sterbehilfe lehne ich ab."

Trotz dieser Patientenverfügungen, die jeweils auf der Grundlage eines zu dieser Zeit häufig verwendeten Musters erstellt wurden und in denen der Wunsch zum Ausdruck kommt, dass lebensverlängernde Maßnahmen unterbleiben sollen, wenn keine Aussicht mehr auf eine Wiedererlangung des Bewusstseins besteht, wurden in beiden Fällen die betroffenen Patientinnen über viele Jahre künstlich ernährt und mit weiteren lebenserhaltenden Maßnahmen ärztlich behandelt, weil zwischen den Angehörigen unterschiedliche Auffassungen darüber bestanden, ob die Patientenverfügung tatsächlich in der konkreten Situation greift.

Auch durch die Entscheidungen des Bundesgerichtshofs wurde in beiden Fällen noch nicht abschließend geklärt, ob die lebenserhaltenden Maßnahmen aufrecht zu erhalten sind oder nicht. Denn hierzu waren noch weitere Ermittlungen erforderlich, die der Bundesgerichtshof im Rechtsbeschwerdeverfahren nicht selbst vornehmen konnte. Die beiden Verfahren gaben dem Gericht jedoch die Möglichkeit, Grundsätze für die inhaltlichen Anforderungen an Patientenverfügungen aufzustellen.

Danach müssen der Patientenverfügung konkrete Entscheidungen des Betroffenen über die Einwilligung oder Nichteinwilligung in bestimmte, noch nicht unmittelbar bevorstehende ärztliche Maßnahmen entnommen werden können und die Patientenverfügung muss erkennen lassen, ob sie in der konkreten Behandlungssituation Geltung beanspruchen soll. Deshalb ist der Bestimmtheitsgrundsatz stets erfüllt, wenn die Patientenverfügung einerseits konkret die Behandlungssituationen beschreibt, in der die Verfügung gelten soll, und andererseits die ärztlichen Maßnahmen genau bezeichnet, in die der Ersteller einwilligt oder die er untersagt, etwa durch Angaben zur

Schmerz- und Symptombehandlung, künstlichen Ernährung und Flüssigkeitszufuhr, Wiederbelebung, künstlichen Beatmung, Antibiotikagabe oder Dialyse. Gleichzeitig dürfen die Anforderungen an die Bestimmtheit einer Patientenverfügung aber nicht überspannt werden. Vorausgesetzt werden kann nur, dass der Betroffene umschreibend festlegt, was er in einer bestimmten Lebens- und Behandlungssituation will und was nicht. Die erforderliche Konkretisierung kann sich im Einzelfall aber auch bei einer weniger detaillierten Benennung bestimmter ärztlicher Maßnahmen durch die Bezugnahme auf ausreichend spezifizierte Krankheiten oder Behandlungs- situationen ergeben. Ob in solchen Fällen eine hinreichend konkrete Patientenverfü- gung vorliegt, ist ggf. durch Auslegung der in der Verfügung enthaltenen Erklärun- gen zu ermitteln.

Auf dieser rechtlichen Grundlage hat der Bundesgerichtshof in dem Beschluss vom 6. Juli 2016 eine Bindungswirkung der Patientenverfügung für die gegebene Be- handlungssituation mit der Begründung verneint, die Patientenverfügung stelle alter- nativ auf vier verschiedene Behandlungssituationen ab. Gerade die vom Landgericht angenommene eines schweren Dauerschadens des Gehirns sei jedoch so wenig prä- zise, dass sie keinen Rückschluss auf einen gegen konkrete Behandlungsmaßnahmen – hier die künstliche Ernährung mittels PEG-Sonde – gerichteten Willen der Be- troffenen erlaube[10].

In dem Beschluss vom 8. Februar 2017 hat der Bundesgerichtshof dagegen die Bin- dungswirkung der vorliegenden Patientenverfügung mit der Begründung bejaht, die Regelungen zu ärztlichen Maßnahmen seien an die medizinisch eindeutige Feststel- lung geknüpft, dass bei der Betroffenen keine Aussicht auf Wiedererlangung des Bewusstseins besteht. Im Zusammenhang mit der Bestimmung der Betroffenen, dass die Behandlung und Pflege in diesem Fall auf die Linderung von Schmerzen, Unruhe und Angst gerichtet sein soll, könne die Patientenverfügung dahingehend auszulegen sein, dass die Betroffene in dieser besonderen gesundheitlichen Situation, die aus medizinischer Sicht irreversibel ist, in den Abbruch der künstlichen Ernährung ein- gewilligt hat[11].

Insbesondere in der letztgenannten Entscheidung hat der Bundesgerichtshof damit nochmals deutlich gemacht, dass auch eine Patientenverfügung eine Willenserklä- rung des Patienten darstellt, die grundsätzlich der Auslegung zugänglich ist. Bei der Auslegung können die beschriebenen Lebens- und Behandlungssituationen und die genannten ärztlichen Maßnahmen nicht isoliert voneinander betrachtet werden. We- niger konkret definierte ärztliche Maßnahmen können für die Bindungswirkung un- schädlich sein, wenn die Lebens- und Behandlungssituation so genau beschrieben ist, dass sich der Wille des Erstellers der Patientenverfügung zweifelsfrei ermitteln lässt.

---

10   BGH Beschl. v. 6.7.2016 – XII ZB 61/16 – BGHZ 211, 67 = DNotZ 2017, 199 Rn. 48.
11   BGH Beschl. v. 8.2.2017 – XII ZB 604/15 – BGHZ 214, 62 = DNotZ 2017, 611 Rn. 24.

IV. Schlussbemerkung

Leider ist nicht zu erwarten, dass mit den beiden hier besprochenen Beschlüssen des Bundesgerichtshofs die Probleme bei der Gestaltung von Patientenverfügungen und deren Umsetzung ein Ende finde werden. Gerade die Entscheidung, ob der Abbruch lebenserhaltender Maßnahmen von dem betroffenen Patienten gewollt ist, ist für die Personen, die an dieser Entscheidungsfindung beteiligt sind, hoch emotional. Das betrifft nicht nur Ehegatten, Kinder oder andere Verwandte. Auch für Bevollmächtigte oder Betreuer und letztlich die Gerichte sind dies äußerst schwierige Entscheidungen, die möglichst nur im Einverständnis aller betroffenen Personen getroffen werden. Jedoch gebietet der Respekt vor dem Patienten, dass die in der Patientenverfügung niedergelegten Wünsche, wie er die letzte Strecke auf seinem Lebensweg gestalten möchte, nicht erst nach jahrelangen Gerichtsverfahren umgesetzt werden. Letztlich kann dies aber wohl nur durch präzise formulierte Patientenverfügungen erreicht werden, die die ärztlichen Maßnahmen, in die der Betroffene einwilligen oder nicht einwilligen möchte, und die Behandlungssituationen, in denen die Patientenverfügung gelten soll, genau beschreiben.

Vorsorgevollmacht 2018 – Was gibt's Neues?

Rechtsanwältin Dr. Gabriele Müller-Engels, Würzburg

I. Einleitung

Gleich vorweg: So richtig revolutionär Neues hat sich in den letzten zwei bis drei Jahren in Bezug auf die Vorsorgevollmacht nicht ereignet. Gleichwohl gibt es einige für die notarielle Praxis bedeutsamen neuen Entwicklungen und Fragen, über die nachfolgend berichtet werden soll.

II. Vorrang der Vorsorgevollmacht gegenüber der Betreuung

1. Stärkung des Subsidiaritätsprinzips durch die neuere Rspr.

Ein Betreuer darf nur bestellt werden, wenn dies erforderlich ist (§ 1896 Abs. 2 S. 1 BGB). Nicht erforderlich ist die Betreuerbestellung nach § 1896 Abs. 2 S. 2 BGB, soweit die Angelegenheiten des Betroffenen durch einen Bevollmächtigten ebenso gut wie durch einen Betreuer besorgt werden können (Grundsatz der Subsidiarität der Betreuung gegenüber der Vollmacht, namentlich der Vorsorgevollmacht).

Gleichwohl gibt es zahlreiche Fälle, in denen eine Betreuerbestellung trotz Vollmachtserteilung erforderlich ist.[1] Dies ist z. B. der Fall, wenn die Vollmacht nicht in der für den Abschluss des Rechtsgeschäfts erforderlichen Form erteilt wurde[2] oder wenn zum Schutz des Vermögens oder der Person des Betroffenen ein Einwilligungsvorbehalt (§ 1903 BGB) angeordnet werden muss[3], da letzteres nur im Rahmen einer angeordneten Betreuung in Betracht kommt.

Diese Fälle, in denen es trotz Vollmachtserteilung zur Bestellung eines Betreuers kommt – obwohl mit der Vollmachtserteilung regelmäßig genau dies verhindert werden soll – sind für das „Funktionieren" und die Akzeptanz der Vorsorgevollmacht bedeutsam. Daher ist es für die notarielle Praxis stets wichtig, wenn durch die Rechtsprechung Änderungen an dieser Fallgruppe vorgenommen werden, sei es im Wege der Einschränkung oder der Ausweitung der Fälle.

Dabei lässt sich feststellen, dass der für das Betreuungsrecht zuständige 12. Zivilsenat des BGH in den letzten Jahren sehr bemüht war, das im Gesetz verankerte Subsidiaritätsprinzip zwischen staatlicher und privatautonomer Fürsorge strikter einzuhal-

---

1 Vgl. Übersicht bei *G. Müller*, in: *Müller/Renner*, Betreuungsrecht und Vorsorgeverfügungen in der Praxis, 5. Aufl. 2018, Rn. 42 ff.
2 BGH NJW 2016, 1516 f. = MittBayNot 2016, 516 = NotBZ 2016, 350 f. m. Anm. *G. Müller*.
3 BGH NJW-RR 2011, 1507 = FamRZ 2011, 1577; NJW-RR 2016, 1027 = Rpfleger 2016, 346; NJW-RR 2017, 769 = FGPrax 2017, 124.

ten bzw. umzusetzen. Es lässt sich somit ein „Trend" zur *Stärkung der Vorsorgevollmacht* in der höchstrichterlichen Rspr. konstatieren.

Als Beleg dafür kann man z. B. anführen, dass nach aktueller Rspr. des BGH ein gem. § 1896 Abs. 3 BGB bestellter Kontrollbetreuer die vom Vollmachtgeber wirksam erteilte Vollmacht nur *widerrufen* kann, wenn ihm diese Befugnis durch das Betreuungsgericht *ausdrücklich übertragen* worden ist.[4] Um zu vermeiden, dass dem Kontrollbetreuer zugleich mit seiner Bestellung pauschal und ggf. nur vorsorglich das Widerrufsrecht eingeräumt wird, hat der BGH gleichzeitig die Übertragung der Befugnis an *enge Voraussetzungen* geknüpft. Eine Einräumung des Widerrufsrechts kommt nach aktueller Rspr. des BGH nur in Betracht, wenn das Gericht zuvor tragfähige Feststellungen dazu getroffen hat, dass das Festhalten an der erteilten Vorsorgevollmacht eine *künftige Verletzung des Wohls des Betroffenen* mit hinreichender Wahrscheinlichkeit und in erheblicher Schwere befürchten lässt und dass *keine mildere Maßnahmen* zur Abwehr eines Schadens für den Betroffenen geeignet erscheinen.[5] Diese neue restriktive Linie des BGH zielt darauf ab, die z. T. verbreitete Praxis einer automatischen Verknüpfung der Bestellung eines Kontrollbetreuers mit dem (endgültigen) Widerruf der Vollmacht durch diesen zu unterbinden.

Der BGH hat ferner das lange Jahre geltende Dogma, das nur eine zweifelsfrei wirksam (d. h. im Zustand der Geschäftsfähigkeit) erteilte Vollmacht die Betreuung entbehrlich macht[6], aufgegeben. Bei nicht aufklärbaren Zweifeln an der Geschäftsfähigkeit des Vollmachtgebers (und damit: einer nicht sicher festgestellten Unwirksamkeit der Vollmacht) ist die Vollmacht nach einer Rechtsprechungsänderung des BGH im Jahr 2016 als *wirksam* zu behandeln.[7] Nur dann, wenn trotz amtswegiger Ermittlung (§ 26 FamFG) nicht eindeutig aufzuklärende Zweifel an der wirksamen Vollmachtserteilung bestehen, die zu einer *eingeschränkten Akzeptanz der Vollmacht im Rechtsverkehr* führen, kann nach aktueller Rspr. des BGH trotz der Vollmachtserteilung ein Betreuer bestellt werden.[8]

Mit der neuen Rspr. bringt der BGH die Wirksamkeitsbeurteilung einer Vorsorgevollmacht in Übereinstimmung mit der allgemeinen Rechtsgeschäftslehre, wonach für Volljährige die Vermutung der Geschäftsfähigkeit die Regel und die Geschäftsunfähigkeit die – zu beweisende – Ausnahme darstellt.[9]

Neben der Dogmatik spricht für die Rechtsprechungsänderung, dass sie offensichtlich ebenfalls der Stärkung der Vorsorgevollmacht und damit der Rechte des Vollmachtgebers dient. Bedenklich ist sie dagegen aus Sicht des Rechtsverkehrs (wenn dieser auch sonst nicht in seinem etwaigen guten Glauben an die Geschäftsfähigkeit

---

4   BGHZ 206, 321 ff. = NJW 2015, 3572 = FamRZ 2015, 1702 m. Anm. *Zimmermann*; BGH NJW-RR 2016, 1093; vgl. dazu auch *Milzer*, NZFam 2015, 982; *G. Müller*, NotBZ 2016, 34 f.

5   BGH NJW 2015, 3572, 3573; 2015, 3657 m. Anm. *Papenmeier*, NZFam 2015, 1077.

6   So noch BGH NJW 2011, 925; 2011, 2135; BayObLG FamRZ 1993, 1249; OLG Stuttgart FamRZ 1994, 1417 = DNotZ 1995, 687; OLG Schleswig FGPrax 2006, 217.

7   BGH NJW 2016, 1514, 1515 = FGPrax 2016, 123 f. m. Anm. *Seifert* = FamRZ 2016, 701 ff. m. Anm. *Fröschle* = FamRB 2016, 196 f. m. Anm. *Locher* = MittBayNot 2017, 63; NJW-RR 2017, 66 ff.

8   BGH NJW 2016, 1514, 1515 = FGPrax 2016, 123 f. m. Anm. *Seifert* = FamRZ 2016, 701 ff. m. Anm. *Fröschle* = FamRB 2016, 196 f. m. Anm. *Locher* = MittBayNot 2017, 63; NJW-RR 2017, 66 ff.

9   So auch *Locher*, FamRB 2016, 197.

des Handelnden geschützt wird). Bedenklich ist die Rechtsprechungsänderung aber v. a. *aus Sicht des Bevollmächtigten*. Diesem wird damit zugemutet, jahrelang, wenn nicht sogar jahrzehntelang, auf Basis einer möglicherweise unwirksamen Vollmacht für den Vollmachtgeber handeln zu müssen mit der Folge einer Haftung als Vertreter ohne Vertretungsmacht, wenn sich nachträglich die Geschäftsunfähigkeit bei Vollmachtserteilung herausstellt. Besonders misslich ist in diesem Zusammenhang, dass die Vorsorgevollmacht meist durch die nächsten Angehörigen ausgeübt wird, die in der Regel rechtsunkundig sind und die zudem für ihre Tätigkeit regelmäßig keine Vergütung erhalten. Daher sollten Bevollmächtigte in Zukunft im Eigeninteresse stärker darauf achten, dass die Geschäftsfähigkeitsfrage bei Vollmachtserteilung möglichst geklärt wird und im Falle starker, fortbestehender Zweifel an der Geschäftsfähigkeit ein Tätigwerden auf Basis der möglicherweise unwirksamen Vollmacht ablehnen.

Die praktischen Auswirkungen der Rechtsprechungsänderung dürften allerdings eher gering sein: Ist die Wirksamkeit der Vollmacht trotz amtswegiger Ermittlungen des Betreuungsgerichts zweifelhaft geblieben, dann wird deren Akzeptanz im Rechtsverkehr häufig eingeschränkt sein.[10] Ein bloßer Verdacht der Geschäftsunfähigkeit genügt jedoch nach der neuen Rspr. gerade nicht, um die Vermutung der Wirksamkeit der Vollmachtsurkunde zu erschüttern. Der BGH hat das Betreuungsgericht zu umfassenden Ermittlungen verpflichtet.

Fraglich bleibt, wie sich die Rechtsprechungsänderung auf die *notarielle Praxis* auswirkt. Denn bislang haben die Notare bekanntermaßen in Übereinstimmung mit der alten Rechtsprechung die Geschäftsfähigkeit des Vollmachtgebers bei Erteilung der Vorsorgevollmacht geprüft (und bejahendenfalls in die Urkunde einen Vermerk hierüber aufgenommen), auch wenn dies gesetzlich – anders als bei letztwilligen Verfügungen – nicht vorgesehen ist.

Diese Praxis sollte trotz der Rechtsprechungsänderung beibehalten werden. Denn schließlich ist die (volle) Geschäftsfähigkeit des Vollmachtgebers nach wie vor Wirksamkeitsvoraussetzung der Vorsorgevollmacht und ein – wenn nicht sogar *das* – zentrale Element für die Akzeptanz der Vorsorgevollmacht im Rechtsverkehr. Gegenüber privatschriftlich erteilten Vollmachten genießt die notariell beurkundete Vollmacht gerade deshalb einen auch in der Rechtsprechung anerkannten „Vertrauensvorsprung" und lässt eine größere Akzeptanz im Rechtsverkehr erwarten.[11]

2. Betreuerbestellung bei gemeinschaftlicher Vertretungsmacht mehrerer Bevollmächtigter (BGH, Beschl. v. 31.1.2018 – XII ZB 527/17)

Neben der o. a. Rechtsprechung, mit der die Vorsorgevollmacht gestärkt und der Subsidiaritätsgrundsatz strikter umgesetzt wird, gibt es aber auch einzelne neuere

---

10 Vgl. *Seifert*, FPrax 2016, 123, 124.
11 Vgl. OLG München DNotI-Report 2009, 177 = FGPrax 2009, 221 = NJW-RR 2009, 1599 = DNotZ 2011, 43; *Seifert*, FGPrax 2016, 123, 124.

Entscheidungen, die der Fallgruppe „Betreuerbestellung trotz wirksamer Vollmachtserteilung" nach aktueller höchstrichterlicher Rspr. **hinzugefügt** werden müssen.

Dazu zählt der Beschluss des BGH vom 31.1.2018 – XII ZB 527/17[12] zur Betreuerbestellung bei *gemeinschaftlicher Vertretungsmacht mehrerer Bevollmächtigter*. Im konkreten Fall hatte die Betroffene ihrer Tochter sowie ihrer vor Ort wohnenden Schwiegertochter eine notarielle General- und Vorsorgevollmacht mit gemeinschaftlicher Vertretungsmacht erteilt. Nach einiger Zeit wandte sich die Tochter an das Betreuungsgericht und beantragte, zur Betreuerin bestellt zu werden (bzw. hilfsweise, einen Berufsbetreuer oder einen Kontrollbetreuer zu bestellen). Sie trug vor, dass die Schwägerin – trotz gemeinschaftlicher Vertretungsmacht – Entscheidungen zu Fragen der Gesundheit und Finanzen der Betroffenen stets allein treffe und sich auf Kosten der Betroffenen bereichere.

Das Betreuungsgericht und das Landgericht wiesen die Anträge zurück. Auf die hiergegen eingelegte Rechtsbeschwerde hob der BGH die Entscheidungen der Vorinstanzen auf und verwies zurück. Der BGH[13] geht auf Basis der getroffenen Feststellungen davon aus, dass die *Einrichtung einer Betreuung erforderlich* ist. Durch eine Bevollmächtigung mehrerer Personen mit gemeinschaftlicher Vertretungsmacht könnten die Angelegenheiten des Betroffenen nur ebenso gut wie durch einen Betreuer besorgt werden, wenn davon auszugehen ist, dass diese zu einer *gemeinschaftlichen Vertretung in der Lage* seien. Dies erfordert nach Ansicht des BGH eine Zusammenarbeit und Abstimmung der Bevollmächtigten und damit jedenfalls ein *Mindestmaß an Kooperationsbereitschaft und -fähigkeit* der Beteiligten, da ansonsten das für eine wirksame gemeinschaftliche Vertretung notwendige Einvernehmen zwischen den Bevollmächtigten nicht hergestellt werden kann. Nach den bisherigen Feststellungen der Vorinstanzen waren diese Voraussetzungen im zu entscheidenden Fall nicht erfüllt.

Die Begründung des 12. Zivilsenats erinnert an die Rspr. zur Aufrechterhaltung der gemeinsamen elterlichen Sorge nach Trennung bzw. Scheidung der Ehe der Eltern.[14] Im Kern ist dies richtig, geht es doch in beiden Fällen um die Ausübung eines gemeinsamen Vertretungsrechts im Namen und zum Wohl des vertretenen Dritten (wenn auch in dem einen Fall bei gesetzlicher, in dem anderen Fall bei gewillkürter Vertretungsmacht).

Auch in Bezug auf die – hier verneinte – Subsidiarität der Betreuung gegenüber der Vollmacht ist dem BGH beizupflichten. Den „Qualitätsvergleich" zwischen Vollmacht und Betreuung hält eine Vorsorgevollmacht nur Stand, wenn sie auch „funktioniert". Dies ist nicht der Fall, wenn von ihr wie im Fall des BGH kein ordnungsgemäßer Gebrauch gemacht wird. Bei gemeinschaftlicher Vertretungsmacht bedeutet dies nicht notwendigerweise gemeinsames Handeln der Bevollmächtigten. Erforderlich ist aber zumindest, dass Einvernehmen zwischen den Beteiligten hergestellt wird

---

12   NJW 2018, 1257 ff. = BeckRS 2018, 2062 = NZFam 2018, 288 m. Anm. *Gietl* = FamRZ 2018, 623.
13   NJW 2018, 1257, 1258 = BeckRS 2018, 2062 = NZFam 2018, 288 m. Anm. *Gietl* = FamRZ 2018, 623.
14   Vgl. dazu nur BeckOK BGB/*Veit*, Stand: 1.5.2018, § 1671 Rn. 49 m. w. N.

bzw. der andere zum alleinigen Handeln ermächtigt oder diesem nachträglich zugestimmt wird[15]. Liegt ein solches Mindestmaß an Bereitschaft zum Zusammenwirken zum Wohl des Vollmachtgebers nicht vor, können die Angelegenheiten des Vollmachtgebers nicht so gut wie durch einen Betreuer besorgt werden und es muss ggf. ein Betreuer bestellt werden. Dies ist nicht anders als bei mehreren Bevollmächtigten mit Einzelvertretungsmacht, die sich wechselseitig an der Ausübung der Vollmacht (z. B. durch Rückgängigmachung der vom anderen getätigten Rechtsgeschäfte oder Widerruf der jeweils anderen Vollmacht) behindern.[16]

Gleichzeitig zeigt die Entscheidung, dass in der notariellen Praxis bei Erteilung von mehreren Vollmachten zu Recht davon abgeraten wird, den Bevollmächtigten nur gemeinschaftliche Vertretungsmacht einzuräumen.[17] Eine gemeinschaftliche Vertretungsmacht ist relativ „schwerfällig" und konfliktträchtig. Außerdem können bei gemeinschaftlicher Vertretungsmacht besondere rechtliche Probleme auftreten, z. B. wenn einer der gemeinschaftlich Bevollmächtigten – beispielsweise durch Tod – wegfällt und für diesen Fall keine Einzelvertretungsmacht des anderen Bevollmächtigten vorgesehen ist.[18]

III. Anerkennung von Vorsorgevollmachten durch Banken

1. Problemstellung

Die Vorsorgevollmacht hat in den letzten 26 Jahren seit Inkrafttreten des Betreuungsgesetzes eine beachtliche Erfolgsgeschichte geschrieben. Glücklicherweise gibt es auch nur wenige Lebensbereiche, in denen die Akzeptanz der Vorsorgevollmacht noch Probleme aufwirft. Ein „Dauerbrenner" ist insoweit der Verkehr mit Banken (wenn auch zugegebenermaßen mit rückläufiger Tendenz). Das Problem besteht in diesem Zusammenhang nicht in der grundsätzlichen Ablehnung des Handelns eines Bevollmächtigten, sondern im Verlangen der Banken nach Erteilung einer speziellen Vollmacht auf bankeigenen Formularen („Bankvollmacht").

Die von den Banken regelmäßig vorgebrachten Bedenken bzw. Einwände – abgesehen vom im Einzelfall zu prüfenden Umfang der Vollmacht – sind dabei im Fall einer notariellen Vollmacht selten schlüssig:[19]

- Die Identität des Erklärenden wird geprüft.
- Die Echtheit der Unterschrift ist gewährleistet.
- Im Fall der notariellen Beurkundung wird die Geschäftsfähigkeit des Betroffenen geprüft (§ 11 BeurkG).

---

15   Vgl. nur BeckOGK/*Amend-Traut*, 1.6.2018, BGB § 1629 Rn. 10.
16   Vgl. zur Widerrufsproblematik OLG Karlsruhe BeckRS 2010, 11820 = FamRZ 2010, 1762.
17   *Renner*, in: *Müller/Renner*, Betreuungsrecht und Vorsorgeverfügungen in der Praxis, Rn. 666 ff.; *Weigl*, MittBayNot 2017, 538, 540.
18   Vgl. DNotI-Gutachten, DNotI-Report 2006, 37 f.
19   Vgl. dazu ausführlich *Terstegen*, NJW 2007, 1717 ff.

- Ist die Bank im Besitz einer Ausfertigung der Vollmacht, ist sie gem. § 172 BGB selbst im Fall eines möglichen Widerrufs in ihrem guten Glauben an den Fortbestand der Vollmacht geschützt.

Die Bank kann sich demgegenüber weder auf Einschränkungen der an sich zulässigen Stellvertretung durch die Muster-AGB noch innerhalb einer laufenden Geschäftsbeziehung auf die Vertragsfreiheit (Abschlussfreiheit) berufen.

Im Vergleich zu den auf hausinternen Formularen erteilten Vollmachten ergibt sich allerdings die Notwendigkeit, Umfang und Inhalt der Vollmacht ggf. einer (einmaligen) *rechtlichen Prüfung* unterziehen zu müssen. Dieses Problem dürfte aber gerade für Banken, die über juristische Berater verfügen, nicht unlösbar sein.

Ist der Bevollmächtigte ausreichend legitimiert, kann die Bank daher zumindest innerhalb einer laufenden Geschäftsbeziehung nicht das Handeln des Bevollmächtigten willkürlich zurückweisen.[20]

2. Behandlung des Problems in der aktuellen Rechtsprechung

Entwicklungen in der aktuellen Rspr. könnten einen Anstoß dafür liefern, dass sich die Akzeptanz von Vorsorgevollmachten im Verkehr mit Banken weiterhin verbessern wird.

a) LG Detmold, Urt. v. 14.1.2015 – 10 S 110/14

Zum einen entschied das LG Detmold[21], dass eine Vorsorgevollmacht, die zur Vertretung des Vollmachtgebers in allen Vermögensangelegenheiten berechtigt, den Bevollmächtigten auch dann zu einer *Verfügung über ein Bankkonto* des Vollmachtgebers legitimiert, wenn keine gesonderte Bankvollmacht erteilt worden ist. Das LG Detmold hat des Weiteren die Bank, die die Verfügung des Vorsorgebevollmächtigten trotz Vorliegens einer Vorsorgevollmacht von unberechtigten Bedingungen abhängig machte, zum *Ersatz des hierdurch dem Vollmachtgeber entstandenen Schadens* (hier: Aufwendungen für die Einschaltung eines Rechtsanwalts) gem. § 280 Abs. 1 BGB verurteilt.

b) AG Hamburg-Wandsbek, Beschl. v. 15.6.2017 – 706 XVII 53/17

Noch weitergehend ist die aktuelle Entscheidung des AG Hamburg-Wandsbek vom 15.6.2017[22]. Dort hatte die Sparkasse die privatschriftlich erteilte Vorsorgevollmacht der Tochter nicht akzeptiert und das persönliche Erscheinen der Mutter (zwecks Ausfüllen der Vollmachtsformulare) verlangt, obwohl die Mutter an Krebs erkrankt und bettlägerig war. Die Bank hatte hiervon infolge mehrfacher Mitteilung der Tochter Kenntnis.

---

20 Vgl. dazu ausführlich *Tersteegen*, NJW 2007, 1717 ff.; *G. Müller*, in: Würzburger Notarhandbuch, 5. Aufl. 2018, Teil 3 Kap. 3 Rn. 17.
21 BeckRS 2015, 03780 = ZEV 2015, 353 = NZFam 2015, 335.
22 BeckRS 2017, 125222 = NJW 2018, 564 f. = FamRZ 2018, 293.

Das Betreuungsgericht legte der Sparkasse die Verfahrenskosten für das deshalb eingeleitete Betreuungsverfahren auf. Die Kostenentscheidung stützte es auf § 81 Abs. 4 FamFG. Hiernach kann das Gericht auch einem *nicht am Verfahren beteiligten Dritten* die Kosten auferlegen, wenn die Tätigkeit des Gerichts *durch ihn veranlasst* wurde und ihn ein *grobes Verschulden* trifft. Grobes Verschulden ist anzunehmen bei Vorsatz oder Außerachtlassen der erforderlichen Sorgfalt in ungewöhnlich hohem Maße.[23]

Das grobe Verschulden sah das Gericht u. a. darin begründet, dass nach den konkreten Umständen des Falls keine Zweifel an der Wirksamkeit der der Tochter erteilten Vollmacht bestanden; außerdem war die Bank mehrmalig auf die schwierige körperliche Situation der Betroffenen und deren Bettlägerigkeit hingewiesen worden.

c) Rechtliche Würdigung der Rspr.

Nach den beiden vorstehend geschilderten Gerichtsentscheidungen bleibt zu hoffen, dass die vorstehenden Haftungsentscheidungen in Bankkreisen ähnlich schnell wie die des BGH zur Entbehrlichkeit der Vorlage eines Erbscheins bei Bankverfügungen der Erben[24] Bekanntheit erlangen und zu einer größeren Akzeptanz von Vorsorgevollmachten auch in Bankangelegenheiten beitragen.

Die Entscheidung des AG Hamburg-Wandsbek ist sicher ein besonders krasser Einzelfall gewesen. Gleichwohl ist die Entscheidung für den Familienrechtler auch deswegen von Interesse, weil es zu der wenig bekannten gesetzlichen Möglichkeit, einem am Verfahren unbeteiligten Dritten ggf. die Kosten des Verfahrens auferlegen zu können (die Bestimmung war bereits in § 13a FGG enthalten), nunmehr die erste veröffentlichte Gerichtsentscheidung[25] gibt.

IV. Kontrollrechte des Vollmachtgebers (bzw. seiner Erben) gegenüber dem Bevollmächtigten

1. Problemstellung

In den letzten Jahren lässt sich feststellen, dass vermehrt postmortal zwischen den Erben des Vollmachtgebers und dem Bevollmächtigten über das Bestehen von Auskunfts- und Rückforderungsansprüchen nach möglichem Vollmachtsmissbrauch[26] gestritten wird. Liegt der Vollmacht – wie regelmäßig[27] – ein Auftrags- bzw. Ge-

---

23 *Bumiller/Harders/Schwamb*, FamFG, 11. Aufl. 2015, § 81 Rn. 21.

24 BGH BeckRS 2005, 08208 = ZEV 2005, 388 ff. m. Anm. *Werkmüller* = DNotZ 2006, 300 = NJW 2005, 2779; nachfolgend BGHZ 198, 250 ff. = DNotZ 2014, 53 = MittBayNot 2014, 345 ff. m. Anm. *Litzenburger* = ZEV 2014, 41 ff. m. Anm. *Werkmüller*.

25 Vgl. *Keidel/Zimmermann*, FamFG, 19. Aufl. 2017, § 81 FamFG Rn. 75.

26 Vgl. dazu *Horn/Schabel*, NJW 2012, 3473 ff.; *Horn*, ZEV 2016, 373 ff.; *Pamp*, ErbR 2013, 194 ff., 226 ff.

27 Vgl. zur Abgrenzung Auftrag zum Gefälligkeitsverhältnis insbesondere OLG Schleswig BeckRS 2014, 12054 = FamRZ 2014, 1397.

schäftsbesorgungsverhältnis i. S. der §§ 662 ff. BGB zugrunde, bestehen grundsätzlich Auskunfts- und Rechenschaftspflichten (§ 666 BGB) des Bevollmächtigten. Außerdem hat der Bevollmächtigte dem Vollmachtgeber gem. § 667 BGB alles, was er zur Ausführung des Auftrags erhalten und was er aus der Geschäftsbesorgung erlangt hat, herauszugeben. Diese Ansprüche sind vererblich, können also grundsätzlich nach dem Tod des Vollmachtgebers von dessen Erben (weiter-)verfolgt werden.

In der Regel wird darum gestritten, ob und inwieweit der Bevollmächtigte vom Konto des Vollmachtgebers abgehobene oder überwiesene Geldbeträge auftragsgemäß – d. h. in der Regel v. a. zur Finanzierung des Lebensunterhalts des Vollmachtgebers bzw. zur Vermögensverwaltung – verwendet hat.[28] Dabei ist davon auszugehen, dass der Bevollmächtigte die Darlegungs- und Beweislast dafür trägt, dass er die abgehobenen oder überwiesenen Gelder zweckentsprechend verwendet hat. Allerdings ist die Darlegungs- und Beweislast dahingehend abgemildert, dass der Beweis von Anknüpfungstatsachen ausreicht, die eine Schätzung der verbrauchten Mittel ermöglichen.[29]

Wegen der vermehrt auftretenden Problematik sollte bereits bei der Erteilung der Vorsorgevollmacht überlegt werden, ob und inwieweit die Auskunfts- und Rechenschaftspflichten des Bevollmächtigten ausgeschlossen oder zumindest (z. B. zeitlich oder gegenständlich) eingeschränkt werden sollen.[30] Dies wird in erster Linie bei Bevollmächtigung des Ehegatten oder Lebenspartners in Betracht kommen. Eine derartige Vereinbarung kann jedoch auch sinnvoll sein, um z. B. einem – absehbaren – Streit zwischen Geschwistern vorzubeugen, wenn das bevollmächtigte Kind nicht zugleich zum (alleinigen) Erben eingesetzt ist.

2. Anspruch der Miterben auf Erstellung eines Bestandsverzeichnisses (Nachlassverzeichnisses) durch einen Vorsorgebevollmächtigten des Erblassers (OLG München, Urt. v. 6.12.2017 – 7 U 1519/17)

Zum Problem des postmortalen Streits zwischen Miterben (ob es Geschwister waren, ist nach dem mitgeteilten Sachverhalt offen) über den Gebrauch der Vollmacht durch einen Miterben gibt es eine aktuelle *Entscheidung des OLG München vom 6.12.2017*[31]. Die Erblasserin E hatte nur einem der drei zu Miterben eingesetzten Personen (dem späteren Beklagten B) eine über ihren Tod hinaus wirksame (also transmortale) Vorsorgevollmacht unter Befreiung von den Beschränkungen des § 181 BGB erteilt. Für das Grundverhältnis sollte Auftragsrecht (ohne Einschränkungen) gelten. Außerdem erteilte die Erblasserin dem Beklagten Vollmacht für ihr Konto bei der B-Bank.

---

28 OLG Brandenburg RNotZ 2014, 374 ff. = BeckRS 2013, 21257; OLG Karlsruhe, Urt. v. 16.5.2017 – 9 U 167/15, ZEV 2017, 430 (LS); vgl. auch *Pamp*, ErbR 2013, 194 ff., 226 ff.
29 Vgl. OLG Brandenburg RNotZ 2014, 374 ff. = BeckRS 2013, 21257.
30 Vgl. dazu auch *Horn*, ZEV 2016, 373 ff.
31 BeckRS 2017, 134185 = ZEV 2018, 149 ff. m. Anm. *Kollmeyer* = ErbR 2018, 163.

Der Bevollmächtigte veräußerte noch zu Lebzeiten der Erblasserin ihr Wohnanwesen für 565.000,– EUR. Zum Zeitpunkt des Erbfalls (4.12.2015) wies das Konto bei der B-Bank, auf das der Kaufpreis überwiesen worden war, nur noch ein Guthaben von 85.360,51 EUR auf.

Die eine Miterbin (Klägerin K) forderte den Beklagten zur Auskunftserteilung hinsichtlich des Gebrauchs der ihm erteilten Generalvollmacht auf. Daraufhin händigte der Beklagte sämtliche Kontounterlagen für beide Konten der Erblasserin, verschiedene Buchungsübersichten der Banken sowie eine von E unterzeichnete maschinenschriftliche Erklärung von E aus, wonach der Beklagte aus dem Verkaufserlös ihres Hauses 500.000,– EUR erhalten sollte.

Die Klägerin beantragte daraufhin in der Auskunftsstufe u. a., den Beklagten zu verurteilen

• den Miterben der E ein Bestandsverzeichnis über deren Nachlass zum Zeitpunkt des Erbfalls vorzulegen,

• Auskunft über den Stand der Rechtsgeschäfte zu erteilen, die der Beklagte in Ausübung der von E erteilten Vorsorge- sowie Kontovollmacht getätigt hat, insbesondere Auskunft über den Verbleib des Kaufpreises zu erteilen,

• den Miterben eine geordnete und vollständige Zusammenstellung der Einnahmen und Ausgaben vorzulegen, die seitens des Beklagten in Ausübung der mit der Vorsorgevollmacht getätigten Verfügungen erfolgt sind,

• den Miterben sämtliche hierzu bestehenden Belege und Urkunden in Form von Verträgen, Rechnungen, Auftragsbestätigungen, Kontoauszügen bezüglich aller Konten der E in geordneter Form herauszugeben.

Vom Landgericht wurde der Beklagte antragsgemäß verurteilt. Das OLG München[32] hielt die hiergegen gerichtete Berufung des Beklagten nur insoweit für begründet, als er zur Belegvorlage auch hinsichtlich der Konten der beiden Banken verurteilt wurde. Dies wurde damit begründet, dass der sich aus §§ 666, 259 Abs. 1, 1922 Abs. 1 BGB ergebende *Anspruch auf Vorlage von Belegen* vom Beklagten bereits vor Klageerhebung durch Aushändigung sämtlicher Kontounterlagen (bezüglich der beiden Konten) erfüllt und demnach gem. § 362 Abs. 1 BGB erloschen sei.

Im Übrigen geht das OLG München davon aus, dass den Miterben (für die die Klägerin in gesetzlicher Prozessstandschaft handle) die aus § 666 BGB folgenden Ansprüche zustünden. Aus Sicht des OLG München folgten die Ansprüche aus dem für anwendbar erklärten *Auftragsrecht*, wobei der Auskunftsanspruch der E gem. § 666 BGB mit ihrem Tod im Wege der Universalsukzession gem. § 1922 Abs. 1 BGB auf die Erben übergegangen sei.

Dieser Anspruch erfasst auch die *Vorlage eines Bestandsverzeichnisses i. S. von § 260 Abs. 1 BGB*. Dieser sei nicht durch Erfüllung erloschen, da der Beklagte bislang mit den zur Verfügung gestellten Buchungsübersichten der Banken sowie dem

---

32 BeckRS 2017, 134185 = ZEV 2018, 149 ff. m. Anm. *Kollmeyer* = ErbR 2018, 163.

Schreiben der Erblasserin keine geordnete Gegenüberstellung der Aktiva und Passiva zum Todestag abgeliefert habe.

Ferner folgt aus § 666 BGB gem. § 259 BGB auch ein *Anspruch auf Rechenschaftslegung.* Hierbei handelt es sich um eine übersichtliche, in sich verständliche Zusammenstellung der Einnahmen und Ausgaben, die nicht nur den Zustand zum Stichtag, sondern die *Entwicklung zu ihm* aufzeigen muss. Dieser Anspruch war hier ebenfalls noch nicht erfüllt, zumal die ausgehändigten Buchungsübersichten nicht den ganzen relevanten Zeitraum der Vollmachtsausübung erfassten und die hierin angegebenen Verwendungszwecke (wie „Schuldentilgung", „Auftragsüberweisung Enkel", „Renovierungsarbeiten", „Ausgleich Auslagen", usw.) die getätigten Ausgaben nicht konkret und nachvollziehbar belegten.

3. Folgen für die Gestaltung

Die Entscheidung zeigt, dass der Regelung des Grundverhältnisses[33] künftig wohl mehr Beachtung geschenkt werden muss.

Soll grundsätzlich Auftragsrecht gelten, kommt ein (ausdrücklicher) Ausschluss oder zumindest eine Einschränkung der Auskunftsrechte in Betracht. Dies gilt auch dann, wenn der Vorsorgebevollmächtigte als Erbe vorgesehen ist, solange er nicht Alleinerbe werden soll. Der vorstehende Fall des OLG München belegt, dass auch unter Miterben mit einem postmortalen Streit über die Ausübung der Vollmacht zu Lebzeiten des Vollmachtgebers gerechnet werden muss.

Dabei muss ggf. differenziert werden. Der Anspruch auf Vorlage eines Bestandsverzeichnisses zum Zeitpunkt des Erbfalls dürfte noch relativ einfach zu erfüllen sein. Sehr weitgehend sind allerdings die Verpflichtung zur *Rechenschaftslegung* sowie die Pflicht zur *Vorlage von Belegen.* Häufig wird der Vorsorgebevollmächtigte nicht genau Buch führen über alle Einnahmen und Ausgaben im Zusammenhang mit der Vermögensverwaltung, so dass er später in eine schwierige Nachweissituation gelangen kann. Es besteht dann insbesondere die Gefahr, dass er den Verdacht, Geld für sich verwendet zu haben, nicht widerlegen kann. Daher dürfte es regelmäßig v. a. bei Vollmachtsverhältnissen zwischen nahen Angehörigen (Ehegatten, Kinder) angebracht sein, Ansprüche auf Rechenschaftslegung und Belegvorlage *ausdrücklich auszuschließen* bzw. *einzuschränken.* Dies gilt v. a. für die *postmortale Geltendmachung* der Ansprüche durch die Erben des Vollmachtgebers.

In der neueren Literatur wird allerdings auch z. T. davor gewarnt, den Bevollmächtigten von der Rechenschaftspflicht zu befreien bzw. wird die Befreiung zumindest kritisch gesehen.[34] Hier gilt es wie allgemein, zwischen dem (notwendigen) Vertrauensvorschuss für den Bevollmächtigten und dessen notwendiger Kontrolle abzuwägen und zusammen mit dem Vollmachtgeber die im Einzelfall angemessene Lösung

---

33 Dazu ausführlich *Sauer*, RNotZ 2009, 79 ff.; *Renner*, in: Müller/Renner, Betreuungsrecht und Vorsorgeverfügungen in der Praxis, Rn. 627 ff.; *Zimmermann*, Vorsorgevollmacht, Betreuungsverfügung, Patientenverfügung, 3. Aufl. 2017, Rn. 151 ff.; *Spalckhaver*, in: Lipp, Handbuch der Vorsorgeverfügungen, 2009, § 15; *Litzenburger*, NotBZ 2007, 1 ff.

34 Vgl. *Weigl*, MittBayNot 2017, 538, 539; *Volmer*, MittBayNot 2016, 386, 387 f.

zu finden.[35] Aufgrund des Vertrauenscharakters der Vorsorgevollmacht sollte bei nahen Angehörigen die Entscheidung *im Zweifelsfall für den Vertrauensvorschuss* ausfallen (so dass ein postmortaler Ausschluss der Belegvorlage- und Rechenschaftslegungspflicht gerechtfertigt erscheint).

Zu klären bleibt dann nur noch die Frage, *wo* diesbezügliche Regelungen erfolgen sollen (innerhalb oder außerhalb der Vollmachtsurkunde?). Im Allgemeinen scheuen sich Notare davor, eine ausführliche(re) Regelung des Innenverhältnisses in die Vollmachtsurkunde aufzunehmen, zumal dies einen größeren Regelungsaufwand bedeutet und hierdurch zugleich eine Gebührenerhöhung ausgelöst wird.[36]

Diese Einwände sind nicht von der Hand zu weisen. Allerdings bleibt auch zu bedenken, dass eine Nicht-Regelung des Innenverhältnisses in der Vollmachtsurkunde regelmäßig bedeutet, dass eine Regelung desselben überhaupt unterbleibt (z. B. weil es später vergessen oder für nicht erforderlich erachtet wird).

V. Aktuelle Gestaltungsprobleme

1. Einschränkung der Widerruflichkeit der Vollmacht?

Im Anfragendienst des DNotI ist die Frage aufgetreten, inwieweit die *Widerruflichkeit* der Vollmacht, namentlich in Gesundheitsangelegenheiten, *zulässigerweise eingeschränkt* werden kann.[37]

Das Problem wurde in den Anfangszeiten der Vorsorgevollmacht bereits problematisiert, allerdings in etwas anderer Form. Damals war die Frage diskutiert worden, ob die Widerruflichkeit der Vorsorgevollmacht (vollständig) ausgeschlossen werden kann. Mit der Vereinbarung der Unwiderruflichkeit der Vollmacht sollte einer gewissen Tendenz mancher Betreuungsgerichte, im Hinblick auf einen *möglichen* Widerruf der Vollmacht trotz Vollmachtserteilung einen Betreuer zu bestellen, entgegengewirkt werden. Nach zwischenzeitlich unstreitiger Ansicht scheidet ein Ausschluss des Widerrufs von Vorsorgevollmachten aus, da es sich hierbei in der Regel um Generalvollmachten handelt[38] und diese (ausschließlich) im Interesse des Vollmachtgebers erteilt[39] werden. Mittlerweile ist allgemein anerkannt, dass eine Vorsorgevollmacht *nicht unwiderruflich erteilt werden* kann.[40]

In der aktuellen Anfrage ans DNotI ging es nicht um den Ausschluss, sondern um eine *Einschränkung* der Widerruflichkeit und zwar in Gestalt einer Vereinbarung, dass

---

35 Anregungen zur Gestaltung finden sich z. B. bei *Sarres*, ZEV 2013, 312, 315; *Volmer*, MittBayNot 2016, 386 ff.; *Horn*, ZEV 2016, 373 ff.; *Weigl*, MittBayNot 2017, 538 ff.

36 Vgl. *Renner*, in: Müller/Renner, Betreuungsrecht und Vorsorgeverfügungen in der Praxis, Rn. 640 ff.

37 Vgl. Gutachten DNotI-Report 2018, 89 ff.

38 Vgl. BGH NJW 1988, 2630; KG DNotZ 1980, 166; OLG Zweibrücken OLGZ 1985, 45; *Palandt/Ellenberger*, BGB, 77. Aufl. 2018, § 168 Rn. 6.

39 Vgl. BGH DNotZ 1972, 229; *Staudinger/Schilken*, BGB, 2014, § 168 Rn. 8 m. w. N.

40 Vgl. *Bühler*, FamRZ 2001, 1585, 1589; *Langenfeld*, Vorsorgevollmacht, Betreuungsverfügung und Patiententestament, 1994, S. 55; *Walter*, Die Vorsorgevollmacht, 1997, S. 174 ff.; *Müller/Renner*, Betreuungsrecht und Vorsorgeverfügungen in der Praxis, Rn. 688 ff.

die Vollmacht nur durch eine *notariell beurkundete Erklärung*, die *dem Bevollmächtigten zugehen* muss, widerrufen werden kann. Im konkreten Fall handelte es sich um einen psychisch kranken Vollmachtgeber, der in seinen psychotischen Phasen unter Verfolgungswahn leidet und (möglicherweise) geschäftsunfähig wird. In der Vergangenheit hatte er in einer solchen Phase die erteilte Vorsorgevollmacht widerrufen.

Ob eine Einschränkung der Widerruflichkeit der Vollmacht beispielsweise durch Vereinbarung einer Frist[41] oder eines besonderen Formerfordernisses[42], zulässig ist, ist fraglich.[43] Geklärt ist die Frage in Rechtsprechung und Literatur bislang noch nicht. Für die Zulässigkeit könnte sprechen, dass sie einen legitimen Zweck verfolgt, indem sie dem Schutz und Interesse des Vollmachtgebers dient. Im Übrigen handelt es sich auch nicht um einen vollständigen Ausschluss, sondern nur um eine Beschränkung der Widerrufsmöglichkeit. Der Widerruf an sich bliebe trotz der formalen Einschränkungen zulässig.

Allerdings vermag auch eine bloße Beschränkung der Widerrufsmöglichkeit eine gewisse Selbstbindung des Vollmachtgebers bewirken, die als unzulässige Einschränkung der Privatautonomie gewertet werden könnte. Eine Beschränkung des Widerrufsrechts könnte als Teilausschluss angesehen werden und damit ebenfalls unzulässig sein. Zusammenfassend betrachtet dürfte die Gestaltung daher wegen möglicher Wirksamkeitsbedenken nicht empfehlenswert sein.[44]

Zweifelhaft ist des Weiteren, ob sich das Gestaltungsmodell überhaupt eignet zur Problemlösung. Sofern der psychisch kranke Vollmachtgeber in psychotischen Phasen geschäftsunfähig ist, wäre sein Widerruf ohnehin unwirksam. Insoweit besteht bereits ein „Selbstschutz" vor einem voreiligen bzw. nicht ernsthaft gewollten Widerruf. Sollte der Vollmachtgeber noch geschäftsfähig sein, ist sein Widerruf zu akzeptieren. Das Problem liegt also nicht im Widerruf an sich, sondern darin, dass offensichtlich nicht mit Sicherheit beurteilt werden kann, ob der Vollmachtgeber noch geschäftsfähig ist oder nicht (und sein Widerruf wirksam ist oder nicht). An diesem Problem würde sich infolge der vertraglich vereinbarten notariellen Beurkundungspflicht des Widerrufs wohl wenig ändern. Der Notar hat regelmäßig nicht die Fähigkeiten bzw. Möglichkeiten, im Rahmen der Beurkundung von Rechtsgeschäften die Geschäftsfähigkeit des Erklärenden (abschließend) prüfen zu können. Auch wenn der Widerruf beurkundet würde, wäre damit nicht sichergestellt, dass der Widerruf wirksam erfolgt ist bzw. ausgeschlossen, dass der Widerruf unwirksam ist. Eine gewisse Rechtsunsicherheit bliebe bis zur endgültigen Klärung der Frage im Prozess bestehen.

Im Ergebnis dürfte daher eine Vorsorgevollmacht für Personen mit häufig wechselnden psychischen Zustandsbildern, in denen die Vollmacht möglicherweise krank-

---

41 Vgl. *Zimmermann*, Vorsorgevollmacht, Betreuungsverfügung, Patientenverfügung, Rn. 229.
42 Vgl. *Papenmeier*, Transmortale und postmortale Vollmachten als Gestaltungsmittel, 2013, S. 110.
43 Kritisch insoweit *Kurze*, Vorsorgerecht, 2017, § 168 Rn. 18, der davon ausgeht, dass eine Vorsorgevollmacht auch bei vereinbarter Schriftform oder Frist mündlich und fristlos zumindest aus wichtigem Grund widerruflich sei.
44 So auch Gutachten DNotI-Report 2018, 89, 90.

heitsbedingt widerrufen wird, wohl kein geeignetes Vorsorgeinstrument darstellen. Auch die Rspr. hat entschieden, dass Zweifel an der Wirksamkeit des Widerrufs der Vollmacht deren Akzeptanz einschränken, womit aufgrund einer solchen Vollmacht die Angelegenheiten des Betroffenen nicht ebenso gut wie durch einen Betreuer besorgt werden können (vgl. § 1896 Abs. 2 S. 2 BGB).[45] Für solche Personen muss bei Erforderlichkeit vielmehr ein Betreuer bestellt werden. Hinsichtlich der Auswahl der Person des Betreuers und der Wahrnehmung der Betreuung können vorab Wünsche des Betroffenen im Rahmen einer sog. *Betreuungsverfügung* schriftlich niedergelegt werden (vgl. §§ 1901 Abs. 3 S. 2, 1897 Abs. 4 BGB).

2. Konkretisierung der Vorsorgevollmacht in Bezug auf ärztliche Zwangsmaßnahmen

Bekanntermaßen wurde mit Wirkung zum 22.7.2017 das Recht der Zwangsbehandlung erneut geändert.[46] Anlass war die *Entscheidung des BVerfG vom 26.7.2016* – 1 BvL 8/15[47], mit der das BVerfG eine verfassungswidrige Lücke in der seit dem Jahr 2013 geltenden Regelung der Zwangsbehandlung von psychisch Kranken bzw. geistig Behinderten (vgl. § 1906 Abs. 3, Abs. 3a BGB a. F.) festgestellt hat.

Durch das neue Gesetz wurde das Recht der Zwangsbehandlung von der freiheitsentziehenden Unterbringung abgekoppelt und im *neu eingefügten § 1906a BGB* eine eigenständige Regelung für die Zwangsbehandlung geschaffen. Nunmehr ist eine Zwangsbehandlung auch außerhalb einer freiheitsentziehenden Unterbringung des Betroffenen möglich, allerdings nur in einem dafür geeigneten Krankenhaus (also stationär; vgl. § 1906a Abs. 1 BGB). Kommt eine Zwangsbehandlung in Betracht, kann der Betroffene auch gegen seinen natürlichen Willen zu einem stationären Aufenthalt in ein Krankenhaus verbracht werden (vgl. § 1906a Abs. 4 BGB). Unzulässig sind allerdings weiterhin Zwangsbehandlungen in Heimen und sog. „ambulante Zwangsbehandlungen" (außerhalb einer Einrichtung).

Eine ärztliche Zwangsmaßnahme darf nur unter sehr engen materiellen Voraussetzungen (vgl. § 1906a Abs. 1 S. 1 Nr. 1 bis 7 BGB) und nur unter Einhaltung strenger verfahrensrechtlicher Sicherungen erfolgen.

Wie schon bislang kann ein Bevollmächtigter nach der Neuregelung in eine Zwangsbehandlung des einwilligungsunfähigen Vollmachtgebers nur wirksam einwilligen, wenn die Vollmacht schriftlich erteilt ist und die Vollmacht die Einwilligung in eine ärztliche Zwangsmaßnahme bzw. die Einwilligung in eine zwangsweise Verbringung in ein Krankenhaus *ausdrücklich umfasst* (§ 1906a Abs. 5 S. 2, Abs. 2 BGB).

Für die Gestaltungspraxis ist zu beachten, dass aufgrund der Gesetzesänderung die Muster für Vorsorgevollmachten in der Regel angepasst werden müssen. Fraglich ist nur, wie das neue Konkretisierungserfordernis sprachlich umzusetzen ist.

---

45 BGH NJW 2016, 159 f.; OLG Schleswig BtPrax 2006, 191 = BeckRS 2006, 08113.
46 Gesetz zur Änderung der materiellen Zulässigkeitsvoraussetzungen von ärztlichen Zwangsmaßnahmen und zur Stärkung des Selbstbestimmungsrechts von Betreuten vom 17.7.2017, BGBl. I, S. 2426.
47 NJW 2017, 53 ff. m. Anm. *Dodegge*.

Soweit ersichtlich, gibt es keine „offiziellen" Muster von Seiten des BMJV oder der Länderjustizministerien. Aus der Praxis ist bekannt, dass z. T. der *ganze Gesetzeswortlaut des § 1906a BGB* in die Vollmacht aufgenommen wird, was zu einer erheblichen Verlängerung des Textes der Vollmachtsurkunde führt. Dies ist zum einen problematisch, weil sich dadurch der Verlesungs- und Belehrungsaufwand des Notars vermehrt. Zum anderen wird die rechtlich betrachtet nicht ganz einfache Materie beim Vollmachtgeber erhebliche Verständigungsschwierigkeiten und ggf. sogar Verunsicherung oder Ablehnung hervorrufen. Dabei dürfte die betroffene Befugnis vermutlich nur eine sehr geringe praktische Relevanz besitzen.

Aus meiner Sicht ist es zur wirksamen Vollmachtserteilung in diesem Bereich nicht erforderlich, den Wortlaut des § 1906a BGB komplett zu übernehmen. „Ausdrücklich umfasst" von der Vollmacht müssen nur die einschlägigen Maßnahmen sein (also das „Was?"). Das sind im Falle des § 1906a BGB nur

1. Die Einwilligung in ärztliche Zwangsmaßnahmen im Falle der Einwilligungsunfähigkeit des Betroffenen sowie

2. Die Verbringung in ein Krankenhaus (zwecks Durchführung einer solchen Maßnahme).

Der übrige Inhalt des § 1906a BGB betrifft nicht die Maßnahmen, sondern die Voraussetzungen für die Rechtmäßigkeit der Maßnahme bzw. die Kriterien für die Erteilung der Genehmigung (also das „Wie?"). Hierauf erstreckt sich das „Ausdrücklichkeitserfordernis" nicht.

Hierfür spricht, dass – allgemein betrachtet – eine Befugnis, also das Recht, etwas zu tun, nicht nur rechtmäßiges, sondern auch unrechtmäßiges Handeln mit einschließt (Bsp.: Die Erteilung einer Fahrerlaubnis berechtigt zum Führen eines KFZ; Verstöße gegen die StVO lassen die Befugnis nicht entfallen). Außerdem genügt beispielsweise auch bei § 1906 Abs. 1 BGB nach allgemeiner Ansicht die Angabe der Befugnis zur freiheitsentziehenden Unterbringung, ohne dass auch die Voraussetzungen für die Rechtmäßigkeit der Unterbringung (Verhinderung der Selbstschädigung usw.) angegeben werden müssen.

Soll die Vorsorgevollmacht – wie regelmäßig gewünscht – den weitest möglichen Umfang haben, genügt es daher, wenn aus dem Text der Vollmacht deutlich hervorgeht, dass der Bevollmächtigte nicht nur über Unterbringungen mit freiheitsentziehender Wirkung (i. S. von § 1906 Abs. 1 BGB) und über freiheitsentziehende Maßnahmen in einem Heim oder in einer sonstigen Einrichtung (i. S. von § 1906 Abs. 4 BGB) entscheiden können soll, sondern auch über ärztliche Zwangsmaßnahmen i. S. des § 1906a Abs. 1 BGB bzw. die zwangsweise Verbringung zu einem stationären Aufenthalt in ein Krankenhaus i. S. von § 1906a Abs. 4 BGB.

3.   Herausgabe von Abschriften an das Betreuungsgericht

Bisweilen wurde im Anfragedienst des DNotI auch die Frage problematisiert, ob § 1901c BGB die notarielle Schweigepflicht durchbricht, so dass der Notar als urkundsverwahrende Stelle befugt ist, dem Betreuungsgericht auf Anforderung eine Abschrift der bei ihm beurkundeten Vorsorgevollmacht zu übersenden. In der Regel tritt diese Frage im Zusammenhang mit einem dort anhängigen Betreuungsverfahren auf.

Die h. A. in der Literatur geht davon aus, dass der Notar hinsichtlich Vorsorgevollmachten einer Mitteilungspflicht nach § 1901c S. 2 BGB unterliegt, da er als Verwahrer der Urschrift unmittelbarer Besitzer des Schriftstücks i. S. der Vorschrift ist.[48] Nur vereinzelt wird in der Literatur eine Mitteilungspflicht im Hinblick auf die Verschwiegenheitspflicht des Notars aus § 18 BNotO für zweifelhaft erachtet.[49]

Diese Bedenken überzeugen nicht. Schließlich entspricht es Sinn und Zweck einer Vorsorgevollmacht, im Vorsorgefall eine Betreuerbestellung zu verhindern. Dies setzt notwendigerweise die Kenntnisnahme durch das Betreuungsgericht voraus. Auch das mutmaßliche Interesse des Vollmachtgebers wird regelmäßig auf Informationsbeschaffung gegenüber dem Betreuungsgericht gerichtet sein, selbst wenn er im Einzelfall vielleicht die Ausfertigung der Vollmachtsurkunde nach Vollmachtserteilung noch nicht direkt an den Bevollmächtigten weitergeleitet hatte.

Ob die Vollmacht wirksam erteilt wurde bzw. zwischenzeitlich vielleicht widerrufen wurde, ist dabei nicht zu prüfen. Allgemein ist die Prüfung der Wirksamkeit einer Urkunde – wie beispielsweise auch bei Testamenten – nicht Aufgabe der Verwahrungsstelle, sondern allein Aufgabe des (Betreuungs-)Gerichts. Dieses wird durch Übersendung einer Abschrift (nicht: Urschrift) der Vollmachtsurkunde in die Lage versetzt, die Erforderlichkeit der Betreuerbestellung zu prüfen. Insoweit erscheint es auch sinnvoll, eine vollständige Abschrift und nicht nur eine teilweise Ablichtung zu übersenden, da nur so die Erforderlichkeit einer Betreuerbestellung geprüft werden kann.

Um rechtliche Zweifel an der Unterrichtungspflicht auszuschließen, die infolge Fehlens einschlägiger Rechtsprechung bestehen könnten, sollte sich der Notar in der Vollmachtsurkunde ausdrücklich zur Unterrichtung der mit dem Betreuungsverfahren befassten Stellen ermächtigen lassen.

---

48 Vgl. MünchKommBGB/*Schwab*, 7. Aufl. 2017, § 1901c Rn. 7; BeckOK BGB/*Müller-Engels*, 1.11.2017, § 1901c Rn. 6; *Jurgeleit/Kieß*, Betreuungsrecht, 3. Aufl. 2013, § 1901c Rn. 34.
49 Vgl. *Dodegge/Roth*, Systematischer Praxiskommentar Betreuungsrecht, 4. Aufl. 2014, C Rn. 90 f.

Vereinbarungen zur künstlichen Fortpflanzung

Univ.-Prof. Dr. Elisabeth Koch, Universität Jena

I. Zulässige Regelungsgegenstände

Nach deutschem Recht können Absprachen zur künstlichen Reproduktion nur zum Transfer von Samen eines Mannes getroffen werden, nicht aber zum Transfer von Eizellen einer Frau. In Deutschland ist zwecks Zeugung eines Kindes nur die künstliche Samenübertragung erlaubt, nicht aber erlaubt ist es, Eizellen von einer Frau auf eine andere zu übertragen. Das deutsche Recht verbietet die Aufspaltung der Mutterschaft auf zwei Frauen – Lieferung der Eizelle und Zuständigkeit für Schwangerschaft und Geburt dürfen nicht auseinanderfallen, das heißt: Eine Frau darf nur ein Kind austragen und zur Welt bringen, das genetisch von ihr abstammt.

Geregelt ist das im Embryonenschutzgesetz (ESchG). Dieses verbietet alle Maßnahmen, die auf die Durchführung einer Leihmutterschaft – das Gesetz spricht von Ersatzmutterschaft – oder auf die Spende von Eizellen zielen (§ 1 Abs. 1 Nr. 1, 2, 6, 7 ESchG). Eine Frau kann also nicht Schwangerschaft und Geburt für ein Kind übernehmen, das mit einer fremden Eizelle gezeugt worden ist. Gleichermaßen verboten ist die Eizellenspende: Eine Frau kann sich auch nicht eine fremde Eizelle implantieren lassen und dann das aus dieser entstehende Kind als eigenes austragen. Beides stellt eine Straftat dar. Mitwirkenden Dritten droht Freiheitsstrafe bis zu drei Jahren oder Geldstrafe (§ 1 Abs. 1 ESchG). Die Frauen selbst sind zwar von der Strafe ausgenommen (§ 1 Abs. 3 ESchG), doch ändert diese Straffreiheit aufgrund persönlichen Strafausschließungsgrundes nichts an der Strafbarkeit des Tuns.

In beiden Fällen kommt es zur Aufspaltung der Mutterschaft. Auf diese gerichtete Verträge sind gemäß § 134 BGB ivm den genannten Verbotsnormen des Embryonenschutzgesetzes nichtig.[1]

Rechtmäßige notarielle Vereinbarungen zur künstlichen Fortpflanzung[2] können also nur die Insemination betreffen. Vereinbarungen über diese – sei diese homolog oder heterolog – sind rechtlich wirksam.

Von homologer Samenübertragung spricht man, wenn der Samen von dem Partner der Frau – ihrem Ehemann oder ihrem Lebensgefährten – stammt, wobei im Fall des Lebensgefährten vielfach auch der Begriff quasi-homologe Insemination verwandt wird.

Die Fälle (quasi-)homologer Insemination weisen im Vergleich mit der natürlichen Zeugung eines Kindes insofern keine rechtlichen Besonderheiten auf, als das Kind

---

1   MüKoBGB/*Armbrüster*, 7. Aufl. 2015, § 134 Rn. 101.
2   Dass der in diesem Zusammenhang verwendete Begriff „künstliche Befruchtung" insofern unscharf ist, als nicht die Befruchtung künstlich ist, sondern der Weg zu dieser, konstatiert *Dölle* in: FS Ernst Rabel, Bd. 1, 1954, S. 187.

genetisch von dem Paar abstammt, das Eltern sein will. Allein die Tatsache, dass zu seiner Zeugung medizinische Assistenz notwendig war, hat keine Auswirkungen auf die Eltern-Kind-Beziehung, was die Abstammung angeht.

Insofern muss zwischen *Ehepartnern* hier nichts geregelt werden: Der zum Zeitpunkt der Geburt mit der Mutter verheiratete Ehemann ist von Gesetzes wegen auch rechtlicher Vater des Kindes (§ 1592 Nr. 1 BGB).

Sind die Eltern *nicht miteinander verheiratet*, muss die rechtliche Vaterschaft des Lebenspartners der Mutter erst hergestellt werden. In den Fällen quasi-homologer Insemination erfolgt dies üblicherweise im Wege der Anerkennung (§ 1592 Nr. 2 BGB). Im Hinblick darauf, dass das Kind genetisch von ihm abstammt, ist dem Lebenspartner der Frau in aller Regel daran gelegen, auch rechtlicher Vater zu werden. Falls er ausnahmsweise zur Anerkennung nicht bereit ist, kann seine Vaterschaft ohne großen Aufwand – ärztlicherseits ist ja alles dokumentiert – gerichtlich festgestellt werden (§ 1592 Nr. 3 BGB).

Zu Schwierigkeiten mit der Herstellung der Vaterschaft des nicht mit der Mutter verheirateten Mannes kommt es typischerweise in den Fällen der heterologen Insemination – die diesbezüglichen Rechtsfragen werden deshalb erst in deren Zusammenhang behandelt.

Eine heterologe Insemination[3] liegt vor, wenn der zur Zeugung des Kindes verwendete Samen nicht von dem Partner der Frau kommt, sondern von einem Dritten, dem Samenspender. Dann fallen genetische und rechtliche Vaterschaft auseinander – und dieses Auseinanderfallen zeitigt rechtliche Folgen, die zu bedenken und kautelarisch zu regeln sind.

II. Zulässige Vertragsparteien

Bislang (wohl noch) der Regelfall ist, dass ein heterosexuelles Paar wegen der Unfruchtbarkeit des Mannes die Zeugung des Kindes mittels Samenspende eines Dritten ins Auge fasst und im Hinblick hierauf eine Vereinbarung treffen will.

Hier begegnet die Beurkundung, was die Vertragsparteien angeht, keinen Bedenken.

Ein heterosexuelles Paar kann die Zeugung eines Kindes rechtmäßig mittels Samenspende veranlassen.

Nicht offen steht dieser Weg lesbischen Paaren und alleinstehenden Frauen. Das ergibt sich allerdings nicht aus dem Gesetz, denn die Voraussetzungen erlaubter Insemination sind gesetzlich nicht geregelt. Regelungen hierzu enthält allerdings das ärztliche Standesrecht – und zwar legen die Richtlinien der Bundesärztekammer die Voraussetzungen für die medizinische Assistenz bei der Samenübertragung im Einzelnen fest.[4] Nach diesen Richtlinien steht die Samenübertragung nur Ehepaaren und

---

3   In der Medizin ist der Begriff *donogene* Insemination üblich.
4   Richtlinien der Bundesärztekammer zur Durchführung der assistierten Reproduktion, Deutsches Ärzteblatt 103 (2006), A 1393. Die Landesärztekammern haben diese Richtlinien übernommen.

Partnern einer nichtehelichen Lebensgemeinschaft offen. Verheiratet muss das Paar nicht sein – nach den Richtlinien reicht es aus, dass es in stabiler dauerhafter Beziehung lebt. Das Standesrecht verbietet aber die Samenübertragung bei gleichgeschlechtlichen Paaren[5] – und auch bei alleinstehenden Frauen.

Von daher ist die notarielle Amtstätigkeit zu verweigern, wenn von einem lesbischen Paar oder von einer alleinstehenden Frau die Beurkundung einer Vereinbarung gewünscht wird, die im Hinblick auf die Zeugung eines Kindes mittels Samenübertragung getroffen werden soll. Eine solche Beurkundung nämlich zielt darauf, ein rechtswidriges Vorhaben zu ermöglichen.

Zwar ergibt sich die Rechtswidrigkeit nicht unmittelbar aus dem Gesetz – die Voraussetzungen der rechtlich erlaubten Insemination sind ja gesetzlich nicht geregelt. Die Rechtswidrigkeit ergibt sich aber aus den Richtlinien der Bundesärztekammer – und diese bestimmen die Praxis. Denn nach dem Embryonenschutzgesetz dürfen reproduktionsmedizinische Maßnahmen nur von Ärzten vorgenommen werden (§ 9 Nr. 1 ESchG). Aufgrund dieses Arztvorbehalts, der auch für Samenübertragungen gilt, bestimmt das ärztliche Standesrecht die Praxis erlaubter Insemination. Da eine solche in Deutschland legal nur unter Mitwirkung von Ärzten durchgeführt werden kann und Ärzte sich an ihre standesrechtlichen Richtlinien halten, ist einem lesbischen Paar oder einer alleinstehenden Frau rechtmäßiges Handeln hier nicht möglich.

Diese Regelungsmacht der Ärzteschaft wird kritisiert: Einer Standesorganisation stehen schließlich keine legislatorischen Befugnisse zu, die Bundes- und Länderärztekammern sind nicht der demokratisch legitimierte Gesetzgeber. Das ist eine berechtigte Kritik, aber: Solange der Gesetzgeber nicht tätig wird und den Richtlinien etwas entgegensetzt, wird sich an der Praxis der Ärzteschaft nichts ändern.

In diesem Zusammenhang wird im Übrigen der Arztvorbehalt des Embryonenschutzgesetzes als solcher in Frage gestellt. Und zwar wird die für die künstliche Fortpflanzung zwingend vorgeschriebene medizinische Assistenz für verfassungsrechtlich bedenklich gehalten, weil die darin liegende Einschränkung der Fortpflanzungsfreiheit das Recht auf freie Entfaltung der Persönlichkeit begrenzt.[6] Diesen Erwägungen ist entgegenzuhalten, dass die Freiheit zur Erzeugung von Kindern – vor allem angesichts der Breite der zur Verfügung stehenden Reproduktionstechnologien – rechtlich nicht grenzenlos, sondern nur unter wertender Betrachtung der zur Umsetzung des Kinderwunsches gewählten Methoden und Techniken zugestanden werden kann.

Lesbische Paare oder alleinstehende Frauen können derzeit jedenfalls die künstliche Befruchtung legal nicht erreichen – sie können diese nur unter Umgehung oder Verstoß gegen das Embryonenschutzgesetz herbeiführen. Entweder umgeht das Paar den deutschen Arztvorbehalt, indem die Maßnahme im Ausland durchgeführt wird, oder

---

5   Ob diese verpartnert sind oder nur faktisch zusammenleben, ist irrelevant. Auch die Eheschließung des lesbischen Paares wird am Ausschluss von der Insemination nichts ändern – auf das Verheiratetsein kommt es schließlich auch bei heterosexuellen Paaren nicht an.

6   *Grziwotz* NZFam 2014, 1065.

es verstößt gegen diesen Vorbehalt, indem die Insemination in Deutschland ohne Einschaltung eines Arztes vorgenommen wird. Letzteres stellt übrigens eine Straftat dar. Dem mitwirkenden Dritten droht Freiheitsstrafe bis zu einem Jahr oder Geldstrafe (§ 11 Abs. 1 Nr. 1 ESchG). Die Frau selbst und der Samenspender sind zwar von der Strafe ausgenommen (§ 11 Abs. 2 ESchG) – doch bedeutet das nur Straffreiheit aufgrund eines persönlichen Strafausschließungsgrundes und ändert nichts daran, dass auch diese beiden tatbestandsmäßig, rechtswidrig und schuldhaft eine Straftat begehen. [7]

III. Vertragsinhalt[8]

1. Arztvorbehalt des Embryonenschutzgesetzes

In der Regel planen Paare, die die Zeugung des von ihnen gewünschten Kindes – mittels Samenspende – juristisch absichern wollen, die medizinisch assistierte Zeugung.

Da nur diese legal ist, empfiehlt es sich, dieses Vorgehen vertraglich festzuschreiben und die ärztliche Reproduktionseinrichtung namentlich zu benennen und auch den zeitlichen Rahmen festzustecken, also zu regeln, wann mit den Maßnahmen begonnen werden soll und wann sie im Falle der Erfolglosigkeit eingestellt werden sollen.

2. Vaterschaft: Herstellung und Anfechtung

Genetischer Vater des Kindes ist der Samenspender. Dieser aber will mit dem Kind nichts zu tun haben. Das aber will der Partner der Mutter. Dieser will, nachdem er schon nicht biologischer Vater ist, zumindest rechtlicher Vater sein.

Verheiratetes Paar

Wenn das Paar verheiratet ist, bedarf die Herstellung der rechtlichen Vaterschaft keiner Regelung. Sie tritt von Gesetzes wegen ein: Vater eines Kindes ist der Mann, der zum Zeitpunkt der Geburt mit der Mutter des Kindes verheiratet ist (§ 1592 Nr. 1 BGB). Der Ehemann ist qua Gesetz Vater des Kindes mit allen sorgerechtlichen, unterhaltsrechtlichen, erbrechtlichen etc. Konsequenzen. Dass das Kind genetisch vom Samenspender abstammt, ist irrelevant.

Das Ehepaar kann die Vaterschaft des Ehemannes im Hinblick auf die fehlende genetische Abstammung auch nicht anfechten.[9] Das ist seit 2002 gesetzlich in § 1600

---

7   Von daher kann vom Fehlen einer gesetzlichen Inseminationsregelung für lesbische Paare und alleinstehende Frauen nicht auf die Legalität von deren Vornahme geschlossen werden, so aber MüKoBGB/*Wellenhofer*, 7. Aufl. 2017, § 1600 Rn. 78. Zurückzuweisen sind auch die Zweifel an der Rechtswidrigkeit der unter Verstoß gegen den Ärztevorbehalt vorgenommenen Insemination, *Helms* FamRZ 2017, 1537 (1539).

8   Zu Mustervereinbarungen *G. Müller* in: Limmer u.a. (Hg.), Würzburger Notarhandbuch, 5. Aufl. 2018, Teil 3, Kap. 4, B, S. 1734; *G. Müller* in: Münch (Hg.), Familienrecht in der Notar- und Gestaltungspraxis, 2. Aufl. 2016, § 13, B, S. 720; *Grziwotz* in: Heckschen u.a. (Hg.), Beck'sches Notarhandbuch, 6. Aufl. 2016, B, V, S. 933.

Abs. 5 BGB bestimmt, war aber schon zuvor herrschende Meinung in Rechtsprechung und Literatur: Im Falle der einvernehmlich veranlassten Zeugung des Kindes mittels Samenspende eines Dritten ist die Anfechtung der Vaterschaft durch den Mann oder die Mutter ausgeschlossen.

Wenn die Eltern verheiratet sind, wird die Vaterschaft des Ehemannes also von Gesetzes wegen hergestellt und kann von den Eltern auch nicht mehr nicht beseitigt werden. Beseitigt werden aber kann die Vaterschaft von dem Kind. Das Kind hat ein eigenes Anfechtungsrecht (§ 1600 Abs. 1 Nr. 4 BGB) und kann dieses, wenn es volljährig geworden ist, eigenständig ausüben und sich von seinem rechtlichen Vater lösen – und damit den Familienplan seiner Eltern zunichtemachen.

Das Kind ist dann zunächst vaterlos – ob und inwieweit es den Samenspender als Vater ins Spiel bringen will und ob und inwieweit dieser ins Spiel gebracht werden kann, ist eine gesondert zu betrachtende Frage.

Unabhängig von dieser ist es jedenfalls wichtig, das die Insemination per Samenspende planende Ehepaar über das – unabdingbare – Anfechtungsrecht des Kindes zu belehren und darauf hinzuweisen, dass dieses, wenn es volljährig geworden ist, die Familienkonstellation über den Haufen werden kann.

Dass die Eltern während der Minderjährigkeit des Kindes dessen Anfechtungsrecht als gesetzliche Vertreter ausüben können, bleibt eine theoretische Möglichkeit. Denn die Vaterschaftsanfechtung durch den gesetzlichen Vertreter setzt voraus, dass sie dem Wohl des Kindes dient (§ 1600a Abs. 4 BGB). Und das ist nicht der Fall, wenn das Kind mittels Samenspende eines Dritten gezeugt worden ist. Denn es wird durch die Anfechtung vaterlos ohne Gewissheit, einen anderen Mann als Vater zugeordnet zu bekommen.[10] Abgesehen hiervon läuft mit Erreichen des 2. Lebensjahres des Kindes die Anfechtungsfrist für die Eltern ohnehin ab – sie haben ja seit dessen Geburt Kenntnis von den gegen die Vaterschaft sprechenden Umstände (§ 1600b Abs. 1 iVm § 166 Abs. 1 BGB).

Nicht verheiratetes Paar

Ist das Elternpaar nicht miteinander verheiratet, muss die Vaterschaft des Mannes erst durch Anerkennung hergestellt werden (§ 1594 BGB).

Insoweit besteht hier für die Mutter das Risiko, dass ihr Lebenspartner sich während der Schwangerschaft eines anderen besinnt und sich weigert, die Vaterschaft anzuerkennen – mit dem Ergebnis, dass sie mit dem Kind allein dasteht. Aber auch sie selbst kann den Plan, das mittels Samenspende gezeugte Kind als gemeinschaftliches großzuziehen, durchkreuzen und ihren Lebenspartner als Vater rausschießen, weil sie etwa das Kind mit einem anderen Mann großziehen will. Das geht einfach, denn die Anerkennung der Vaterschaft bedarf der Zustimmung der Mutter – diese ist Wirksamkeitsvoraussetzung (§ 1595 Abs. 1 BGB).

Leben die (Wunsch)Eltern in nichtehelicher Lebensgemeinschaft, besteht im Falle heterologer Insemination also die Gefahr, dass es zu der bei der Planung des Vor-

---

9   Im Verfahren gemäß §§ 111 Nr. 3, 169 Nr. 4 FamFG.

10   Bestätigend OLG Saarbrücken FamRZ 2018, 832 (835).

habens als selbstverständlich ins Auge gefassten Vaterschaftsanerkennung nicht kommt, weil einer von ihnen nicht mehr mitspielt – der Lebenspartner will nun doch nicht Vater sein oder die Frau will ihn nicht mehr als solchen haben. Gerichtlich kann die Vaterschaft hier nicht hergestellt werden, denn – anders als bei der quasi-homologen Insemination – ist der Lebenspartner hier ja nicht der genetische Vater.

Auf dieses Risiko, dass es nämlich nicht zur rechtlichen Vaterschaft des Lebenspartners kommt, sind die potentiellen Eltern hinzuweisen – auszuschalten ist dieses Risiko derzeit nicht.

Auf der sicheren Seite wären die Lebenspartner hier nur, wenn sie die zur rechtlichen Vaterschaft führenden Erklärungen, die Anerkennung und die Zustimmung, abgeben könnten, bevor das Kind überhaupt gezeugt wird – also etwa gleich beim Notar, der ihr Vorhaben beurkundet.

Das aber ist rechtlich nicht möglich. Die Vaterschaftsanerkennung kann zwar pränatal, also schon während der Schwangerschaft und noch vor der Geburt des Kindes erfolgen (§ 1594 Abs. 4, § 1595 Abs. 3 iVm § 1594 Abs. 4 BGB). Nach herrschender Meinung aber können die diesbezüglichen Erklärungen nicht präkonzeptionell, also bereits vor der Zeugung des Kindes, abgegeben werden.[11] Statusrechtlich anerkannt werden kann nämlich nur etwas, was irgendwie schon da ist – statusrechtliche Erklärungen benötigen ein Objekt, auf das sie sich beziehen, sonst gehen sie ins Leere. Zur Vermeidung einer ins Leere gehenden präkonzeptionellen Vaterschaftsanerkennung geht es auch nicht an, diese unter die aufschiebende Bedingung zu stellen, dass es zur Zeugung des Kindes kommt. § 1594 Abs. 3 BGB nämlich bestimmt ausdrücklich, dass die Anerkennung der Vaterschaft unter einer Bedingung oder Zeitbestimmung unwirksam ist.

Es steht zu erwarten, dass der Gesetzgeber noch in dieser Legislaturperiode den Vorschlag[12] aufgreift, die präkonzeptionelle Vaterschaftsanerkennung ausnahmsweise dann zuzulassen, wenn ein nicht verheiratetes Paar die Zeugung eines Kindes mittels Samenspende plant – dann sollen die zur Vaterschaftsanerkennung notwendigen Erklärungen gleichzeitig mit dem Einverständnis zur Durchführung der Insemination abgegeben werden können.

Derzeit aber kommt es noch zur Vaterlosigkeit des Kindes, wenn der Lebenspartner der Mutter die Vaterschaft des mit dem Samen eines Dritten gezeugten Kindes nicht anerkennt oder wenn die Mutter seiner Anerkennung nicht zustimmt.

Um dies zu vermeiden, kann man derzeit vertraglich nur festschreiben, dass sich die Eltern verpflichten, nach der Zeugung des Kindes alle für die Vaterschaftsanerkennung erforderlichen Erklärungen abzugeben. Dass eine solche Verpflichtung rechtlich durchsetzbar ist, ist allerdings stark zu bezweifeln – ihrer Aufnahme in den Vertrag kommt insofern nur Appellfunktion zu. Die Möglichkeit nämlich, sich jederzeit frei für oder gegen ein Kind und die Übernahme elterlicher Verantwortung zu entscheiden, gehört zu dem verfassungsrechtlich geschützten Recht auf Selbstbestim-

---

11 *Muscheler*, Familienrecht, 4. Aufl. 2017, Rn. 548; Staudinger/*Rauscher* (2011) § 1594 Rn. 50.
12 MüKoBGB/*Wellenhofer*, 7. Aufl. 20017, § 1594 Rn. 43; *Roth* DNotZ 2001, 804 (808); *Spickhoff* Acp 197 (1997) 398 (426).

mung (Art. 2 Abs. 1 iVm Art. 1 Abs. 1 GG) und wird von der Rechtsprechung äu-ßerst ernst genommen.[13]

Was sich allerdings – unabhängig von der Vaterschaftsanerkennung – verbindlich vereinbaren lässt, ist die Übernahme der wirtschaftlichen und sozialen Verantwortung für das Kind durch den Lebenspartner. Dieser kann sich gegenüber seiner Lebenspartnerin im Wege des Vertrages zugunsten Dritter verpflichten, für das durch die Insemination entstandene Kind wirtschaftlich und sozial wie ein Vater zu sorgen, insbesondere Unterhalt zu zahlen. Aus diesem Vertrag ist das Kind – als Dritter im Sinne des § 328 BGB – dann dem Lebenspartner gegenüber unmittelbar anspruchsberechtigt und kann Unterhalt, Betreuung u.a. verlangen.

Bereits 1995 hatte der BGH entschieden, das sich der Mann hierzu – konkludent – schon verpflichtet, wenn er in die heterologe Insemination einwilligt.[14] Dies trotz der dahingehenden ständigen Rechtsprechung ausdrücklich festzuschreiben, empfiehlt sich im Hinblick darauf, dass den potentiellen Eltern die Konsequenzen und Risiken ihres Vorhabens noch einmal deutlich vor Augen geführt werden.

Zu ergänzen ist diese Verpflichtung des Lebenspartners gegenüber dem Kind durch die, seiner Partnerin Betreuungsunterhalt zu zahlen – wie einer nichtehelichen Mutter nach Maßgabe des § 1615l BGB oder auch wie einer geschiedenen Mutter nach Maßgabe der §§ 1569 ff. BGB.

Sind die Partner der nichtehelichen Lebensgemeinschaft im Zeitpunkt der Geburt des Kindes aber noch bereit, die Elternrolle gemeinsam zu übernehmen und stellen die Vaterschaft des Lebenspartners per Anerkennung her, kann diese von ihnen nicht mehr beseitigt werden. § 1600 Abs. 5 BGB gilt auch für ein nicht verheiratetes Elternpaar: Bei einvernehmlicher Zeugung eines Kindes durch künstliche Befruchtung mittels Samenspende eines Dritten können der Mann und die Frau die Vaterschaft nicht anfechten.

Das aber kann das Kind. Wie das ehelich geborene kann auch das nichtehelich geborene Kind, wenn es volljährig ist, sein Anfechtungsrecht eigenständig und auch gegen den Willen der Eltern ausüben. Auch hier gilt, dass es durch die Anfechtung zunächst – nur – vaterlos wird. Ob und inwieweit es an den Samenspender herantreten und diesen sozial und rechtlich als Vater in Anspruch nehmen will und kann, ist eine andere Frage.

Diese stellt sich für das ehelich wie für das nichtehelich geborene Kind in gleicher Weise und ist Gegenstand des folgenden Abschnitts.

---

13   BGHZ 146, 391 = FamRZ 2001, 541; FamRZ 2015, 2134 (im Zusammenhang mit der bis zum Eintritt der Schwangerschaft grundsätzlich freien Widerruflichkeit des Einverständnisses des Mannes mit der Insemination).
14   BGH FamRZ 1995, 861 = DNotZ 1996, 778, 795; FamRZ 2015, 2134.

3. Situation des Samenspenders

Der Samenspender lebt im Risiko. Er muss immer damit rechnen, als genetischer Vater ausfindig gemacht und von dem Kind behelligt zu werden – tatsächlich oder auch rechtlich.

Der Suche des Kindes nach seinem genetischen Vater ist regelmäßig Erfolg beschieden, wenn es unter ärztlicher Assistenz gezeugt worden ist.

Die Verträge, die die Eltern hier – mit der Reproduktionseinrichtung, dem niedergelassenen Arzt, gegebenenfalls auch mit der Samenbank – geschlossen haben, entfalten nach allgemeiner Meinung nämlich Schutzwirkung zugunsten des Kindes und geben diesem einen Auskunftsanspruch aus § 242 BGB gegen die Vertragspartner der Eltern.[15]

Einen solchen Auskunftsanspruch hat nach allgemeiner Meinung nämlich der in den Vertrag einbezogene Dritte immer dann, wenn er zur Durchsetzung seiner Rechte Informationen benötigt, die er sich selbst nicht verschaffen kann, deren Beibringung der anderen Vertragspartei aber unschwer möglich ist.

Diese Voraussetzungen liegen hier vor: Das Kind benötigt die persönlichen Daten des Samenspenders, um das – aus dem allgemeinen Persönlichkeitsrecht (Art. 2 Abs. 1 iVm Art. 1 Abs. 1 GG) folgende[16] – Recht auf Kenntnis der eigenen Abstammung durchsetzen zu können. Es selbst kann sich die Daten nicht verschaffen – Reproduktionseinrichtung, Arzt und Samenbank aber können diese ohne sonderliche Mühe preisgeben.

Auf Anonymitätszusicherungen gegenüber dem Samenspender können sie sich nicht berufen – die Interessen des Kindes gehen hier denen des Samenspenders vor. Dies ergibt sich aus einer Abwägung der in Rede stehenden Persönlichkeitsrechte der beiden. Dem Kind gewährleistet das Persönlichkeitsrecht das Recht auf Kenntnis seiner Abstammung, dem Samenspender gewährleistet das Persönlichkeitsrecht das Recht auf informationelle Selbstbestimmung, das ihm hier die Nichtherausgabe seiner Daten und damit Anonymität sichert. Unter dem Aspekt, dass sich der Samenspender bewusst und gewollt an der Zeugung menschlichen Lebens beteiligt hat, hat nach allgemeiner Meinung dessen Recht zurückzutreten – die Rechtsprechung misst in aller Regel dem Persönlichkeitsrecht des Kindes Priorität zu.[17]

---

15 Die Voraussetzungen des – aus einer ergänzenden Auslegung des geschlossenen Vertrages herzuleitenden (§§ 157, 242 BGB) – Vertrages mit Schutzwirkung zugunsten eines Dritten liegen hier vor. Da die Sorgfalts- und Überprüfungspflichten der Ärzte und Samenbanken beim Umgang mit dem zu verwendenden Material auch – wenn nicht sogar primär – dem Schutz des zu zeugenden Kindes dienen, haben die Eltern ein schutzwürdiges Interesse daran, das Kind in die von ihnen geschlossenen Verträge einzubeziehen. Dieses Interesse ist den zur Zeugung eingeschalteten Einrichtungen und Ärzte erkennbar – und sie zur Einhaltung der genannten Pflichten vertraglich auch dem zu produzierenden Kind gegenüber zu verpflichten, ist ihnen zumutbar.

16 BVerfG NJW 1989, 891; 1997, 1769.

17 BGH FamRZ 2015, 642; AmtsG Hannover FamRZ 2017, 223. Die Richtlinien der Bundesärztekammer fordern im Hinblick hierauf, dass sich der Samenspender ausdrücklich mit der Dokumentation und Bekanntgabe seiner persönlichen Daten einverstanden erklärt.

Über dieses Auskunftsrecht des Kindes sind seine potentiellen Eltern zu belehren.[18] Es muss ihnen klar sein, dass der Samenspender aufgespürt werden und ins Spiel kommen kann.

Vorsorge treffen können die Eltern insoweit nur für den Fall, dass es dem Kind bei der Aufdeckung des Samenspenders nicht nur um das Wissen seiner genetischen Herkunft geht, sondern dass es den Samenspender auch als rechtlichen Vater haben will und dessen Vaterschaft gerichtlich feststellen lässt (§ 1592 Nr. 3 BGB). Dann kommen auf den Samenspender Unterhaltspflichten, Erbansprüche etc. zu. Üblich in der notariellen Praxis sind insoweit Freistellungsvereinbarungen: Die Eltern verpflichten sich gesamtschuldnerisch im Wege des Vertrages zugunsten Dritter (§ 328 BGB), den Samenspender von allen Rechtsnachteilen, die ihre Grundlage in dem genetischen Abstammungsverhältnis haben, freizustellen, insbesondere auch von Unterhalts- und Pflichtteilsansprüchen des Kindes. Und dann wird vereinbart, dass diese Verpflichtung zugunsten des Samenspenders ohne dessen Zustimmung nicht geändert oder aufgehoben werden kann.

Eine solche Freistellungsvereinbarung schützt den Samenspender vor wirtschaftlicher Inanspruchnahme allerdings nur dann, wenn die Eltern leistungsfähig sind und er, von dem Kind in Anspruch genommen, auf diese verweisen oder bei ihnen Rückgriff nehmen kann.

Das Risiko ihrer Solvenz verbleibt ihm – und auch die Klageerhebungslast, wenn sie nicht freiwillig zahlen.

IV. Rechtslage ab 1. Juli 2018

Am 1. Juli 2018 tritt das „Gesetz zur Regelung des Rechts auf Kenntnis der Abstammung bei heterologer Verwendung von Samen" in Kraft.[19]

Samenspenderregistergesetz

Dieses führt zunächst das Samenspenderregistergesetz (SaRegG) ein. Dessen Ziel ist es, Kindern, die mittels einer Samenspende gezeugt worden sind, die Durchsetzung ihres Rechts auf Kenntnis der eigenen Abstammung zu ermöglichen.

Zu diesem Zweck wird ein zentrales Samenspenderregister errichtet – und zwar beim „Deutschen Institut für Medizinische Dokumentation und Information" (DIMDI).[20] In dem Register werden die personenbezogenen Daten des Samenspenders festgehalten – dessen Vor- und Familienname, Geburtstag, Geburtsort, Staatsangehörigkeit und Anschrift. Gespeichert werden diese Daten 110 Jahre lang (§ 2 Abs. 1 SaRegG).

---

18 Vielfach machen sie selbst von diesem Recht bereits während der Minderjährigkeit des Kindes als dessen gesetzliche Vertreter Gebrauch, um das Kind über seine genetische Herkunft aufklären zu können.
19 Gesetz v. 17.7.2017, BGBl. 2017 I, 2513.
20 Bisher erfolgte die Dokumentation dezentral in den einzelnen Einrichtungen, Arztpraxen und Samenbanken.

Und nun kommt der Anspruch: Jeder, der vermutet, durch heterologe Verwendung von Samen – bei einer ärztlich assistierten künstlichen Befruchtung – gezeugt worden zu sein, hat gegenüber dem DIMDI einen Anspruch auf Auskunft aus diesem Register (§ 10 SaRegG). Er bekommt also die persönlichen Daten seines Erzeugers und kann sich an diesen wenden.

Über dies alles ist der Samenspender von der Entnahmeeinrichtung, also der Samenbank, aufzuklären: Darüber, dass seine persönlichen Daten 110 Jahre lang gespeichert werden und darüber, dass – sich betroffen wähnende – Personen einen Anspruch auf Erhalt dieser Daten haben. Der Spender weiß also über die Folgen seines Tuns Bescheid. Ihm ist bekannt, dass er zeitlebens registriert ist und das Kind – oder auch dessen gesetzlicher Vertreter[21] – auftauchen und Kontakt zu ihm aufnehmen können.

Erhebung, Weitergabe und Registrierung der Daten sind im Einzelnen wie folgt geregelt. Die Samenbank gibt den – mit einer Identifikationsnummer versehenen Samen (§ 3 SaRegG) – an eine reproduktionsmedizinische Einrichtung im Sinn des § 1a Nr. 9 TransplantationsG weiter. Nicht erlaubt ist die Weitergabe an niedergelassene Ärzte; anders als bisher dürfen diese also keine heterologen Inseminationen mehr vornehmen.

Die Reproduktionseinrichtung speichert dann das Datum der Verwendung des Samens, den Eintritt der Schwangerschaft sowie das errechnete Geburtsdatum – und zwar zusammen mit dem Namen der Entnahmeeinrichtung, der Identifikationsnummer des verwendeten Samens und den persönlichen Daten der Frau (§ 6 SaRegG).

Diese Daten werden dann zusammen dem Samenspenderregister zugeleitet – und zwar nach der Geburt des Kindes. Wird eine solche nicht mitgeteilt, werden die Daten vorsorglich an das Register weitergeleitet – es sei denn, eine Geburt ist auszuschließen (§ 6 SaRegG).

Sobald das DIMDI diese Informationen von der Reproduktionseinrichtung erhalten hat, fordert es mit der Samen-Identifikationsnummer von der Samenbank die persönlichen Daten des Samenspenders an und informiert den Samenspender von der 110-jährigen Datenspeicherung (§§ 7, 8 SaRegG). Dieser ist gewarnt. Er weiß, dass mit seinem Samen ein Kind in die Welt gesetzt worden ist und er als genetischer Vater ausfindig gemacht werden kann.

Im Ergebnis werden Samenspender in Zukunft also gefunden – vorausgesetzt, es ist alles legal abgelaufen und es war eine – nach dem Samenspenderregistergesetz anerkannte – Entnahmeeinrichtung eingeschaltet sowie eine nach dem Transplantationsgesetz anerkannte medizinische Reproduktionseinrichtung.

Sind Kinder nicht so gezeugt worden – privat oder unter Einschaltung sonstiger Dritter – gehen die Vorschriften ins Leere und zwar schon deshalb, weil nichts verlässlich dokumentiert ist.

---

21 Nach Vollendung des 16. Lebensjahres kann der Anspruch nur von dem betroffenen Kind selbst geltend gemacht werden, bis dahin von seinem gesetzlichen Vertreter.

Einführung des § 1600 d Abs. 4 BGB

Zur Aufrechterhaltung der Spendenbereitschaft wird das BGB geändert. § 1600d Abs. 4 BGB stellt den Samenspender von der rechtlichen Vaterschaft frei. Ist das Kind legal – wie eben beschrieben – gezeugt worden, kann der Samenspender nicht als rechtlicher Vater festgestellt werden.[22] Er kann als genetischer Vater ermittelt werden – und soll das auch: Die durch heterologe Insemination gezeugten Kinder sollen wissen können, von wem sie abstammen. Sie sollen dieses Wissen aber nicht nutzen können, um wirtschaftliche Interessen durchzusetzen. Das der Identitätsfindung dienende Recht auf Abstammungskenntnis ist realisiert, wenn das Kind weiß, wer sein genetischer Vater ist. Unterhalts- und Erbberechtigungen haben hiermit nichts zu tun, die Identitätsfindung soll gerade nicht mit materiellen Aspekten und Interessen verbunden werden können.

Der Samenspender muss also nur noch mit Kontaktaufnahme rechnen, also damit, dass er tatsächlich behelligt wird von dem Kind, rechtliche Folgen aber treffen ihn nicht mehr. Vor der Kontaktaufnahme wird er übrigens dadurch gewarnt, dass das DIMDI ihn informiert, wenn ein ihn betreffendes Auskunftsersuchen eingegangen ist und Auskunftserteilung beabsichtigt wird (§ 10 SaRegG).

Die neue Regelung gilt in zeitlicher Hinsicht allerdings nur für Kinder, die ab dem 1. Juli 2018 mittels heterologer Samenspende gezeugt werden. Für die bis dahin gezeugten und geborenen Kinder bleibt es beim alten Recht.

Von daher behalten die bisher in Bezug auf den Samenspender beurkundeten Freistellungsvereinbarungen ihre Bedeutung. In Zukunft aber sind solche Vereinbarungen zur Freistellung des Samenspenders nicht nur überflüssig, sondern verbieten sich. Bei legalem Vorgehen kann der Samenspender ja nicht mehr als rechtlicher Vater festgestellt werden – und muss folglich auch nicht mehr von Pflichten freigestellt werden. Zur rechtlichen Vaterschaft des Samenspenders kommt es künftig nur noch, wenn das Kind entgegen den Vorschriften des Samenspenderregistergesetzes produziert wird. Denn dann liegen die Voraussetzungen des § 1600d Abs. 4 BGB nicht vor und der Samenspender kann – wie bislang – als rechtlicher Vater festgestellt werden. In diesem Fall aber ist das Vorgehen bei der Zeugung des Kindes illegal – und illegales Handeln dürfen Juristen und insbesondere Notare nicht fördern.[23]

---

22   § 1600d Abs. 4 BGB: Ist das Kind durch eine ärztlich unterstützte künstliche Befruchtung in einer Einrichtung der medizinischen Versorgung im Sinne von § 1a Nr. 9 des Transplantationsgesetzes unter heterologer Verwendung von Samen gezeugt worden, der vom Spender einer Entnahmeeinrichtung im Sinne von § 2 Abs. 2 S. 1 des Samenspenderregistergesetzes zur Verfügung gestellt wurde, so kann der Samenspender nicht als Vater dieses Kindes festgestellt werden.

23   Formulierungsvorschlag zur Ablehnung der Beurkundung in solchem Fall bei *Grziwotz*, notar 2018, 163 (172).

Neues im Internationalen Familienrecht

*Univ.-Prof. Dr. Peter Mankowski, Universität Hamburg**

I. Einleitung

Notare sind nach ihrem eigenen Anspruch Alleskönner. Zwar mögen sie ihre jeweiligen persönlichen Spezialisierungen und Schwerpunkte haben, doch müssen sie sich allen Aufgaben stellen, die Beurkundungen und vorangehende Gestaltungen mit sich bringen. Auch Familienrecht darf ihnen – wie alles Menschliche – nicht fremd sein. Die zunehmende Internationalisierung des Alltagslebens, grenzüberschreitende Personenmobilität und mehr als 11 % Wohnbevölkerung mit Auslandsbezug in Deutschland bringen dabei auch das Internationale Familienrecht ins Spiel. Auch seinen Herausforderungen müssen sich Notare zunehmend stellen und ihr Wissen entsprechend à jour halten.

Der europäische Gesetzgeber macht den Notaren diese Aufgabe nicht leicht. Denn er legiferiert fleißig. Allein seit 2009 hat er die Rom III-VO zum Internationalen Scheidungsrecht, die EuUntVO zum Internationalen Unterhaltsrecht und die EuGüVO und EuPartVO zum Internationalen Güterrecht erlassen, außerdem das HUP ratifiziert und über Art. 15 EuUntVO sogar schon vorzeitig in Wirkung gesetzt. Im Internationalen Eherecht hat er eigentlich nur das Internationale Eheschließungsrecht und das IPR der allgemeinen Ehewirkungen nicht eigens geregelt (allerdings über die EuGüVO doch sachlich ein großes Stück aus letzterem herausgeschnitten). KSÜ und ErwSÜ zu ratifizieren hat er freilich den Mitgliedstaaten überlassen, und das Internationale Kindschaftsrecht ist für ihn ein relativer weißer Fleck.

Auch der deutsche Gesetzgeber ist aber nicht untätig gewesen. Gesellschaftliche Entwicklungen haben ihn zu zwei neuen Normen in den ihm verbliebenen Regelungsbereichen getrieben: Das Gesetz über die Ehe für alle hat Art. 17b IV EGBGB komplett umgestaltet, die bisherige Deckelung für eingetragene Partnerschaften, die berühmt-berüchtigte Kappungsgrenze, aufgehoben und gleichgeschlechtliche Ehen im IPR (nicht im deutschen Sachrecht!) den registrierten Partnerschaften gleichgestellt. Art. 13 III EGBGB wiederum versucht durch besonderen Eingriff Kinderehen pauschal und abstrakt zu bekämpfen. Diesen Neuerungen im deutschen Internationalen Eherecht ist III gewidmet, II dagegen einer gedrängten Einführung in über EuGüVO und EuPartVO. Der letzte Abschnitt IV soll als Querschnittsabschnitt einer besonders vornehmen notariellen Wächteraufgabe gelten: dem Schutz Schwächerer vor einer Rechtswahl. Art. 8 V HUP ist insoweit ein Muster, über dessen Verallgemeinerungsmöglichkeiten sich nachzudenken lohnt.

---

* Der Beitrag beruht in Teilen auf meinem Beitrag „Internationale Zuständigkeit nach EuGüVO und Eu-PartVO" aus: *Anatol Dutta/Johannes Weber* (Hrsg.), Die Europäischen Güterrechtsverordnungen, München 2017, S. 11–43 und auf *Christian v. Bar/Peter Mankowski*, Internationales Privatrecht II: Besonderer Teil, 2. Aufl. München 2019, § 4. Er befindet sich auf dem Gesetzgebungsstand vom 1.7.2019.

II. Einführung in EuGüVO und EuPartVO

Für alle Ehen, die nach dem 29.1.2019 geschlossen werden, gilt das IPR der EuGüVO, deren Zuständigkeitsregime wiederum für alle ab einschließlich dem 29.1.2019 eingeleiteten Verfahren gilt. Die Übergangsregelung ist so altrechtsfreundlich, wie sie nur sein kann. Die EuGüVO gilt ex nunc und entfaltet keine, auch keine unechte Rückwirkung. Vor Ehen, die vor dem Wirksamwerden der EuGüVO geschlossen wurden, erfolgt kein Wechsel des maßgeblichen Kollisionsrechtsregimes. Die EuGüVO verwirklicht im IPR insoweit getreulich den seit je im (zumindest im deutschen) Internationalen Ehegüterrecht waltenden Unwandelbarkeitsgrundsatz, hier sogar in intertemporaler Hinsicht. EuGüVO und EuPartVO sind règlements triples: Sie regeln sowohl die internationale Zuständigkeit als auch das anwendbare Recht als auch die Anerkennung und Vollstreckbarerklärung von Entscheidungen.

1. Internationale Zuständigkeit unter EuGüVO und EuPartVO

Die internationale Zuständigkeit ist eine Zulässigkeitsfrage. Daher stellt sie sich vor der Frage nach dem anwendbaren Recht, denn letztere betrifft grundsätzlich nur die Begründetheit. EuGüVO und EuPartVO regeln die internationale Zuständigkeit ausführlich und differenziert. Beide bemühen sich insoweit bis in die Nummerierung hinein um Parallelität zueinander, wo dies irgend geht. Unterschiede in wichtigen Aspekten bleiben indes. Diese Unterschiede erklären sich im Kern daraus, dass die eingetragene Partnerschaft eben – anders als die traditionelle Ehe zwischen Mann und Frau – nicht auf universelle Respektierung und nicht einmal auf Respektierung in der ganzen EU zählen darf. EuGüVO und EuPartVO regeln die internationale Zuständigkeit für die von ihnen erfassten Materien abschließend; neben ihnen kommt nationales Zuständigkeitsrecht nicht zum Zuge, auch nicht als von ihnen verwiesene Restzuständigkeit.[1] Das Zuständigkeitssystem von EuGüVO und EuPartVO ist überaus komplex. Es ist gestaffelt, von Subsidiaritätsverhältnissen und Ausnahmen geprägt. Teilweise wird es schon als negatives Musterbeispiel, wie europäische Gesetzgebung im IPR und IZPR *nicht* aussehen sollte, apostrophiert.[2]

a) Vorrangige akzessorische Zuständigkeiten

aa) Grundsätzliches

EuGüVO und EuPartVO haben sich so weit wie möglich dem Prinzip der akzessorischen Zuständigkeit[3] verschrieben: Mit anderen Verfahren zusammengehörende Güterrechtssachen folgen dem jeweiligen Gerichtsstand für das andere Verfahren. Kon-

---

1   *Simotta,* ZvglRWiss 116 (2017), 44, 47.
2   *Garau Sabrino,* ZvglRWiss 117 (2018), 24, 42.
3   Auch laterale oder supplementäre Zuständigkeit genannt; *Davrados,* Rev. hell. dr. int. 66 (2013), 259, 266, 268.

zentration ist Trumpf.[4] Koordination zwischen den europäischen Rechtsakten ist Trumpf.[5] Die Erwägungsgründe (32) von EuGüVO und EuPartVO geben dies als Programm vor: Um der zunehmenden Mobilität von Paaren Rechnung zu tragen und eine geordnete Rechtspflege zu erleichtern, sollen die güterrechtlichen Zuständigkeiten den Bürgern die Möglichkeit geben, miteinander zusammenhängende Verfahren vor Gerichten desselben Mitgliedstaats verhandeln zu lassen. Zu diesem Zweck streben die güterrechtlichen Verordnungen an, die Zuständigkeit für die Güterrechtssachen in demjenigen Mitgliedstaat zu bündeln, dessen Gerichte berufen sind, über die Rechtsnachfolge nach einem Ehegatten bzw. Partner gemäß der EuErbVO oder die Ehescheidung, die Trennung ohne Auflösung des Ehebands oder die Ungültigerklärung einer Ehe gemäß der Brüssel IIa-VO bzw. die Auflösung oder Ungültigerklärung einer eingetragenen Partnerschaft zu entscheiden. Das entscheidende Wort ist „bündeln": Koordination und Konzentration führen zu einem Prinzip des einen und nur einen zuständigen Gerichts für mehrere Aspekte.[6] Die akzessorischen Zuständigkeiten sind stark. Sie verdrängen die anderen objektiven Zuständigkeiten, die ihnen gegenüber nur subsidiär sind und nur dann zum Zuge kommen, wenn keine akzessorische Zuständigkeit besteht. Sie sind derogationsfest, denn Gerichtsstandsvereinbarungen sind nur erlaubt, soweit andere objektive Zuständigkeiten und keine akzessorischen Zuständigkeiten in Rede stehen.

In einem wichtigen Punkt wird die Akzessorietät allerdings nicht konsequent durchgehalten: Die akzessorischen Zuständigkeiten des Güterrechts regeln jeweils nur die internationale Zuständigkeit für die Güterrechtssache.[7] Sie knüpfen nicht zugleich die örtliche und die sachliche Zuständigkeit an das erb- oder scheidungsrechtlich befasste Gericht an. Vielmehr überlassen sie, wörtlich genommen, der lex fori des angerufenen Gerichts die Regelung der örtlichen und der sachlichen Zuständigkeit.[8]

bb) Bei Tod eines Ehegatten oder Partners (Art. 4 EuGüVO/EuPartVO)

Wird ein Gericht eines Mitgliedstaats im Zusammenhang mit der Rechtsnachfolge von Todes wegen eines Ehegatten bzw. eines Partners nach der EuErbVO angerufen, so sind die Gerichte dieses Staates nach Art. 4 EuGüVO/EuPartVO auch für Entscheidungen über den ehelichen Güterstand bzw. die güterrechtlichen Wirkungen der eingetragenen Partnerschaft in Verbindung mit diesem Nachlass zuständig. Insoweit ist die Güterrechtssache Folgesache zur Nachlasssache.[9] Schon die bloße Anrufung unter Berufung auf die EuErbVO reicht als auslösendes Moment für die akzessorische Zuständigkeit aus. Der Anrufensbegriff aus Art. 14 EuGüVO/EuPartVO ist

---

4   Proposal for a Council Regulation on jurisdiction, applicable law and recognition and enforcement of decisions in matters of matrimonial property regimes, COM (2016) 106 final S. 8; *Kroll-Ludwigs*, GPR 2016, 231, 232; *Nourissat/Revillard*, Defrénois 2016, 878, 886; *Perreau-Saussine*, JCP G 2016, 1926, 1931.

5   *Nourissat/Revillard*, Defrénois 2016, 878, 886; *Perreau-Saussine*, JCP G 2016, 1926, 1931.

6   *Bonomi*, YbPIL 13 (2011), 217, 221 f.

7   *Simotta*, ZvglRWiss 116 (2017), 44, 48, 52.

8   *Simotta*, in: *Bernhard König/Mayr* (Hrsg.), Europäisches Zivilverfahrensrecht in Österreich IV, Wien 2015, S. 77, 87 f.; *dies.*, ZvglRWiss 116 (2017), 44, 48, 52; *Dutta*, FamRZ 2016, 1973, 1978.

9   *Martiny*, IPRax 2011, 437, 446; *Janett Bachmann*, Die neuen Rom IV-Verordnungen – Auf dem Wege zu einem einheitlichen Güterkollisionsrecht für Ehegatten und eingetragene Partner, 2016, S. 75.

im Interesse eines einheitlichen Verständnisses innerhalb der EuGüVO bzw. der Eu-PartVO zugrunde zu legen.[10] Sollte sich das Gericht in der Erbsache für unzuständig erklären, bevor es über die Güterrechtssache entscheidet, dürfte es eine güterrechtliche perpetuatio fori geben.[11] Typischerweise wird der gewöhnliche Aufenthalt des Erblassers zum Todeszeitpunkt, der Regelanknüpfungspunkt des Art. 4 EuErbVO, mit dem Ort übereinstimmen, an welchem die Ehegatten bzw. Partner zusammengelebt haben.[12] Auf welchen Zuständigkeitstatbestand der EuErbVO sich die Erbsache stützen soll, ist indes unerheblich.[13] Alle tragen gleichermaßen die akzessorische Anknüpfung,[14] auch die subsidiäre Zuständigkeit aus Art. 10 EuErbVO und die Notzuständigkeit aus Art. 11 EuErbVO. Selbst die erbrechtliche Zuständigkeit kraft Prorogation der betroffenen Parteien nach Art. 5 EuErbVO ist miteinbezogen; güterrechtlich ist dies kein Problem, weil der überlebende Ehegatte ja nur dann einer Prorogation unterworfen ist, wenn er dieser selber zugestimmt hat. Andererseits muss die erbrechtliche Zuständigkeit gerade auf der EuErbVO beruhen.[15] Schließlich ist, wenn die erbrechtliche Zuständigkeit auf Art. 10 II EuErbVO beruht, auch die gegenständliche und territoriale Beschränkung dieser Norm zu beachten.[16]

Wann stehen Fragen des Güterrechts im Zusammenhang mit dem Nachlass? Das erbrechtliche Viertel des § 1371 I BGB ist seit der EuGH-Entscheidung Mahnkopf kein gutes Beispiel mehr, denn der EuGH qualifiziert es erb-, nicht güterrechtlich.[17] Ein Beispiel könnte aber sein, dass der überlebende Ehegatte Pflichtteilsansprüche einklagt und zusätzlich den konkreten Zugewinnausgleich aus § 1371 II BGB.[18] Akzessorische Anknüpfung ist besonders sinnvoll auf der Grenzlinie der Qualifikation zwischen zwei Teilbereichen. Ein Problemfall für Art. 4 EuGüVO könnte die fortgesetzte Gütergemeinschaft sein, weil bei dieser die Auseinandersetzung nicht bereits nach dem Tod des Erstversterbenden, sondern erst nach dem Tod des länger lebenden Ehegatten erfolgt.[19]

cc) Bei Scheidung oder Ungültigerklärung einer Ehe oder Trennung von Tisch und Bett (Art. 5 EuGüVO)

(1) Ausgangspunkt (Art. 5 I EuGüVO)

Die bedeutsamere akzessorische Zuständigkeit findet sich in Art. 5 I EuGüVO: Wird ein Gericht eines Mitgliedstaats zur Entscheidung über eine Ehescheidung, Trennung

---

10   *Dutta*, FamRZ 2016, 1973, 1979; *Simotta*, ZvglRWiss 116 (2017), 44, 50.
11   Anderer Ansicht *Simotta*, ZvglRWiss 116 (2017), 44, 59: Analogie zu Art. 12 II Brüssel IIa-VO.
12   *Bonomi*, YbPIL 13 (2011), 217, 222.
13   Siehe *Davrados*, Rev. hell. dr. int. 66 (2013), 259, 267.
14   Im Ergebnis ebenso *Bonomi*, YbPIL 13 (2011), 217, 223 f.
15   *Simotta* (Fn. 8), S. 77, 88.
16   *Simotta* (Fn. 8), S. 77, 89; *dies.*, ZvglRWiss 116 (2017), 44, 49.
17   EuGH 1.3.2018 – Rs. C-558/16, ECLI:EU:C:2018:138 Rn. 44 – Doris Margrit Lisette Mahnkopf. Eingehende Analyse und Kritik bei *Mankowski*, ErbR 2018, 295.
18   *Johannes Weber*, DNotZ 2016, 659, 690.
19   *Martiny*, IPRax 2011, 437, 446; *Janett Bachmann* (Fn. 9), S. 76.

ohne Auflösung des Ehebands oder Ungültigerklärung der Ehe[20] nach der Brüssel IIa-VO angerufen, so sind – vorbehaltlich Art. 5 II EuGüVO – die Gerichte dieses Staates auch für Fragen des ehelichen Güterstands in Verbindung mit diesem Antrag zuständig. Verwiesen ist auf Art. 3–7 Brüssel IIa-VO, weil nur diese für Ehesachen gelten. Für die internationale Zuständigkeit greift Art. 5 I EuGüVO die Grundgedanken der Konzentration und Prozessökonomie auf.[21] Außerdem wird eine Steigerung der Rechtssicherheit erwartet.[22] Gewollt ist ein umfassendes „Gericht der Ehe in der Auflösung".[23] Analog Art. 12 II Brüssel IIa-VO endet die akzessorische Zuständigkeit mit der rechtskräftigen Entscheidung im Scheidungs(usw.)verfahren oder dessen sonstigem Abschluss durch rechtskräftige Abweisung oder Zurücknahme des Scheidungs(usw.)antrags.[24] Die Zuständigkeit für zuvor anhängig gewordene güterrechtliche Anträge besteht aber im Wege der perpetuatio fori weiter.[25] Sachlich erfasst Art. 5 I EuGüVO die güterrechtliche Auseinandersetzung nach der Scheidung, von Erwägungsgrund (8) Brüssel II-VO bewusst aus der Brüssel IIa-VO ausgeklammert.[26]

(2) Erfordernis einer bestätigenden Gerichtsstandsvereinbarung bei Scheidungs(usw.)-Gerichtsstand aus Artt. 3 I lit. a 5. und 6. Gedankenstrich; 5; 7 Brüssel IIa-VO

Art. 5 II EuGüVO macht Artt. 3 I lit. a 5. und 6. Gedankenstrich; 5; 7 Brüssel IIa-VO gleichsam zu Gerichtsständen minderer Dignität.[27] Um eine akzessorische Zuständigkeit für Güterrechtssachen zu tragen, bedürfen sie *notwendig* einer entsprechenden Vereinbarung der Ehegatten.[28] Fehlt es an einer solchen Vereinbarung, so gibt es keine akzessorische Zuständigkeit, und man muss auf Artt. 6 ff. EuGüVO zurückfallen.[29] Die bloße Anhängigkeit eines Scheidungs-, Trennungs- oder Ungültigkeitserklärungsverfahrens reicht dann für güterrechtliche Zwecke nicht. Die Gerichtsstände aus Art. 3 I lit. a 5. und 6. Gedankenstrich Brüssel IIa-VO haben den gewöhnlichen Aufenthalt des Antrag*stellers* zum Grundanknüpfungspunkt. Sie bevorzugen also tendenziell den Antragsteller und benachteiligen korrespondierend den Antragsgegner.[30] Die Restzuständigkeiten nach Art. 7 Brüssel IIa-VO wiederum bestimmen sich nach dem nationalen IZPR der lex fori und laufen wiederum die Gefahr einer (potentiell exorbitanten) Ausdehnung zulasten des Antragsgegners.[31] Art. 5 Brüssel IIa-VO

---

20 Es gilt der Ehebegriff der Brüssel IIa-VO; dieser umfasst auch polygame Ehen; *Nourissat/Devers,* D. 2001, 3381, 3386; *Jörg Dilger,* Die Regelungen zur internationalen Zuständigkeit in Ehesachen in der Verordnung (EG) Nr. 2201/2003, 2004, Rn. 114–119.
21 Siehe *Janett Bachmann* (Fn. 9), S. 77; *Kroll-Ludwigs,* GPR 2016, 231, 232.
22 SEK (2011) 328 endg. S. 7; *Janett Bachmann* (Fn. 9), S. 77.
23 Vgl. *Davrados,* Rev. hell. dr. int. 66 (2013), 259, 269.
24 *Simotta* (Fn. 8), S. 77, 97; *dies.,* ZvglRWiss 116 (2017), 44, 50 f.
25 *Simotta* (Fn. 8), S. 77, 97; *dies.,* ZvglRWiss 116 (2017), 44, 50 f.
26 Siehe nur *Dutta,* FamRZ 2016, 1973, 1978.
27 *Simotta,* ZvglRWiss 116 (2017), 44, 53. Vgl. ähnlich *Meise,* RNotZ 2016, 485, 496.
28 *Meise,* RNotZ 2016, 485, 495 f.; *Johannes Weber,* DNotZ 2016, 659, 690; *Perreau-Saussine,* JCP G 2016, 1926, 1931.
29 *Simotta* (Fn. 8), S. 77, 97; *Simotta,* ZvglRWiss 116 (2017), 44, 60.
30 *Simotta,* ZvglRWiss 116 (2017), 44, 54.
31 *Simotta,* ZvglRWiss 116 (2017), 44, 55.

schließlich prämiert einen Automatismus und gibt ebenfalls dem Scheidungsantrag günstigen Vorschub. Allen „inkriminierten" scheidungsrechtlichen Gerichtsständen wohnt also eine Bevorzugung des Antragstellers inne. Soweit das scheidungsrechtliche Forum innere Legitimationsprobleme hat, muss nach dem Konzept des europäischen Gesetzgebers die güterrechtliche Gerichtsstandsvereinbarung als zusätzliches Moment unter Art. 5 II EuGüVO dieses Legitimationsdefizit ausgleichen.[32] Das eigentlich legitimierende Element ist die Zustimmung desjenigen Ehegatten, der im Scheidungsverfahren Antragsgegner ist.[33] Dem Schutz dieses Ehegatten dient Art. 5 II EuGüVO.[34] Dessen Gehalt erschließt sich aus Erwägungsgrund (34) S. 2 EuGüVO. Die bestätigende Gerichtsstandsvereinbarung entfaltet keine Wirkung gegenüber Dritten.[35] Für die Form der nach Art. 5 II EuGüVO erforderlichen bestätigenden Gerichtsstandsvereinbarung verweist Art. 5 III EuGüVO, wenn diese vor Anrufung des Gerichts in der Güterrechtssache geschlossen wird, auf Art. 7 II EuGüVO.[36]

dd) Bei Auflösung oder Ungültigerklärung einer eingetragenen Partnerschaft (Art. 5 EuPartVO)

Wird ein Gericht eines Mitgliedstaats zur Entscheidung über die Auflösung oder Ungültigerklärung einer eingetragenen Partnerschaft angerufen, so begründet Art. 5 I EuPartVO eine akzessorische Zuständigkeit für Entscheidungen über Fragen der güterrechtlichen Wirkungen dieser eingetragenen Partnerschaft in Verbindung mit dieser Auflösung oder Ungültigerklärung, wenn die Partner das vereinbaren. Erwägungsgrund (34) EuPartVO fügt dem nichts Substanzielles hinzu, sondern wiederholt nur den Normtext. Art. 5 I EuPartVO unterscheidet sich deutlich von Art. 5 I EuGüVO, konzeptionell aber nicht von Art. 5 II EuGüVO. Für die Auflösung oder Ungültigerklärung einer bloßen eingetragenen Partnerschaft (die sich nicht bis zur Qualität einer gleichgeschlechtlichen *Ehe* aufgeschwungen hat) greift die Brüssel IIa-VO definitiv nicht[37] und gibt es keinen anderen europäischen Rechtsakt, welcher sich insoweit der internationalen Zuständigkeit annehmen würde.[38] Die Zuständigkeit, an die man sich anlehnt, kann nur aus dem nationalen Recht des Forumstaates stam-

---

32 *Simotta*, FS Reinhold Geimer zum 80. Geb., 2017, S. 671, 676 sowie *Campuzano Díaz*, YbPIL 13 (2011), 233, 238 f.

33 *Simotta*, FS Reinhold Geimer zum 80. Geb., 2017 S. 671, 678; *Simotta*, ZvglRWiss 116 (2017), 44, 54 erklärt die Differenzierung zwischen Art. 5 I und II EuGüVO damit, dass sich die Zuständigkeit nach Art. 5 EuGüVO, auf die man bei Fehlen einer Gerichtsstandsvereinbarung zurückfallen würde, weitgehend mit jener nach Art. 5 I EuGüVO decke.

34 *Simotta*, ZvglRWiss 116 (2017), 44, 56.

35 *Simotta* (Fn. 8), S. 77, 95; *dies.*, ZvglRWiss 116 (2017), 44, 57.

36 Näher zu diesem unten II 1 c bb.

37 Siehe nur *Bergerfurth*, FF 2001, 15 (15); *Helms*, FamRZ 2001, 257, 258; *ders.*, FamRZ 2002, 1593, 1594; *Bertrand Ancel/Muir Watt*, Rev. crit. dr. int. pr. 90 (2001), 349, 408; *Schack*, RabelsZ 65 (2001), 615, 620; *Gebauer/Ansgar Staudinger*, IPRax 2002, 275, 277 Fn. 48; *Thorn*, IPRax 2002, 249, 255; *Coester-Waltjen*, Jura 2004, 839, 840; *Jörg Dilger* (Fn. 20), Rn. 107; *Fasching/Konecny/Simotta*, Kommentar zu den Zivilprozeßgesetzen, Bd. 5/2, 2. Aufl. Wien 2009, Art. 1 EuEheKindVO Rn. 32 mwN; *González Beilfuss*, YbPIL 13 (2011), 183, 191; *Garber*, FS Daphne-Ariane Simotta, Wien 2012, S. 145, 150–155.
Anderer Ansicht nur *Watté/Boularbah*, Rev. trim. dr. fam. 2000, 539, 545; *dies.*, J. trib. 2001, 369, 370.

38 *Dutta*, FamRZ 2016, 1973, 1978.

men,[39] in Deutschland aus § 103 I FamFG.[40] Sie hat nicht die Autoriät und Dignität einer europäischen Lösung. Deshalb ist es nur konsequent, immer und ausnahmslos eine bestätigende Gerichtsstandsvereinbarung der Parteien zu verlangen. Ob es überhaupt ein förmliches Aufhebungsverfahren für Partnerschaften geben kann, entscheidet die lex fori.[41]

c) Subsidiäre andere Gerichtsstände

aa) System und sachliche Reichweite

Kommen Artt. 4; 5 EuGüVO/EuPartVO nicht zum Zuge, so muss man auf die subsidiären Gerichtsstände der Artt. 6; 7 EuGüVO/EuPartVO zurückgreifen. In deren interner Reihenfolge geht ein vereinbarter Gerichtsstand nach Art. 7 EuGüVO/EuPartVO einem objektiven Gerichtsstand nach Art. 6 EuGüVO/EuPartVO verdrängend vor. Indes darf man die Bedeutung der Artt. 6; 7 EuGüVO insgesamt nicht überschätzen. Sie müssen sich in die Lücken zwängen, die Art. 4 und 5 EuGüVO/EuPartVO ihnen lassen. Das gilt auch für die Gerichtsstandsvereinbarung nach Art. 7 EuGüVO/EuPartVO.[42] Art. 5 EuGüVO/EuPartVO deckt aber den wichtigsten Fall eines Güterrechtsstreits bereits mit verdrängendem Vorrang ab: die güterrechtliche Auseinandersetzung bei Beendigung von Ehe bzw. Partnerschaft und Status.[43] Güterrechtliche Streitigkeiten entstehen typischerweise bei Beendigung der Ende als Streit um eine güterrechtliche Auseinandersetzung oder einen güterrechtlichen Ausgleich. Eine Ehe endet normalerweise entweder durch Tod oder durch Scheidung. Artt. 4 und 5 EuGüVO decken diese Normalfälle ab und vereinnahmen damit den Löwenanteil der güterrechtlichen Streitigkeiten.

Für Artt. 6; 7 EuGüVO/EuPartVO bleiben damit nur isolierte Güterrechtsstreitigkeiten bei bestehender Ehe bzw. Partnerschaft oder begonnen nach Abschluss des Statusverfahrens oder Fälle, in denen das Statusverfahren in einem Drittstaat stattfindet.[44] Für Güterrechtsstreitigkeiten, die in einem Scheidungsverbund begonnen wurden, dann aber nach dem früheren Ende des Scheidungsverfahrens isoliert geworden sind, gilt Art. 5 I EuGüVO in perpetuatio fori.

bb) Gerichtsstandsvereinbarung

Voraussetzungen und Folgen von güterrechtlichen Gerichtsstandsvereinbarungen stehen in Art. 7 EuGüVO/EuPartVO. Art. 7 I EuGüVO/EuPartVO regelt materielle Voraussetzungen und Rechtsfolge, Art. 7 II EuGüVO/EuPartVO die formellen Voraussetzungen. Der Vorrang einer Gerichtsstandsvereinbarung vor den objektiven Gerichtsständen aus Art. 6 EuGüVO/EuPartVO ergibt sich zwanglos aus Art. 7 I aE

---

39 *González Beilfuss,* YbPIL 13 (2011), 183, 191 f.; *Simotta* (Fn. 8), S. 77, 94.
40 *Dutta,* FamRZ 2016, 1973, 1978.
41 *González Beilfuss,* YbPIL 13 (2011), 183, 192; *Johannes Weber,* DNotZ 2016, 659, 691.
42 *Kroll-Ludwigs,* GPR 2016, 231, 233; *Perreau-Saussine,* JCP G 2016, 1926, 1931.
43 *Christian Kohler/Pintens,* FamRZ 2011, 1433, 1436; *Viarengo,* YbPIL 13 (2011), 199, 208; *Davrados,* Rev. hell. dr. int. 66 (2013), 259, 269 Fn. 50; *Janett Bachmann* (Fn. 9), S. 78.
44 *Johannes Weber,* DNotZ 2016, 659, 691.

EuGüVO/EuPartVO: Eine wirksam vereinbarte Zuständigkeit ist eine *ausschließliche* Zuständigkeit. In der Sache können die Ehegatten bzw. Partner nicht jedes beliebige Gericht prorogieren.[45] Vielmehr können sie nur aus einem Kreis von Gerichten auswählen: Art. 7 I EuGüVO/EuPartVO erlaubt ihnen die Prorogation der Gerichte des Mitgliedstaates, dessen Recht nach Art. 22 oder Art. 26 I litt. a; b EuGüVO bzw. Art. 22 oder Art. 26 I EuPartVO anwendbar oder in dem die Ehe geschlossen bzw. die eingetragene Partnerschaft begründet wurde. Die Koppelung an die Rechtswahl bewirkt eine Abhängigkeit der Gerichtsstandsvereinbarung von der Wirksamkeit der Rechtswahl.[46] Zu beachten ist mittelbar selbst Art. 24 II EuGüVO/EuPartVO als Sonderregel im Bereich des Zustandekommens der Rechtswahl.[47] Gibt es eine wirksame Rechtswahl, so kommt nur noch die Vereinbarung der Gerichte im Staat dieses konkret gewählten Rechts in Betracht. Art. 7 I Var. 1 EuGüVO/EuPartVO wollen ein vereinbartes forum legis mit Gleichklang von forum und ius.[48]

Zur objektiven Anknüpfung gelangt man bei Fehlen einer Rechtswahl. Art. 7 I Var. 1 EuGüVO klammert die Möglichkeit aus, ein Gericht im Staat des Rechts einer sonstigen engsten Verbindung zu wählen, denn er nimmt nur auf Art. 26 I litt. a, b, nicht aber auf lit. c EuGüVO Bezug.[49] Art. 7 I Var. 1 EuPartVO seinerseits nimmt zwar Art. 26 I, aber nicht II EuPartVO in Bezug. Er klammert die Möglichkeit aus, ein Gericht im Staat des enger als die Regelanknüpfung verbundenen Rechts zu wählen. Gleichermaßen nimmt Art. 7 I Var. 1 EuGüVO die Ausweichklausel des Art. 26 III EuGüVO nicht in Bezug. Um den intendierten Gleichlauf von forum und ius zu wahren, sollte man dagegen in die Inbezugnahme des Art. 7 I Var. 1 EuGüVO auch Art. 26 II EuGüVO hineinlesen, denn dieser schränkt Art. 26 I lit. b EuGüVO ein, auf den verwiesen wird.

In formeller Hinsicht verlangt Art. 7 II 1 EuGüVO/EuPartVO dreierlei: erstens Schriftform; zweitens Datierung; drittens Unterzeichnung durch die Parteien. Erforderlich ist außerdem Konsens. Die Einhaltung der Form indiziert wie unter Artt. 25 I Brüssel Ia-VO; 23 I LugÜ 2007[50] den nötigen Konsens im Wege einer nicht leicht zu widerlegenden Vermutung.[51] Unterzeichnung meint handschriftliche Unterzeich-

---

45 Siehe nur *Martiny*, IPRax 2011, 437, 447; *Simotta*, ZvglRWiss 116 (2017), 44, 64.
46 *Simotta*, ZvglRWiss 116 (2017), 44, 67; Kritik daran bei *Simotta*, FS Reinhold Geimer zum 80. Geb., 2017, S 671, 686–691.
47 *Simotta*, ZvglRWiss 116 (2017), 44, 68.
48 *Simotta* (Fn. 8), S. 77, 102; siehe auch *Meise*, RNotZ 2016, 485, 496.
49 *Meise*, RNotZ 2016, 485, 496; *Dutta*, FamRZ 2016, 1973, 1977 Fn. 41.
50 Siehe nur EuGH Rs. 24/76, Slg. 1976, 1831, 1841 Rn. 9 – Estasis Salotti di Colzani Aimo u Gianmario Colzani Snc/RÜWA Polstereimaschinen GmbH; EuGH Rs. 784/79, Slg. 1980, 1517, 1523 Rn. 5 – Porta-Leasing GmbH/Prestige International SA; EuGH Rs. 221/84, Slg. 1985, 2699, 2708 Rn. 13 – F. Berghoefer GmbH & Co KG/ASA SA; EuGH Rs. C-387/98, Slg. 2000, I-9337, I-9371 Rn. 13 – Coreck Maritime GmbH/Handelsveem BV; BGH NJW 2006, 1672; OLG Hamm IPRax 2007, 125; OLG Düsseldorf IHR 2012, 237; Trib. Liège J. trib. 2014, 682, 683; *Freitag*, FS Ulrich Magnus, 2014, S. 419, 424 f.; *Rauscher/Mankowski*, EuZPR/EuIPR, Bd. I: Brüssel Ia-VO/LugÜ 2007, 4. Aufl. 2015, Art. 25 Brüssel Ia-VO Rn. 134.
51 *Hausmann*, Internationales und Europäisches Ehescheidungsrecht, 2013, C Rn. 141; *Geimer/Rolf A. Schütze/Wall*, Internationaler Rechtsverkehr in Zivil- und Handelssachen, Losebl. 1973 ff., Art. 5 EuErbVO Rn. 18 (2016).

nung. Eine identifizierbare, identifizierende und eindeutig zuzuordnende Paraphe sollte aber ausreichen. Zu unterzeichnen haben die Parteien des Rechtsstreits, nicht die Ehegatten bzw. Partner, denn keiner Partei eines Rechtsstreits soll ohne ihre Zustimmung ihr gesetzlicher Richter entzogen werden.[52] Art. 7 II 2 EuGüVO/ EuPartVO stellt elektronische Übermittlungen, die eine dauerhafte Aufzeichnung ermöglichen, der Schriftform gleich.

cc) Gemeinsamer gewöhnlicher Aufenthalt

Die Kaskade der objektiven Gerichtsstände (mit strikter Hierarchie[53]) beginnt in Art. 6 lit. a EuGüVO/EuPartVO mit dem gemeinsamen gewöhnlichen Aufenthalt beider Ehegatten. Ein beiden Ehegatten gemeinsamer Lebensmittelpunkt ist ein ebenso starker wie sachgerechter Anknüpfungspunkt. Für EheGüVO und EuPartVO bietet die Rechtsprechung zum gewöhnlichen Aufenthalt von (kleinen) Kindern unter Art. 8 ff. Brüssel IIa-VO[54] keine Hilfe,[55] denn Ehegatten und Partner können grundsätzlich keine (kleinen) Kinder sein. Das verhindert zuverlässig die Mindestaltersgrenzen für Ehen und Partnerschaften. Eine Differenzierung nach Anknüpfungssubjekten ist sachgerecht und geboten.[56]

dd) Letzter gemeinsamer, einseitig beibehaltener gewöhnlicher Aufenthalt

In der Tradition des Art. 3 I lit. a 2. Gedankenstrich Brüssel IIa-VO kürt Art. 6 lit. a EuGüVO/EuPartVO den letzten gemeinsamen gewöhnlichen Aufenthalt beider Ehegatten zum ersten subsidiären Anknüpfungspunkt, wenn einer der beiden Ehegatten dort immer noch seinen gewöhnlichen Aufenthalt hat.[57] Es kommt dabei nicht darauf an, welcher Ehegatte dort immer noch lebt. Es reicht, wenn der Antragsteller dort immer noch lebt. Insoweit muss der Antragsteller dem Antragsgegner das Verfahren nicht hinterhertragen, wenn dieser aus dem ehelichen Aufenthaltsstaat ausgewandert ist.[58] Frühere gemeinsame gewöhnliche Aufenthalte während oder vor der Ehe spielen dagegen keine Rolle.

ee) Gewöhnlicher Aufenthalt des Antragsgegners

Nächste Stufe ist, diesmal in der Tradition des Art. 3 I lit. a 3. Gedankenstrich Brüssel IIa-VO, der gewöhnliche Aufenthalt des Antragsgegners in Art. 6 lit. c EuGüVO/EuPartVO. Actor sequitur forum rei ist ein fundamentaler Grundsatz des europäischen IZVR (z.B. Artt. 4 I Brüssel Ia-VO; 2 I EuGVVO/LugÜ 2007), der sich

---

52 EuGH 7.2.2013 – Rs. C-543/10, ECLI:EU:C:2013:62 Rn. 29 – Refcomp SpA/Axa Corporate Solutions Assurance.
53 *Simotta,* ZvglRWiss 116 (2017), 44, 62.
54 Dort EuGH Rs. C-523/07, Slg. 2009, I-2805 – A; EuGH Rs. C-497/10 PPU, Slg. 2010, I-14309 – Barbara Mercredi/Richard Chaffe.
55 Tendenziell anders *González Beilfuss,* YbPIL 13 (2011), 183, 192.
56 *Mankowski,* GPR 2011, 209, 211 f.
57 Deutschen Rechtsanwendern ist dieser Anknüpfungspunkt aus Art. 14 I Nr. 1 Var. 2 EGBGB vertraut.
58 *Spellenberg,* FS Reinhold Geimer zum 65. Geb., 2002, S. 1257, 1266; *Rauscher,* in: *Rauscher,* EuZPR/EuIPR, Bd. 4: Brüssel IIa-VO usw, 4. Aufl. 2015, Art. 3 Brüssel IIa-VO Rn. 26.

auch hier Bahn bricht.[59] Der Antragsteller soll grundsätzlich keinen Klägergerichtsstand, kein forum actoris, an seinem eigenen gewöhnlichen Aufenthalt haben.

ff) Gemeinsame Staatsangehörigkeit

Art. 6 lit. d EuGüVO erklärt letzthilfsweise die Gerichte des Staates für zuständig, dessen Staatsangehörigkeit beide Ehegatten zum Zeitpunkt der Anrufung des Gerichts besitzen. Art. 6 lit. d EuPartVO verfährt ebenso für eingetragene Partnerschaften, wenn beide Partner dieselbe Staatsangehörigkeit haben, allerdings auf der vorletzten Stufe seiner Anknüpfungsleiter. Ob jemand die Staatsangehörigkeit eines bestimmten Staates besitzt, ist nach dem Recht genau dieses betreffenden Staates zu beantworten,[60] da öffentlichrechtliche, präziser: staatsangehörigkeitsrechtliche Erstfrage.[61] Erforderlich ist, dass die Staatsangehörigkeit beiden Ehegatten gemeinsam ist. Ein Ausschlusstatbestand für den Fall, dass die Ehegatten mehr als eine gemeinsame Staatsangehörigkeit haben, findet sich nicht. Aus Art. 26 II EuGüVO lässt sich insoweit ein Umkehrschluss ziehen, dass ein solcher Ausschluss bei der Zuständigkeit nicht gewollt ist, eben weil er nicht ausdrücklich statuiert wird. Bei Doppelstaatigkeit ist mangels vorrangiger Festlegung Gleichwertigkeit aller Staatsangehörigkeiten nach den Grundsätzen aus Hadadi[62] anzunehmen.[63]

gg) Staat des Begründungsrechts bei eingetragener Partnerschaft

Die letzte Stufe für die Zuständigkeitsanknüpfung beim Güterrecht eingetragener Partnerschaft stellt nach Art. 6 lit. e EuPartVO der Staat, nach dessen Recht die eingetragene Partnerschaft begründet wurde. Erwägungsgrund (35) S. 2 EuPartVO besagt, dass der Mitgliedstaat gemeint ist, nach dessen Recht die obligatorische Eintragung zur Begründung der Partnerschaft vorgenommen wurde. Der Staat, nach dessen Recht die Partnerschaft begründet wurde, anerkennt notwendig die eingetragene Partnerschaft als Rechtsinstitut. Täte er dies nicht, so wäre es eben nicht möglich, eine eingetragene Partnerschaft nach seinem Recht zu begründen. Art. 6 lit. e EuPartVO garantiert den Partnern, dass sie mindestens auf dieser letzten Stufe ein Forum finden, das bereit ist, sich mit den güterrechtlichen Aspekten ihrer Partnerschaft auseinanderzusetzen.

hh) Rügelose Einlassung

Eine Zuständigkeit kann sich nach Art. 8 I 1 EuGüVO/EuPartVO aus rügeloser Einlassung ergeben. Insoweit wird ein durchaus traditionell-klassisches Element des europäischen IZPR auf einen weiteren Bereich ausgedehnt.[64] Nach Art. 8 I 2 Var. 1 EuGüVO/EuPartVO liegt keine rügelose Einlassung vor, wenn der „Beklagte" sich einlässt, um den Mangel der Zuständigkeit geltend zu machen. Eine rügelose Einlassung kann es ausweislich Art. 8 I 2 Var. 2 EuGüVO/EuPartVO auch in den Fällen

---

59 Siehe nur *Janett Bachmann* (Fn. 9), S. 81.
60 Siehe nur *Mankowski*, in: *v. Bar/Mankowski* (Fn. 29), § 7 Rn. 210.
61 Siehe nur *v. Hein*, in: MünchKomm BGB (Fn. 92), Art. 5 EGBGB Rn. 13.
62 EuGH 16.7.2009 – Rs. C-168/08, Slg. 2009, I-6871 – Laszlo Hadadi (Hadady)/Csilla Marta Mesko, verheiratete Hadadi (Hadady).
63 *Dutta*, FamRZ 2016, 1973, 1977.
64 *Nourissat/Revillard,* Defrénois 2016, 878, 887.

des Art. 4 EuGüVO/EuPartVO nicht geben, also bei Güterrechtsstreitigkeiten nach dem Tod eines Ehegatten bzw. Partners. Die rügelose Einlassung vermag nach Art. 8 I 2 Var. 3 EuGüVO nicht zu überspielen, wenn ein anderer Staat eine ausschließliche akzessorische internationale Zuständigkeit wegen anhängigen Scheidungs- oder Aufhebungsverfahrens hat. Art. 8 I 2 EuPartVO schützt allerdings nur die akzessorische Zuständigkeit mit Erbsachen nach Art. 4 EuPartVO gegen eine quasi-abbedingende rügelose Einlassung,[65] nicht aber jene mit Aufhebungssachen nach Art. 5 EuPartVO.[66] Bevor es sich aufgrund rügeloser Einlassung des „Beklagten" für zuständig erklärt, muss das Gericht nach Art. 8 II EuGüVO/EuPartVO sicherstellen, dass der „Beklagte" über sein Recht, die Unzuständigkeit des Gerichts geltend zu machen, und über die Folgen der Einlassung oder Nichteinlassung auf das Verfahren belehrt wird.

Art. 8 I 1 Var. 1 EuGüVO/EuPartVO verlangt, dass das kraft rügeloser Einlassung zuständig gewordene Gericht ein Gericht sein muss, dessen Recht nach Art. 22 oder Art. 26 I litt. a, b EuGüVO bzw. Art. 22 oder Art. 26 I EuPartVO anzuwenden ist. Gewollt ist ein hier strikter Gleichlauf von forum und ius.[67]

d) So genannte alternative Zuständigkeit

Das komplexeste Element im Zuständigkeitssystem von EuGüVO und EuPartVO sind die so genannten alternativen Zuständigkeiten nach Art. 9 EuGüVO bzw. EuPartVO. Hinter ihnen steckt der heikle und hochpolitische Knackpunkt. Sie sind Ausdruck eines politischen Kompromisses und der Rücksichtnahme auf jene Mitgliedstaaten geschuldet, die gleichgeschlechtliche Ehe oder eingetragene Partnerschaft als Institute nicht kennen.[68]

aa) Art. 9 EuGüVO

Die Konsequenz aus der häufig fehlenden Sympathie für gleichgeschlechtliche Verbindungen versucht für das Ehegüterrecht Art. 9 I 1 EuGüVO zu ziehen: Wenn ein nach Artt. 4, 6, 7 oder 8 EuGüVO zuständiges Gericht eines Mitgliedstaats feststellt, dass nach seinem Internationalen Privatrecht die streitgegenständliche Ehe für die Zwecke eines Verfahrens über den ehelichen Güterstand nicht anerkannt wird, so kann es sich ausnahmsweise für unzuständig erklären. Kein Staat soll gezwungen sein, gleichgeschlechtliche Ehen anzuerkennen, sei es auch nur inzident als Vorfrage.[69] Erwägungsgrund (17) EuGüVO besagt ausdrücklich, dass der Begriff der Ehe nicht in der EuGüVO definiert wird, sondern sich nach dem nationalen Recht der Mitgliedstaaten bestimmt. Art. 9 I 1 und Erwägungsgrund (38) S. 1 EuGüVO nehmen zum Ausgangspunkt, dass die Gerichte des Forumstaates feststellen, dass nach ihrem *Internationalen Privatrecht* die betreffende Ehe für die Zwecke eines Güterrechtsverfahrens nicht anerkannt werden kann. Art. 9 I 1 EuGüVO erlaubt einem

---

65 *Simotta*, ZvglRWiss 116 (2017), 44, 48.
66 *Simotta*, ZvglRWiss 116 (2017), 44, 53.
67 *Simotta*, ZvglRWiss 116 (2017), 44, 71.
68 Siehe nur *Nourissat/Revillard*, Defrénois 2016, 878, 887; *Simotta*, ZvglRWiss 116 (2017), 44, 77.
69 *Simotta* (Fn. 8), S. 77, 112.

nach Art. 4, 6, 7 oder 8 EuGüVO zuständigen Gericht sich nach einer solchen Feststellung ausnahmsweise für unzuständig zu erklären. Ein nach Art. 5 EuGüVO akzessorisch zu einem Scheidungsverfahren zuständiges Gericht hat dagegen nicht die Option des Art. 9 I EuGüVO,[70] ebenso wenig ein nach Art. 10 oder Art. 11 EuGüVO zuständiges.[71]

Art. 9 II EuGüVO trifft Vorsorge, falls sich ein eigentlich zuständiges Gericht nach Art. 9 I EuGüVO für unzuständig erklärt und errichtet Auffangzuständigkeiten. Dabei unterscheidet er in seinen beiden Unterabsätzen nach privatautonomen und objektiven Lösungen. Art. 9 II UA 1 EuGüVO erlaubt den Parteien, die Zuständigkeit den Gerichten eines anderen Mitgliedstaats nach Art. 7 EuGüVO zu übertragen, wenn sich ein nach Art. 4 oder 6 EuGüVO eigentlich zuständiges Gericht für unzuständig erklärt. Die Parteien haben also die Möglichkeit, sich kraft Vereinbarung aus der für sie misslichen Situation zu befreien, und sollten ein williges und annahmebereites Gericht auswählen.[72] Treffen die Parteien nach einer solchen Unzuständigerklärung keine Gerichtsstandsvereinbarung nach Art. 7 EuGüVO, so sind ausweislich Art. 9 II UA 2 EuGüVO die Gerichte eines anderen Mitgliedstaats nach Art. 6 oder 8 EuGüVO zuständig oder die Gerichte des Mitgliedstaats, in dem die Ehe geschlossen wurde. Indes kann sich nun das über Art. 6 oder 8 EuGüVO angegangene, zweite Gericht seinerseits nach Art. 9 I 1 EuGüVO für unzuständig erklären. Erwägungsgrund (38) S. 3 EuGüVO schreibt dies ausdrücklich fest.

Ausweislich Art. 9 III EuGüVO/EuPartVO kommen Art. 9 I, II EuGüVO/EuPartVO nicht zur Anwendung, wenn die Parteien bereits in einem anderen Staat eine Ehescheidung, Trennung ohne Auflösung des Ehebandes oder Ungültigerklärung der Ehe erwirkt haben und diese im Mitgliedstaat des in der Güterrechtssache angerufenen Gerichts anerkannt werden kann. Wird internationalverfahrensrechtlich anerkannt, so wird die Scheidung usw. als konkretes Ergebnis anerkannt. Das IPR des Forumstaates wird gar nicht mehr befragt, ob es eine Ehe bejaht oder nicht.

bb) EuPartVO

Art. 9 EuPartVO folgt Art. 9 EuGüVO in allen wesentlichen Strukturelementen und löst nur in Details zusätzlichen Überlegungsbedarf aus. Art. 9 I EuPartVO erlaubt einem nach Artt. 4; 5; 6 litt. a, b, c oder d EuPartVO zuständigen Gericht (aber nicht einem nach Art. 10 oder 11 EuPartVO zuständigen[73]), sich aufgrund der Feststellung, dass seine Rechtsordnung das Rechtsinstitut der eingetragenen Partnerschaft nicht vorsieht, für unzuständig zu erklären. Dies war bereits in Art. 3 II Vorschlag EuPartVO vorgesehen. Art. 9 I 2 EuPartVO verlangt wiederum Unverzüglichkeit der Unzuständigerklärung.

Ein nach Art. 6 lit. e EuPartVO zuständiges Gericht hat konsequenterweise nicht die Kompetenz, sich für unzuständig zu erklären.[74] Ob die Rechtsordnung des Forum-

---

70 *Simotta*, ZvglRWiss 116 (2017), 44, 77.
71 *Simotta*, ZvglRWiss 116 (2017), 44, 77.
72 *Simotta* (Fn. 8), S. 77, 117; *dies.*, ZvglRWiss 116 (2017), 44, 81.
73 *Simotta* (Fn. 8), S. 77, 117 f.
74 *Simotta*, ZvglRWiss 116 (2017), 44, 82.

staates die eingetragene Partnerschaft nicht kennt, entscheidet sich nach dem autonomen *Sach*recht des Forums.[75] Nach Art. 7 EuPartVO aufgrund Gerichtsstandsvereinbarung oder nach Art. 8 EuPartVO aufgrund rügeloser Einlassung zuständige Gerichte dürfen sich nicht für unzuständig erklären.

Nach Unzuständigerklärung in einem Mitgliedstaat erlaubt Art. 9 II UA 1 EuPartVO den Parteien die Zuständigkeit der Gerichte eines anderen Mitgliedstaats nach Art. 7 EuPartVO zu vereinbaren. Allerdings darf sich das vereinbarte Gericht ausweislich Erwägungsgrund (36) S. 4 EuPartVO seinerseits für unzuständig erklären, wenn auch die Rechtsordnung des jetzt vereinbarten Forums das Rechtsinstitut der eingetragenen Partnerschaft nicht kennt. Art. 9 II UA 2 EuPartVO verweist bei Fehlen einer Gerichtsstandsvereinbarung auf Art. 6 und 8 EuPartVO. Dies soll laut Erwägungsgrund (36) S. 5 EuPartVO eine subsidiäre Zuständigkeitsregelung gewährleisten und eine Rechtsverweigerung vermeiden. Art. 9 III EuPartVO schließlich schreibt wiederum den Vorrang für die Anerkennung einer auflösenden Statusentscheidung fest. Insoweit steht eine Anerkennung nach autonomem IZPR des Forumstaates in Rede, weil die Brüssel IIa-VO für eingetragene Partnerschaften sachlich nicht einschlägig anwendbar ist.[76]

e) Subsidiäre Zuständigkeit

Eine subsidiäre Zuständigkeit gewährt Art. 10 EuGüVO/EuPartVO unter zwei kumulativen Voraussetzungen, deren erste in sich alternativ unterteilt ist. Die erste Voraussetzung ist, dass im Ergebnis kein Gericht in einem Mitgliedstaat seine Zuständigkeit bejaht. In der ersten Alternative ergibt sich dies, wenn kein Gericht eines Mitgliedstaats nach Artt. 4, 5, 6, 7 oder 8 EuGüVO/EuPartVO zuständig ist. In der zweiten Alternative ergibt sich dies, wenn alle einschlägigen Gerichte sich gemäß Art. 9 I EuGüVO/EuPartVO für unzuständig erklärt haben und kein Gericht eines Mitgliedstaats nach Art. 9 II EuGüVO bzw. Artt. 6 lit. e, 7 oder 8 EuPartVO zuständig ist. Zweite Voraussetzung ist, dass unbewegliches Vermögen eines oder beider Ehegatten im Forumstaat belegen ist. Jedes unbewegliche Vermögen reicht aus; es ist nicht erforderlich, dass sich das gesamte Immobiliarvermögen im Forumstaat befinden müsste.[77] Wann Vermögen als unbeweglich oder als beweglich einzustufen ist, ist über eine Qualifikationsverweisung auf das Belegenheitsrecht des jeweils in Rede stehenden Gegenstands zu ermitteln.[78] Zuständigkeit und Kognitionsbefugnis verleiht die subsidiäre Zuständigkeit wegen Art. 10 Hs. 2 EuGüVO nur für Entschei-

---

75 Siehe *Bonomi,* YbPIL 13 (2011), 217, 226.
76 Rb. Roermond NIPR 2001, 327; *Magnus/Mankowski/Pintens,* Brussels IIbis Regulation, 3. Aufl. 2016, Art. 1 Brussels IIbis Regulation Rn. 26–33.
77 Vgl. zweifelnd noch *Janett Bachmann* (Fn. 9), S. 83.
78 Siehe dort Bericht *Schlosser,* ABl. EWG 1979 C 79/129; *Schlosser,* GS Rudolf Bruns, 1980, S. 45, 58–60; *ders.,* in: *Schlosser/Hess,* EU-Zivilprozessrecht, 4. Aufl. 2015, Art. 24 EuGVVO Rn. 2; *Kaye,* Civil Jurisdiction and Enforcement of Foreign Judgments, 1987, S. 894–898; *Geimer/Rolf A. Schütze/Thiel/Tschauner* (Fn. 51), Art. 22 EuGVVO Rn. 11 (2005); *Kropholler/v. Hein,* Europäisches Zivilprozessrecht, 9. Aufl. 2011, Art. 22 EuGVVO Rn. 12; *Rauscher/Mankowski* (Fn. 50), Art. 24 Brüssel Ia-VO Rn. 12.

dungen „über *dieses* unbewegliche Vermögen"[79], also allein und nur über das im Forumstaat belegene unbewegliche Vermögen.

f) Notzuständigkeit

Art. 11 EuGüVO/EuPartVO statuiert eine Notzuständigkeit. Ausweislich Erwägungsgrund (41) S. 1 EuGüVO; 40 S. 1 EuPartVO soll dies insbesondere Fällen von Rechtsverweigerung (genauer: Rechtsschutzverweigerung) begegnen. Dahinter stehen der Justizgewährungsanspruch, das Menschenrecht auf rechtliches Gehör und auch Art. 47 GRCh.[80] Vorbild dafür waren Artt. 7 EuUntVO; 11 EuErbVO.[81] Ein forum necessitatis muss trotzdem absoluten Ausnahmecharakter behalten.[82] Für Art. 11 EuGüVO/EuPartVO dürfte es kaum wirkliche Anwendungsfälle geben.[83] Er greift unter zwei kumulativen Voraussetzungen, deren erste in sich alternativ, deren zweite in sich disjunktiv unterteilt ist. Die erste Voraussetzung ist, dass im Ergebnis kein Gericht in einem Mitgliedstaat seine Zuständigkeit bejaht. In der ersten Alternative ergibt sich dies, wenn kein Gericht eines Mitgliedstaats nach Artt. 4, 5, 6, 7, 8 oder 10 EuGüVO/EuPartVO zuständig ist. In der zweiten Alternative ergibt sich dies, wenn alle Gerichte sich gemäß Art. 9 EuGüVO/EuPartVO für unzuständig erklärt haben und kein Gericht eines Mitgliedstaats nach Artt. 9 II; 10 EuGüVO bzw. Artt. 6 lit. c, 7, 8 oder 10 EuPartVO zuständig ist. Die zweite Voraussetzung ist, dass ein Ausnahmefall vorliegt, in dem es nicht zumutbar ist oder sich als unmöglich erweist, ein Verfahren in einem Drittstaat, zu welchem die Güterrechtssache einen engen Bezug aufweist, einzuleiten oder zu führen. Erwägungsgrund (41) S. 2 EuGüVO; 40 S. 2 EuPartVO nennt als Beispielsfälle einen Bürgerkrieg in dem Drittstaat oder dass von einem der Ehegatten bzw. Partner vernünftigerweise nicht erwartet werden kann, dass er ein Verfahren in einem bestimmten Drittstaat einleitet oder führt. Den beiden Grundvoraussetzungen nach Art. 11 UA 1 EuGüVO/EuPartVO fügt Art. 11 UA 2 EuGüVO/EuPartVO eine dritte hinzu: Die Sache muss einen ausreichenden Bezug zum Forumstaat haben.

g) Widerklagen

Art. 12 EuGüVO/EuPartVO eröffnet ein forum connexitatis für eine Widerklage im Gerichtsstand des Hauptklageforums. Das entspricht Artt. 8 Nr. 3 Brüssel Ia-VO; 6 Nr. 3 EuGVVO/LugÜ 2007; 4 Brüssel IIa-VO und birgt keine Überraschungen oder Besonderheiten.[84] Eine gewisse Konnexität zwischen Klage und Widerklage ist zu verlangen.[85]

---

79 Hervorhebung hinzugefügt.
80 *Campuzano Díaz,* YbPIL 13 (2011), 233, 245; *Fawcett/Ní Shúilleabháin/Sangeeta Shaw,* Human Rights and Private International Law, Oxford 2016, Rn. 4.73.
81 *Martiny,* IPRax 2011, 437, 447; *Viarengo,* YbPIL 13 (2011), 199, 209; *Davrados,* Rev. hell. dr. int. 66 (2013), 259, 272.
82 *Davrados,* Rev. hell. dr. int. 66 (2013), 259, 272.
83 *Janett Bachmann* (Fn. 9), S. 84.
84 *Simotta* (Fn. 8), S. 77, 123; *dies.,* ZvglRWiss 116 (2017), 44, 87.
85 *Janett Bachmann* (Fn. 9), S. 84.

2. Anwendbares Recht unter EuGüVO und EuPartVO

a) Universalität der Kollisionsnormen aus EuGüVO und EuPartVO

Alle Kollisionsnormen der EuGüVO/EuPartVO sind universelle Kollisionsnormen.[86] Sie kommen also unabhängig davon zum Zuge, ob sie ein mitgliedstaatliches oder ein drittstaatliches Recht berufen. Wie die Rom-Verordnungen hat das IPR der EuGüVO/EuPartVO keinen räumlich-persönlichen Anwendungsbereich. Einzige Anwendungsvoraussetzung auch für dieses europäische IPR ist, dass der Rechtsanwender in einem Mitgliedstaat sitzt. Staatsangehörigkeit oder Aufenthalt der Ehegatten bzw. Partner spielen für die Anwendbarkeit der EuGüVO/EuPartVO keine Rolle.[87]

b) Einheit des anzuwendenden Rechts

Art. 21 EuGüVO propagiert die so genannte Einheit des anzuwendenden Rechts (und damit des Vermögens[88]): Das *gesamte* Vermögen der Ehegatten unterliegt ungeachtet seiner Belegenheit (genauer: der jeweiligen Belegenheit der einzelnen Vermögensgegenstände) dem Ehegüterstatut. Erwägungsgrund (43) S. 4 EuGüVO sekundiert und vervollständigt die programmatische Aussage: Aus Gründe der Rechtssicherheit und um eine Aufspaltung des ehelichen Güterstands zu vermeiden, soll das Güterrechtsstatut das gesamte zum Güterstand gehörende Vermögen erfassen, unabhängig von der Art der Vermögenswerte und unabhängig davon, ob diese in einem anderen Mitgliedstaat (als dem Forumstaat) oder in einem Drittstaat belegen sind.

c) Rechtswahl

Bei der internationalprivatrechtlichen Anknüpfung muss der erste Blick im konkreten Fall einer möglichen Rechtswahl gelten. Denn wenn konkret eine statthafte Rechtswahl getroffen ist, verdrängt diese jegliche objektive Anknüpfung. Subjektive Anknüpfung geht vor objektive Anknüpfung.[89]

aa) Wahlberechtigte und Wahlzeitpunkt

Art. 22 EuGüVO zählt Ehegatten und künftige Ehegatten gleichermaßen zum Kreis der Wahlberechtigten. Er äußert sich zwar explizit nicht zum Zeitpunkt einer Rechtswahl. Die zusätzliche und ausdrückliche Einbeziehung *künftiger* Ehegatten impliziert aber, dass eine ehegüterrechtliche Rechtswahl bereits *vor* der Eheschließung getroffen werden kann.[90] Erwägungsgrund (45) S. 2 EuGüVO bestätigt dies ausdrücklich: Eine Rechtswahl kann jederzeit *vor* der Ehe getroffen werden. Eine zeitliche Grenze, nur bis zu der während bestehender Ehe eine Rechtswahl erlaubt

86 Siehe nur *Knot,* FJR 2016, 231, 232.
87 *Nourissat/Revillard,* Defrénois 2016, 878, 882; *Martiny,* ZfPW 2017, 1, 13.
88 Siehe nur *Faucon Alonso,* J. dr. eur. 2016, 348, 350.
89 Siehe nur *Vinaixa Miquel,* InDret 2/2017, 274, 290.
90 Siehe nur *Laimer,* JBl 2017, 549, 556.

wäre, gibt es nicht. Die Ehegatten können eine güterrechtliche Rechtswahl also selbst unmittelbar vor dem Urteil treffen, mit dem ihre Ehe geschieden wird.

bb) Abschließender Katalog wählbarer Rechte

Art. 22 I EuGüVO gewährt keine freie, sondern nur eine beschränkte Rechtswahl.[91] Die Ehegatten können nicht jedes beliebige Recht dieser Erde wählen, sondern müssen ein Recht aus dem von Art. 22 I EuGüVO bezeichneten, abschließenden Katalog wählen. Gemeinsam ist den wählbaren Rechten aus dem Katalog, dass sie jeweils eine objektiv enge Verbindung zu mindestens einem Ehegatten aufweisen.[92] Wählbar ist das Recht des Staates, in dem ein Ehegatte zum Zeitpunkt der Rechtswahl seinen gewöhnlichen Aufenthalt hat (Art. 22 I lit. a EuGüVO), oder das Recht eines Staates, dem ein Ehegatte zum Zeitpunkt der Rechtswahl angehört (Art. 22 I lit. b EuGüVO). Beide Optionen stehen gleichberechtigt zur freien Auswahl der Ehegatten nebeneinander.[93] Die Ehegatten haben keine Möglichkeit, die Belegenheitsrechte einzelner Vermögensgegenstände zu wählen.[94] Jeder Teilrechtswahl steht obendrein das in Art. 21 EuGüVO kodifizierte Prinzip der Einheit des anzuwendenden Rechts entgegen.[95] Das gilt auch für Immobilien. Art. 15 II Nr. 3 EGBGB findet keine Fortschreibung auf der europäischen Ebene.[96]

cc) Umweltrecht mindestens eines Ehegatten

Die Ehegatte oder Nupturienten können ausweislich Art. 22 I lit. a EuGüVO jedes Umweltrecht eines von ihnen wählen, Anknüpfungspunkt ist bereits der gewöhnliche Aufenthalt eines Ehegatten. Es ist nicht verlangt, dass es sich dabei um einen von dem anderen Ehegatten geteilten gewöhnlichen Aufenthalt handeln müsste. Maßgeblicher Zeitpunkt ist derjenige der Wahl, auch bei Rechtswahl vor der Ehe.[97] Eine eigene Definition des gewöhnlichen Aufenthalts leistet die EuGüVO nicht. Um Zweifel zu vermeiden, wird empfohlen, dass die Parteien in der Rechtswahl angeben, wo sie ihre jeweiligen gewöhnlichen Aufenthalte verorten.[98] Damit würde man indes den Parteien Definitionsmacht zugestehen und schürte Diskrepanzen zu Art. 26 I lit. a EuGüVO.

dd) Heimatrecht mindestens eines Ehegatten

Zweite wählbare Option ist nach Art. 22 I lit. b EuGüVO das Recht eines Staates, dem ein Ehegatte angehört. Rechtswahloptionen zugunsten von Heimatrechten sind im europäischen IPR nach dessen prinzipiellem Schwenk zur Aufenthaltsanknüpfung

---

91 Siehe nur *Kroll-Ludwigs*, NZFam 2016, 1061, 1062 f.; *Marino*, Cuad. Der. Trans. 9 (1) (2017), 265, 277.
    Mindestens terminologisch ungenau *Rodríguez Rodrigo/Katarina Miller*, NZFam 2016, 1065, 1069.
92 *Kroll-Ludwigs*, NZFam 2016, 1061, 1063.
93 Anders aber wohl *Kroll-Ludwigs*, GPR 2016, 231, 235.
94 *Johannes Weber*, DNotZ 2016, 659, 678; *Joubert*, RCDIP 2017, 1, 17; *Vinaixa Miquel*, InDret 2/2017, 274, 292; *Claudia Rudolf*, EF-Z 2017, 244, 247.
95 *Laimer*, JBl 2017, 549, 556.
96 *Dutta*, FamRZ 2016, 1973, 1981.
97 *Döbereiner*, in: *Dutta/Johannes Weber* (Hrsg.), Die Europäischen Güterrechtsverordnungen, 2017, S. 63, 66 Rn. 9 f.
98 *Martiny*, ZfPW 2017, 1, 16.

bei der objektiven Anknüpfung eine Konzession an jene Mitgliedstaaten, deren Alt-kollisionsrecht dem Staatsangehörigkeitsprinzip folgte. Bei Doppel- oder Mehrstaa-tern ist die Wahl jedes Heimatrechts zulässig, auch eines nicht effektiven.[99] Dies in-diziert, wenn auch in sehr verklausulierter Form, Erwägungsgrund (50) S. 2 EuGüVO.[100] Erwägungsgrund (50) S. 2 EuGüVO enthält für die Rechtswahl eine be-sondere Aussage, welche die Regel des Erwägungsgrunds (50) S. 1 EuGüVO (Rück-griff auf nationales Recht) überspielt.[101] Weitere Unterstützung erwährt die Wählbar-keit jedweden Heimatrechts aus dem Fehlen einer Art. 26 I lit. b, II EuGüVO ent-sprechenden Einschränkung in Art. 22 I lit. b EuGüVO.[102]

ee) Für die Wählbarkeit maßgeblicher Zeitpunkt

Entscheidend für die Wählbarkeit eines bestimmten Rechts ist der Zeitpunkt der Rechtswahl.[103] Immer, d.h. auch für eine nachträgliche Rechtswahl auf den Zeitpunkt der Eheschließung abzustellen,[104] würde den Grundgedanken einer nachträglichen Rechtswahl konterkarieren. Indem man eine nachträgliche Rechtswahl zulässt, hat man jedem Konzept eines immer unwandelbaren Ehegüterstatuts abgesprochen, denn ein solches Ehegüterstatut müsste derogationsfest sein und jede nachträgliche Rechtswahl ausschließen. Die Möglichkeit einer nachträglichen Rechtswahl ist wich-tige Durchbrechung des Unwandelbarkeitsdurchsatzes.[105]

ff) Ausdrückliche oder konkludente Rechtswahl

Art. 22 I EuGüVO garantiert die Möglichkeit einer Rechtswahl, lässt sich aber nicht näher über deren Modalitäten aus. Insbesondere enthält er aber keine Parallele zu Art. 22 II EuErbVO, derzufolge nur eine ausdrückliche Rechtswahl statthaft wäre. Daraus ist ein Umkehrschluss auf die Zulässigkeit auch einer konkludenten Rechts-wahl zu ziehen.[106] Dieser Umkehrschluss wird durch die Genese bestärkt:[107] Art. 19 II Vorschlag EuGüVO sah noch vor, dass eine Rechtswahl ausdrücklich erfolgen müsse. Er ist entfallen. Erwägungsgrund (46) S. 1 EuGüVO steht nicht entgegen.[108]

Wichtigstes Indiz für eine konkludente Rechtswahl könnte entsprechend Erwägungs-grund (12) Rom I-VO eine ausschließliche Gerichtsstandsvereinbarung zugunsten ei-

---

99 *Christian Kohler/Pintens,* FamRZ 2016, 1509, 1510; *Johannes Weber,* DNotZ 2016, 659, 678; *Kroll-Ludwigs,* GPR 2016, 231, 235; *Dutta,* FamRZ 2016, 1973, 1980; *Laimer,* JBl 2017, 549, 556; *Döberei-ner,* in: *Dutta/Johannes Weber* (Hrsg.), Die Europäischen Güterrechtsverordnungen, 2017, S. 63, 67 Rn. 15 sowie *Joubert,* RCDIP 2017, 1, 17.

100 *Johannes Weber,* DNotZ 2016, 659, 677 f.; *Dutta,* FamRZ 2016, 1973, 1980; *Laimer,* JBl 2017, 549, 556; siehe auch *Joubert,* RCDIP 2017, 1, 17.

101 Siehe *Kroll-Ludwigs,* GPR 2016, 231, 235 sowie *Martiny,* ZfPW 2017, 1, 17.

102 *Johannes Weber,* DNotZ 2016, 659, 678.

103 *Knot,* FJR 2016, 231, 233; *Johannes Weber,* DNotZ 2016, 659, 677.

104 Dahin aber Proposal for a Council Regulation on jurisdiction, applicable law and recognition and en-forcement of decisions in matters of matrimonial property regimes, COM (2016) 106 final S. 10.

105 *Baldovini,* iFamZ 2018, 39, 43.

106 *Kroll-Ludwigs,* GPR 2016, 231, 236.

107 Siehe *Johannes Weber,* DNotZ 2016, 659, 680; *Döbereiner,* in: *Dutta/Johannes Weber* (Hrsg.), Die Europäischen Güterrechtsverordnungen, 2017, S. 63, 77 f. Rn. 52.

108 *Johannes Weber,* DNotZ 2016, 659, 680; *Rodríguez Rodrigo/Katarina Miller,* NZFam 2016, 1065, 1070; *Döbereiner,* in: *Dutta/Johannes Weber* (Hrsg.), Die Europäischen Güterrechtsverordnungen, 2017, S. 63, 78 Rn. 52.

nes mitgliedstaatlichen Gerichts sein. Qui eligit forum eligit ius wäre auch im Ehegüterrecht eine durchaus sinnvolle Maxime. Sie würde den Ehegatten unterstellen, dass sie einen Gleichlauf von forum und ius wollen, indem das prorogierte Forum sein forumeigenes Recht anwendet. In den Fällen des Art. 5 II und des Art. 7 I Var. 3 EuGüVO erscheint dies tragfähig. Dagegen drohte sich ein Zirkel zu ergeben, soweit Art. 7 I Var. 1 EuGüVO gestattet, die Zuständigkeit der Gerichte des Staates zu vereinbaren, dessen Recht nach Art. 22 EuGüVO (also kraft Rechtswahl) anwendbar ist. Sicher keine Indizwirkung wird eine Gerichtsstandsvereinbarung nach Art. 7 I Var. 2 EuGüVO haben, in der die Zuständigkeit der Gerichte jenes Mitgliedstaates prorogiert wird, dessen Recht das objektive Güterstatut mangels Rechtswahl nach Art. 26 I lit. a oder b EuGüVO stellt.

Häufig wird in Frage stehen, ob sich eine Rechtswahl aus dem Kontext und Gesamtzusammenhang eines Ehevertrags ergeben wird,[109] insbesondere weil die Ehegatten darin Bezug auf Vorschriften eines bestimmten Rechts genommen oder sich Rechtsinstituten bedient haben, die ersichtlich vor dem Hintergrund eines bestimmten Rechts konzipiert sind. Auf der anderen Seite ist die Vereinbarung eines bestimmten Güterstands nicht per se und automatisch als stillschweigende Wahl eines (welchen?) Rechts zu werten, demzufolge dieser Güterstand zulässig wäre.[110] Deshalb ist auch Vorsicht gegenüber der Annahme einer konkludenten Rechtswahl geboten, wenn die Ehegatten nach der Eheschließung z.B. in einem Immobilienerwerbsvertrag angeben, dass sie einem bestimmten Güterstand unterstünden.[111]

gg) Einigung und materielle Wirksamkeit

Art. 24 EuGüVO hat laut seiner Überschrift Einigung und materielle Wirksamkeit von Rechtswahlvereinbarungen zum Gegenstand, nach seinem deutschen Wortlaut Zustandekommen und Wirksamkeit. Laut Art. 24 I EuGüVO bestimmen sich das Zustandekommen und die Wirksamkeit einer Rechtswahlvereinbarung oder einer ihrer Bestimmungen nach demjenigen Recht, das nach Art. 22 EuGüVO anzuwenden wäre, wenn die Vereinbarung oder die Bestimmung wirksam wäre. Dies ist eine Anlehnung an Art. 10 I Rom I-VO[112] und etabliert ebenfalls ein bootstrap principle[113].[114] Zustandekommen meint im Kern Konsens.[115] Hierher gehören auch alle Fragen einer etwaigen Einbeziehungskontrolle für eine Rechtswahl. „Wirksamkeit" ist eng zu verstehen. Eine Verweisung kann sinnvollerweise nur für solche Aspekte erfolgen, welche die EuGüVO selber nicht bereits in Artt. 22; 23 EuGüVO regelt. Das zieht eine bedeutsame Konsequenz nach sich: Eine Inhaltskontrolle einer

109 Vgl. *Rauscher/Kroll-Ludwigs,* Einf. EU-GüterVO-E Rn. 58; *Kroll-Ludwigs,* GPR 2016, 231, 236.
110 *Marino,* Cuad. Der. Trans. 9 (1) (2017), 265, 279.
111 Vgl. Cass. 1re civ. Petites affiches n° 22, 30 janvier 2018, S. 11 note *Legrand* zu Art. 6 Haager EhegüterRÜbk 1978.
112 Siehe nur *Joubert,* RCDIP 2017, 1, 19; *Marino,* Cuad. Der. Trans. 9 (1) (2017), 265, 278.
113 Zum bootstrap principle als Institut *Mankowski,* in: v. Bar/Mankowski, Internationales Privatrecht I: Allgemeine Lehren, 2. Aufl. 2003, § 7 Rn 82 f.; *ders.,* in: Magnus/Mankowski, Rome I Regulation, 2017, Art. 3 Rome I Regulation Rn 427–442.
114 *Claudia Rudolf,* ZfRV 2017, 171, 177.
115 Siehe nur *Rodríguez Rodrigo/Katarina Miller,* NZFam 2016, 1065, 1070.

Rechtswahl nach dem Errichtungsstatut findet nicht statt.[116] Der Inhalt einer Rechtswahl ist ein kollisionsrechtlicher Inhalt. Diesen Inhalt regelt Art. 22 EuGüVO bereits abschließend. Eine Inhaltskontrolle wäre eine kollisionsrechtliche Kontrolle. Art. 24 I EuGüVO spricht aber ausweislich Art. 32 EuGüVO nur eine Sachnormverweisung aus und verweist gar nicht auf das IPR des Errichtungsstatuts.

hh) Wirkung

Laut Art. 22 II EuGüVO wirkt eine während der Ehe getroffene Rechtswahl ex nunc (pro futuro[117] mit damit verbundenem Statutenwechsel[118]), es sei denn, die Ehegatten haben etwas anderes vereinbart. Der durch eine nachträgliche Rechtswahl bewirkte Statutenwechsel tritt also grundsätzlich nur ex nunc ein.[119] Die Ehegatten können jedoch anderes vereinbaren, also Rückwirkung, ex tunc-Wirkung.[120] Die Möglichkeit einer Wahl ex tunc muss sich der Frage stellen, wie das ex tunc gewählte Recht denn über die Abwicklung eines bereits vor der Rechtswahl bestehenden Güterstands entscheiden können soll.[121] Grenzen ziehen einer Rechtswahl mit vereinbarter Rückwirkung jedenfalls die Ansprüche Dritter aus dem vorherigen Ehegüterstatut, die nicht beeinträchtigt werden dürfen. Art. 22 III EuGüVO ist insoweit eindeutig.

ii) Keine Teilrechtswahl

Art. 21 EuGüVO gestattet nur eine Wahl einheitlich für das gesamte Vermögen der Ehegatten. Eine ehegüterrechtliche Teilrechtswahl ist nicht statthaft.

jj) Form

Der Form einer Rechtswahlvereinbarung widmet sich Art. 23 EuGüVO ausführlich in prinzipiell engster Anlehnung an Art. 7 Rom III-VO als Vorbild.[122] Die Form dient dazu, den erzielten Konsens beweissicher zu dokumentieren.[123] Die Form bezweckt laut Erwägungsgrund (43) EuGüVO den Schutz des schwächeren Ehegatten. Bei der Formgültigkeit sollen Schutzvorkehrungen sicherstellen, dass sich die Ehegatten der Tragweite ihrer Rechtswahl bewusst sind.[124] Das betont Erwägungsgrund (47) S. 2 EuGüVO. Art. 23 I 1 EuGüVO schreibt eine europäische Mindestform[125] vor: Eine ehegüterrechtliche Rechtswahlvereinbarung bedarf der Schriftform, ist zu datieren und von beiden Ehegatten zu unterzeichnen. Insoweit wird dieselbe Form

---

116 Anderer Ansicht *Döbereiner,* in: *Dutta/Johannes Weber* (Hrsg.), Die Europäischen Güterrechtsverordnungen, 2017, S. 63, 79 Rn. 57.

117 *Baldovini,* iFamZ 2018, 39, 43.

118 Siehe nur *Rademacher,* Cuad. Der. Trans. 10 (1) (2018), 7, 15 f.

119 *Dutta,* FamRZ 2016, 1973, 1981; *Heiderhoff,* IPRax 2018, 1, 7.

120 Zu denkbaren Motiven für ein solches Vorgehen *Rademacher,* Cuad. Der. Trans. 10 (1) (2018), 7, 15.

121 *Johannes Weber,* DNotZ 2016, 659, 682; *Kroll-Ludwigs,* GPR 2016, 231, 235; *Döbereiner,* in: *Dutta/Johannes Weber* (Hrsg.), Die Europäischen Güterrechtsverordnungen, 2017, S. 63, 82 f. Rn. 72.

122 *Johannes Weber,* DNotZ 2016, 659, 678; *Martiny,* ZfPW 2017, 1, 18; *Claudia Rudolf,* ZfRV 2017, 171, 177; *Barrière Brousse,* Clunet 144 (2017), 485, 497.

123 *Joubert,* RCDIP 2017, 1, 18.

124 *Laimer,* JBl 2017, 549, 557.

125 Erwägungsgrund (47) S. 3 EuGüVO; *Johannes Weber,* DNotZ 2016, 659, 678; *Kroll-Ludwigs,* GPR 2016, 231, 235; *Martiny,* ZfPW 2017, 1, 18; *Claudia Rudolf,* ZfRV 2017, 171, 177; *dies.,* EF-Z 2017, 244, 248; *Damascelli,* Riv. dir. int. 2017, 1103, 1142; *Rademacher,* Cuad. Der. Trans. 10 (1) (2018), 7, 14.

verlangt wie bei einer Gerichtsstandsvereinbarung unter Art. 7 EuGüVO.[126] Bloße Paraphierung soll für eine Unterschrift nicht reichen.[127] Art. 23 I 1 EuGüVO ist eine einheitliche Sachnorm[128] und bedingt § 126 BGB ab.[129] Elektronische Übermittlungen, die eine dauerhafte Aufzeichnung der Vereinbarung ermöglichen, stellt Art. 23 I 2 EuGüVO der Schriftform gleich. Nach Art. 23 II-IV EuGüVO setzt sich eine strengere nationale Formvorschrift nach Art. 23 II EuGüVO durch, z.b. wenn sie notarielle Beurkundung vorschreibt.[130] Art. 23 II-IV EuGüVO verweisen unmittelbar auf mitgliedstaatliche Vorschriften für güterrechtliche Vereinbarungen (in Deutschland §§ 1410; 1408 BGB[131]).

d) Objektive Anknüpfung

aa) Unwandelbarkeitsgrundsatz

Die objektive Anknüpfung im Internationalen Ehegüterrecht weist eine große und fundamentale Besonderheit auf: Sie fixiert ihren Anknüpfungszeitpunkt – mit leichten Modifikationen bei Art. 26 I lit. a EuGüVO – auf den Zeitpunkt der Eheschließung. Alle späteren Ereignisse sind für sie ohne Bedeutung. Sie ist also unwandelbar.[132] Nur eine Rechtswahl nach der Eheschließung ist das einzige spätere Ereignis, das die Unwandelbarkeit durchbrechen kann.

bb) Anknüpfungsleiter (Kaskadenanknüpfung)

Art. 26 I EuGüVO statuiert eine Kaskadenanknüpfung,[133] eine Anknüpfungsleiter.[134] Man kommt auf die nächstniedrigere Stufe erst, wenn man auf keiner der höheren Stufen ein Ergebnis erzielt hat. Niedrigere Stufen sind subsidiär gegenüber höheren. Es herrscht eine klare Hierarchie. Die Verbindungsworte „oder anderenfalls" jeweils am Ende von Art. 26 I litt. a und b EuGüVO zeigen dies eindeutig. Die Abfolge ist: zuerst gemeinsamer gewöhnlicher Aufenthalt der Wahlberechtigten (lit. a); dann hilfsweise gemeinsame Staatsangehörigkeit der Wahlberechtigten (lit. b); dann letzthilfsweise engste Verbindung. Gesucht wird jeweils ein beiden Ehegatten gemeinsames Anknüpfungsmoment. Anknüpfungsmomente, die nur in der Person eines Ehegatten verwirklicht sind, spielen auf den ersten beiden Stufen keine Rolle. Erst im Rahmen der Abwägung auf der dritten und untersten Stufe können sie einfließen. Das Ergebnis der Abwägung muss aber zu einem Recht führen, zu dem jeder der beiden Ehegatten eine Verbindung hat.

---

126 *Rodríguez Rodrigo/Katarina Miller*, NZFam 2016, 1065, 1070.
127 *Döbereiner*, in: *Dutta/Johannes Weber* (Hrsg.), Die Europäischen Güterrechtsverordnungen, 2017, S. 63, 69 Rn. 23.
128 *Martiny*, ZfPW 2017, 1, 18.
129 *Döbereiner*, in: *Dutta/Johannes Weber* (Hrsg.), Die Europäischen Güterrechtsverordnungen, 2017, S. 63, 68 Rn. 20.
130 *Claudia Rudolf*, ZfRV 2017, 171, 177 f.
131 *Johannes Weber*, DNotZ 2016, 659, 679; *Kroll-Ludwigs*, NZFam 2016, 1061, 1063.
132 Siehe nur *Dutta*, FamRZ 2016, 1973, 1981; *Martiny*, ZfPW 2017, 1, 21; *Claudia Rudolf*, EF-Z 2017, 244, 248; *Coester-Waltjen*, in: *Dutta/Johannes Weber* (Hrsg.), Die Europäischen Güterrechtsverordnungen, 2017, S. 47, 50 Rn. 10; *Erbarth*, NZFam 2018, 249, 251.
133 Siehe nur *Joubert*, RCDIP 2017, 1, 20; *Peisse*, Dr. & patr. 268 (2017), 46, 50.
134 Siehe nur *Claudia Rudolf*, ZfRV 2017, 171, 178.

cc) Aufenthaltsanknüpfung als erste Stufe

Art. 26 I lit. a EuGüVO beruft das Recht des Staates, in dem die Ehegatten nach der Eheschließung ihren ersten gemeinsamen gewöhnlichen Aufenthalt haben. Dies ist Art. 4 I Haager GüterrechtsÜbk 1978 nachgebildet.[135] Erläuternde Erwägungsgründe zur Ausfüllung des gewöhnlichen Unterhalts enthält die EuGüVO – in Kontrast zu den Erwägungsgründen (23), (24) EuErbVO – nicht.[136] Für viele Mitgliedstaaten – z.B. für Deutschland angesichts Art. 15 I iVm Art. 14 I Nr. 1 EGBGB – bedeutet dies einen Wechsel in der Grundanknüpfung vom Staatsangehörigkeitsprinzip ihres nationalen Alt-IPR zum Aufenthaltsprinzip.[137] Ein möglichst gleichlaufendes Verständnis mit dem Aufenthaltsbegriff unter anderen Rechtsakten des europäischen Internationalen Familienrechts, namentlich der Brüssel IIa-VO und der Rom III-VO, ist mindestens wünschenswert.[138] Auch Erwägungsgründe (23) und (24) EuErbVO können gegebenenfalls eine Hilfestellung bieten, wobei man jedoch deren erbrechtsbedingte Retrospektive abstreifen müsste.[139] Berufliche Bindungen mögen zwar hinter persönlichen, familiären und sozialen zurückstehen, können aber trotzdem in das Gesamtbild einfließen.

Beim maßgeblichen Anknüpfungszeitpunkt formuliert Art. 26 I lit. a EuGüVO anders als Art. 26 I litt. b, c EuGüVO. Wahrscheinlich soll dies solche Ehegatten erfassen, die zum Zeitpunkt der Eheschließung noch nicht zusammen leben, aber gleich oder schnell danach zusammenziehen.[140] Kriterium könnte ein (enger) zeitlicher Zusammenhang eines Umzugs mindestens eines Ehegatten mit der Eheschließung sein.[141] Erwägungsgrund (49) S. 2 EuGüVO verunklart das Bild weiter, indem er auf den ersten gemeinsamen gewöhnlichen Aufenthalt *kurz* nach der Eheschließung abstellt. Eine nähere Eingrenzung, was „kurz" heißen soll, leistet er nämlich leider nicht.[142] Dem etwa durch eine Grenze von ungefähr drei Monaten abhelfen zu wollen,[143] wäre seinerseits begründungsbedürftig.[144] Eine funktionale Umschreibung sollte auf einen engen zeitlichen Zusammenhang mit der Eheschließung abheben.[145] Eine Obergrenze von einem Jahr nach der Eheschließung für „kurz"[146] erscheint nachvollziehbar, ist aber ebenfalls eine freihändige Schöpfung.

Haben die Ehegatten bei (bzw. „kurz" nach) Eheschließung keinen gemeinsamen gewöhnlichen Aufenthalt in einem Staat, so greift konsequent Art. 26 I lit. b EuGüVO. Dies gilt jedoch nur solange, bis die Ehegatten erstmals einen gemeinsa-

---

135 *Buschbaum/Ulrich Simon*, GPR 2011, 162, 267; *Johannes Weber*, DNotZ 2016, 659, 670.
136 *Claudia Rudolf*, ZfRV 2017, 171, 178; *Barrière Brousse*, Clunet 144 (2017), 485, 502.
137 Siehe nur *Mankowski*, IPRax 2017, 130, 138; *Laimer*, JBl 2017, 549, 555.
138 Siehe nur *Damascelli*, Riv. dir. int. 2017, 1103, 1137 f.; *Heiderhoff*, IPRax 2018, 1, 5.
139 *Rentsch* S. 208 f.
140 *Coester-Waltjen*, in: *Dutta/Johannes Weber* (Hrsg.), Die Europäischen Güterrechtsverordnungen, 2017, S. 47, 53 Rn. 22.
141 *Kroll-Ludwigs*, GPR 2016, 231, 236.
142 *Johannes Weber*, DNotZ 2016, 659, 672; *Kroll-Ludwigs*, GPR 2016, 231, 236; *Heiderhoff*, IPRax 2018, 1, 5.
143 So *Johannes Weber*, DNotZ 2016, 659, 672.
144 *Kroll-Ludwigs*, GPR 2016, 231, 236 Fn. 91.
145 *Dutta*, FamRZ 2016, 1973, 1981.
146 *Heiderhoff*, IPRax 2018, 1, 5.

men gewöhnlichen Aufenthalt in einem Staat begründen. Tun sie dies innerhalb eines angemessen kurzen Zeitfensters nach der Eheschließung, so soll das neue gemeinsame Umweltrecht sogar ex tunc, rückwirkend ab dem Zeitpunkt der Eheschließung greifen.[147] Dies soll offensichtlich die Unbilden eines Statutenwechsels vermeiden und das Unwandelbarkeitsprinzip wahren, allerdings um den hohen Preis einer Fiktion und entsprechender Unsicherheit während des Schwebezustands.

Nicht verlangt ist jedenfalls, dass die Ehegatten zusammen leben oder dass sie am selben Ort leben.[148] Vielmehr stellt Art. 26 I lit. a EuGüVO darauf ab, dass jeder der Ehegatten seinen jeweiligen gewöhnlichen Aufenthalt in demselben *Staat* hat wie der andere Ehegatte.[149] „Getrennt zusammen" innerhalb eines Staates reicht also. Insoweit besteht eine gewisse Parallele zu Art. 5 I lit. a Rom III-VO, auch wenn beide Normen nicht genau denselben Wortlaut haben.[150] Living apart together-Konstellationen innerhalb eines Staates genügen also, nur grenzüberschreitende living apart together-Konstellationen schaden. Ebenfalls nicht verlangt ist, dass die Ehegatten bereits zum Zeitpunkt der Eheschließung die Absicht gehegt haben müssten, ihren gewöhnlichen Aufenthalt in dem Staat zu nehmen, in dem sie ihn später zuerst genommen haben.[151]

dd) Staatsangehörigkeitsanknüpfung als zweite Stufe

Haben die Ehegatten nach der Eheschließung keinen gemeinsamen gewöhnlichen Aufenthalt, so beruft Art. 26 I lit. b EuGüVO das Recht des Staates, dessen Staatsangehörigkeit die Ehegatten zum Zeitpunkt der Eheschließung besitzen. Gemeint ist eine gemeinsame Staatsangehörigkeit beider Ehegatten.[152] Für Mehrstaater ist Erwägungsgrund (50) EuGüVO heranzuziehen: Welche von mehreren Staatsangehörigkeiten einer Person die maßgebliche sein soll, wird als „Vorfrage"[153] (preliminary question, question préalable) aus dem Anwendungsbereich der EuGüVO ausgeklammert und dem nationalen IPR überantwortet, wobei allerdings die allgemeinen Grundsätze der EU uneingeschränkt einzuhalten sind. Unionsrechtlich wird hier also weder der Effektivitätsgrundsatz noch eine Gleichwertigkeit aller Staatsangehörigkeiten dekretiert.[154] Dies folgt den Spuren des Erwägungsgrunds (22) Rom III-VO, allerdings hier verankert in einer echten Norm, nicht in einem bloßen Erwägungs-

---

147 *Martiny*, IPRax 2011, 437, 450; *Johannes Weber*, DNotZ 2016, 659, 672; *Dutta*, FamRZ 2016, 1973, 1982.

148 Siehe nur *Bonomi*, in: *Boele-Woelki/Dethloff/Martiny/Gephart* (eds.), Family law and culture in Europe, 2014, S. 231, 232; *Rodriguez Rodrigo/Katarina Miller*, NZFam 2016, 1065, 1070; *Coester-Waltjen*, in: *Dutta/Johannes Weber* (Hrsg.), Die Europäischen Güterrechtsverordnungen, 2017, S. 47, 52 Rn. 21; *Heiderhoff*, IPRax 2018, 1, 5.
   Zweifelnd *Joubert*, RCDIP 2017, 1, 20.

149 *Johannes Weber*, DNotZ 2016, 659, 671.

150 *Johannes Weber*, DNotZ 2016, 659, 671 Fn. 62.

151 *Johannes Weber*, DNotZ 2016, 659, 672.

152 Siehe nur *Heiderhoff*, IPRax 2018, 1, 5.

153 Die Terminologie ist ungenau. Zum einen würde es sich bei präziser Betrachtung um ein präjudizielles Rechtsverhältnis im Tatbestand einer Kollisionsnorm des Forums und damit um eine Erstfrage handeln müssen. Zum anderen ist die Maßgeblichkeit oder die Effektivität einer Staatsangehörigkeit.

154 Treffend *Heiderhoff/Beißel*, Jura 2018, 253, 259: „etwas verwirrend".

grund. Art. 26 II EuGüVO deutet zudem in eine andere Richtung, macht dies aber nicht so explizit, das es Erwägungsgrund (50) S. 1 EuGüVO ausschalten würde.[155] Maßgebliches nationales IPR muss dasjenige des Forums sein. Im deutschen Recht wäre dies eine Verweisung auf Art. 5 I EGBGB. Problemfall ist angesichts des letzten Teilsatzes von Erwägungsgrund (50) EuGüVO Art. 5 I 2 EGBGB, denn zu den allgemeinen Grundsätzen des Unionsrechts zählt das allgemeine Diskriminierungsverbot des Art. 18 AEUV.[156]

ee) Engste Verbindung als dritte Stufe und Auffangklausel

Haben die Ehegatten keinen gemeinsamen gewöhnlichen Aufenthalt nach der Eheschließung und haben sie zum Zeitpunkt der Eheschließung keine gemeinsame Staatsangehörigkeit, so fällt man auf die dritte Sprosse der Leiter auf Art. 26 I lit. c EuGüVO. Sie unterstellt den ehelichen Güterstand demjenigen Recht, mit welchem die Ehegatten unter Berücksichtigung aller Umstände zum Zeitpunkt der Eheschließung am engsten verbunden sind. Dabei handelt es sich um eine Auffangklausel.[157] Die Anknüpfung an die (relativ) engste Verbindung gewährleistet, dass es immer ein Anknüpfungsergebnis gibt. Die Abwägung muss anhand von Indizien und Faktoren stattfinden; wie bei jedem offenen weighing of contacts kommt es immer auf die Umstände des jeweiligen Einzelfalls an.[158] Merkmale, die beiden Ehegatten gemeinsam sind, wiegen dabei schwerer als solche, die nur ein Ehegatte aufweist. Allerdings können auch ein Merkmal eines Ehegatten und ein anderes Merkmal des anderen Ehegatten im Ergebnis zusammenspielen, z.B. Staatsangehörigkeit hier und gewöhnlicher Aufenthalt da. Ziel ist jedenfalls eindeutig, die für beide Ehegatten *gemeinsam* relativ engste Verbindung zu einem bestimmten Recht zu ermitteln. Weder der Normtext noch Erwägungsgründe bieten eine ausdrückliche Hilfestellung und Konkretisierung; es gibt auch keine Regelbeispiele.[159] Faktoren im Rahmen der Abwägung können etwa sein:[160] zum Zeitpunkt der Eheschließung geplanter (aber später nicht realisierter) künftiger gemeinsamer gewöhnlicher Aufenthalt; gemeinsame soziale Bindung durch Herkunft, Prägung, Kultur, Religion; berufliche Tätigkeit; gemeinsame Staatsangehörigkeit, wenn unter Art. 26 I lit. b EuGüVO wegen II nicht berücksichtigt.[161] Auch den Eheschließungsort kann man nicht vollständig aus dem Kreis der denkbaren Faktoren ausklammern.[162]

---

155 Vgl. mit gegenläufiger Tendenz *Heiderhoff*, IPRax 2018, 1, 5 f.

156 *Johannes Weber*, DNotZ 2016, 659, 673; *Coester-Waltjen*, in: *Dutta/Johannes Weber* (Hrsg.), Die Europäischen Güterrechtsverordnungen, 2017, S. 47, 53 Rn. 26 sowie *Kroll-Ludwigs*, GPR 2016, 231, 237.

157 *Kroll-Ludwigs*, GPR 2016, 231, 237.

158 *Kroll-Ludwigs*, GPR 2016, 231, 237.

159 *Kroll-Ludwigs*, GPR 2016, 231, 238.

160 *Kroll-Ludwigs*, GPR 2016, 231, 237; *Johannes Weber*, DNotZ 2016, 659, 673; *Martiny*, ZfPW 2017, 1, 23.

161 Siehe *Marino*, Cuad. Der. Trans. 9 (1) (2017), 265, 280 f.; *Heiderhoff*, IPRax 2018, 1, 6.

162 *Kroll-Ludwigs*, GPR 2016, 231, 238; *Johannes Weber*, DNotZ 2016, 659, 673 f.

ff)   Sonderregel bei mehrfacher gemeinsamer Staatsangehörigkeit in Art. 26 II EuGüVO

Für zwei Mehrstaater mit mehr als einer gemeinsamen Staatsangehörigkeit schreibt Art. 26 II EuGüVO eine ungewöhnliche[163] Lösung vor: Statt die maßgebliche gemeinsame Staatsangehörigkeit nach dem Effektivitätsprinzip auszuwählen und die relativ stärkste Verbindung zu einem der gemeinsamen Heimatrechte zu ermitteln, lässt er die Anknüpfung an die Staatsangehörigkeit insgesamt entfallen.[164] Er schließt eine Anwendung des Art. 26 I lit. b EuGüVO in solchen Fällen kategorisch aus. Vielmehr sollen nur Art. 26 I litt. a; c EuGüVO anwendbar sein. Die Verweisung auch auf Art. 26 I lit. a EuGüVO geht in den Fällen des Art. 26 II EuGüVO ins Leere, denn solche Fälle können sich nur im Kontext des Art. 26 I lit. b EuGüVO ergeben, also nachdem man zuvor vergeblich unter Art. 26 I lit. a EuGüVO in direkter, nicht verwiesener Anwendung gesucht hat.[165] Haben die mehrstaatigen Ehegatten hier also notwendig keinen ersten gemeinsamen gewöhnlichen Aufenthalt nach der Eheschließung, so ist man in den Fällen des Art. 26 II EuGüVO unmittelbar auf die Ermittlung der engsten Verbindung nach Art. 26 I lit. c EuGüVO zurückgeworfen.[166] Art. 26 II EuGüVO gilt übrigens nicht für Ehepartner, die beide Mehrstaater sind, aber keine einzige Staatsangehörigkeit gemeinsam haben,[167] denn dann ist Art. 26 I lit. b EuGüVO von vornherein tatbestandlich nicht erfüllt.

gg)   Ausweichklausel in Art. 26 III EuGüVO: Engere Verbindung zum letzten gemeinsamen gewöhnlichen Aufenthalt mit starken Zusatzvoraussetzungen

Art. 26 III EuGüVO rundet das System der objektiven Anknüpfung ab: Auf Antrag eines Ehegatten kann ausnahmsweise ein anderes Recht als dasjenige des ersten gemeinsamen gewöhnlichen Aufenthalts angewendet werden, wenn der Ehegatte nachweist, dass die Ehegatten ihren letzten gemeinsamen gewöhnlichen Aufenthalt in einem anderen Staat erheblich länger hatten als ihren ersten (Art. 26 III 1 lit. a EuGüVO) und dass beide Ehegatten sich auf das Recht dieses anderen Staates (des letzten gemeinsamen gewöhnlichen Aufenthalts) bei der Regelung und Planung ihrer vermögensrechtlichen Beziehungen berufen hatten (Art. 26 III lit. b EuGüVO). Lit. a ist objektiv, lit. b subjektiv.[168] Dies ist eine Ausweichklausel, eine korrigierende Anknüpfung,[169] um eine Versteinerung zu vermeiden.[170] Sehr plastisch ist die Bezeichnung als Ausnahme- und Fluchtklausel.[171] Art. 26 III EuGüVO folgt aber nicht dem für Ausweichklauseln (z.B. Artt. 4 III Rom I-VO; 4 III Rom II-VO; 21 II EuErbVO) sonst üblichen Prinzip, schlichtweg eine engere Verbindung gegenüber der Regelanknüpfung durchschlagen zu lassen. Vielmehr schränkt er ein und betrachtet nur

---

163 *Joubert,* RCDIP 2017, 1, 20: „très originale".
164 *Martiny,* ZfPW 2017, 1, 22.
165 *Kroll-Ludwigs,* GPR 2016, 231, 237; *Martiny,* ZfPW 2017, 1, 22; *Claudia Rudolf,* ZfRV 2017, 171, 178; *Heiderhoff/Beißel,* Jura 2018, 253, 259.
166 *Kroll-Ludwigs,* GPR 2016, 231, 237.
167 *Martiny,* ZfPW 2017, 1, 22.
168 *Barrière Brousse,* Clunet 144 (2017), 485, 499.
169 *Kroll-Ludwigs,* GPR 2016, 231, 238.
170 *Baldovini,* iFamZ 2018, 39, 45.
171 *Rodríguez Rodrigo/Katarina Miller,* NZFam 2016, 1065, 1071.

Ausschnitte aus dem Gesamtgeschehen. Wahrscheinlich ist Art. 26 III EuGüVO ein Zugeständnis an jene Mitgliedstaaten, die in ihren Alt-Kollisionsrechten nicht dem Umwandelbarkeitsprinzip folgten.[172] Trotzdem bleibt eine erhebliche Verlockung für viel Streit zwischen Ehegatten insbesondere um die güterrechtliche Auseinandersetzung im Scheidungsfall, insbesondere je größer die betroffenen Vermögen sind.[173]

Seinem Wortlaut nach greift Art. 26 III EuGüVO nur dann, wenn die Regelanknüpfung an den ersten gemeinsamen gewöhnlichen Aufenthalt der Ehegatten nach Art. 26 I lit. a EuGüVO erfolgt, nicht aber, wenn die subsidiäre Regelanknüpfung an die gemeinsame Staatsangehörigkeit nach Art. 26 I lit. b EuGüVO oder die doppelt-subsidiäre Anknüpfung an die engste Verbindung nach Art. 26 I lit. c EuGüVO einschlägig ist.[174] Art. 26 III EuGüVO stellt strenge Voraussetzungen und eine Vielzahl von Kautelen auf. Zunächst verlangt er einen Antrag eines Ehegatten. Eine Anwendung von Amts wegen ist damit ausgeschlossen. Andererseits reicht eben ein einseitiger Antrag, ohne dass der andere Ehegatte zustimmen müsste.[175] Sodann erlegt Art. 26 III EuGüVO dem antragstellenden Ehegatten die Darlegungs- und Beweislast für die aufgeführten Anknüpfungstatsachen auf. Sofern beide Ehegatten ausweichen wollen, empfiehlt sich daher eine weniger voraussetzungsstrenge Rechtswahl.[176]

Art. 26 III EuGüVO erlaubt, auf einen späteren Zeitpunkt als jenen der Eheschließung oder kurz danach abzustellen, und bringt Wandelbarkeit durch Statutenwechsel in das System.[177] Indes bringt er wieder ein mögliches Ungleichgewicht mit sich. Denn Art. 26 III UA 1 lit. a, UA 2 S. 2 EuGüVO blickt nur auf den letzten gemeinsamen gewöhnlichen Aufenthalt der Ehegatten. Dieser kann aber für die Ehe insgesamt weniger prägend gewesen sein als ein vorangegangener gemeinsamer gewöhnlicher Aufenthalt, der wiederum nicht mit dem ersten identisch ist. Wenn man schon die Dauer der gemeinsamen gewöhnlichen Aufenthalte miteinander vergleicht, wäre es nur konsequent, dies offen zu tun und alle gemeinsamen gewöhnlichen Aufenthalte zu betrachten, nicht nur den ersten und den letzten.[178] Erwägungsgrund (51) EuGüVO tendiert immerhin in diese Richtung. Dass ein gewöhnlicher Aufenthalt der *letzte* gemeinsame war, steht verlässlich erst in der Retrospektive fest, wenn man sicher sagen kann, dass ihm kein weiterer gemeinsamer gewöhnlicher Aufenthalt nachgefolgt ist. Damit sich der letzte gemeinsame gewöhnliche Aufenthalt gegen den ersten durchsetzt, muss er *erheblich* länger gewesen sein als der erste. Die Länge eines Aufenthalts ist in Zeiteinheiten messbar. Die faktischen Probleme liegen bei Beginn und Ende des jeweiligen Aufenthalts. Wann ein erhebliches, also besonders

172 *Johannes Weber,* DNotZ 2016, 659, 674; *Coester-Waltjen,* in: *Dutta/Johannes Weber* (Hrsg.), Die Europäischen Güterrechtsverordnungen, 2017, S. 47, 55 Rn. 28.

173 *Peisse,* Dr. & patr. 268 (2017), 46, 50.

174 *Johannes Weber,* DNotZ 2016, 659, 674; *Coester-Waltjen,* in: *Dutta/Johannes Weber* (Hrsg.), Die Europäischen Güterrechtsverordnungen, 2017, S. 47, 55 Rn. 30; *Heiderhoff,·*IPRax 2018, 1, 6.

175 *Joubert,* RCDIP 2017, 1, 22; *Marino,* Cuad. Der. Trans. 9 (1) (2017), 265, 283.

176 *Coester-Waltjen,* in: *Dutta/Johannes Weber* (Hrsg.), Die Europäischen Güterrechtsverordnungen, 2017, S. 47, 55 Rn. 31.

177 *Joubert,* RCDIP 2017, 1, 22.

178 *Coester-Waltjen,* in: *Dutta/Johannes Weber* (Hrsg.), Die Europäischen Güterrechtsverordnungen, 2017, S. 47, 56 Rn. 34; *Heiderhoff,* IPRax 2018, 1, 6.

deutliches Überwiegen vorliegt, entbehrt ebenfalls näherer Konkretisierung.[179] Vier Jahre dürften erheblich länger sein als eines, aber 23 nicht als 20, obwohl beide Male die Differenz der zu vergleichenden Werte drei Jahre beträgt.[180] Ein weiteres Problem ist die weitere Voraussetzung des Art. 26 III UA 1 lit. b EuGüVO mit ihrem erheblichen Interpretationsspielraum.[181] Jedenfalls muss sie zusätzlich, kumulativ zu jener des Art. 26 III UA 1 lit. a EuGüVO vorliegen. Auf subjektive Vorstellungsbilder und Planungen der Ehegatten abzustellen trägt fast Züge einer konkludenten Rechtswahl.[182] Unter Griff in die Vergangenheit Pläne und subjektive Intentionen belegen zu müssen, die sich gerade nicht in einer Rechtswahlvereinbarung materialisiert haben, verlangt dem darlegungs- und beweisbelasteten Antragsteller einiges ab.

Nach Art. 26 III UA 2 S. 1 EuGüVO gilt das ausnahmsweise berufene Recht rückwirkend ab dem Zeitpunkt der Eheschließung, es sei denn, ein Ehegatte ist damit nicht einverstanden. Jeder der beiden Ehegatten hat also ein Vetorecht gegen eine ex-tunc-Wirkung. Das Vetorecht besteht also nur hinsichtlich der zeitlichen Wirkung, nicht hinsichtlich der Anwendung des ausnahmsweise berufenen Rechts schlechterdings. Ohne Ausübung des Vetorechts kommt das ausnahmsweise berufene Recht retrospektiv zum Zuge. Man möchte die Anwendung zweier Rechte und einen Statutenwechsel vermeiden.[183] Art. 26 III UA 3 EuGüVO fügt eine weitere Einschränkung hinzu: Die Anwendung des ausnahmsweise berufenen Rechts darf diejenigen Rechte Dritter nicht beeinträchtigen, die sich auf das nach Art. 26 I lit. a EuGüVO regulär berufene Recht des ersten gemeinsamen gewöhnlichen Aufenthalts der Ehegatten gründen. Dies gewährleistet kollisionsrechtlichen Vertrauensschutz für Dritte. Die für die Praxis wichtigste Einschränkung steht indes in Art. 26 III UA 4 EuGüVO:[184] Art. 26 III UA 1-3 EuGüVO gilt nicht, wenn die Ehegatten vor der Begründung ihres letzten gemeinsamen gewöhnlichen Aufenthalts eine Vereinbarung über den ehelichen Güterstand getroffen haben. Explizite Regelung ist betätigtes, geäußertes und kundgetanes Vertrauen. Art. 26 III UA 4 EuGüVO gilt aber nicht, wenn der Ehevertrag erst nach Begründung des letzten gemeinsamen gewöhnlichen Aufenthalts geschlossen wurde.[185] Eine denkbare Reaktion in der Praxis könnte sein, auf explizite Güterstandsvereinbarungen zu setzen und damit die Sperrwirkung des Art. 26 III UA 4 EuGüVO auszulösen. Letztlich erscheint eine neue Güterstandsbegründung, aber in Kombination mit einer ausdrücklichen Rechtswahl nach Art. 22 I lit. a EuGüVO, als der relativ beste und sicherste Weg.[186]

---

179 *Kroll-Ludwigs*, GPR 2016, 231, 238.
180 *Baldovini*, iFamZ 2018, 39, 46.
181 *Johannes Weber*, DNotZ 2016, 659, 674.
182 *Dutta*, FamRZ 2016, 1973, 1982.
183 *Rodríguez Rodrigo/Katarina Miller*, NZFam 2016, 1065, 1071.
184 *Johannes Weber*, DNotZ 2016, 659, 675.
185 *Süß*, in: *Dutta/Johannes Weber* (Hrsg.), Die Europäischen Güterrechtsverordnungen, 2017, S. 85, 87 Rn. 4.
186 Vgl. *Johannes Weber*, DNotZ 2016, 659, 675.

e) Umfang des Statuts (Qualifikation)

Dem Ehegüterstatut unterstehen alle ehegüterrechtlichen Fragen, die in den Anwendungsbereich der EuGüVO fallen. Es ist umfassend angelegt. Das ergibt sich aus dem (sehr) weiten Begriff des Ehegüterrechts in Art. 3 EuGüVO. Art. 27 EuGüVO enthält einen sehr hilfreichen Positivkatalog als ehegüterrechtlich einzuordnender und damit dem Ehegüterstatut unterworfener Bereiche.[187] Jedenfalls was im Katalog steht, ist explizit ehegüterrechtlich.[188] Dieser Katalog ist nicht abschließend. Andere, in ihm nicht explizit aufgeführte Bereiche können daher trotzdem ehegüterrechtlich zu qualifizieren sein, wenn man sie unter den Ehegüterrechtsbegriff des Art. 3 EuGüVO subsumieren kann. Dies gilt z.b. für die sachrechtliche Änderbarkeit des Güterstands.[189]

Art. 27 lit. a EuGüVO zieht die Einteilung des Vermögens eines oder beider Ehegatten in verschiedene Kategorien vor oder während der Ehe unter das Ehegüterstatut. Damit sind Eigengut, Gemeinschaftsgut oder Gesamtgut gemeint, aber auch, wenn für die Zwecke eines güterrechtlichen Ausgleichs notwendig, Anfangs- und Endvermögen. Das Ehegüterstatut bestimmt, welche Güterstände es vorhält und in welcher Gestalt (gesetzlicher oder Wahlgüterstand).[190] Hierher gehören auch Eigentumsvermutungen nach Art des § 1362 BGB.[191] Den Transfer zwischen verschiedenen Vermögensmassen und eine damit einhergehende Charakteränderung schlägt Art. 27 lit. b EuGüVO konsequent ebenfalls zum Ehegüterstatut. Dies betrifft insbesondere einen Wechsel zwischen Eigen- und Gesamtgut.[192] Ehegüterrechtlich ist nach Art. 27 lit. c EuGüVO die Haftung des einen Ehegatten für die Verbindlichkeiten und Schulden des anderen. „Schlüsselgewalt" und Mitverpflichtungsbefugnis samt daraus resultierender Schuldenmithaftung fallen damit sicher unter das Ehegüterstatut.[193] Eine weitere Setzung und Festschreibung bringt Art. 27 lit. d EuGüVO: Befugnisse, Rechte und Pflichten eines oder beider Ehegatten in Bezug auf das Vermögen gehören gleichermaßen zum Ehegüterstatut. Der Ergebnisgleichlauf von lit. c und lit. d macht eine nähere Angrenzung zwischen Haftungsbegründung und Haftungsfolge letztlich unnötig.

Nach Art. 27 lit. e EuGüVO regiert das Ehegüterstatut die Auflösung des ehelichen Güterstands und die Teilung, Aufteilung oder Abwicklung des Vermögens. Ein selbständiges Finalstatut für den Güterstand mit denkbarem Statutenwechsel wäre ein Albtraum. Das Ehegüterstatut, nicht das Erbstatut regiert auch die güterrechtliche Auseinandersetzung im Todesfall.[194] Dies enthebt freilich nicht der Notwendigkeit

---

187 Siehe nur GA *Szpunar*, ECLI:EU:C:2017:965 Rn. 76.
188 Siehe nur *Weiss/Gremminger*, successio 2017, 312, 315.
189 *Vinaixa Miquel*, InDret 2/2017, 274, 295.
190 *Martiny*, ZfPW 2017, 1, 24.
191 *Dutta*, FamRZ 2016, 1973, 1974, 1982; *Martiny*, ZfPW 2017, 1, 25; *Heiderhoff/Beißel*, Jura 2018, 253, 256.
192 *Martiny*, ZfPW 2017, 1, 25; *Johannes Weber*, RNotZ 2017, 365, 367 f.
193 *Claudia Rudolf*, EF-Z 2017, 244, 245. Zögernd und in Richtung einer Doppelqualifikation *Dengel*, Die europäische Vereinheitlichung des internationalen Eherechts und des internationalen Güterrechts für eingetragene Partnerschaften, 2014, S. 121 f.
194 *Paffhausen*, BLJ 2014, 10, 11; *Martiny*, ZfPW 2017, 1, 25.

zu qualifikatorischen Abgrenzung. EuErbVO und EuGüVO sind Komplementär-
rechtsakte.[195]

Art. 27 lit. f EuGüVO unterwirft die Wirkungen des ehelichen Güterstands auf ein
Rechtsverhältnis zwischen einem Ehegatten und Dritten dem Ehegüterstatut. Dies erleidet aber eine wesentliche Einschränkung, weil immer der kollisionsrechtliche Gutglaubensschutz für den oder die Dritten aus Art. 28 EuGüVO mitzulesen ist.

Art. 27 lit. g EuGüVO zieht eigene Güterrechtsvereinbarungen und die güterrechtlichen Aspekte von Eheverträgen zum Ehegüterstatut,[196] einschließlich vorehelicher
Vereinbarungen[197] (z.b. pre-nuptials). Das Ehegüterstatut bestimmt also, in welchem
Umfang die Ehegatten auf der sachrechtlichen Ebene güterrechtliche Privatautonomie genießen und ob es einen numerus clausus wählbarer Güterstände gibt. Es bestimmt auch, welche Grenzen für eine Güterstandsvereinbarung bestehen, z.b. wegen
sittenwidriger Übervorteilung eines Ehegatten. Wegen des weiten Güterrechtsbe-
griffs der EuGüVO können auch Schenkungsverträge zwischen Ehegatten unter
Art. 27 lit. g EuGüVO fallen,[198] oder Darlehensverträge zwischen den Ehegatten.[199]

f) Schutz Dritter

Dem Schutz Dritter ist Art. 28 EuGüVO gewidmet. Im Ausgangspunkt untersteht der
Schutz Dritter zwar nach Art. 27 lit. f EuGüVO dem Ehegüterstatut, denn das Ehegüterstatut beherrscht auch die Wirkungen des Güterstands auf ein Rechtsverhältnis
zwischen einem Ehegatten und einem Dritten. Nach den Erwägungsgründen (46),
(51) EuGüVO dürfen aber weder eine rückwirkende Rechtswahl noch eine Anwendung der Ausweichklausel aus Art. 26 III EuGüVO die Rechte Dritter verletzen. Laut
Art. 28 I EuGüVO darf ein Ehegatte in einem Rechtsstreit zwischen einem Dritten
und einem oder beiden Ehegatten das für den Güterstand maßgebende Recht dem
Dritten grundsätzlich nicht entgegenhalten; etwas anderes gilt nur dann, wenn der
Dritte von diesem Recht Kenntnis hatte oder bei gebührender Sorgfalt davon Kenntnis hätte haben müssen. Ein gutgläubiger Dritter kann also Schutz reklamieren, ein
bösgläubiger nicht. Bösgläubigkeit setzt bereits bei einfach fahrlässiger Unkenntnis
an.[200] Art. 28 EuGüVO gilt nur bei rechtsgeschäftlichem Erwerb eines Dritten, nicht
aber bei gesetzlichem Erwerb.[201] Art. 28 I EuGüVO gibt dem Dritten im Prinzip ein
Wahlrecht, ob er die objektive Rechtslage oder die von ihm gutgläubig angenommene Rechtslage gelten lassen will.[202]

---

195 GA *Szpunar*, ECLI:EU:C:2017:965 Rn. 72.
196 Die anderen Aspekte von Eheverträgen unterliegen den Kollisionsnormen für den jeweils betroffenen
    Sachbereich; *Twardoch*, RCDIP 2016, 465, 471 f.
197 *Perreau-Saussine*, JCP G 2016, 1926, 1928; *Martiny*, ZfPW 2017, 1, 26.
198 *Twardoch*, RCDIP 2016, 465, 473. Anderer Ansicht *Laimer*, JBl 2017, 549, 554.
199 Anderer Ansicht *Laimer*, JBl 2017, 549, 554.
200 *Johannes Weber*, DNotZ 2016, 659, 687; *Martiny*, ZfPW 2017, 1, 26.
201 *Dutta*, FamRZ 2016, 1973, 1982; *Claudia Rudolf*, ZfRV 2017, 171, 181.
    Tendenziell abweichend *Twardoch*, RCDIP 2016, 465, 474 unter Hinweis auf „transaction" im engli-
    schen Wortlaut.
202 *Dutta*, FamRZ 2016, 1973, 1982; *Johannes Weber*, RNotZ 2017, 365, 370.

Bezugsgegenstand der Gut- oder Bösgläubigkeit des Dritten ist das Ehegüterrechts-tatut.[203] Ein europäisches-autonomes Begriffsverständnis scheint geboten.[204] Es geht allein um die Tatsache, dass ein ausländisches Recht Ehegüterrechtsstatut ist, nicht um dessen konkreten Inhalt.[205] Auf die Kenntnis oder Unkenntnis des Güterstands kommt es nicht an.[206] Eine ausländische Staatsangehörigkeit des nach außen agieren-den Ehegatten muss den Dritten nicht automatisch misstrauisch machen, da Art. 26 I lit. a EuGüVO ja primär auf den gewöhnlichen Aufenthalt als Anknüpfungspunkt ab-stellt.[207] Allerdings erhebt Art. 28 I EuGüVO nicht zur Voraussetzung für kollisions-rechtlichen Verkehrsschutz, dass wenigstens einer der Ehegatten seinen gewöhnli-chen Aufenthalt im Staat des Geschäftsabschlusses haben müsste.[208] Jenseits von Art. 28 I EuGüVO richtet sich der Gutglaubensschutz für allgemein sachenrechtliche Voraussetzungen nach dem jeweiligen Sachstatut.[209]

Art. 28 I EuGüVO wirft die Aufgabe auf, den Fahrlässigkeitsmaßstab europäisch-autonom näher auszufüllen.[210] Dieser Aufgabe nimmt sich Art. 28 II EuGüVO en de-tail an. Gutgläubigkeit wird dort anhand von Fallgruppen ausgefüllt,[211] im Wege der unwiderleglichen Vermutung.[212] Nach Art. 28 II EuGüVO wird davon ausgegangen, dass der Dritte schädliche Kenntnis von dem Ehegüterrechtsstatut hat, wenn dasselbe Recht Ehegüterrechtsstatut und lex causae des Rechtsgeschäfts mit dem Dritten (lit. a i)) oder gemeinsames Umweltrecht des vertragsschließenden Ehegatten und des Drit-ten (lit. a ii)) oder Belegenheitsrecht betroffener Immobilien (lit. a iii)) ist oder ein Ehegatte die geltenden Anforderungen an die Publizität oder Registrierung des eheli-chen Güterstands eingehalten hat nach der lex causae des Rechtsgeschäfts mit dem Dritten (lit. b i)) oder nach dem gemeinsamen Umweltrecht des vertragsschließenden Ehegatten und des Dritten (lit. b ii)) oder nach dem Belegenheitsrecht betroffener Immobilien (lit. b iii)). Es schadet dem Dritten bereits, wenn nur einer der insgesamt sechs Untertatbestände erfüllt ist. Alle sechs sind gleichen Ranges.

Immobilien sind dann betroffen, wenn sie Gegenstand eines Verpflichtungs- oder ei-nes Verfügungsgeschäfts sind (zumal das deutschrechtliche Trennungsprinzip den meisten Rechtsordnungen fremd ist). Immobilienkaufverträge sind allemal erfasst. Immobilienmiet- oder –pachtverträge sind jedenfalls nicht ausgegrenzt. Ob ein Ge-genstand Immobilie oder Mobilie ist, sollte man entsprechend den bei Art. 24 Nr. 1

---

203 *Dutta*, FamRZ 2016, 1973, 1982; *Johannes Weber*, DNotZ 2016, 659, 685; *ders.*, RNotZ 2017, 365, 369.
204 *Baldovini*, iFamZ 2018, 39, 47.
205 *Dutta*, FamRZ 2016, 1973, 1982; *Rademacher*, Cuad. Der. Trans. 10 (1) (2018), 7, 16.
206 *Johannes Weber*, DNotZ 2016, 659, 685.
207 *Johannes Weber*, DNotZ 2016, 659, 685.
208 *Johannes Weber*, DNotZ 2016, 659, 687.
209 *Johannes Weber*, RNotZ 2017, 365, 371.
210 *Dutta*, FamRZ 2016, 1973, 1982; *Johannes Weber*, RNotZ 2017, 365, 370; *Rademacher*, Cuad. Der. Trans. 10 (1) (2018), 7, 17.
211 *Kroll-Ludwigs*, GPR 2016, 231, 239.
212 *Johannes Weber*, DNotZ 2016, 659, 687; *ders.*, RNotZ 2017, 365, 370; *Martiny*, ZfPW 2017, 1, 26; *Süß*, in: *Dutta/Johannes Weber* (Hrsg.), Die Europäischen Güterrechtsverordnungen, 2017, S. 85, 102 Rn. 63; *Damascelli*, Riv. dir. int. 2017, 1103, 1144 f.

UA 1 Var. 1 Brüssel Ia-VO angelegten Maßstäben per Qualifikationsverweisung auf die lex rei sitae klären.

Das gegebenenfalls notwendige Ersatzrecht bestimmt Art. 28 III EuGüVO: Es ist das Recht der lex causae des Rechtsgeschäfts mit dem Dritten (lit. a) oder das Belegenheitsrecht betroffener Immobilien bzw. das Recht des Registerstaates bei eingetragenen Vermögenswerten oder Rechten (lit. b). Lit. b sollte man als lex specialis zu lit. a einordnen,[213] nicht als alternative Anknüpfung.[214]

g) Rück- und Weiterverweisung

Art. 32 EuGüVO verfügt einen klaren und eindeutigen Ausschluss für jeglichen renvoi.[215] Eine Rück- oder Weiterverweisung findet im Internationalen Ehegüterrecht nicht statt. Dies gilt – anders als im Internationalen Erbrecht unter Art. 34 EuErbVO – selbst dann, wenn verwiesenes Recht das Recht eines Drittstaats ist.[216] Auch jede versteckte Rückverweisung, wenn das IPR des Drittstaats die jeweilige lex fori beruft und das Forum in einem Mitgliedstaat liegt, ist ausgeschlossen.

h) Eingriffsnormen

Anders als die Rom III-VO oder das HUP enthält die EuGüVO mit Art. 30 EuGüVO eine eigene Norm für die Sonderanknüpfung von Eingriffsnormen. Die Definition der Eingriffsnormen in Art. 30 II EuGüVO ist im Kern und mutatis mutandis sogar in der Formulierung Art. 9 I Rom I-VO entlehnt:[217] Es geht um zwingende Vorschriften, deren Einhaltung von einem Mitgliedstaat als so entscheidend für die Wahrung seines öffentlichen Interesses, insbesondere seiner politischen, sozialen oder wirtschaftlichen Ordnung angesehen wird, dass sie ungeachtet des nach Maßgabe dieser Verordnung auf den ehelichen Güterstand anzuwendenden Rechts auf alle Sachverhalte anzuwenden sind, die in ihren Anwendungsbereich fallen. Als Musterbeispiel nennt Erwägungsgrund (53) S. 2 EuGüVO – wie schon die Kommission[218] – Normen zum Schutz der ehelichen Wohnung. Gedacht ist dabei an Artt. 215 III Code civil in Frankreich; 215 § 1 I Code civil in Belgien.[219] In den französisch geprägten Rechtsordnungen genießt die Familienwohnung solchen ganz besonderen Schutz.[220] Aus deutscher Sicht mag man an Ehewohnung und Haushaltsgegenstände, konkret an §§ 1361b; 1568a BGB,[221] denken (die bisher eigener Anknüpfungsgegenstand in

213 *Dutta*, FamRZ 2016, 1973, 1982; *Heiderhoff*, IPRax 2018, 1, 8.
214 Dahin aber *Süß*, in: *Dutta/Johannes Weber* (Hrsg.), Die Europäischen Güterrechtsverordnungen, 2017, S. 85, 105 Rn. 75–80.
215 Siehe nur *Martiny*, ZfPW 2017, 1, 29.
216 *Johannes Weber*, DNotZ 2016, 659, 688.
217 Siehe *Martiny*, ZfPW 2017, 1, 28; *Erbarth*, NZFam 2018, 342, 343.
218 Vorschlag für eine Verordnung (EU) des Rates über die Zuständigkeit, das anzuwendende Recht, die Anerkennung und die Vollstreckung von Entscheidungen im Bereich des Ehegüterrechts, von der Kommission vorgelegt am 16. März 2011, KOM (2011) 126 endg. S. 11.
219 *Kroll-Ludwigs*, GPR 2016, 231, 238 Fn. 122; *Heiderhoff*, IPRax 2018, 1, 9.
220 Näher z.B. *Ferrand*, in: *Henrich/Dieter Schwab* (Hrsg.), Der Schutz der Familienwohnung in europäischen Rechtsordnungen, 1995, S. 45.
221 *Heiderhoff*, IPRax 2018, 1, 9; *Erbarth*, NZFam 2018, 342, 343 f.; *Andrae*, IPRax 2018, 221, 224.

Art. 17a EGBGB waren),[222] während umgekehrt §§ 1361a; 1568b BGB keine Eingriffsnormen sind.[223] Gegenstand einer Sonderanknüpfung können nur die Eingriffsnormen des jeweiligen Forumstaats sein. Dies ist Parallele zu Artt. 16 Rom II-VO; 9 II Rom I-VO.[224] Anders als bei Art. 30 EuErbVO wird keine Rücksicht auf Eingriffsnormen eines forumfremden Belegenheitsrechts genommen.[225] Es gibt im Kontrast zu Art. 9 III Rom I-VO überhaupt keine Sonderanknüpfung forumfremder Eingriffsnormen.[226]

i) ordre public

Art. 31 EuGüVO enthält einen allgemeinen ordre public-Vorbehalt. Zu überschreiten ist – wie im modernen europäischen IPR üblich – die hohe Schwelle, dass das nach einem ausländischen Recht erzielte konkrete Ergebnis im konkreten Fall mit dem ordre public des Forumstaats offensichtlich unvereinbar ist. Erwägungsgrund (54) EuGüVO zieht Verstöße gegen die GRC in einen europäisch aufzuladenden ordre public der Mitgliedstaaten.[227] Eine Parallelnorm zu Art. 10 Rom III-VO gibt es in der EuGüVO nicht.[228] Denkbarer Anwendungsfall für Art. 31 EuGüVO sind gleichheitswidrige, weil nach Geschlechtern differenzierende Vermögensaufteilungen zwischen den Ehegatten, gemeinhin einseitig zugunsten des Ehemanns und zulasten der Ehefrau.[229] Angesichts der Zulässigkeit von Gütertrennung im deutschen Sachrecht kann dies aber vor deutschen Gerichten nur in extremen Ausnahmefällen durchschlagen.[230]

j) Verhältnis zu bestehenden völkerrechtlichen Abkommen der Mitgliedstaaten mit Drittstaaten

Art. 62 I EuGüVO billigt – vorbehaltlich Art. 351 AEUV[231] – bereits bestehenden bi- oder multilateralen völkerrechtlichen Übereinkommen der Mitgliedstaaten mit Drittstaaten[232] einen Vorrang vor der EuGüVO zu. Für Deutschland bleibt also Art. 8 III

---

222 *Coester-Waltjen*, in: *Dutta/Johannes Weber* (Hrsg.), Die Europäischen Güterrechtsverordnungen, 2017, S. 47, 59 Rn. 43.

223 *Erbarth*, NZFam 2018, 342, 344.

224 *Dutta*, FamRZ 2016, 1973, 1983; *Erbarth*, NZFam 2018, 342 (342 f.).

225 *Dutta*, FamRZ 2016, 1973, 1980.

226 *Bonomi*, in: *Dutta/Johannes Weber* (Hrsg.), Die Europäischen Güterrechtsverordnungen, 2017, S. 123, 143 Rn. 109.
Rechtspolitische Kritik bei *Twardoch*, RCDIP 2016, 465, 475.

227 *Heiderhoff*, IPRax 2018, 1, 9.

228 *Heiderhoff*, IPRax 2018, 1, 9.

229 *Johannes Weber*, DNotZ 2016, 659, 689.

230 *Bonomi*, in: *Dutta/Johannes Weber* (Hrsg.), Die Europäischen Güterrechtsverordnungen, 2017, S. 123, 141 f. Rn. 101 f.

231 Näher zur Bedeutung dieses Vorbehalts *Christian Kohler*, in: *Dutta/Johannes Weber* (Hrsg.), Die Europäischen Güterrechtsverordnungen, 2017, S. 163, 173–175 Rn. 19–21.

232 Übersicht, welche Übereinkommen dies praktisch meint, bei *Christian Kohler*, in: *Dutta/Johannes Weber* (Hrsg.), Die Europäischen Güterrechtsverordnungen, 2017, S. 163, 166 f.Rn. 7 samt Systematisierung 167–171 Rn. 8–14.

2 Deutsch-Persisches Niederlassungsabkommen in Wirkung.[233] Konfliktpotenzial birgt insbesondere die Zulassung der Rechtswahl in Art. 22 EuGüVO.[234]

III. Neuerungen im deutschen Internationalen Eherecht

1. Gleichgeschlechtliche Ehen in Art. 17 b I, IV EGBGB nach dem Gesetz über die „Ehe für alle"

Spätestens seit der Öffnung des deutschen Sachrechts für die gleichgeschlechtliche Ehe durch die Neufassung des § 1353 I 1 BGB sollte der kollisionsrechtliche Ehebegriff des Art. 13 EGBGB eigentlich auch gleichgeschlechtliche Ehen erfassen. Denn anderenfalls drohte er die wichtige Aufgabe zu verfehlen, dass Art. 13 EGBGB auch als Anknüpfung des forumeigenen, deutschen Sachrechts zu fungieren hat. Das Gesetz zur Einführung der „Ehe für alle"[235] geht jedoch einen anderen, diametral entgegengesetzten Weg: Es erklärt im[236] neu eingefügten Art. 17b IV EGBGB auf die gleichgeschlechtliche Ehe Art. 17b I-III EGBGB für entsprechend anwendbar. Die amtliche Überschrift des Art. 17b EGBGB wird in sich konsequent durch „und gleichgeschlechtliche Ehe" ergänzt.[237] Dadurch koppelt es den Ehebegriff des deutschen IPR von jenem des deutschen Sachrechts ab (in dem eine gleichgeschlechtliche Ehe eine Ehe und keine eingetragene Lebenspartnerschaft ist).[238] Dadurch garantiert es zwar Gleichgeschlechtlichen durch Anknüpfung an den Eheschließungsort ein Eheschließungsstatut, welches die gleichgeschlechtliche Ehe kennen muss (sonst gäbe es dort ja keine Trauung), privilegiert aber gleichgeschlechtliche gegenüber verschiedengeschlechtlichen Ehen und bringt systematische Friktionen mit sich.[239] Ein Gleichstellungsziel verfolgt dies nicht.[240] Im Gegenteil erzeugt es verfassungsrechtlichen Rechtfertigungsbedarf für die entstandene Privilegierung.[241] Eine noch wieder andere Frage ist, ob Art. 6 I GG nicht einen verschiedengeschlechtlichen Ehebegriff gebietet und davon abweichende Schritte eine Änderung des Art. 6 I GG voraussetzen würden.[242]

---

233 *Martiny*, ZfPW 2017, 1, 31; *Christian Kohler*, in: *Dutta/Johannes Weber* (Hrsg.), Die Europäischen Güterrechtsverordnungen, 2017, S. 163, 166 Rn. 7.

234 *Christian Kohler*, in: *Dutta/Johannes Weber* (Hrsg.), Die Europäischen Güterrechtsverordnungen, 2017, S. 163, 171 Rn. 15

235 Gesetz zur Einführung des Rechts auf Eheschließung für Personen gleichen Geschlechts vom 20.7.2017, BGBl. 2017 I 2787.

236 Durch Art. 2 IV Nr. 2 Gesetz zur Einführung des Rechts auf Eheschließung für Personen gleichen Geschlechts.

237 Art. 2 IV Nr. 1 Gesetz zur Einführung des Rechts auf Eheschließung für Personen gleichen Geschlechts.

238 *Mankowski*, IPRax 2017, 541; *Löhnig*, NZFam 2017, 1085, 1086; BeckOGK BGB/*Repasi* Art. 17b EGBGB Rn. 78.

239 Eingehend *Mankowski*, IPRax 2017, 541; außerdem *Thorn/Paffhausen*, IPRax 2017, 590, 593.

240 *Löhnig*, NZFam 2017, 1085 (1085).

241 Verfassungskonformität bejaht BeckOGK BGB/*Repasi* Art. 17b EGBGB Rn. 84.

242 Z.B. *v. Coelln*, NJ 2018, 1; *Gärditz*, FF 2018, 8.

2. Sonderregel zur Bekämpfung von „Kinderehen": Art. 13 III EGBGB

Zur Bekämpfung von so genannten „Kinderehen"[243] (richtig wäre: Minderjährigenehen[244]) wurde 2017 der (neue[245]) Art. 13 III EGBGB geschaffen:[246] Unterliegt die Ehemündigkeit eines Verlobten nach Art. 13 I EGBGB ausländischem Recht, so ist die Ehe trotzdem *nach deutschem Recht* unwirksam, wenn der Verlobte im Zeitpunkt der Eheschließung das 16. Lebensjahr nicht vollendet hatte (Nr. 1),[247] und aufhebbar, wenn der Verlobte im Zeitpunkt der Eheschließung das 16., aber nicht das 18. Lebensjahr vollendet hatte (Nr. 2).[248] Art. 13 III EGBGB kann man als spezielle, positive ordre public-Klausel verstehen.[249] Die Durchführung einer Aufhebung unter Art. 13 III Nr. 2 EGBGB richtet sich nach §§ 1315 I; 1316 BGB.[250] Minderjährigenehen sind im weltweiten Maßstab betrachtet ein Massenphänomen: 20–50 % der Mädchen im Globalen Süden sollen Studien zufolge vor dem Alter von 18 Jahren oder um dieses Alter herum heiraten, in Afrika und Asien noch mehr, allen völkervertraglichen Bemühungen zum Trotz.[251]

Art. 13 III EGBGB ist ein eminent politischer Schritt, geboren aus dem Bestreben, politische Handlungsstärke zu beweisen,[252] und von erheblicher Härte.[253] Der Gesetzgeber hat aus politischen Motiven die vorher bestehende „reine" und offene kollisionsrechtliche Anknüpfung, kombiniert mit dem allgemeinen ordre public, durchbrochen. Dabei werden unterschwellig Minderjährigen- und Zwangsehen miteinander vermengt, obwohl es sich um zwei verschiedene Phänomene handelt.[254] Das Gesetz ist übermotoviert.[255] Vermutlich wäre Art. 13 III EGBGB jedenfalls nicht so schnell Gesetz geworden, wenn sein Entstehungsjahr 2017 kein Bundestagswahljahr gewesen wäre und wenn Politiker nicht deshalb auf Stimmenfang so aktivitätssuchend auf einen medialen Empörungszug aufgesprungen wären.[256]

---

243 Zum Phänomen UNCIEF Report Ending Child Marriage – Progress and Prospects, 2014.
244 *Coester-Waltjen,* IPRax 2017, 429 (429).
245 Art. 13 III EGBGB 1986 ist heute Art. 13 IV EGBGB.
246 Durch Art. 2 Nr. 1 Gesetz zur Bekämpfung von Kinderehen vom 17.7.2017, BGBl. 2017 I 2429.
247 Intertemporal anwendbar nach Maßgabe von Art. 229 § 44 IV Nr. 2 EGBGB; dazu *Hüßtege,* FamRZ 2017, 1374, 1375; *Erman/Hohloch,* BGB, 15. Aufl. 2017, Art. 13 EGBGB Rn. 41b; *Wall,* StAZ 2018, 96.
248 Eingehende Erläuterung der Differenzierung nach Altersgruppen bei *Rohe,* StAZ 2018, 73, 76-79.
249 *Erman/Hohloch* (Fn. 247), Art. 13 EGBGB Rn. 41c; *Rohe,* StAZ 2018, 73, 76.
250 *Palandt/Thorn,* BGB, 77. Aufl. 2018, Art. 13 EGBGB Rn. 23.
251 *Judith-Ann Walker,* (2012) 16 African J. Reproductive Health 231 (231); *Jane C. Diala/Anthony C. Diala,* J. Comp. L. in Africa 4 (2) (2017), 77, 80 f.
252 *Rauscher,* FS Jolanta Kren Kostkiewicz, 2018, S. 213, 215.
253 Diese lobend *Bongartz,* NZFam 2017, 541, 545.
254 *Fountoulakis/Mäsch,* FS Thomas Geiser, 2017, S. 241, 244.
255 *Dieter Schwab,* FamRZ 2017, 1369, 1373; *Rohe,* StAZ 2018, 73, 74.
256 Siehe *Fountoulakis/Mäsch,* FS Thomas Geiser, 2017, S. 241, 243.

Die Rechtsfolge des Art. 13 III EGBGB ist strikt. Man kann von einer unbedingten Sonderanknüpfung deutschen Rechts sprechen,[257] das deutsche gesellschaftliche Vorstellungen schützen will. Von der (allgemeinen) ordre public-Klausel unterscheidet sich dies merklich, da letztere eine Einzelfallprüfung konkreter, auf der Basis ausländischen Rechts erzielter Ergebnisse gebieten würde[258] und bei Eheschließung im Ausland mehr Rücksicht im Einzelfall erlauben würde.[259] § 1303 BGB wird jetzt unbedingt durchgesetzt.[260] Nur die deutsche Inlandssicht gilt.[261] Ein ausländisches Eheschließungsstatut ist unbeachtlich, soweit es vom deutschen Ehemindestalter nach unten abweicht.[262] Ob dies in allen Fällen und in allen Konsequenzen sachgerecht ist (z.B. entstehen hinkende Ehen,[263] daraus folgend paradoxerweise sogar die Gefahr von Doppelehen,[264] und Kinder eines solchen Paares werden unehelich, mit allen negativen Konsequenzen daraus in ihrem sozialen Umfeld), sei ebenso dahingestellt wie etwaige Konflikte mit dem konkreten Wohl der Minderjährigen[265] oder gar mit dem institutionellen Schutz der Ehe durch Art. 6 I GG, zumindest hinsichtlich fehlender Heilungsmöglichkeiten für Nichtehen.[266] Ist die Ehe ausnahmsweise in einem Mitgliedstaat der EU geschlossen, so drohte ihre Nichtanerkennung an der unionsrechtlichen Freizügigkeit aus Art. 21 AEUV zu scheitern.[267] Die unbedingte Durchsetzung kann jedoch nicht verhindern, dass faktisch eine Paarbeziehung geführt wird; sie kann sogar dazu führen, dass dem schwächeren Ehegatten ein besserer Schutz versagt wird, indem der Rechtsrahmen der Ehe nicht eröffnet wird.[268]

IV. Schutz gegen übervorteilende Rechtswahl

Die Rechtswahlfreiheit muss bei der Rechtswahl außerhalb eines Verfahrens Schranken haben. Insbesondere wäre es nicht hinnehmbar, wenn eine besser informierte oder überlegene Partei die andere Partei auf der kollisionsrechtlichen Ebene per

---

257 *Coester-Waltjen*, IPRax 2017, 429, 432; BeckOGK BGB/*Rentsch* Art. 13 EGBGB Rn. 159; *Rauscher*, FS Jolanta Kren Kostkiewicz, 2018, S. 213, 217; vgl. auch *Mankowski*, FamRZ 2016, 1274, 1276; *Majer*, NZFam 2017, 537, 540 (positive Ausprägung des ordre public).

258 Vorbildlich OLG Bamberg FamRZ 2016, 1270 m. zust. Anm. *Mankowski*; dazu *Coester*, StAZ 2016, 257; *ders.*, FamRZ 2017, 77; *Andrae*, NZFam 2016, 923; *Antomo*, NZFam 2016, 1155; *dies.*, NJW 2016, 3558; *Stockmann*, jurisPR-FamR 17/2016 Anm. 6; *Nehls*, ZJS 2016, 657.

259 *Coester-Waltjen*, IPRax 2017, 429, 434.

260 Siehe Begründung der Fraktionen der CDU/CSU und der SPD zum Entwurf eines Gesetzes zur Bekämpfung von Kinderehen, BT-Drs. 18/12086, 23.

261 *Erman/Hohloch* (Fn. 247), Art. 13 EGBGB Rn. 41c.

262 *Coester-Waltjen*, IPRax 2017, 429, 433; *Erman/Hohloch* (Fn. 247), Art. 13 EGBGB Rn. 41b.

263 *Gaaz/Bornhofen*, PStG, 4. Aufl. 2018, § 13 PStG Rn. 29; *Rauscher*, FS Jolanta Kren Kostkiewicz, 2018, S. 213, 222.

264 Näher *Hüßtege*, FamRZ 2017, 1374, 1377.

265 Näher *Heiderhoff*, FS Reinhold Geimer zum 80. Geb., 2017, S. 231, 235.

266 Eingehend und differenzierend *Gausing/Wittebol*, DÖV 2018, 43, 46–50.

267 So (mit unterschiedlichen Begründungen im Einzelnen) AG Frankenthal FamRZ 2018, 749; AG Nordhorn FamRZ 2018, 750, 751; *Coester*, FamRZ 2017, 77, 79; *Bongartz*, NZFam 2017, 541, 544; *Löhnig*, FamRZ 2018, 749, 750.

268 *Dutta*, FamRZ 2018, 92; *Gössl*, in: *Anne Friedrichs/Gössl/Hoven/Steinbicker* (Hrsg.), Migration. Gesellschaftliches Zusammenleben im Wandel, 2018, S. 19, 36.

Rechtswahlvereinbarung übervorteilen könnte. Die Zeiten unbeschränkter Vertragsfreiheit sind im Eherecht auf der sachrechtlichen Ebene insbesondere in Deutschland vorbei,[269] und auf der kollisionsrechtlichen Ebene dürfen sie gar nicht erst beginnen. In der Wahl eines „falschen", weil ungünstigen Rechts kann z.B. für den Unterhaltsgläubiger ein effektiver Unterhaltsverzicht liegen.[270] Unterhalt berührt die Lebensgrundlage des unterhaltsberechtigten Ehegatten ganz essentiell, während die dahinterstehenden Beziehungen zwischen den Ehegatten nicht selten von Abhängigkeit, Machtungleichgewichten und stark unterschiedlicher bargaining power geprägt sind.[271] Unterschiede in den Einkommens- und Vermögensverhältnissen schlagen sich darin nieder. Schon die hergebrachte Ein-Verdiener-Ehe, wohl immer noch das in der Realität meistverbreitete Modell, bietet einschlägige Beispiele. Erst recht suchen Unternehmer und Millionäre ihre Verhandlungsmacht (und -gewohnheit) in Durchsetzungsstärke zu ihrem Vorteil umzumünzen. Gerade beruflich international Aufgestellte werden zudem leichteren Zugang zu Rechtsstäben haben, die ihnen Gestaltungsmöglichkeiten und Informationen über die bei einer Rechtswahl zu Gebote stehenden Optionen zuliefern.

1. Internationales Unterhaltsrecht: Art. 8 V HUP

Art. 8 V HUP schiebt im Internationalen Unterhaltsrecht dem Versuch einer Übervorteilung einen klaren Riegel vor. Ihm zufolge ist das von den Parteien gewählte Recht nicht anzuwenden, wenn seine Anwendung für eine der Parteien offensichtlich unbillige und unangemessene Folgen hätte, es sei denn, dass die Ehegatten im Zeitpunkt der Rechtswahl umfassend unterrichtet und sich der Folgen ihrer Wahl vollständig bewusst waren. Er etabliert also eine materiell ausgerichtete Inhaltskontrolle.[272] Dies erfolgt über eine Sachnorm im IPR, nicht über eine spezielle ordre public-Klausel.[273] Man kann von einer negativen Billigkeitsklausel sprechen,[274] die Ausdruck inhärenter Vorbedingungen für eine legitime Rechtswahl ist.[275] Gefordert ist ein Vergleich der Ergebnisse unter dem gewählten Recht einerseits und unter dem

---

269 Siehe nur BVerfGE 103, 89 = FamRZ 2001, 343 m. Anm. *Dieter Schwab* = MDR 2001, 392 m. Anm. *Grziwotz*; BGH FamRZ 2004, 601; BGH FamRZ 2005, 691; BGH FamRZ 2008, 2011; BGH FamRZ 2009, 198; BGH NJW 2013, 380; OLG Celle NJW-RR 2009, 1302; OLG Hamm FF 2013, 313 m. Anm. *Sanders*; *Cubeddu Wiedemann*, Liber amicorum Walter Pintens, 2012, S. 339.
270 *Staudinger/Mankowski*, BGB, HUP, 2016, Art. 8 HUP Rn. 82.
271 *Volker Lipp*, Liber amicorum Walter Pintens, 2012, S. 847, 851; *Staudinger/Mankowski* (Fn. 270), Art. 8 HUP Rn. 82.
272 Explanatory Report *Bonomi* Rn. 76; *Jayme*, in: *Jud/Rechberger/Reichelt* (Hrsg.), Kollisionsrecht in der Europäischen Union, 2008, S. 63, 72 f.; *Rauscher/Andrae*, EuZPR/EuIPR, Bd. III, 4. Aufl. 2015, Art. 8 HUntStProt Rn. 24; *Henrich*, Liber amicorum Walter Pintens, 2012, S. 701, 709; *Volker Lipp*, Liber amicourm Walter Pintens, 20120, S. 847, 848; *Mansel*, in: *Leible/Unberath* (Hrsg.), Brauchen wir eine Rom 0-Verordnung?, 2013, S. 241, 280; *Wennersbusch*, Rechtswahl im Spannungsfeld von Parteiautonomie und kollisionsrechtlichem Schutz des Schwächeren, 2018, S. 183.
273 NK BGB/*Urs Peter Gruber* Art. 8 HUP Rn. 11; *Mansel*, in: *Leible/Unberath* (Hrsg.), Brauchen wir eine Rom 0-Verordnung?, 2013, S. 241, 280 f.; *Staudinger/Mankowski* (Fn. 270), Art. 8 HUP Rn. 83.
274 Siehe nur *Hausmann* (Fn. 51), C Rn. 594; *ders.*, FS Dieter Martiny, 2014, S. 345, 361; *Staudinger/Mankowski* (Fn. 270), Art. 8 HUP Rn. 84.
275 *Gaudemet-Tallon*, Mélanges Pierre Mayer, 2015, S. 255, 266.

Recht, das ohne Rechtswahl anwendbar wäre, andererseits.[276] Der Unterhaltsberechtigte wird relevant schlechter gestellt, wenn er unter dem gewählten Recht substantiell weniger Unterhalt bekommt als unter dem objektiven Statut. Allerdings ist Art. 8 V HUP beidseitig anwendbar. Er kann also auch zum Schutz des Unterhaltsverpflichteten zum Tragen kommen, wenn dessen Unterhaltslast unter dem gewählten Recht merklich höher ist oder gar erst begründet wird.[277] Ob ein Unterschied offensichtlich unbillig und unangemessen ist, ist eine tatrichterlich zu beantwortende Frage, in deutscher Terminologie weniger eine Ermessensfrage[278] als vielmehr eine Beurteilungsfrage. Verlangt ist eine Wertungsentscheidung.[279]

Ein zu berücksichtigender Faktor ist die Nähe der Parteien zum gewählten Recht. Wichtig kann sein, ob eine oder beide der Parteien eine enge Verbindung zur Rechtsordnung des gewählten Rechts aufweist oder ob jene Rechtsordnung bezogen auf die Lebensverhältnisse der Parteien eher fern liegt.[280] Letzteres ist insbesondere der Fall, wenn zwischen Parteien aus einem Land mit hohem Lebensstandard und entsprechend hohen Unterhaltssummen das Recht eines Landes mit niedrigem Lebensstandard und niedrigen Unterhaltssummen vereinbart wird. Des Weiteren kann sich eine Entfremdung vom gewählten Recht durch Zeitablauf und Veränderung der Umstände ergeben.[281] Gewähltes Recht kann auch die lex fori sein; sie ist gegen eine Ergebniskontrolle nicht immun.[282] Art. 8 V HUP ist keine ordre public-Klausel, wie sich schon aus der Rechtsfolge ergibt: Scheitert die Rechtswahl in der Inhaltskontrolle, so kommt nicht die lex fori zum Zuge, sondern vielmehr das objektiv berufene Unterhaltsstatut.[283]

Subjektive Momente auf der Seite des von der Rechtswahl Begünstigten sind im Ausgangspunkt unbeachtlich.[284] Insbesondere ist nicht erforderlich, dass ein begünstigter Unterhaltsschuldner die Wirkungen der Rechtswahl überblickt oder gar beabsichtigt haben müsste.[285] Eine nachgewiesene Absicht kann aber unter den zu berücksichtigenden Umständen einen gewichtigen Platz einnehmen.[286] Dagegen spielen subjektive Momente auf der Seite des von der Rechtswahl Benachteiligten schon im Ausgangspunkt eine große Rolle. Denn Art. 8 V HUP erhält die Rechtswahl aufrecht, wenn die benachteiligte Partei zum Zeitpunkt der Rechtswahl umfassend unterrichtet und sich der Folgen der Rechtswahl vollständig bewusst war. „Umfassend"

---

276 Siehe nur *Andrae,* GPR 2010, 196, 201; *Dimmler/Bißmaier,* FPR 2013, 11, 15; *Hausmann* (Fn. 51), C Rn. 594; *ders., FS Dieter Martiny,* 2014, S. 345, 361; *Staudinger/Mankowski* (Fn. 270), Art. 8 HUP Rn. 85; *Wennersbusch* (Fn. 272), S. 183 f.
277 *Rauscher/Andrae* (Fn. 272), Art. 8 HUntStProt Rn. 25; *Hausmann, FS Dieter Martiny,* 2014, S. 345, 361; *Staudinger/Mankowski* (Fn. 270), Art. 8 HUP Rn. 85.
278 So aber *Rauscher/Andrae* (Fn. 272), Art. 8 HUntStProt Rn. 25; *Hausmann* (Fn. 51), C Rn. 595.
279 NK BGB/*Ludwig* Art. 8 UntProt Rn. 34.
280 Explanatory Report *Bonomi* Rn. 76; *Othenin-Girard,* FS Ivo Schwander, 2011, S. 593, 603.
281 *Rauscher/Andrae* (Fn. 272), Art. 8 HUntStProt Rn. 25.
282 *Rauscher/Andrae* (Fn. 272), Art. 8 HUntStProt Rn. 27; *Staudinger/Mankowski* (Fn. 270), Art. 8 HUP Rn. 88.
283 *Rauscher/Andrae* (Fn. 272), Art. 8 HUntStProt Rn. 27; *Staudinger/Mankowski* (Fn. 270), Art. 8 HUP Rn. 88.
284 Siehe *Rauscher/Andrae* (Fn. 272), Art. 8 HUntStProt Rn. 25.
285 *Staudinger/Mankowski* (Fn. 270), Art. 8 HUP Rn. 89.
286 *Staudinger/Mankowski* (Fn. 270), Art. 8 HUP Rn. 89.

und „vollständig" bauen hohe Hürden auf.[287] Diese sind bei einer nicht rechtskundigen Partei regelmäßig nicht erfüllt.[288] Insbesondere sind aber die Umstände, unter denen die Rechtswahlvereinbarung zustande kommt, zu berücksichtigen.[289] Denkbar wäre etwa folgendes Beispiel: Die finanziell besser gestellte Partei lässt von ihrem Rechtsberater den Vorschlag für einen Ehevertrag samt Rechtswahlbestimmung ausarbeiten. Der Vorschlag ist in der Heimatsprache dieser Partei verfasst, welche der andere Ehegatte nicht beherrscht. Er wird der sprachunkundigen Partei, die keinen Berater hat, für zwei Stunden an die Hand gegeben, während derer sich effektiv auch keine Berater hinzuziehen lassen.

Der Sache nach fordert Art. 8 V HUP eine qualifizierte Rechtsberatung, die insbesondere darüber aufklärt, welche finanziellen Auswirkungen die Rechtswahl für die betreffende Partei haben wird.[290] Diese Rechtsberatung muss der Vereinbarung der Rechtswahl vorausgehen. Schon im eigenen Interesse (nämlich zum Schutz vor eigener Haftung) wird der eingeschaltete Rechtsberater dokumentieren, worüber er in welchem Umfang, in welcher Tiefe und mit welcher Intensität aufgeklärt hat und wie er sich gegebenenfalls hinreichende Kenntnis von Auslandsrecht verschafft hat. Eine einfache schriftliche Vereinbarung ohne Rechtsberatung wird dem Goldstandard des Art. 8 V HUP nicht genügen.[291] Selbst bei einer notariellen Beurkundung, wie Art. 46d I EGBGB sie vorschreibt, ist sicherzustellen, dass der Notar in der Sache auch über Auslandsrecht aufklärt und sich nicht schlicht auf den ihm bequemen § 17 BeurkG zurückzieht.[292]

Rechtsberatung sollte neutral und gegenüber beiden Parteien fair erfolgen. Dies kann es, schon um den Anschein von Parteilichkeit und Interessenkonflikt des Rechtsberaters auszuschließen, problematisch erscheinen lassen, dass namentlich die Beratung beider Ehegatten durch nur einen Anwalt erfolgt.[293] Andererseits würde die Beteiligung je eines Rechtsberaters für jede Partei die Kosten in die Höhe treiben.[294] Zudem würde sie mit dem Bild des lateinischen Notars kollidieren, der von vornherein der Neutralität verpflichtet ist.[295]

Die deutsche Übersetzung „umfassend aufgeklärt" darf nicht dahin missverstanden werden, dass es ausreicht, wenn die Aufklärung überhaupt erteilt wird. Vielmehr ist darüber hinaus erforderlich, dass sie auch verstanden wurde.[296] „Fully informed and

---

287 Siehe nur *Wennersbusch* (Fn. 272), S. 186.
288 *Rauscher/Andrae* (Fn. 272), Art. 8 HUntStProt Rn. 26; *Staudinger/Mankowski* (Fn. 270), Art. 8 HUP Rn. 91.
289 BeckOK BGB/*Heiderhoff,* Art. 18 EGBGB Rn. 90; *Hausmann* C (Fn. 51), Rn. 595.
290 *Hausmann* (Fn. 51), C Rn. 596.
291 *Rauscher/Andrae* (Fn. 272), Art. 8 HUntStProt Rn. 26.
292 *Staudinger/Mankowski* (Fn. 270), Art. 8 HUP Rn. 93.
293 *Rieck,* NJW 2014, 257, 262.
294 *Staudinger/Mankowski* (Fn. 270), Art. 8 HUP Rn. 94.
295 *Staudinger/Mankowski* (Fn. 270), Art. 8 HUP Rn. 94.
296 *Fasching/Konecny/Fucik* (Fn. 37), Art. 15 EuUVO Rn. 42; *Hausmann*, FS Dieter Martiny, 2014, S. 345, 363; *Staudinger/Mankowski* (Fn. 270), Art. 8 HUP Rn. 95.

aware" und „pleinement informés et conscientes" in den verbindlichen Fassungen des HUP sind insoweit deutlicher.[297] Art. 8 V HUP gilt direkt nur für das Internationale Unterhaltsrecht. Direkt gilt er in anderen Bereichen nicht. Daher stellt sich die Frage, ob er nicht indirekt doch Wirkungen erzielen kann, wenn eine formell einheitliche Rechtswahl für Scheidung, Unterhalt, Güterrecht und Versorgungsausgleich in einem formell einheitlichen Ehevertrag geschlossen wird. Die Teilunwirksamkeit beim Unterhalt könnte dann Gesamtunwirksamkeit auch für die anderen Bereiche nach sich ziehen.[298] Zudem kann Art. 8 V HUP Modell und Vorbild für eine Inhaltskontrolle in anderen Bereichen sein.

2. Internationales Scheidungsrecht: Erwägungsgrund (18) Rom III-VO

Methodisch und auslegungstechnisch lohnt sich auch bei der Rechtswahl im Internationalen Scheidungsrecht nicht selten ein vergleichender Blick auf Art. 8 V HUP. Denn Erwägungsgrund (18) Rom III-VO (aus dem Jahre 2010) orientiert sich in der Sache an Wertung und Gedanken des Art. 8 V HUP (aus dem Jahre 2007, also älter und damit taugliches Vorbild für eine indirekte Anlehnung).[299] Rechtstechnisch eröffnet Erwägungsgrund (18) Rom I-VO eine richterliche Kontrolle,[300] die aber keine echte Inhaltskontrolle ist,[301] sondern nur die erhöhten Hürden für das Zustandekommen einer eben informierten Rechtswahl prüft. Eine Inhaltskontrolle gestützt auf nationales Recht, sei es die lex fori,[302] sei es das gewählte Recht, sei es das hypothetische Ehescheidungsstatut ohne Rechtswahl, ist daneben nicht möglich, sondern ausgeschlossen.[303] Erwägungsgrund (18) Rom III-VO hat damit im Kern eine an die Mitgliedstaaten gerichtete Appellfunktion.[304] Eine volle Analogie zu Art. 8 V HUP lässt sich auf ihn schlecht stützen; andererseits verbietet er nachgerade einen Umkehrschluss, dass das sich in Art. 8 V HUP niederschlagende Gedankengut nicht übertragen werden dürfte. Einer über jenes Gedankengut hinausgehende Kontrolle

---

297 *Fasching/Konecny/Fucik* (Fn. 37), Art. 15 EuUVO Rn. 42.

298 *Henrich,* Liber amicorum Walter Pintens, 2012, S. 701, 710; *Staudinger/Mankowski* (Fn. 270), Art. 8 HUP Rn. 96.

299 Ähnlich *Christian Kohler,* FS Bernd v. Hoffmann, 2011, S. 208, 217.

300 *Eva Becker,* NJW 2011, 1543, 1545; *Rauscher,* FS Rolf A. Schütze zum 80. Geb., 2014, S. 463, 468; BeckOGK BGB/*Gössl* Art. 6 Rom III-VO Rn. 18.

301 *Nora de Maizière,* Das Europäische Scheidungskollisionsrecht nach der Rom III-Verordnung, 2017, S. 191 f.
Anders *Röthel,* JbItalR 25 (2012), 3, 14; *Rösler,* RabelsZ 78 (2014), 155, 180 f.

302 Dafür *Rauscher,* FS Rolf A. Schütze zum 80. Geb., 2014, S. 463, 470.

303 Die Ausschlusswirkung des Erwägungsgrunds (18) Rom III-VO gegenüber nationalem Recht übersehen *Finger,* FuR 2011, 61, 64; *Pfütze,* ZEuS 2011, 35, 66, 68; *Eva Becker,* NJW 2011, 1543, 1545; *Rauscher,* Rn. 819; *ders.,* FS Rolf A. Schütze zum 80. Geb., 2014, S. 463, 468; *Hausmann* (Fn. 51), Rn. A 268, 293.

304 *Urs Peter Gruber,* in: *Andreas Roth* (Hrsg.), Die Wahl ausländischen Rechts im Familien- und Erbrecht, 2013, S. 33, 40; BeckOGK BGB/*Gössl* Art. 6 Rom III-VO Rn. 17.

stellt er sich ebenfalls nicht entgegen.[305] Art. 6 Rom III-VO wäre freilich ein falscher Ankerpunkt für solche Überlegungen.[306]

Im Lichte des Erwägungsgrunds (21) Rom III-VO kann man sogar darüber nachdenken, ob den Gerichten nicht eine entsprechende Prüfungspflicht unionsrechtlich auferlegt ist.[307] Der deutsche Gesetzgeber hat indes auf eine eigene Ausführungsbestimmung zur gerichtlichen Inhaltskontrolle im Rahmen von Erwägungsgrund (18) Rom III-VO verzichtet, weil er der Appellfunktion des Erwägungsgrundes durch das beschränkte Amtsermittlungsprinzip des § 27 FamFG und die breitgefächerte Prozessleitungsfunktion des deutschen Familienrichters Genüge getan sah, die eine flexible Verhandlungsführung auch mit Blick auf Rechtswahlvereinbarungen erlauben.[308] Auch Erwägungsgrund (18) S. 4 Rom III-VO gebietet nichts anderes.[309] Sieht ein Richter die Voraussetzungen des Erwägungsgrunds (18) als nicht erfüllt an, so versagt er nur im Wege der inzidenten Prüfung der Rechtswahl die Bedeutung und beendet nicht etwa das gesamte Scheidungsverfahren.[310] Allerdings findet sich diese Sanktion nirgends in der Rom III-VO normiert, auch nicht in Erwägungsgrund (18).[311] Im Gegenteil mäandert Erwägungsgrund (18) S. 4 Rom III-VO und scheut vor einer klaren Aussage zurück, indem er besagt, die Richter in den Mitgliedstaaten müssten wissen, dass es darauf ankomme, dass die Ehegatten ihre Rechtswahlvereinbarung in voller Kenntnis der Rechtsfolgen schließen.

In der Praxis empfiehlt es sich für Rechtsberater, Art und Umfang der erteilten oder erreichbar gemachten Information und der auf deren Grundlage erfolgten Beratung zu dokumentieren.[312] Insgesamt erhöht sich die auf den Schultern von Anwälten und Beratern liegende Last, Informationen zu sammeln, nicht unerheblich;[313] eine einfache Internetrecherche über den Inhalt ausländischen Rechts wird häufig nicht ausreichen.[314] Problematisch ist auch der Kreis der Rechtsordnungen, über die Informationen zu sammeln und zu erläutern sind, insbesondere im Lichte des Art. 5 I lit. d Rom III-VO.[315] Für deutsche Notare stellt sich außerdem die (haftungsrelevante!) Frage, wie sie sich der „vollen Sachkenntnis" der Ehegatten zu vergewissern und in welchem Umfang sie diese Kenntnis gegebenenfalls selber herzustellen haben, insbe-

---

305 Siehe *Rauscher*, FS Rolf A. Schütze zum 80. Geb., 2014, S. 463, 469.
306 BeckOGK BGB/*Gössl* Art. 6 Rom III-VO Rn. 13–15.
307 *Álvarez de Toledo Quintana*, La ley 7613 (18 de abril 2011), 1, 4.
308 Begründung der Bundesregierung zum Entwurf eines Gesetzes zur Anpassung der Vorschriften des Internationalen Privatrechts an die Verordnung (EU) Nr. 1259/2010 und zur Änderung anderer Vorschriften des Internationalen Privatrechts, BT-Drs. 17/11049, 8.
309 *Wennersbusch* (Fn. 272), S. 140 f.
  Anderer Ansicht *Eva Becker*, NJW 2011, 1543, 1545.
310 Siehe *Álvarez de Toledo Quintana*, La ley 7613 (18 de abril 2011), 1, 5.
311 Siehe *Corneloup/González Beilfuss*, Droit européen du divorce, 2013, Art. 5 Règ. Rome III Rn. 7.
312 *Eva Becker*, NJW 2011, 1543, 1545.
313 *Pietsch*, NJW 2012, 1768, 1770.
314 *Viganotti*, Gaz. Pal. 22-23 juin 2011, 5, 7.
315 Siehe *Rösler*, RabelsZ 78 (2014), 156, 170; jurisPK BGB/*Ludwig*, Bd. 6, 7. Aufl. 2017, Art. 5 Rom III-VO Rn. 23; *Wennersbusch* (Fn. 272), S. 117; *Palandt/Thorn* (Fn. 250), Art. 5 Rom III-VO Rn. 5.

sondere mit Blick auf Weiterungen im Bereich der Scheidungsfolgen, die sich unter dem gewählten Recht ergeben können.[316]

Dass eine Information allein mit Hilfe der von der Kommission aufgrund der Entscheidung 2001/470/EG[317] unterhaltenen Website ausreichen könnte, wie es Erwägungsgrund (17) S. 2 Rom III-VO insinuiert, griffe zu kurz.[318] Denn die Aktualisierung dieser Website geschieht zufällig und unsystematisch; nicht selten findet man auf ihr gefährlich veraltete Angaben zum Recht einzelner EU-Mitgliedstaaten.[319] Zudem bietet die Website in der Regel nur oberflächliche oder zusammenfassende Angaben ohne Detailtiefe.[320] Ihr drittes Manko ist ihre beschränkte EU-Perspektive: Sie informiert nicht über das Recht von Drittstaaten außerhalb der EU.[321] Erwägungsgrund (17) S. 2 Rom III-VO spiegelt europäische Politik und europäisches Wunschdenken wider. In der Realität aber schafft er eine Haftungsgefahr für Anwälte, die auf ihn vertrauen. Dass gar mit Rechtsfragen nicht vertraute Ehegatten, also blutige Laien, über jene Website die nötigen Informationen bekämen, ist weit jenseits jeglicher Realität.[322] Jene Website führt nicht zwingend aktuelle Informationen auf, kann veraltet sein und informiert jedenfalls nicht über die Rechte von Drittstaaten, obwohl diese anwendbares Scheidungsstatut sein können.[323] Selbst wenn sich Informationen über ein bestimmtes Recht finden, taugen diese bestenfalls als Ausgangspunkt für eine erste und oberflächliche Kenntnisnahme.[324]

3. Internationales Güterrecht

Die EuGüVO und die EuPartVO sind unter Schutzaspekten defizitär. Obwohl sie die jüngsten Rechtsakte im europäischen IPR sind, enthalten sie keine Pendant zu Art. 8 V HUP und Erwägungsgrund (18) Rom III-VO enthält. Machtungleichgewichte zwischen den Ehegatten gehen weder Art. 22 EuGüVO/EuPartVO noch ein Erwägungsgrund an. Sachgerecht wäre eine analoge Übertragung dieser beiden Tatbestände.[325] Erwägungsgrund (47) S. 2 EuGüVO lässt indes klar erkennen, dass sich der europäische Gesetzgeber des Problems relativ (verhandlungs)schwächerer Ehegatten durchaus bewusst war. Die Schutzmechanismen mögen zu schwach sein, und eine ausdrückliche Parallele zu Art. 8 V HUP und Erwägungsgrund (18) Rom III-VO wäre

---

316 *Urs Peter Gruber,* in: *Andreas Roth* (Hrsg.), Die Wahl ausländischen Rechts im Familien- und Erbrecht, 2013, S. 33, 39.

317 Entscheidung 2001/470/EG des Rates vom 28.5.2001 über die Einrichtung eines Europäischen Justiziellen Netzes für Zivil- und Handelssachen, ABl. EG 2001 L 174/25.

318 *Devers/Farge,* JCP G 2012, 1277, 1283; ähnlich *Corneloup/González Beilfuss* (Fn. 311), Art. 5 Règ. Rome III Rn. 9.

319 *Devers/Farge,* JCP G 2012, 1277, 1283.

320 *Devers/Farge,* JCP G 2012, 1277, 1283.

321 *Devers/Farge,* JCP G 2012, 1277, 1283.

322 *Boele-Woelki,* YbPIL 12 (2010), 17, 32; *Campuzano Díaz,* Rev. Der. Com. Eur. 39 (2011), 561, 574; *Corneloup/González Beilfuss* (Fn. 311), Art. 5 Règ. Rome III Rn. 9; *Wennersbusch* (Fn. 272), S. 138.

323 *Kruger,* Rome III and Parties' Choice <http://papers.ssrn.com/sol3/papers.cfm?abstract_id=217334> (2012) S. 15; *Corneloup/González Beilfuss* (Fn. 311), Art. 5 Règ. Rome III Rn. 9; *Wennersbusch* (Fn. 272), S. 138 f.

324 *Corneloup/González Beilfuss* (Fn. 311), Art. 5 Règ. Rome III Rn. 9.

325 Für eine Analogie zu Art. 8 IV HUP indes *Heiderhoff,* IPRax 2018, 1, 7.

wünschenswert gewesen. Dies rechtfertigt jedoch nicht, zu einer allgemeinen Inhaltskontrolle zu schreiten.[326] Allenfalls wäre an eine Analogie zu Art. 15 EuUntVO iVm Art. 8 V HUP zu denken, für die methodisch jedoch die Voraussetzung einer planwidrigen Lücke fraglich wäre. Andererseits liegen gleiche Maßstäbe nahe, weil Vereinbarungen über ein clean break oder einen finanziellen Gesamtausgleich eben alle Elemente in einem Potpourri einer übergreifenden Lösung zuführen wollen.

Die Rechtswahlform des Art. 23 EuGüVO bezweckt laut Erwägungsgrund (43) EuGüVO den Schutz des schwächeren Ehegatten. Bei der Formgültigkeit sollen Schutzvorkehrungen sicherstellen, dass sich die Ehegatten der Tragweite ihrer Rechtswahl bewusst sind.[327] Das betont Erwägungsgrund (47) S. 2 EuGüVO. Eine bloße Formvorschrift ist allerdings kaum geeignet, das materielle Ziel sicherzustellen, dass die Ehegatten ihre Rechtswahl in voller Sachkenntnis treffen. Dieses Ziel nennt Erwägungsgrund (47) S. 1 EuGüVO. Er bleibt allerdings in der Sicherstellung der Zielerreichung wie hinter dem Instrumentarium und Schutzniveau zurück, das Erwägungsgrund (18) Rom III-VO vorzeichnete.[328] Insbesondere bleibt er aber weit hinter dem zurück, was Art. 8 V HUP iVm Art. 15 EuUntVO im benachbarten Internationalen Unterhaltsrecht bereits neun Jahre zuvor etabliert hatte. Nirgends in EuGüVO und EuPartVO ist besagt, dass die Ehegatten bzw. die Partner nur eine informierte Rechtswahl treffen dürften.[329] Art. 24 II EuGüVO/EuPartVO, ersichtlich angelehnt an Art. 10 II Rom II-VO,[330] ist dafür allenfalls ein schwacher und jedenfalls nur ein partieller Ersatz.[331]

Für EuGüVO und EuPartVO liegt also eine komplizierte Lage vor: Der europäische Gesetzgeber hat das Schutzbedürfnis gesehen und anerkannt. Er bekämpft es aber mit einem nicht voll tauglichen Mittel. Das Instrument bleibt hinter der Ambition zurück. Man mag darin eine versteckte Lücke sehen. Auch mangelhafte Zielumsetzung kann planwidrig sein, wenn man richtigerweise die Zielerreichung zum obersten Ziel für einen Plan erhebt. Die Teleologie streitet also für eine Analogie zu Art. 8 V HUP.

---

326 Ergebnisoffen aber *Laimer,* JBl 2017, 549, 557 f.
327 *Laimer,* JBl 2017, 549, 557.
328 Positiver *Christine Bridge,* Petites Affiches n° 201, 9 octobre 2017, S. 9, 11.
329 *Johannes Weber,* DNotZ 2016, 659, 680 f.; *Martiny,* ZfPW 2017, 1, 19.
330 Das übersieht *Döbereiner,* in: *Dutta/Johannes Weber* (Hrsg.), Die Europäischen Güterrechtsverordnungen, 2017, S. 63, 79 Rn. 58.
331 Freundlicher *Martiny,* ZfPW 2017, 1, 19 f.

Familiengerichtliche Genehmigungen im Gesellschaftsrecht – Ein aktueller Überblick

Notar Dr. Malte Ivo, Hamburg

A. Allgemeines

I. Gründe für die Beteiligung minderjähriger Gesellschafter

Minderjährige werden an Gesellschaften häufig aus **steuerlichen Gründen** beteiligt. Ertragsteuerlich können der **Grundfreibetrag** nach § 32a Abs. 1 Nr. 1 EStG und der **Progressionsvorteil** genutzt werden. Schenkungsteuerlich bieten „Gesellschaftslösungen" eine elegante Möglichkeit, die **Freibeträge** nach dem ErbStG – durch entsprechend wiederholte Anteilsübertragungen – im 10-Jahres-Rhythmus des § 14 Abs. 1 ErbStG auszuschöpfen und ggf. die Begünstigungen für betriebliches Vermögen in Anspruch zu nehmen.

Als Gestaltungsmittel der Vermögensnachfolge erfreuen sich **Personengesellschaften** zunehmender Beliebtheit, sog. **Familien-Pools**.[1] Neben der GbR ist v.a. die vermögensverwaltende KG in den Blick der Vertragsgestalter gerückt. Nach dem Ende der „GbR mbH"[2] ist die KG außerdem unter Haftungsgesichtspunkten unproblematischer als die GbR, wenn Minderjährige beteiligt werden sollen.[3]

Zu einer Beteiligung Minderjähriger an Gesellschaften kommt es aber auch „ungeplant", wenn minderjährige Erben an die Stelle des verstorbenen Gesellschafters treten.

II. Probleme der Beteiligung minderjähriger Gesellschafter

Die Beteiligung Minderjähriger an Gesellschaften wirft in der Praxis einige Probleme auf. Regelmäßig stellen sich Fragen der **gesetzlichen Vertretung** und der etwa erforderlichen **familiengerichtlichen Genehmigung**. Die Nichtbeachtung der entsprechenden Vorgaben kann erhebliche Nachteile verursachen, insb. wenn sie zur Versagung der steuerlichen Anerkennung führt.[4] Verschärft wird diese Problematik, wenn der „Fehler" erst nach Jahren entdeckt wird, zumal die zivilrechtliche Rückwirkung privatrechtlicher Genehmigungen (§ 184 Abs. 1 BGB) steuerlich nicht anerkannt wird.[5] Kaum praktisch geworden ist bislang die Haftungsbeschränkung des § 1629a BGB für volljährig gewordene Gesellschafter.[6]

---

1 Vgl. *v. Oertzen/Hermann*, ZEV 2003, 400; *Limmer*, ZFE 2004, 40.
2 BGH, NJW 1999, 3483.
3 *V. Oertzen/Hermann*, ZEV 2003, 400, 401.
4 S. dazu *Hohaus/Eickmann*, BB 2004, 1707.
5 BFH, DStR 2005, 1937 = ZEV 2005, 530 m. Anm. *Everts*.
6 S. dazu *Grunewald*, ZIP 1999, 597; *Rast*, DStR 2005, 1992, 1994 ff.

B. Begründung der Gesellschafterstellung

I. Allgemeines

Bei der Begründung der Gesellschafterstellung ist zu unterscheiden: Der Minderjährige kann sich an der Gründung der Gesellschaft beteiligen oder aber einer bereits bestehenden Gesellschaft „beitreten". Dabei ist jeweils zwischen Personengesellschaften und Kapitalgesellschaften zu differenzieren.

II. Gesellschaftsgründung unter Beteiligung Minderjähriger

1. Personengesellschaften

a) Gesetzliche Vertretung

aa) Grundsatz: Vertretung durch die Eltern oder durch den Vormund

Bei der Gründung einer Personengesellschaft muss für den Minderjährigen sein **gesetzlicher Vertreter** handeln. Gesetzliche Vertreter sind in erster Linie die Eltern. Sie vertreten ihr minderjähriges Kind bei gemeinsamer Sorge gemeinschaftlich (§ 1629 Abs. 1 Satz 2 BGB). Hat ein Elternteil das alleinige Sorgerecht, vertritt er das Kind allein (§ 1629 Abs. 1 Satz 3 BGB). Hat das minderjährige Kind einen Vormund, wird es durch diesen gesetzlich vertreten (§§ 1773, 1793 Abs. 1 Satz 1 BGB).

bb) Vertretungsausschluss bei In-sich-Geschäft oder Mehrfachvertretung

Gem. § 1629 Abs. 2 Satz 1 BGB können die Eltern ein Kind insoweit nicht vertreten, als nach § 1795 BGB ein Vormund von der Vertretung des Kindes ausgeschlossen ist. Greift dieser Vertretungsausschluss, ist gem. § 1909 BGB ein Ergänzungspfleger zu bestellen.[7] Die Eltern dürfen insb. gem. §§ 1795 Abs. 2, 181 BGB grds. keine Rechtsgeschäfte im Namen des Kindes mit sich im eigenen Namen oder als Vertreter eines Dritten vornehmen. Hierbei greift der Ausschluss beider Eltern von der Vertretungsmacht auch dann durch, wenn nur ein Elternteil Vertragspartner des Kindes werden soll.[8]

Ein solcher Vertretungsausschluss kommt in zwei Fällen in Betracht:

- Der gesetzliche Vertreter (bei mehreren auch nur einer von ihnen, insb. ein Elternteil) beteiligt sich selbst an der Gründung der Gesellschaft. Dann handelt er bei Abschluss des Gesellschaftsvertrages sowohl im Namen des Kindes als auch im eigenen Namen (In-sich-Geschäft, § 181, 1. Alt. BGB).

- Der gesetzliche Vertreter vertritt mehrere minderjährige Kinder bei der Gesellschaftsgründung. Der gesetzliche Vertreter ist in einer solchen Konstellation von der Vertretung aller minderjährigen Kinder ausgeschlossen (§§ 1629 Abs. 2 Satz 1, 1795 Abs. 1 Nr. 1 BGB).

---

7   Palandt/Götz, BGB, § 1629 Rn 14; MüKo-BGB/*Huber*, § 1629 Rn 44.
8   Palandt/Götz, BGB, § 1629 Rn 14.

cc) Kein Vertretungsausschluss bei lediglich rechtlich vorteilhaften Geschäften

Die §§ 1795, 181 BGB finden im Wege einer teleologischen Reduktion keine Anwendung, wenn das Rechtsgeschäft dem Kind **lediglich rechtliche Vorteile** verschafft.[9] Dies wird damit begründet, dass der Schutzzweck dieser Vorschriften eine Vertretungsbeschränkung nur dort erfordert, wo es nicht um eindeutige Fälle bloßer Kindesbegünstigung geht.

Die **Gründung einer Personengesellschaft ist für den Minderjährigen nicht lediglich rechtlich vorteilhaft, da mit der Beteiligung „ein Bündel von Rechten und Pflichten" verbunden ist.**[10] Dies gilt auch, wenn dem Minderjährigen die etwa geschuldete Einlage von einem Dritten schenkweise zur Verfügung gestellt wird. Denn hiervon bleiben zum einen die Einlageverpflichtung im Außenverhältnis zur Gesellschaft und zum anderen die weiteren, aus der Gesellschafterstellung folgenden Pflichten unberührt. Letzteres ist unstreitig für die Beteiligung als persönlich haftender Gesellschafter, gilt aber nach umstr. Meinung auch für den Kommanditisten.

dd) Bestellung mehrerer Ergänzungspfleger

Sind an der Gründung einer Personengesellschaft **mehrere Minderjährige** beteiligt, die denselben gesetzlichen Vertreter haben, muss für jedes Kind ein eigener Ergänzungspfleger gem. § 1909 BGB bestellt werden, wenn ein Ergänzungspfleger an der Vertretung mehrerer Kinder durch § 181 BGB (i.V.m. §§ 1915 Abs. 1, 1795 Abs. 2 BGB) gehindert wird. Von den Beschränkungen des § 181 BGB kann der Ergänzungspfleger nicht befreit werden; auch durch eine spätere familiengerichtliche Genehmigung wäre eine solche Befreiung nicht möglich.[11]

Wird die Gesellschaft unter Beteiligung mehrerer minderjähriger Kinder errichtet, werden auch gesellschaftsvertragliche Rechtsbeziehungen zwischen den Minderjährigen begründet. Ein Ergänzungspfleger müsste hierbei auf mehreren Seiten des Rechtsgeschäfts tätig werden – und dies lässt § 181 BGB (i.V.m. §§ 1915 Abs. 1, 1795 Abs. 2 BGB) nicht zu. Es muss daher **für jeden Minderjährigen ein eigener Ergänzungspfleger** bestellt werden.[12]

ee) Person des Ergänzungspflegers

Die Person des Ergänzungspflegers wird durch das Gericht ausgewählt. Hierbei ist allein das Interesse des Minderjährigen maßgebend. An einen Vorschlag der von der Vertretung ausgeschlossenen Eltern ist das Gericht nicht gebunden.[13]

---

9   BGHZ 59, 236; BGH, NJW 1975, 1895; Palandt/Götz, BGB, § 1795 Rn 13.
10 BFH, DStR 2005, 1937, 1940 = ZEV 2005, 530 m. Anm. *Everts*; BGH, NJW 1977, 1339, 1341; OLG Zweibrücken, FamRZ 2000, 117 = NJW-RR 1999, 1174 = NZG 1999, 717.
11 BayObLGZ 1958, 373, 377.
12 BayObLGZ 1958, 373, 376; MüKo-HGB/K. *Schmidt*, § 105 Rn 129; *Piehler/Schulte*, in: Münchener Handbuch des Gesellschaftsrechts, Bd. 1, § 10 Rn 4; *Krafka/Kühn*, Registerrecht, Rn 701.
13 Palandt/Götz, BGB, § 1916 Rn 1.

ff) Aufgabenkreis des Ergänzungspflegers

Anders als die gesetzliche Vertretung durch die Eltern oder den Vormund betrifft die Pflegschaft nach § 1909 BGB nur die Besorgung bestimmter Angelegenheiten, die in der Anordnung durch das Gericht festgelegt werden (z.b.: Vertretung des Minderjährigen bei der Gesellschaftsgründung). Da der Minderjährige bei der späteren Ausübung der Gesellschafterrechte grds. auch von seinen Eltern (oder seinem Vormund) vertreten werden kann, wenn diese selbst an der Gesellschaft beteiligt sind, wird **keine Dauerergänzungspflegschaft** angeordnet.[14]

gg) Rechtsfolgen fehlender Mitwirkung eines Ergänzungspflegers

Wird der Minderjährige bei der Gesellschaftsgründung trotz eines Vertretungsausschlusses von seinen Eltern (oder dem Vormund) vertreten, führt dies nicht zur Nichtigkeit des Rechtsgeschäfts. Vielmehr gelten die §§ 177 ff. BGB bis zur Genehmigung durch den Ergänzungspfleger oder durch den volljährig Gewordenen. Das Rechtsgeschäft ist also lediglich **schwebend unwirksam**.[15] Die Genehmigung wirkt zivilrechtlich auf den Zeitpunkt der Vornahme des Rechtsgeschäfts nach § 184 Abs. 1 BGB zurück.[16] Die familiengerichtliche Genehmigung allein, die an sich mangels eines wirksamen Vertrages gar nicht erteilt werden dürfte, führt noch nicht zur Wirksamkeit des Geschäfts, da das Gericht zu einer (nachträglichen) Befreiung von den Beschränkungen des § 181 BGB nicht befugt ist.[17] Wird die Gesellschaft trotz versagter Genehmigung in Vollzug gesetzt, ist der Minderjährige an der hierdurch entstehenden fehlerhaften Gesellschaft nicht beteiligt.[18]

Der ohne die erforderliche Mitwirkung eines Ergänzungspflegers geschlossene und damit schwebend unwirksame Gesellschaftsvertrag wird auch steuerlich nicht anerkannt.[19] Die **spätere Genehmigung** durch den Ergänzungspfleger oder den volljährig Gewordenen führt – ebenso wie die Genehmigung bei vollmachtloser Vertretung – trotz der zivilrechtlichen Rückwirkung gem. § 184 Abs. 1 BGB grds. nur zu einer **steuerlichen Anerkennung für die Zukunft**, nicht aber für die Vergangenheit.[20]

hh) Mitwirkung eines noch zu bestellenden Ergänzungspflegers

Das Verfahren zur Bestellung eines Ergänzungspflegers nimmt einige Zeit in Anspruch. Kann die Gesellschaftsgründung nicht bis zum Abschluss dieses Verfahrens aufgeschoben werden, behilft sich die Praxis damit, dass die Person, die dem Famili-

---

14   Baumbach/Hopt/*Roth*, HGB, § 105 Rn 27; *Lohse/Triebel*, ZEV 2000, 337, 339.
15   Vgl. RGZ 119, 114, 116; Bamberger/Roth/*Veit*, BGB, § 1629 Rn 21; Staudinger/*Veit*, BGB, § 1795 Rn 69.
16   BGHZ 65, 123, 126; Palandt/*Götz*, BGB, § 1795 Rn 14; Staudinger/*Veit*, BGB, § 1795 Rn 69.
17   BGHZ 21, 229, 234; Palandt/*Götz*, BGB, § 1795 Rn 14.
18   *Möhrle*, in: Münchener Handbuch des Gesellschaftsrechts, Bd. 1, § 5 Rn 60 zur fehlenden gerichtlichen Genehmigung.
19   *Hohaus/Eickmann*, BB 2004, 1707, 1712.
20   BFH, DStR 2005, 1937 = ZEV 2005, 530 m. Anm. *Everts*; *Hohaus/Eickmann*, BB 2004, 1707, 1712; vgl. allgemein zur Rückwirkung von Genehmigungen im Steuerrecht: *Wachter*, ZErb 2002, 334.

engericht als Ergänzungspfleger vorgeschlagen werden soll, bereits „als zu bestellender Ergänzungspfleger" für den Minderjährigen handelt und für diesen den Gesellschaftsvertrag schließt. Ein solches Vorgehen ist zulässig, ändert aber nichts daran, dass der Gesellschaftsvertrag zunächst schwebend unwirksam ist und nach der Bestellung des „Vertreters" zum Ergänzungspfleger dessen Genehmigung des Gesellschaftsvertrages erforderlich ist.

Handelt nämlich für den Minderjährigen eine Person, die erst später zum Ergänzungspfleger bestellt wird und zzt. der Vornahme des Rechtsgeschäfts noch keine Vertretungsmacht für den Minderjährigen besitzt, liegt ein Fall der Vertretung ohne Vertretungsmacht i.S.d. § 177 Abs. 1 BGB vor.[21] Damit hängt die Wirksamkeit des Vertrages von der Genehmigung des vollmachtlos Vertretenen ab. Diese erteilt er selbst, sofern er zwischenzeitlich volljährig geworden ist, bzw. sein gesetzlicher Vertreter. Letzterer kann nach herrschender Meinung auch der Vertreter ohne Vertretungsmacht selbst sein, wenn er nachträglich Vertretungsmacht erlangt.[22] Hieraus ergibt sich allerdings, dass das Rechtsgeschäft nicht mit nachträglicher Erlangung der Vertretungsmacht ohne Weiteres wirksam wird, sondern hierzu eine Genehmigung des Vertreters erforderlich ist.[23] Dies folgt auch aus dem Umstand, dass die Bestellung zum Ergänzungspfleger nicht auf den Zeitpunkt des Vertragsschlusses zurückwirkt (vgl. §§ 1915 Abs. 1, 1789 BGB).[24]

b) Familiengerichtliche Genehmigung

aa) Genehmigungsbedürftigkeit

(1) Gesellschaftsvertrag zum Betrieb eines Erwerbsgeschäfts (§ 1822 Nr. 3 BGB)

Gem. § 1822 Nr. 3 BGB bedarf der Vormund der Genehmigung des Familiengerichts zu einem Gesellschaftsvertrag, der zum **Betrieb eines Erwerbsgeschäfts** eingegangen wird. Über §§ 1643 Abs. 1, 1915 Abs. 1 BGB gilt diese Bestimmung auch für die Eltern und den Ergänzungspfleger.

Hinweis:

Unter § 1822 Nr. 3 BGB fällt der Abschluss des Gesellschaftsvertrages einer GbR,[25] einer OHG oder einer KG – auch wenn der Minderjährige nur Kommanditist wird,[26] sofern die Gesellschaft ein Erwerbsgeschäft betreibt.

Erwerbsgeschäft ist jede regelmäßig ausgeübte, auf selbstständigen Erwerb gerichtete Tätigkeit, gleichgültig ob es sich um Handel, Fabrikation, Handwerk, Landwirtschaft, wissenschaftliche, künstlerische oder sonstige Tätigkeit handelt.[27] Die **reine Vermögensverwaltung** stellt kein Erwerbsgeschäft i.S.d. § 1822 Nr. 3 BGB dar und

---

21 Vgl. OLG Hamm, FamRZ 1972, 270; Soergel/*Leptien*, BGB, § 177 Rn 5.
22 OLG Hamm, FamRZ 1972, 270; vgl. auch BGH, WM 1960, 611; OLG Frankfurt am Main, FamRZ 1986, 592; Palandt/*Ellenberger*, BGB, § 177 Rn 6; MüKo-BGB/*Schubert*, § 177 Rn 27.
23 Soergel/*Leptien*, BGB, § 177 Rn 5.
24 Für die Vormundschaft s. Soergel/*Zimmermann*, BGB, § 1789 Rn 3.
25 OLG Zweibrücken, FamRZ 2000, 117 = NJW-RR 1999, 1174 = NZG 1999, 717.
26 BGHZ 17, 160 = NJW 1955, 1067.
27 BayObLG, FamRZ 1996, 119, 121; Soergel/*Zimmermann*, BGB, § 1822 Rn 12.

löst deshalb dieses Genehmigungserfordernis nicht aus.[28] Dies gilt etwa für Gesellschaften, deren alleiniger Zweck die Verwaltung und Erhaltung des Familienvermögens ist.[29] Anders ist der Fall zu beurteilen, wenn die Familiengesellschaft GmbH-Beteiligungen nutzt und deren Erträge anlegen soll.[30]

Für die **Abgrenzung zwischen Erwerbsgeschäft und Vermögensverwaltung** wird u.a. darauf abgestellt, ob eine geschäftsmäßige, gleichsam berufliche Tätigkeit erforderlich ist.[31] Indizien für das Vorliegen eines Erwerbsgeschäfts können auch die lange Dauer der Gesellschaft, der Umfang und der Wert des verwalteten Grundvermögens, aber auch das Ziel sein, künftig weiteren Grundbesitz hinzuzuerwerben, ihn zu verwalten, zu vermieten und zu verwerten. Für ein Erwerbsgeschäft spricht auch, wenn der Minderjährige ein gewisses Mitunternehmerrisiko übernimmt, etwa in Gestalt einer gesamtschuldnerischen Haftung für die Verbindlichkeiten der Gesellschaft oder durch eine dem Gesellschaftsanteil entsprechende Beteiligung am Gewinn und Verlust.[32]

Die Rechtsprechung hat die Grenzen der rein privaten Vermögensverwaltung i.R.d. § 1822 Nr. 3 BGB in den letzten Jahren zunehmend enger gezogen und die Genehmigungsbedürftigkeit auch auf Gesellschaften ausgedehnt, die die „Verwaltung, Vermietung und Verwertung gewerblich nutzbarer Immobilien von erheblichem Wert" zum Zwecke haben.[33] Teilweise wird hieraus die Schlussfolgerung gezogen, die Genehmigungsbedürftigkeit eines Vertrages, durch den eine Familiengesellschaft unter Beteiligung Minderjähriger gegründet wird, sei nunmehr regelmäßig zu bejahen.[34]

Hinweis:

Die Abgrenzung zwischen der genehmigungsfreien rein privaten Vermögensverwaltung einerseits und dem Betrieb eines „Erwerbsgeschäfts" i.S.d. § 1822 Nr. 3 BGB andererseits ist fließend. Mit Blick auf die Tendenz in der Rechtsprechung, ein „Erwerbsgeschäft" i.S.d. § 1822 Nr. 3 BGB auch bei grundbesitzverwaltenden Familiengesellschaften in weitem Umfang anzunehmen, **dürfte es sich daher in Zweifelsfällen empfehlen, vorsorglich die Genehmigung bzw. ein Negativattest einzuholen.**

---

28 OLG Jena, ZEV 2013, 521 = FamRZ 2014, 140; OLG Bremen, ZEV 2008, 608 = NZG 2008, 750 = GmbHR 2008, 1263; OLG Zweibrücken, FamRZ 2000, 117 = NJW-RR 1999, 1174 = NZG 1999, 717; LG Münster, FamRZ 1997, 842; MüKo-BGB/*Kroll-Ludwigs*, § 1822 Rn 21; Soergel/*Zimmermann*, BGB, § 1822 Rn 12.

29 LG Mainz, Rpfleger 2000, 15 f.; LG Münster, FamRZ 1997, 852; vgl. auch OLG Hamm, FamRZ 2001, 53.

30 LG München I, ZEV 2000, 370.

31 LG Münster, FamRZ 1997, 842.

32 Vgl. dazu OLG Zweibrücken, FamRZ 2000, 117 = NJW-RR 1999, 1174 = NZG 1999, 717; LG Münster, FamRZ 1997, 842; LG Aachen, NJW-RR 1994, 1319, 1321.

33 OLG Nürnberg, NJW-RR 2015, 840; BayObLG, DNotZ 1998, 495, 496 f.; Palandt/*Götz*, BGB, § 1822 Rn 9.

34 So *Reimann*, DNotZ 1999, 179, 185; a.A. *Lautner*, MittBayNot 2002, 256, 258; im Ergebnis anders auch OLG Bremen, ZEV 2008, 608 = NZG 2008, 750 = GmbHR 2008, 1263.

(2)   Übernahme einer fremden Verbindlichkeit (§ 1822 Nr. 10 BGB)

Gem. § 1822 Nr. 10 BGB bedarf der Vormund der Genehmigung zur Übernahme einer fremden Verbindlichkeit, insb. zur Eingehung einer Bürgschaft. Der Anwendungsbereich der Norm wird von der herrschenden Meinung auf diejenigen Fälle beschränkt, in denen eine „Subsidiärhaftung" übernommen werden soll, folglich auf die Fälle, in denen dem Minderjährigen, der aufgrund der übernommenen Haftung leistet, ein Ersatzanspruch gegen den Primärschuldner zusteht.[35] Auch die Rechtsprechung orientiert sich am Zweck der Vorschrift und verlangt – in einschränkender Auslegung – die Genehmigung des Familiengerichts nur in den Fällen, in denen im Innenverhältnis für die Schuld, die nach außen vom Mündel als eigene übernommen wird, allein der Erstschuldner haftet und ersatzpflichtig bleibt.[36]

Trotz dieser einschränkenden Auslegung des § 1822 Nr. 10 BGB wird in der Literatur zunehmend die Auffassung vertreten, dass unter diese Vorschrift auch die Beteiligung an einer Außengesellschaft bürgerlichen Rechts fällt, da der Minderjährige für die Verbindlichkeiten dieser nunmehr als rechtsfähig anerkannten Gesellschaft analog § 128 HGB[37] (und bei einem späteren Beitritt analog § 130 HGB für die Altverbindlichkeiten[38]) haftet.[39] Gleiches muss dann für die Beteiligung an einer OHG gelten, da die §§ 128, 130 HGB hier direkt anwendbar sind. Auch bei der Gründung einer KG unter Beteiligung des Minderjährigen „nur" als Kommanditist besteht eine potenzielle Haftung für die Verbindlichkeiten der Gesellschaft. Die Begrenzung dieser Haftung auf die Hafteinlage (§ 171 Abs. 1 HGB) dürfte in der Konsequenz der neueren Literatur nichts am Eingreifen des Genehmigungstatbestandes gem. § 1822 Nr. 10 BGB ändern.[40]

M.E. widerspricht die ausdehnende Anwendung des § 1822 Nr. 10 BGB auf die vorgenannten Fälle der gesetzgeberischen Intention und dem sonst anerkannten normzweckorientierten Verständnis dieser Vorschrift.

bb)   Genehmigungsfähigkeit

(1)   Allgemeines

Bei der Prüfung, ob eine familiengerichtliche Genehmigung erteilt werden kann, ist allein das **Wohl und Interesse des Mündels** maßgeblich, wie es sich zum Zeitpunkt der Entscheidung des Gerichts darstellt.[41] Dabei hat das Gericht zunächst die Zulässigkeit des Rechtsgeschäfts zu prüfen sowie seine Wirksamkeit im Übrigen. I.R.d. Ermessensentscheidung über die Erteilung oder Verweigerung der Genehmigung kommt es darauf an, **ob der Vertrag im Ganzen für den Vertretenen vorteilhaft**

---

35   MüKo-BGB/*Kroll-Ludwigs*, § 1822 Rn 62; Soergel/*Zimmermann*, BGB, § 1822 Rn 39 ff.
36   Staudinger/*Veit*, BGB, § 1822 Rn 169 m.w.N. zur Rspr.
37   BGHZ 146, 341 = NJW 2001, 1056 = DNotZ 2001, 234.
38   BGHZ 154, 370 = NJW 2003, 1803 = DNotZ 2003, 764.
39   NK-BGB/*Fritsche*, 3. Aufl. 2014; § 1822 Rn 34; *Dümig*, FamRZ 2003, 1, 3 f.; i.E. ebenso *Wertenbruch*, FamRZ 2003, 1714, 1716; *Czeguhn/Dickmann*, FamRZ 2004, 1534, 1535; *Sudhoff/Winkler*, Familienunternehmen, § 9 Rn 39.
40   So i.E. auch *Rust*, DStR 2005, 1942, 1943 f.
41   Palandt/*Götz*, BGB, § 1828 Rn 8.

ist oder nicht.[42] Die Genehmigung darf nur versagt werden, wenn das Geschäft nach allen zu beurteilenden Vor- und Nachteilen das Interesse des Kindes nicht fördert. Als Abwägungsgesichtspunkte spielen insb. eine Rolle:[43]

*   die wirtschaftliche Bedeutung,
*   das Haftungsrisiko des Kindes,
*   das Verwirklichungsrisiko,
*   die Person des Vertragspartners sowie
*   die Beziehung zwischen Kind und Vertragspartner.

Außerdem ist auf die Üblichkeit entsprechender Vereinbarungen Rücksicht zu nehmen.

Der Prüfungsmaßstab des § 1828 BGB darf außerdem nicht mit dem des § 107 BGB verwechselt werden. Die Frage, ob das Rechtsgeschäft für den Minderjährigen lediglich rechtlich vorteilhaft ist, hat Bedeutung für einen etwaigen Vertretungsausschluss, ist jedoch für die Frage der Genehmigungsfähigkeit irrelevant. Anderenfalls wären alle Rechtsgeschäfte, die – da nicht nur rechtlich vorteilhaft – von einem Ergänzungspfleger abgeschlossen werden müssen, niemals genehmigungsfähig.

Das Gericht hat die für die Genehmigung oder ihre Versagung relevanten Tatsachen gem. § 26 FamFG von Amts wegen zu ermitteln.[44]

(2)   Minderjähriger als persönlich haftender Gesellschafter

Soll der Minderjährige die Stellung eines persönlich haftenden Gesellschafters übernehmen, genügt die Tatsache, dass er für Verbindlichkeiten der Gesellschaft im Außenverhältnis den Gläubigern ggü. mit seinem Vermögen persönlich als Gesamtschuldner haftet, für sich allein nicht, um eine Versagung der Genehmigung zu rechtfertigen.[45] Insoweit sind auch die Haftungsbeschränkung gem. § 1629a BGB und das Kündigungsrecht gem. § 723 Abs. 1 Satz 3 Nr. 2 BGB als Abwägungsgesichtspunkte zu berücksichtigen.[46] Beim Abschluss eines Gesellschaftsvertrages hat das Gericht außer der vertraglichen Stellung des Minderjährigen in der Gesellschaft und neben vermögensrechtlichen Gesichtspunkten auch die Mitgesellschafter hinsichtlich ihrer Vermögensverhältnisse sowie ihrer charakterlichen und fachlichen Eignung zu beurteilen, weil die Verantwortung für die Vermögenslage des Minderjährigen in der Gesellschaft vorwiegend bei den geschäftsführenden Gesellschaftern liegt.[47]

---

42 Vgl. OLG Zweibrücken, FamRZ 2001, 181; *Palandt/Götz*, BGB, § 1828 Rn 8; *Weisbrodt*, in: Schröder/Bergschneider, Familienvermögensrecht, Rn 8.160.
43 *Weisbrodt*, in: Schröder/Bergschneider, Familienvermögensrecht, Rn 8.161 ff.
44 Vgl. MüKo-BGB/*Kroll-Ludwigs*, § 1828 Rn 34 m.w.N.
45 OLG Braunschweig, ZEV 2001, 75; LG München I, ZEV 2000, 370; vgl. auch BayObLG, Rpfleger 1979, 455, 457; OLG Hamm, OLGZ 1983, 148, 151.
46 OLG Braunschweig, ZEV 2001, 75; OLG Bremen, NJW-RR 1999, 876 = DStR 1999, 1668 zur KG; *Lohse/Triebel*, ZEV 2000, 337, 341 f.; *Sticherling/Stücke*, ZEV 2001, 76; weiter gehend *Damrau*, ZEV 2000, 209, 213, der davon ausgeht, dass infolge der Neuregelung des Minderjährigenhaftungsbeschränkungsgesetzes der beschenkte Minderjährige grds. nicht mehr verlieren könne, als ihm geschenkt wurde und daher sogar ein subjektiver Anspruch auf Genehmigung des Gesellschaftsvertrages bestehe.
47 OLG Hamm, FamRZ 2001, 53; BayObLG, FamRZ 1990, 208, 209; LG München I, ZEV 2000, 370.

Es entspricht nicht dem Sinn und Zweck der gerichtlichen Genehmigung, von dem Minderjährigen jedes mit der Beteiligung an einem Erwerbsgeschäft verbundene Risiko fernzuhalten.[48] In diesem Fall wäre die Erteilung der familiengerichtlichen Genehmigung zum Abschluss zahlreicher der in §§ 1821, 1822 BGB genannten Rechtsgeschäfte ausgeschlossen, weil sie ihrem Wesen nach von Anfang an wirtschaftliche Risiken für den Minderjährigen in sich bergen.[49] Lassen sich allerdings die Risiken aus dem Gesellschaftsvertrag auch nicht annähernd abschätzen, so ist die gerichtliche Genehmigung zu versagen,[50] ebenso wenn der Minderjährige erst nach Jahrzehnten die Verfügungsmacht über das Vermögen erlangt, das Gesellschaftsvermögen aber (wenn auch limitiert) belastet werden kann.[51]

(3)   Minderjähriger als Kommanditist

Die Gründung einer KG unter Beteiligung eines Minderjährigen als Kommanditist ist wegen der beschränkten Kommanditistenhaftung (§ 171 Abs. 1 HGB) unter dem Gesichtspunkt der familiengerichtlichen Genehmigung unproblematischer als die Beteiligung als persönlich haftender Gesellschafter. Die Genehmigung wird regelmäßig erteilt, wenn dem Minderjährigen seine (etwaige) Einlage durch Schenkung überlassen wird.[52] Im Gesellschaftsvertrag vereinbarte Nachschusspflichten oder ein Geschäftsbeginn vor Eintragung im Handelsregister (Haftung gem. § 176 HGB) können jedoch Nachfragen des Gerichts erforderlich machen.

(4)   Besondere gesellschaftsvertragliche Regelungen

Gesellschaftsvertragliche Regelungen, wonach jeder verheiratete Gesellschafter verpflichtet ist, **Gütertrennung oder modifizierte Zugewinngemeinschaft durch Ehevertrag zu vereinbaren,** finden sich häufig in Formulierungsvorschlägen.[53] Derartige Regelungen sollen verhindern, dass ein Gesellschafter zur Erfüllung eines etwaigen Zugewinnausgleichsanspruchs seine Gesellschaftsbeteiligung verwerten muss und damit den Fortbestand der Gesellschaft insgesamt gefährdet. Aufgrund dieser Zweckrichtung werden entsprechende Klauseln gemeinhin zu Recht für zulässig gehalten.[54] Entsprechendes gilt für eine gesellschaftsvertragliche Verpflichtung, einen gegenständlich beschränkten **Pflichtteilsverzichtsvertrag** zu schließen, in dem die Gesellschaftsbeteiligung von etwaigen Pflichtteilsrechten ausgenommen wird.[55] Solche Bestimmungen eines Gesellschaftsvertrages stehen daher auch nicht seiner Genehmigungsfähigkeit entgegen, wenn Minderjährige beteiligt sind. Zu beachten

---

48   OLG Braunschweig, ZEV 2001, 75.

49   LG München I, ZEV 2000, 370; vgl. BayObLGZ 1976, 281, 286; BayObLG, Rpfleger 1979, 455, 457.

50   OLG Hamm, FamRZ 2001, 53.

51   OLG Nürnberg, NJW-RR 2015, 840 auch zu der – m.E. zu Unrecht – verneinten Frage, ob die geschäftsführenden Eltern eines Minderjährigen für ihre Tätigkeit eine Vergütung vereinbaren können.

52   OLG Bremen, NJW-RR 1999, 876 = DStR 1999, 1668 für den entgeltlichen Beteiligungserwerb; *v. Oertzen/Hermann*, ZEV 2003, 400, 401.

53   Z.B. *Götze*, in: Münchener Vertragshandbuch, Bd. 1, Form. III 4 § 11.

54   Ausführlich *Gassen*, RNotZ 2004, 423, 435 ff.; *Angerer*, Schranken gesellschaftsvertraglicher Gestaltungsfreiheit bei Eingriffen in die Privatsphäre, S. 92 ff.: Zulässigkeit derartiger Klauseln auch unter dem Gesichtspunkt der Drittwirkung der Grundrechte; *Wenckstern*, Güterstandsklauseln in Gesellschaftsverträgen, in: *Röthel/K. Schmidt* (Hrsg.), Konfliktvermeidung in Familienunternehmen, 2014, 1 ff.; teilweise krit. aber *Meincke*, DStR 1991, 515 ff., 549 ff.; *Fasselt*, DB 1982, 939 ff.

55   Vgl. Fasselt, DB 1982, 939, 941.

ist, dass die Aufnahme derartiger Klauseln nach h.M. zur **Beurkundungsbedürftig-keit** des (gesamten) Gesellschaftsvertrages gem. §§ 1410, 2348 BGB führt.[56]
Die Genehmigungsfähigkeit scheitert auch nicht daran, dass der Minderjährige – wie in der Praxis üblich – in einer Familiengesellschaft gesellschaftsvertraglich von der Geschäftsführung (auch über die Volljährigkeit hinaus) ausgeschlossen wird und ihm nur ein eingeschränktes Stimmrecht zusteht. Kinder sind regelmäßig lange Zeit noch zu unerfahren, um die Geschicke der Gesellschaft mitzubestimmen und können erst im Lauf der Jahre in ihre Verantwortlichkeiten eingeführt werden.[57] Selbst die Einschaltung eines Gesellschaftertreuhänders für die minderjährigen Kinder ist grds. genehmigungsfähig.[58]

cc)   Rechtsfolgen fehlender Genehmigung

Für die Rechtsfolgen einer erforderlichen, aber fehlenden familiengerichtlichen Genehmigung gelten die vorstehenden Ausführungen entsprechend. Auch die gerichtliche Genehmigung wirkt **zivilrechtlich** auf den Zeitpunkt des Vertragsabschlusses zurück.[59] **Anders als bei der privatrechtlichen Genehmigung gem. § 184 Abs. 1 BGB wird die Rückwirkung der gerichtlichen Genehmigung auch steuerlich anerkannt, wenn die Genehmigung unverzüglich beantragt und binnen angemessener Frist erteilt wird.**[60] Da die Beteiligten Letzteres nicht in der Hand haben, kann es m.E. allein auf die unverzügliche Beantragung der Genehmigung ankommen.[61]

c)   Gerichtliche Zuständigkeit

aa)   Sachliche Zuständigkeit

Für die Bestellung eines Ergänzungspflegers für ein minderjähriges Kind und die Erteilung der etwa erforderlichen gerichtlichen Genehmigung zu einzelnen von diesem vorgenommenen Rechtsgeschäften ist nunmehr (seit dem 1.9.2009) ausschließlich das **Familiengericht**, eine Abteilung des Amtsgerichts (§ 23b GVG), sachlich zuständig.

bb)   Örtliche Zuständigkeit

Die örtliche Zuständigkeit des Familiengerichts für die vorgenannten Verrichtungen bestimmt sich nach § 152 FamFG. Ist eine Ehesache anhängig, ist das Gericht der Ehesache auch zuständig für Kindschaftssachen, sofern sie gemeinschaftliche Kinder

---

56 MüKo-BGB/*Kanzleiter*, § 1410 Rn 3; Bamberger/Roth/*Mayer*, BGB, § 1410 Rn 2; *Götze*, in: Münchener Vertragshandbuch, Bd. 1, Form. III 4 Anm. 13; a.A. *Wenckstern*, Güterstandsklauseln in Gesellschaftsverträgen, in: Röthel/K. Schmidt (Hrsg.), Konfliktvermeidung in Familienunternehmen, 2014, 1, 17 f.

57 Vgl. *Hettler/Götz*, ZEV 1998, 109, 110; *Lohse/Triebel*, ZEV 2000, 337, 343; einschränkend für einen Sonderfall BayObLG, DNotZ 1998, 495 m. Anm. *Spiegelberger* = ZEV 1998, 107 = FamRZ 1997, 842.

58 OLG Frankfurt am Main, NotBZ 2002, 107 f.

59 Staudinger/*Veit*, BGB, § 1829 Rn 54 m.w.N.

60 *Hohaus/Eickmann,* BB 2004, 1707, 1712 m.w.N.

61 So auch *Hohaus/Eickmann,* BB 2004, 1707, 1712; vgl. für die Schenkungsteuer auch R 9 Abs. 3 Satz 2, Satz 4 ErbStR 2011 (zu § 9 ErbStG), wonach die Finanzverwaltung die Rückwirkung ausstehender behördlicher (und wohl auch gerichtlicher) Genehmigungen anerkennt, wenn die Beteiligten alles getan haben, um die Genehmigung herbeizuführen.

der Ehegatten betreffen (§ 152 Abs. 1 FamFG). I.Ü. ist das FamG örtlich zuständig, in dessen Bezirk das Kind **seinen gewöhnlichen Aufenthalt** hat (§ 152 Abs. 2 FamFG; Abkehr von der Wohnsitzzuständigkeit!). Hilfsweise ist das Gericht örtlich zuständig, in dessen Bezirk das Bedürfnis der Fürsorge bekannt wird (§ 152 Abs. 3 FamFG); zur internationalen Zuständigkeit s. § 99 FamFG.

cc) *Funktionelle Zuständigkeit*

Für die Bestellung von Ergänzungspflegern und die Erteilung der etwa erforderlichen gerichtlichen Genehmigung ist der **Rechtspfleger** funktionell zuständig (§ 3 Nr. 2 Buchst. a) RPflG).

d) Handelsregisteranmeldung

Bei einer Handelsregisteranmeldung muss für den Minderjährigen sein gesetzlicher Vertreter handeln. Auch insoweit kann sich aufgrund eigener Beteiligung der Eltern oder aufgrund der Beteiligung mehrerer Minderjähriger, die denselben gesetzlichen Vertreter haben, die Frage nach der Mitwirkung eines Ergänzungspflegers stellen. Nach herrschender Meinung handelt es sich bei der Handelsregisteranmeldung um eine **Verfahrenserklärung** ggü. dem Registergericht und nicht um eine rechtsgeschäftliche Willenserklärung.[62] Aufgrund dieses verfahrensrechtlichen Charakters der Anmeldung ist anerkannt, dass die Vorschrift des **§ 181 BGB auf sie nicht anwendbar** ist. **Daher können gesetzliche Vertreter eines minderjährigen Gesellschafters Anmeldungen zum Handelsregister im eigenen Namen als Mitgesellschafter und zugleich namens des Minderjährigen tätigen, ohne dass die §§ 181, 1795 BGB dem entgegenstehen.**[63]

In der Praxis wird gleichwohl bei der Bestellung eines Ergänzungspflegers dessen Aufgabenkreis gelegentlich auf die im Zuge der Gesellschaftsgründung erforderliche Anmeldung zum Handelsregister erstreckt. Dass insoweit kein Vertretungsausschluss besteht, ist unschädlich und ändert nichts daran, dass der Ergänzungspfleger die Anmeldung für den Minderjährigen wirksam vornehmen kann. Denn der Ergänzungspfleger ist gesetzlicher Vertreter des Minderjährigen i.R.d. ihm gerichtlich übertragenen Wirkungskreises.[64]

2. Kapitalgesellschaften

a) Gesetzliche Vertretung

Bei der Gründung einer AG oder GmbH unter Beteiligung eines Minderjährigen gelten die Ausführungen zur Personengesellschaft entsprechend. Die Gesellschaftsgründung ist für den Minderjährigen auch dann nicht lediglich rechtlich vorteilhaft, wenn ihm die geschuldete Einlage von einem Dritten schenkweise zur Verfügung gestellt wird, da hiervon die Haftung für die übernommene Einlage ggü. der Gesell-

---

62 Vgl. BayObLG, ZIP 2000, 791; *Ries*, Praxis- und Formularbuch zum Registerrecht, 3. Aufl. 2015, Rn 1.28.

63 BayObLG, DNotZ 1971, 107 ff.; *Maier-Reimer/Marx*, NJW 2005, 3025, 3026; *Stöber*, Rpfleger 1968, 2, 13.

64 MüKo-BGB/*Schwab*, Vor § 1909 Rn 5.

schaft unberührt bleibt. Ist der gesetzliche Vertreter selbst an der Gesellschaftsgründung beteiligt, muss für den Minderjährigen ein Ergänzungspfleger bzw. für mehrere Minderjährige je ein eigener Ergänzungspfleger handeln.[65] Die Gründung einer Mehrpersonen-GmbH durch einen vollmachtlosen Vertreter mit nachträglicher Genehmigung ist möglich, wegen § 180 BGB aber nicht die Gründung einer Einpersonen-GmbH.[66]

b) Familiengerichtliche Genehmigung

Betreibt die Gesellschaft ein Erwerbsgeschäft i.S.d. § 1822 Nr. 3 BGB, ist nach herrschender Meinung ihre Gründung nach dieser Vorschrift genehmigungsbedürftig.[67] Streitig wird diskutiert, ob (auch) der Genehmigungstatbestand des § 1822 Nr. 10 BGB einschlägig ist. Von der herrschenden Meinung wird insoweit im Anschluss an die Entscheidung des BGH vom 20.9.1989[68] danach unterschieden, ob eine Haftung des Minderjährigen für rückständige Leistungen (§ 16 Abs. 2 GmbHG) oder eine Ausfallhaftung (§§ 24, 31 Abs. 3 GmbHG) in Betracht kommt.[69] Da eine solche Haftung praktisch nie sicher ausgeschlossen werden kann, sollte vorsorglich stets die gerichtliche Genehmigung eingeholt werden.[70] Die Genehmigungsbedürftigkeit nach § 1822 Nr. 10 BGB entfällt auch nicht mit Blick auf die Regelungen des Minderjährigenhaftungsbeschränkungsgesetzes (MHbeG),[71] da der Schutzzweck des § 1822 BGB nicht nur darin besteht, eine Überschuldung des Minderjährigen zu verhindern, sondern auch sein aktuell vorhandenes Vermögen zu schützen. § 1629a BGB spielt daher m.E. keine Rolle für die Genehmigungsbedürftigkeit, sondern erst für die Genehmigungsfähigkeit. In den Fällen der Einpersonengründung soll § 1822 Nr. 10 BGB allerdings nicht einschlägig sein.[72]

Hinweis:

Bei einer **Mehrpersonengründung** kann die erforderliche gerichtliche Genehmigung auch nachträglich erteilt werden (§ 1829 BGB). Demgegenüber muss bei einer **Einpersonengründung** die Genehmigung vor der Gründung eingeholt werden (§ 1831 BGB); im Fall eines Verstoßes hiergegen bleibt nur die Neuvornahme.[73]

---

65 Roth/Altmeppen, GmbHG, § 2 Rn 12; Scholz/*Cramer*, GmbHG, § 2 Rn 48.
66 OLG Schleswig, Beschl. v. 5.4.1993 – 9 W 26/93, n.v.; OLG Frankfurt am Main, DNotZ 2003, 459, 461; LG Berlin, GmbHR 1996, 123; Lutter/Hommelhoff/*Bayer*, GmbHG, § 2 Rn 22; *Wachter*, GmbHR 2003, 660.
67 Scholz/*Cramer*, GmbHG, § 2 Rn 49; Roth/Altmeppen, GmbHG, § 2 Rn 12; für die AG s. Hüffer, AktG, § 2 Rn 6.
68 BGHZ 107, 23 = FamRZ 1989, 605 = Rpfleger 1989, 281 ff. = NJW 1989, 1926.
69 Soergel/*Zimmermann*, BGB, § 1822 Rn 42; MüKo-BGB/*Kroll-Ludwigs*, § 1822 Rn 65; Baumbach/Hueck/*Fastrich*, GmbHG, § 2 Rn 25 ff.; *Weisbrodt*, in: Schröder/Bergschneider, Familienvermögensrecht, Rn 8.281; anders *Pluskat*, FamRZ 2004, 677, 681 f.
70 Vgl. Scholz/*Cramer*, GmbHG, § 2 Rn 50 (nur) für den Fall der Mehrpersonengründung; Baumbach/Hueck/*Fastrich*, GmbHG, § 2 Rn 25.
71 Abweichend *Damrau*, ZEV 2000, 209.
72 *Scholz*/Cramer, GmbHG, § 2 Rn 50; Baumbach/Hueck/*Fastrich*, GmbHG, § 2 Rn 28; a.A. Roth/Altmeppen, GmbHG, § 2 Rn 12.
73 Baumbach/Hueck/*Fastrich*, GmbHG, § 2 Rn 25.

III. Eintritt in eine bestehende Gesellschaft

1. Personengesellschaften

a) Allgemeines

Soll ein Dritter Gesellschafter in einer bereits bestehenden Personengesellschaft werden, bestehen hierfür rechtlich zwei Möglichkeiten:

- Der Dritte kann unter Bildung eines neuen Gesellschaftsanteils in die Gesellschaft eintreten (originärer Anteilserwerb).

- Ein Gesellschafter kann seine Gesellschaftsbeteiligung (teilweise) auf den neuen Gesellschafter übertragen (derivativer Anteilserwerb).

Die ältere Rechtsprechung und Literatur schlossen zwar aus § 719 Abs. 1 BGB, dass die Mitgliedschaft in einer Personengesellschaft (auch ein Kommanditanteil) nicht übertragbar sei.[74] Diese Auffassung ist aber überholt. Die Übertragbarkeit der Mitgliedschaft als solcher ist heute allgemein anerkannt.[75]

b) Aufnahmevertrag

Der Eintritt eines weiteren Gesellschafters (originärer Anteilserwerb) erfordert einen Aufnahmevertrag, also einen Gesellschaftsvertrag zwischen dem Beitretenden und den bisherigen Gesellschaftern.[76] Für die gesetzliche Vertretung des Minderjährigen und die familiengerichtliche Genehmigung gelten daher die Ausführungen zur Gründung einer Personengesellschaft entsprechend.

c) Anteilsübertragung

aa) Gesetzliche Vertretung

(1) Anteilserwerb nicht lediglich rechtlich vorteilhaft

Die Beteiligung eines Minderjährigen an einer bestehenden Personengesellschaft durch Anteilsübertragung (derivativer Anteilserwerb) ist jedenfalls dann nicht lediglich rechtlich vorteilhaft, wenn es um den Anteil eines unbeschränkt persönlich haftenden Gesellschafters geht. Dies folgt schon daraus, dass der Minderjährige als Erwerber gem. §§ 128, 130 HGB (im Fall der GbR in entsprechender Anwendung) für die Alt- und Neuverbindlichkeiten ebenfalls unbeschränkt persönlich haftet.[77]

Aber auch beim derivativen Erwerb eines **voll eingezahlten Kommanditanteils** verneinte die früher h.M. einen lediglich rechtlichen Vorteil, da auch in diesem Fall mit dem Erwerb ein Bündel von Rechten und Pflichten für den Minderjährigen begründet

---

74 RGZ 83, 312, 314; 128, 172, 176.

75 RG, DNotZ 1944, 195; BGHZ 45, 221, 222; 81, 82, 84; Ebenroth/Boujong/Joost/Strohn/*Strohn*, HGB, § 173 Rn 10; *Piehler/Schulte*, in: Münchener Handbuch des Gesellschaftsrechts, Bd. 2, § 35 Rn 1 m.w.N.

76 *Piehler/Schulte*, in: Münchener Handbuch des Gesellschaftsrechts, Bd. 2, § 34 Rn 2.

77 S. statt aller *Piehler/Schulte*, in: Münchener Handbuch des Gesellschaftsrechts, Bd. 1, § 10 Rn 120 m.w.N.

werde.[78] In der Rechtsprechung und der Literatur mehren sich allerdings die Stimmen, die den schenkweisen Erwerb eines voll eingezahlten Kommanditanteils als lediglich rechtlich vorteilhaft ansehen.[79]

Erhält der Minderjährige einen Kommanditanteil im Wege der Schenkung, ist als Folge des Trennungsprinzips die Schenkung als solche grds. auch dann lediglich rechtlich vorteilhaft i.s.d. § 107 BGB, wenn das Erfüllungsgeschäft mit rechtlichen Nachteilen verbunden ist. Der Vertrag über die Schenkung eines Kommanditanteils ist somit im Grundsatz auch dann lediglich rechtlich vorteilhaft, wenn man mit der vorstehend genannten herrschenden Meinung in Rechtsprechung und Literatur davon ausgeht, dass der Erwerb des Kommanditanteils selbst nicht lediglich rechtlich vorteilhaft ist.[80]

Bei einer Schenkung durch den gesetzlichen Vertreter selbst würde indes eine isolierte Beurteilung des Verpflichtungs- und des Erfüllungsgeschäftes dazu führen, dass auch das rechtlich nachteilige Erfüllungsgeschäft gem. § 181 letzter Halbs. BGB ohne Beteiligung eines Pflegers und unter Umgehung des Schutzzwecks der §§ 107, 181 BGB geschlossen werden könnte (Erfüllung des zustimmungsfreien Schenkungsvertrages). Bei Schenkungen des gesetzlichen Vertreters wird daher nach der Rechtsprechung des BGH aufgrund einer **Gesamtbetrachtung** des schuldrechtlichen und dinglichen Vertrages darüber entschieden, ob die Schenkung lediglich rechtlich vorteilhaft ist.[81] Einer solchen Gesamtbetrachtung bedarf es allerdings nicht, wenn schon die Schenkung bei isolierter Betrachtung nicht lediglich rechtlich vorteilhaft ist.[82]

Ist der derivative Erwerb eines Personengesellschaftsanteils für den Minderjährigen nicht lediglich rechtlich vorteilhaft, muss bei einer Übertragung von dem gesetzlichen Vertreter gem. §§ 1629 Abs. 2 Satz 1, 1795 Abs. 2, 181, 1909 BGB ein Ergänzungspfleger bestellt werden.

(2) Bestellung mehrerer Ergänzungspfleger

Will ein Gesellschafter seine Beteiligung ganz oder teilweise an mehrere seiner minderjährigen Kinder übertragen, stellt sich die Frage, ob für jedes Kind ein eigener Ergänzungspfleger gem. § 1909 BGB bestellt werden muss.

Beispiel:

An einer GmbH & Co. KG ist der Vater der drei minderjährigen Kinder K1, K2 und K3 beteiligt. Er will Teile seines voll eingezahlten Kommanditanteils unentgeltlich auf die Kinder übertragen.

---

78   Vgl. BGHZ 68, 225, 231 f.; LG Köln, Rpfleger 1970, 245; *Piehler/Schulte*, in: Münchener Handbuch des Gesellschaftsrechts, Bd. 2, § 35 Rn 16; Röhricht/v. Westphalen/*Gerkan*, HGB, § 161 Rn 9.
79   OLG Bremen, ZEV 2008, 608 = NZG 2008, 750 = GmbHR 2008, 1263; Staudinger/*Peschel-Gutzeit*, BGB, § 1629 Rn 246, allerdings unter unrichtiger Berufung auf OLG Zweibrücken, FamRZ 2001, 181; Palandt/*Ellenberger*, § 107 Rn 4; Bamberger/Roth/*Veit*, BGB, § 1629 Rn 25; *Maier-Reimer/Marx*, NJW 2005, 3025, 3026; Rust, DStR 2005, 1942, 1946; *Führ/Nikoleyczik*, BB 2009, 2105.
80   Palandt/*Ellenberger*, BGB, § 107 Rn 6.
81   BGHZ 78, 28.
82   BGH, NJW 2005, 415; Palandt/*Ellenberger*, BGB, § 107 Rn 6.

Die Mitwirkung **mehrerer Ergänzungspfleger** ist erforderlich, wenn ein Ergänzungspfleger an der Vertretung mehrerer Kinder durch § 181 BGB (i.V.m. §§ 1915 Abs. 1, 1795 Abs. 2 BGB) auch bei einem derivativen Anteilserwerb gehindert wird. Hiervon gehen Teile der Rechtsprechung und Literatur ohne nähere Begründung aus.[83] Dies überzeugt nicht; die Mitwirkung (nur) eines Ergänzungspflegers genügt auch in diesem Fall.[84] Zur Übertragung eines Personengesellschaftsanteils bedarf es gem. § 413 BGB eines Verfügungsgeschäfts zwischen dem Veräußerer und dem Erwerber. Im Gegensatz zum Austritt und Eintritt ist es gerade kein gesellschaftsrechtliches Rechtsgeschäft des Altgesellschafters mit sämtlichen Mitgesellschaftern bzw. des Neugesellschafters mit den vorhandenen Gesellschaftern.[85] Der Ergänzungspfleger steht also bei der Anteilsübertragung jeweils nur auf der Erwerberseite, während das Rechtsverhältnis zwischen den Erwerbern nicht geregelt wird. Dass sich die minderjährigen Erwerber nach Vollzug der Anteilsübertragungen als Gesellschafter gegenüberstehen, rechtfertigt keine abweichende Beurteilung. Denn hierbei handelt es sich lediglich um die gesetzliche Folge des Rechtsgeschäfts, nicht aber um dessen Gegenstand.

Auch aus dem Umstand, dass die Übertragung von Anteilen an einer Personengesellschaft wegen des damit verbundenen Eingriffs in die Rechtssphäre der übrigen Gesellschafter deren Zustimmung erfordert,[86] folgt nicht die Notwendigkeit, je einen eigenen Ergänzungspfleger für jedes minderjährige Kind zu bestellen. Dies ist eindeutig, wenn die Übertragung bereits gesellschaftsvertraglich zugelassen ist, gilt richtigerweise aber auch bei einer „Ad-hoc-Zustimmung". Durch die Zustimmung der Mitgesellschafter werden diese nicht Partner des Veräußerungsvertrages.[87] I.Ü. wird § 181 BGB in der Rechtsprechung auf die Zustimmung zur Anteilsübertragung nicht angewendet, sodass der gesetzliche Vertreter von Minderjährigen die Zustimmung gleichzeitig im eigenen Namen und in dem der von ihm vertretenen Kinder erklären kann.[88]

bb) Familiengerichtliche Genehmigung

(1) Genehmigungsbedürftigkeit

Der entgeltliche Erwerb eines Personengesellschaftsanteils ist nach § 1822 Nr. 3, 1. Alt. BGB genehmigungsbedürftig, sofern die Gesellschaft ein „Erwerbsgeschäft" betreibt. Der unentgeltliche Erwerb unterfällt nicht dem Wortlaut des § 1822 Nr. 3 BGB. Mit dem derivativen Erwerb eines Personengesellschaftsanteils ist an sich auch nicht der Abschluss eines Gesellschaftsvertrages verbunden (§ 1822 Nr. 3, 3. Alt.

---

83 OLG Zweibrücken, FamRZ 2000, 117 = NJW-RR 1999, 1174 = NZG 1999, 717 für den Fall, dass mehrere minderjährige Kinder von Gesellschaftern einer GbR beitreten; *Reimann*, DNotZ 1999, 179, 190; wohl auch *Piehler/Schulte*, in: Münchener Handbuch des Gesellschaftsrechts, Bd. 2, § 35 Rn 17.

84 S. ausführlich: *Ivo*, ZEV 2005, 193; zustimmend: *Maier-Reimer/Marx*, NJW 2005, 3025, 3027; Rust, DStR 2005, 1942, 1946; *Bürger*, RNotZ 2006, 156, 163; so jetzt auch OLG München, ZEV 2010, 646 = NZG 2010, 862.

85 MüKo-HGB/*K. Schmidt*, § 105 Rn 214; MüKo-BGB/*Schäfer*, § 719 Rn 25.

86 Baumbach/Hopt/*Roth*, HGB, § 105 Rn 70; MüKo-HGB/*K. Schmidt*, § 105 Rn 213.

87 H.M. s. MüKo-BGB/*Schäfer*, § 719 Rn 25; *Piehler/Schulte*, in: Münchener Handbuch des Gesellschaftsrechts, Bd. 2, § 35 Rn 1 m.w.N.

88 BayObLGZ 1977, 76, 80; OLG Hamm, DB 1989, 169, 170; Baumbach/Hopt/*Roth*, HGB, § 105 Rn 70.

BGB).[89] Gleichwohl geht die herrschende Meinung – aus Gründen des Minderjährigenschutzes zu Recht – in (analoger) Anwendung des § 1822 Nr. 3 BGB von der Genehmigungsbedürftigkeit auch des unentgeltlichen derivativen Anteilserwerbs aus.[90] Darüber hinaus wird zunehmend eine Genehmigung nach § 1822 Nr. 10 BGB verlangt.

(2) Genehmigungsfähigkeit

Für die Genehmigungsfähigkeit des derivativen Anteilserwerbs gelten die Grundsätze zur Gesellschaftsgründung entsprechend.

Bei der Schenkung von Gesellschaftsbeteiligungen will sich der Schenker oft Widerrufs- bzw. Rückforderungsrechte vorbehalten. Hierbei sind die gesellschaftsrechtlichen Grenzen solcher Rechte noch nicht abschließend geklärt. Überwiegend wird auf die Rechtsprechung zum Verbot der Hinauskündigung ohne sachlichen Grund abgestellt.[91] Ein unbefristetes freies Widerrufsrecht dürfte daher regelmäßig unzulässig sein. Möglich und gebräuchlich sind aber Widerrufsrechte, die an bestimmte Tatbestände anknüpfen, insb. an das Vorversterben des Erwerbers, dessen Ehescheidung, wenn der geschenkte Anteil nicht vom Zugewinnausgleich ausgenommen ist, die Veräußerung oder Belastung des Anteils ohne Zustimmung des Veräußerers und den Vermögensverfall des Erwerbers.[92] Die Vereinbarung solcher Widerrufsrechte steht der Genehmigungsfähigkeit der Schenkung nicht entgegen.[93]

2. Kapitalgesellschaften

a) Anteilserwerb im Zuge einer Kapitalerhöhung

aa) Gesetzliche Vertretung

(1) GmbH

Ein Minderjähriger kann einer bestehenden GmbH dadurch „beitreten", dass er im Zuge einer von der Gesellschaft beschlossenen Kapitalerhöhung eine neue Stammeinlage übernimmt. Hierfür ist ein Übernahmevertrag zwischen dem Minderjährigen und der Gesellschaft erforderlich, der aufseiten der Gesellschaft von allen Gesellschaftern – und nicht durch den Geschäftsführer – geschlossen wird.[94] Dieser ist für den Minderjährigen wegen der Einlageverpflichtung nicht lediglich rechtlich vorteilhaft. Der beschränkt Geschäftsfähige muss daher gesetzlich vertreten werden.

Ist der gesetzliche Vertreter selbst an der Gesellschaft beteiligt, müsste er bei Abschluss des Übernahmevertrages sowohl als Vertreter der Gesellschaft (zusammen

---

89 *Damrau*, ZEV 2000, 209, 210.
90 *Reimann*, DNotZ 1999, 179, 190 f.; *Piehler/Schulte*, in: Münchener Handbuch des Gesellschaftsrechts, Bd. 2, § 35 Rn 16; *NK-BGB/Fritsche*, § 1822 Rn 19; a.A. *Damrau*, ZEV 2000, 209, 210.
91 Vgl. Piehler/*Schulte*, in: Münchener Handbuch des Gesellschaftsrechts, Bd. 1, § 10 Rn 29 ff.; *Mayer*, ZGR 1995, 93.
92 Vgl. die Formulierungsvorschläge von *Kruse*, RNotZ 2002, 69, 85 f., *Blaum/Scholz*, in: Beck'sches Formularbuch Bürgerliches, Handels- und Wirtschaftsrecht, Form. VIII D. 24 und *Mayer*, ZGR 1995, 93, 109.
93 Vgl. LG München I, MittBayNot 2002, 404 f.
94 *Scholz*/Priester, GmbHG, § 55 Rn 75 m.w.N.

mit den anderen Gesellschaftern) als auch für den Minderjährigen handeln. Dieses Vorgehen verstößt gegen §§ 1629 Abs. 2 Satz 1, 1975, 181 BGB, sodass in diesem Fall richtigerweise stets ein Ergänzungspfleger bestellt werden muss.[95]

Teilweise wird danach unterschieden, ob außer dem gesetzlichen Vertreter weitere Gesellschafter an der Gesellschaft beteiligt sind oder nicht. Bejahendenfalls werde die Gesellschaft bei Abschluss des Übernahmevertrages – ebenso wie bei der Übernahme einer neuen Stammeinlage durch einen „Altgesellschafter"[96] – von den nicht gem. § 181 BGB ausgeschlossenen Mitgesellschaftern vertreten; ein Ergänzungspfleger müsse nicht mitwirken.[97] Gegen diese Ansicht spricht, dass die Gesellschafter bei Abschluss des Übernahmevertrages für die Gesellschaft nur Gesamtvertretungsmacht haben.[98] Auch der Vergleich mit der Übernahme einer Stammeinlage durch einen bereits an der Gesellschaft beteiligten Gesellschafter überzeugt letztlich nicht. Denn in diesem Fall können die Gesellschafter für den Abschluss des Übernahmevertrages aufseiten der Gesellschaft Befreiung von den Beschränkungen des § 181 BGB erteilen. Bei einer Mehrfachvertretung durch den gesetzlichen Vertreter müsste zusätzlich die Befreiung aufseiten des Minderjährigen hinzukommen, um einen Verstoß gegen § 181 BGB zu vermeiden. Eine solche Befreiung kann dem gesetzlichen Vertreter jedoch nicht erteilt werden.

Sollen mehrere Minderjährige Stammeinlagen übernehmen, kann für sie gleichwohl derselbe gesetzliche Vertreter handeln, da die Übernahmeverträge nur zwischen den Übernehmern und der Gesellschaft, nicht aber unter den Übernehmern geschlossen werden.[99]

(2) AG

Für den Beteiligungserwerb im Zuge einer Kapitalerhöhung einer AG gelten im Grundsatz die vorstehenden Ausführungen entsprechend. Gem. § 185 AktG muss der Minderjährige die auszugebenden neuen Aktien zeichnen, wodurch ein Zeichnungsvertrag mit der AG zustande kommt.[100] Anders als bei der GmbH wird die AG aber bei Abschluss des Zeichnungsvertrages nicht durch die Aktionäre, sondern durch den Vorstand vertreten.[101] Der gesetzliche Vertreter des Minderjährigen ist daher bei Abschluss des Zeichnungsvertrages nur dann von der Vertretung gem. §§ 1629 Abs. 2 Satz 1, 1795 Abs. 2, 181 BGB ausgeschlossen, wenn er zugleich für die AG als Vorstand handelt, nicht aber bei einer bloßen Beteiligung als Aktionär.

---

95 *Wegmann*, in: Münchener Handbuch des Gesellschaftsrechts, Bd. 3, § 53 Rn 29; Baumbach/Hueck/ *Zöllner*, GmbHG, § 55 Rn 36; a.A. – von der unrichtigen Prämisse ausgehend, dass die Gesellschafter nicht am Übernahmevertrag beteiligt sind – *Rust*, DStR 2005, 1942, 1947.
96 *Scholz*/Priester, GmbHG, § 55 Rn 76; Michalski/*Hermanns*, GmbHG, § 55 Rn 87; Roth/Altmeppen, GmbHG, § 55 Rn 17.
97 Michalski/*Hermanns*, GmbHG, § 55 Rn 77.
98 Baumbach/Hueck/*Zöllner/Fastrich*, GmbHG, § 55 Rn 36.
99 H.M.; s. Scholz/*Priester*, GmbHG, § 55 Rn 78 m.w.N.
100 Hüffer, AktG, § 185 Rn 4.
101 MüKo-AktG/*Schürnbrand*, § 185 Rn 32.

bb) Familiengerichtliche Genehmigung

(1) GmbH

Der Anteilserwerb im Zuge einer Kapitalerhöhung ist nach herrschender Meinung nicht nach § 1822 Nr. 3 BGB (Gesellschaftsvertrag zum Betrieb eines Erwerbsgeschäfts) genehmigungsbedürftig,[102] denn die Übernahme einer neuen Stammeinlage ist auch bei einem neu hinzutretenden Gesellschafter nicht als Abschluss eines Gesellschaftsvertrages zu verstehen. Insoweit ist auf die Rechtsprechung des BGH zu verweisen, wonach die Übertragung eines GmbH-Anteils durch Schenkung nicht nach § 1822 Nr. 3 BGB genehmigungsbedürftig ist.[103] Das „Erwerbsgeschäft" wird von der juristischen Person, nicht aber von den Gesellschaftern betrieben. Etwas anderes soll gelten, wenn der Erwerb einer erheblichen Beteiligung nach den konkreten Umständen dem Erwerb eines Erwerbsgeschäfts gleichsteht, weil er sich nach Struktur und Art der Gesellschaft wirtschaftlich nicht mehr als reine Kapitalinvestition darstellt, den Minderjährigen also ein Unternehmerrisiko trifft.[104]

Dagegen wird § 1822 Nr. 10 BGB auch auf die Kapitalerhöhung angewandt. Bei Sacheinlagen wird die Genehmigungsbedürftigkeit nach dieser Vorschrift von der herrschenden Meinung mit Blick auf die potenzielle Differenzhaftung gem. § 56 Abs. 2, § 9 GmbHG stets bejaht, bei Bareinlagen für den Fall, dass alte oder neue Stammeinlagen nicht voll eingezahlt sind bzw. werden.[105]

(2) AG

Bei der AG ist der Anwendungsbereich des § 1822 Nr. 10 BGB nicht eröffnet. Denn anders als im GmbH-Recht gem. §§ 16 Abs. 2, 24, 31 Abs. 3 GmbHG existieren im Aktienrecht keine Vorschriften, die generell eine Haftung für fremde Verbindlichkeiten bspw. wegen verbotener Einlagenrückgewähr anordnen. Eine solche besteht nur bei der Gründung der Gesellschaft nach § 46 AktG sowie bei einem Erwerb von Aktien nach § 65 AktG. Bei einer „normalen" Kapitalerhöhung wird eine derartige Mithaftung nicht ausgelöst.

Bei der AG ist daher allenfalls § 1822 Nr. 3 BGB einschlägig. Wie bei der GmbH besteht bei der AG die Genehmigungsbedürftigkeit nach dieser Vorschrift nur dann, wenn der Erwerb der Aktien wirtschaftlich dem Erwerb des von der AG betriebenen Erwerbsgeschäfts gleichkommt.[106] Dies wird bei einer Kapitalerhöhung in aller Regel nicht der Fall sein. In den häufig auftretenden Fällen, in denen der Erwerb einzelner Aktien lediglich als Kapitalanlage bezweckt ist, gilt § 1822 Nr. 3 BGB nicht, sondern vielmehr die §§ 1811, 1807 BGB.[107]

---

102 Michalski/*Hermanns*, GmbHG, § 55 Rn 78; Scholz/*Priester*, GmbHG, § 55 Rn 107.
103 BGHZ 107, 24 m. Bespr. *Winkler*, ZGR 1990, 131 = NJW 1989, 1926 = DNotZ 1990, 303.
104 Vgl. MüKo-BGB/*Kroll-Ludwigs*, § 1822 Rn 17 m.w.N.
105 Michalski/*Hermanns*, GmbHG, § 55 Rn 78; Scholz/*Priester*, GmbHG, § 55 Rn 108; a.A. *Winkler*, ZGR 1990, 131, 138.
106 Staudinger/*Veit*, BGB, § 1822 Rn 62.
107 Staudinger/*Veit*, BGB, § 1822 Rn 62.

b) Anteilsübertragung

aa) Gesetzliche Vertretung

Der entgeltliche Erwerb von GmbH-Geschäftsanteilen oder Aktien ist wegen der übernommenen Gegenleistung nicht lediglich rechtlich vorteilhaft.

Ob die Schenkung eines (voll eingezahlten) GmbH-Geschäftsanteils lediglich rechtlich vorteilhaft ist, wird unterschiedlich beurteilt. Mit Rücksicht auf die potenzielle Ausfallhaftung des Erwerbers gem. §§ 24, 31 Abs. 3 GmbHG ist diese Frage zu verneinen und ein Ergänzungspfleger zu bestellen, wenn der gesetzliche Vertreter selbst der Schenker ist.[108] Bei der Schenkung an mehrere minderjährige Kinder des Gesellschafters genügt die Bestellung eines Ergänzungspflegers für alle Kinder, da sowohl die Schenkungs- als auch die Abtretungsverträge allein zwischen dem Gesellschafter und dem jeweils erwerbenden Kind geschlossen werden, ein Rechtsgeschäft zwischen den beschenkten Kindern also nicht vorliegt.[109]

Die Schenkung voll eingezahlter Aktien ist lediglich rechtlich vorteilhaft, da im Aktienrecht eine dem GmbH-Recht vergleichbare Ausfallhaftung nicht existiert.[110]

bb) Familiengerichtliche Genehmigung

Es gelten die vorstehenden Ausführungen entsprechend. Darüber hinaus wird der Erwerb sämtlicher Anteile (GmbH-Geschäftsanteile oder Aktien) wirtschaftlich als Übergang des „Erwerbsgeschäfts" angesehen mit der Folge der Genehmigungsbedürftigkeit nach § 1822 Nr. 3, 1. Alt. BGB, falls die Anteile entgeltlich erworben werden. Bei unentgeltlichem Erwerb von GmbH-Geschäftsanteilen sollte wegen § 1822 Nr. 10 BGB vorsorglich die Genehmigung eingeholt werden.

C. Der Minderjährige in der Gesellschaft

I. Gesellschafterbeschlüsse

1. Gesetzliche Vertretung

a) Abgrenzung: Gewöhnliche Gesellschafterbeschlüsse – Grundlagenbeschlüsse

Bei der Beschlussfassung in Gesellschafterversammlungen muss für den Minderjährigen sein gesetzlicher Vertreter handeln. Probleme können hierbei mit Blick auf § 181 BGB entstehen, wenn der gesetzliche Vertreter selbst an der Gesellschaft beteiligt ist oder mehrere minderjährige Gesellschafter vertritt. Es stellt sich dann die Frage der **Anwendbarkeit des § 181 BGB (i.V.m. §§ 1629 Abs. 2 Satz 1, 1795 BGB) auf Gesellschafterbeschlüsse.**

---

108 So auch *Maier-Reimer/Marx*, NJW 2005, 3025 f. m.w.N. auch zur Gegenansicht; *Rust*, DStR 2005, 1942, 1947; *Stürner*, AcP 1973, 402, 436; *Klamroth*, BB 1975, 525, 577.
109 *Maier-Reimer/Marx*, NJW 2005, 3025, 3026 f.; *Bürger*, RNotZ 2006, 156, 163.
110 *Maier-Reimer/Marx*, NJW 2005, 3025.

Diese Frage wird heute im Grundsatz bejaht.[111] Anerkannt ist jedoch, dass § 181 BGB nicht unterschiedslos auf sämtliche Beschlüsse der Gesellschafter angewendet werden kann. Nach Ansicht des BGH sind für die Auslegung des § 181 BGB nicht allein formal-rechtliche oder konstruktive Überlegungen, sondern auch wertende Gesichtspunkte maßgebend.[112] § 181 BGB kann danach Anwendung finden, wenn sich zwei oder mehr Personen in der Rolle von Geschäftsgegnern gegenüberstehen und jeder zulasten des anderen versucht, seine eigene Rechtsposition zu verschieben oder zu stärken. Demgegenüber steht bei gewöhnlichen Gesellschafterbeschlüssen das Ziel der verbandsinternen Willensbildung nach dem gesetzlichen Leitbild des § 705 BGB und damit die Verfolgung des gemeinsamen Gesellschaftszwecks auf dem Boden der bestehenden Vertragsordnung im Vordergrund.[113]

Der BGH unterscheidet daher:

* Tatbestände, die aus dem Rahmen der Geschäftsführung und der laufenden gemeinsamen Gesellschaftsangelegenheiten herausfallen und die die Grundlage des Gesellschaftsverhältnisses berühren (z.B. Abschluss und Änderung des Gesellschaftsvertrages) und

* die Geschäftsführung bzw. die laufenden gemeinsamen Gesellschaftsangelegenheiten.

In der **ersten Fallgruppe ist § 181 BGB anwendbar, während bei der zweiten Fallgruppe eine Anwendung des § 181 BGB im Allgemeinen ausscheidet.**[114] Diese Unterscheidung hat sich heute in Rechtsprechung und Literatur durchgesetzt.[115] Die Anwendung des § 181 BGB wird außerdem bejaht, wenn es um einen Beschluss geht, der die Rechtsverhältnisse des (gesetzlichen oder gewillkürten) Vertreters selbst betrifft.[116]

b)   Einzelfälle

Die Abgrenzung zwischen „gewöhnlichen" Gesellschafterbeschlüssen (§ 181 BGB unanwendbar) und Beschlüssen über Gesellschaftsgrundlagen (§ 181 BGB anwendbar) bereitet mitunter Schwierigkeiten. In Zweifelsfällen sollte in der Praxis vorsorglich ein Ergänzungspfleger für den entsprechenden Beschluss bestellt werden, um dessen wirksames Zustandekommen nicht zu gefährden.

In folgenden Fällen wird die Anwendbarkeit des § 181 BGB bejaht:

* Satzungsänderungen,[117]

* Auflösungsbeschlüsse,[118]

---

111 BGHZ 65, 93 ff.; MüKo-BGB/*Schäfer*, § 709 Rn 78 ff.; Staudinger/*Schilken*, BGB, § 181 Rn 22 ff.; *Baetzgen*, RNotZ 2005, 193, 221, 224.
112 BGHZ 65, 93, 97.
113 BGHZ 65, 93, 97 f.
114 BGHZ 65, 93, 95 ff.
115 Vgl. BayObLG, NJW-RR 1989, 807; Scholz/*K. Schmidt*, GmbHG, § 47 Rn 178; Baumbach/Hueck/*Zöllner/Noack*, GmbHG, § 47 Rn 60 ff.
116 BGHZ 112, 339; BayObLG, NZG 2001, 128; Baumbach/Hueck/*Zöllner/Noack*, GmbHG, § 47 Rn 60.
117 BGHZ 95, 93, 95 f.; MüKo-BGB/*Schäfer*, § 709 Rn 78; Baumbach/Hueck/*Zöllner/Noack*, GmbHG, § 47 Rn 60.

- Bestellung des gesetzlichen Vertreters zum Geschäftsführer,[119]
- Bestellung eines Verwandten in gerader Linie des gesetzlichen Vertreters (z.b. seiner Mutter) zum Geschäftsführer (§ 1795 Abs. 1 Nr. 1 BGB),[120]
- Umwandlungsbeschlüsse, und zwar auch dann, wenn mit der Umwandlung keine Satzungsänderung verbunden ist,[121]
- Abschluss und Aufhebung von Unternehmensverträgen.[122]

Dagegen ist § 181 BGB z.b. auf folgende Beschlüsse nicht anzuwenden:

- Feststellung des Jahresabschlusses,[123]
- Beschluss über die Gewinnverwendung,
- Entlastung des Geschäftsführers (für den Gesellschafter-Geschäftsführer gilt § 47 Abs. 4 GmbHG),
- Beschlüsse über Geschäftsführungsmaßnahmen.[124]

c) Beschlussfassung in der Hauptversammlung einer AG

Besonderheiten gelten für die Beschlussfassung in der Hauptversammlung einer AG; § 181 BGB ist nach herrschender Meinung unanwendbar.[125] Zur Begründung wird auf § 135 AktG verwiesen. Diese Vorschrift regelt die Ausübung des Stimmrechts in der Hauptversammlung einer AG durch Kreditinstitute. Dabei geht das Gesetz ohne weiteres davon aus, dass ein Kreditinstitut grds. berechtigt ist, für verschiedene Aktionäre deren Stimmrecht nebeneinander in der Hauptversammlung auszuüben.

2. Ladung des Ergänzungspflegers zur Gesellschafterversammlung

Soll in einer Gesellschafterversammlung ein Beschluss gefasst werden, bei dem der gesetzliche Vertreter des Minderjährigen nach den vorstehenden Ausführungen von dessen Vertretung ausgeschlossen ist, wird der Ergänzungspfleger zu der Versammlung bereits einzuladen sein. Bei gesetzlich vertretenen Gesellschaftern geht die Einberufung der Versammlung an sie, vertreten durch den oder die gesetzlichen Vertreter; der gesetzliche Vertreter ist dann Postadressat der Einberufung und er wird zum Erscheinen aufgefordert.[126]

---

118 Scholz/*K. Schmidt*, GmbHG, § 47 Rn 180; Staudinger/*Schilken*, BGB, § 181 Rn 25.
119 BGHZ 112, 339; OLG Düsseldorf, RNotZ 2006, 68; BayObLG, NZG 2001, 128; Baumbach/Hueck/ *Zöllner*/*Noack*, GmbHG, § 47 Rn 60; Scholz/*Seibt*, GmbHG, § 15 Rn 242.
120 OLG Düsseldorf, RNotZ 2006, 68.
121 Scholz/*K. Schmidt*, GmbHG, § 47 Rn 180; Baumbach/Hueck/*Zöllner*/*Noack*, GmbHG, § 47 Rn 60; *Lutter*/*Winter*, UmwG, § 50 Rn 11.
122 Baumbach/Hueck/*Zöllner*/*Noack*, GmbHG, § 47 Rn 60; Scholz/*K. Schmidt*, GmbHG, § 47 Rn 180.
123 Hachenburg/*Hüffer*, GmbHG, § 47 Rn 115.
124 Scholz/*K. Schmidt*, GmbHG, § 47 Rn 180a.
125 Staudinger/*Schilken*, BGB, § 181 Rn 25; MüKo-BGB/*Schubert*, § 181 Rn 16; Bamberger/Roth/ *Habermeier*, BGB, § 181 Rn 13; a.A. Soergel/*Leptien*, BGB, § 181 Rn 21.
126 Für die GmbH s. Scholz/*Seibt*, GmbHG, § 51 Rn 7; Baumbach/Hueck/*Zöllner*/*Noack*, GmbHG, § 51 Rn 7.

Die Ladung bezweckt u.a. den Schutz des mitgliedschaftlichen Rechts eines Gesellschafters auf Teilhabe an Information und Willensbildung, damit dieser nicht überrumpelt werden kann.[127] Dieser Schutz ist nur gewährleistet, wenn auch derjenige gesetzliche Vertreter zu der Gesellschafterversammlung eingeladen wird, der dort das Stimmrecht für den Minderjährigen ausübt. Daher muss auch schon die Einladung zu einer Gesellschafterversammlung gegenüber dem Ergänzungspfleger ausgesprochen werden, wenn dieser statt der ausgeschlossenen Eltern in der Gesellschafterversammlung das Stimmrecht für den Minderjährigen auszuüben hat.

Wird dagegen verstoßen, kann dieser Einberufungsmangel geheilt werden, indem der Ergänzungspfleger gleichwohl an der Gesellschafterversammlung teilnimmt und sein Einverständnis mit der Beschlussfassung erklärt.[128] Andernfalls dürfte ein dennoch gefasster Beschluss nichtig sein.[129]

3. Familiengerichtliche Genehmigung

a) Genehmigungsbedürftigkeit

Gesellschafterbeschlüsse können nach §§ 1643 Abs. 1, 1821, 1822 BGB im Einzelfall genehmigungsbedürftig sein. Insb. wird § 1822 Nr. 3 BGB häufig diskutiert. Auf folgende Maßnahmen und Beschlüsse sei besonders hingewiesen:

Änderung des Gesellschaftsvertrages einer Personengesellschaft:

Ob sie nach § 1822 Nr. 3 BGB (Gesellschaftsvertrag) genehmigungsbedürftig ist, wird unterschiedlich beurteilt.[130] Teilweise wird dies auch dann verneint, wenn die Änderung in Rechte und Pflichten des Minderjährigen eingreift.[131] In diesem Sinne hat der BGH für den Fall des Ausscheidens bzw. des Eintritts eines anderen Gesellschafters entschieden.[132] Vor allem unter Hinweis auf das Schutzbedürfnis des Vertretenen und die Schwierigkeit der Unterscheidung zwischen Änderung und Neuabschluss vertritt allerdings eine starke Gegenansicht in der Literatur, dass die Änderung von Gesellschaftsverträgen einer Personengesellschaft, an der ein Minderjähriger beteiligt ist, stets der Genehmigung nach § 1822 Nr. 3 BGB bedürfe.[133] Zu prüfen ist in jedem Fall, ob die Änderung solcher Gesellschaftsverträge der Genehmigung nach einer anderen Vorschrift bedarf, z.B. nach § 1822 Nr. 10 BGB bei der Um-

---

127 Vgl. Hachenburg/*Hüffer*, GmbHG, § 51 Rn 1; Michalski/*Römermann*, GmbHG, § 51 Rn 4.
128 Vgl. Baumbach/Hueck/*Zöllner/Noack*, GmbHG, § 51 Rn 29 f.; Michalski/*Römermann*, GmbHG, § 51 Rn 103 für die GmbH; Baumbach/Hopt/*Roth*, HGB, § 119 Rn 29 für die Personenhandelsgesellschaften.
129 Vgl. Baumbach/Hueck/*Zöllner/Noack*, GmbHG, § 51 Rn 28.
130 S. dazu ausführlich Hilsmann, Minderjährigenschutz durch das Vormundschaftsgericht bei der Änderung von Gesellschaftsverträgen, S. 80 Rn 31 ff.
131 Staudinger/*Veit*, BGB, § 1822 Rn 94.
132 BGH, NJW 1961, 724 = NJW 1962, 2344; vgl. auch BGH, DB 1968, 932; zust. etwa Staudinger/*Veit*, BGB, § 1822 Rn 68; *Czeghuhn/Dickmann*, FamRZ 2004, 1534, 1537.
133 MüKo-BGB/*Kroll-Ludwigs*, § 1822 Rn 28; Soergel/*Zimmermann*, BGB, § 1822 Rn 26; NK-BGB/ *Fritsche*, § 1822 Rn 20.

wandlung einer Kommanditistenstellung in die eines persönlich haftenden Gesellschafters.[134]

Satzungsänderung bei einer Kapitalgesellschaft:

Bei ihr wird allgemein der Genehmigungstatbestand des § 1822 Nr. 3 BGB (Gesellschaftsvertrag) verneint.[135]

Erteilung einer Prokura:

Sie ist an sich gem. § 1822 Nr. 11 BGB genehmigungsbedürftig. Dies beruht auf den sich an die Erteilung einer Prokura anknüpfenden erheblichen Rechtsfolgen.[136] Allerdings ist anerkannt, dass die Erteilung der Prokura nur dann genehmigungsbedürftig ist, wenn der Mündel selbst Inhaber des Handelsgeschäfts ist, also ein einzelkaufmännisches Unternehmen betreibt, nicht dagegen bei der Erteilung der Prokura für eine Handelsgesellschaft (OHG, KG) bzw. eine GmbH.[137]

Bestellung eines GmbH-Geschäftsführers:

Sie ist nicht in (analoger) Anwendung des § 1822 Nr. 11 BGB genehmigungsbedürftig. Denn der Geschäftsführer vertritt nicht den minderjährigen Gesellschafter selbst, sondern die Gesellschaft (vgl. §§ 35 ff. GmbHG). Das Handeln des Geschäftsführers kann daher auch nicht zu einer (unmittelbaren) Haftung des minderjährigen Gesellschafters, sondern nur der Gesellschaft führen. Aus diesem Grund bietet auch der Schutzzweck des § 1822 Nr. 11 BGB keinen Grund für eine analoge Anwendung dieser Vorschrift.[138]

Umwandlungen:

Beschlüsse über Umwandlungsmaßnahmen nach dem UmwG können im Einzelfall die Genehmigungstatbestände des § 1822 Nr. 3 und 10 BGB auslösen.[139] Aufgrund bestehender Unklarheiten empfiehlt es sich, die Genehmigung in Zweifelsfällen vorsorglich einzuholen.[140]

b) Genehmigungsfähigkeit

Zur Genehmigungsfähigkeit wird auf die vorstehenden Ausführungen verwiesen.

c) Nachträgliche Erteilung der gerichtlichen Genehmigung

Bedarf ein Gesellschafterbeschluss der familiengerichtlichen Genehmigung, kann diese gem. § 1829 BGB auch nachträglich eingeholt werden, wenn es um den Be-

---

134 Staudinger/*Veit*, BGB, § 1822 Rn 95.
135 Scholz/*Priester*, GmbHG, § 53 Rn 104; Baumbach/Hueck/*Zöllner/Noack*, GmbHG, § 53 Rn 81; Lutter/Hommelhoff/*Bayer*, GmbHG, § 53 Rn 9; *Reimann*, DNotZ 1999, 179, 199.
136 Motive IV, S. 1145.
137 KG, OLGE 27, 369 = RJA 12, 237; Palandt/*Götz*, BGB, § 1822 Rn 22; MüKo-BGB/*Kroll-Ludwigs*, § 1822 Rn 68; Soergel/*Zimmermann*, BGB, Vor § 1821 Rn 8, § 1822 Rn 45.
138 Im Ergebnis ebenso OLG Düsseldorf, RNotZ 2006, 68, 69.
139 DNotI (Hrsg.), Gutachten zum Umwandlungsrecht 1996/97, Nr. 4, S. 21, 27 f.; Lutter/*Winter*, UmwG, § 50 Rn 11; *Heckschen*, in: Widmann/Mayer, Umwandlungsrecht, § 13 UmwG Rn 140; *Mayer*, in: Widmann/Mayer, Umwandlungsrecht, § 50 UmwG Rn 39.
140 *Reimann*, DNotZ 1999, 179, 199.

schluss einer Mehrpersonengesellschaft geht. Ein solcher Beschluss ist als mehrseiti-ges Rechtsgeschäft als „Vertrag" i.S.d. § 1829 BGB anzusehen.

Eine nachträgliche gerichtliche Genehmigung ist aber aufgrund von § 1831 Satz 1 BGB problematisch, wenn (ausnahmsweise) der Beschluss eines minderjährigen Al-leingesellschafters genehmigungsbedürftig ist. Ein Verstoß gegen § 1831 Satz 1 BGB führt zur Nichtigkeit des Rechtsgeschäfts. Es kann also nur wiederholt, nicht aber die Unwirksamkeit geheilt werden.[141] Ob indes der Beschluss eines Alleingesellschafters unter § 1831 BGB fällt, ist zweifelhaft. Dagegen spricht der Normzweck. Diese Vor-schrift verlangt eine vorherige Genehmigung, weil der von einem einseitigen Rechts-geschäft betroffene Dritte Klarheit darüber haben muss, ob die Rechtswirkungen ein-treten oder nicht.[142] Da nur eine Kapitalgesellschaft eine Einpersonengesellschaft sein kann und die in Rede stehenden (ausnahmsweise) genehmigungsbedürftigen Be-schlüsse zu ihrer Wirksamkeit der Eintragung im Handelsregister bedürfen (§ 54 Abs. 3 GmbHG), besteht ohnehin ein Schwebezustand, weil diese Eintragung (die Genehmigungsbedürftigkeit unterstellt) erst nach Vorlage der Genehmigung vollzo-gen werden könnte. Auch die Beschlussfassung durch einen vollmachtlosen Vertreter wird i.Ü. bei der Ein-Mann-GmbH trotz § 180 Satz 1 BGB zugelassen.[143]

Hinweis:

Ist ausnahmsweise der Beschluss eines minderjährigen Alleingesellschafters geneh-migungsbedürftig, empfiehlt es sich, mit Blick auf die insoweit ungeklärte Rechts-lage vorsorglich eine vorherige Genehmigung des FamG einzuholen.

II. Veräußerung von Gesellschaftsgrundbesitz

1. Problemstellung

Gem. §§ 1643 Abs. 1, 1821 Abs. 1 Nr. 1 BGB bedarf die Verfügung über ein Grund-stück oder über ein Recht an einem Grundstück der familiengerichtlichen Genehmi-gung. Verfügung ist jede unmittelbare Einwirkung auf ein bestehendes Recht, sei es durch Übertragung, Belastung, Inhaltsänderung oder Aufgabe.[144] Genehmigungsbe-dürftig ist auch der schuldrechtliche Verpflichtungsvertrag (§ 1821 Abs. 1 Nr. 4 BGB).

Nicht selten werden Minderjährige an grundbesitzverwaltenden Gesellschaften be-teiligt, und es stellt sich die Frage, ob bei einer Veräußerung von Gesellschafts-grundbesitz die gerichtliche Genehmigung eingeholt werden muss.

---

141 Palandt/*Götz*, BGB, § 1831 Rn 1.
142 Vgl. MüKo-BGB/*Kroll-Ludwigs*, § 1831 Rn 1.
143 OLG Frankfurt am Main, DNotZ 2003, 459 = GmbHR 2003, 415, 416; zu diesem Ergebnis gelangt man auch dann, wenn man mit Teilen der Lit. den Ein-Mann-Beschluss nicht als einseitiges Rechtsge-schäft i.S.d. allgemeinen Rechtsgeschäftslehre begreift; vgl. Lindemann, Die Beschlussfassung in der Ein-Mann-GmbH, 1996, S. 143 ff., 212 f.
144 Soergel/*Zimmermann*, BGB, § 1821 Rn 3; Palandt/*Götz*, BGB, § 1821 Rn 10.

2. Veräußerung durch eine Kapitalgesellschaft oder eine Personenhandelsgesellschaft

Der Genehmigungstatbestand des § 1821 BGB greift nur dann ein, wenn sich der Geschäftsgegenstand auf das Vermögen des Minderjährigen bezieht. Bei Verfügungen ist Voraussetzung, dass der Verfügungsgegenstand dem Vermögen des Minderjährigen angehört. Ausreichend ist hier auch eine Bruchteils- oder Gesamthandsbeteiligung des Minderjährigen.[145] Etwas anderes gilt, wenn vertretungsberechtigte Organe einer juristischen Person, an der der Vertretene beteiligt ist, Rechtsgeschäfte im Namen der juristischen Person abschließen. Hier wird nicht für den Minderjährigen, sondern für ein anderes Rechtssubjekt (e.V., AG, GmbH) gehandelt. Dies gilt selbst dann, wenn der Minderjährige Alleingesellschafter der juristischen Person ist.[146]

In Rechtsprechung und Literatur ist anerkannt, dass es darüber hinaus an einem Bezug zum Mündelvermögen auch dann fehlt, wenn das Rechtsgeschäft das Vermögen einer Personenhandelsgesellschaft (OHG und KG) betrifft, an welcher der Minderjährige beteiligt ist, also nicht das Vermögen einer juristischen Person betroffen ist.[147] Begründet wird dies z.T. mit

- der familiengerichtlichen Kontrolle über den Abschluss des Gesellschaftsvertrages gem. § 1822 Nr. 3 BGB,[148]

- dem Gedanken der Teilrechtsfähigkeit dieser Gesellschaften[149] oder

- der Erwägung, dass sonst dem Familienrichter in weitem Umfang die Entscheidung kaufmännischer Zweckmäßigkeitsfragen bei der Führung des Gesellschaftsunternehmens aufgebürdet würde, was als praktisch untragbar empfunden wird.[150]

3. Veräußerung durch eine GbR

Umstritten ist die Genehmigungsbedürftigkeit gem. § 1821 Abs. 1 Nr. 1 BGB, wenn es um eine Verfügung über den Grundbesitz einer GbR geht, an welcher ein Minderjähriger beteiligt ist.

Das OLG Hamburg hat bereits im Jahr 1957[151] entschieden, dass die Rechtsprechung zu den Personenhandelsgesellschaften auch auf die GbR übertragbar sei, wenn diese ein Erwerbsgeschäft betreibe, nicht dagegen, wenn es sich bei der GbR um eine bloße Vermögensverwaltungsgesellschaft handele. Begründet wurde dies im Wesentlichen damit, dass bei Erwerbsgesellschaften eine vormundschaftsgerichtliche (heute: familiengerichtliche) Kontrolle der Gründung unter Beteiligung des Minderjährigen

---

145 MüKo-BGB/*Kroll-Ludwigs*, § 1821 Rn 7; Soergel/*Zimmermann*, BGB, Vor § 1821 Rn 7; Palandt/*Götz*, BGB, § 1821 Rn 7.
146 RGZ 133, 7, 10 f.; MüKo-BGB/*Kroll-Ludwigs*, § 1821 Rn 8; Soergel/*Zimmermann*, BGB, Vor § 1821 Rn 8.
147 RGZ 125, 380; BGH, NJW 1971, 375; Soergel/*Zimmermann*, BGB, Vor § 1821 Rn 8; MüKo-BGB/ *Kroll-Ludwigs*, § 1821 Rn 9; Palandt/*Götz*, BGB, § 1821 BGB Rn 7.
148 *Klüsener*, Rpfleger 1981, 461, 464.
149 RGZ 54, 278.
150 BGH, NJW 1971, 375.
151 FamRZ 1958, 333, 334.

bzw. des Beitritts des Minderjährigen gem. § 1822 Nr. 3 BGB gewährleistet sei, nicht aber bei bloßen Vermögensverwaltungsgesellschaften.[152]

Nach Ansicht des OLG Schleswig sind die für Personenhandelsgesellschaften angestellten Erwägungen für eine GbR zumindest dann einschlägig, wenn sie als Erwerbsgesellschaft betrieben wird.[153]

Für rein vermögensverwaltende GbRs haben das OLG Koblenz[154] und das OLG Nürnberg[155] indes entschieden, dass die Veräußerung von Grundstücken durch die GbR selbst dann der familiengerichtlichen Genehmigung gem. § 1821 Abs. 1 Nr. 1 und 4 BGB bedürfe, wenn der Beitritt des Minderjährigen zu der Gesellschaft bereits gerichtlich genehmigt worden war. Das OLG Koblenz hat maßgeblich darauf abgestellt, dass – auch aufgrund besonderer Satzungsbestimmungen (die Umschichtung von Vermögenswerten sollte ggü. der Fruchtziehung nur im konkreten Einzelfall und ausnahmsweise stattfinden; in der Präambel des Gesellschaftsvertrages wurde der Wunsch geäußert, das Vermögen solle möglichst zusammenbleiben) – „die Prüfung bei der Genehmigung des Beitritts zur Gesellschaft (...) gerade nicht die mögliche Veräußerung von Teilen des Gesellschaftsvermögens durch den Geschäftsführungsbevollmächtigten (umfasste)."

Auch in der Literatur wird die Rechtslage uneinheitlich beurteilt. Vereinzelt wird noch für die Verfügung über ein Grundstück einer GbR, an der ein Minderjähriger beteiligt ist, stets und ohne Einschränkung die familiengerichtliche Genehmigung gefordert.[156] Mit Blick auf die durch den BGH nunmehr anerkannte grundsätzliche Rechtsfähigkeit der Außen-GbR wird dagegen teilweise vertreten, Verfügungen über das Vermögen einer Außen-GbR seien ebenso zu behandeln wie Verfügungen über das Vermögen juristischer Personen und seien daher schlechthin nicht genehmigungsbedürftig, und zwar unabhängig davon, ob die GbR ein Erwerbsgeschäft betreibe oder lediglich vermögensverwaltend tätig sei.[157] Die wohl überwiegende Auffassung in der Literatur stellt hingegen darauf ab, ob die GbR ein Erwerbsgeschäft i.S.d. § 1822 Nr. 3 BGB betreibt und der Beitritt des Minderjährigen zu der Gesellschaft daher nach dieser Vorschrift genehmigungsbedürftig war.[158]

Aufgrund der immer stärkeren Angleichung der GbR an die Personenhandelsgesellschaften überzeugt es nicht, die Veräußerung von Gesellschaftsgrundbesitz einer GbR stets dem Genehmigungstatbestand des § 1821 Abs. 1 Nr. 1 BGB zu unterwerfen. Aus Gründen des Minderjährigenschutzes spricht andererseits viel dafür, dass eine solche Verfügung nach dieser Vorschrift genehmigungsbedürftig ist, wenn es sich um eine rein vermögensverwaltende Gesellschaft handelt und der Beitritt des

---

152 In diese Richtung auch LG Aschaffenburg, MittBayNot 1973, 377 und LG Wuppertal, NJW-RR 1995, 152.
153 OLG Schleswig, DNotZ 2002, 551 = FamRZ 2003, 55 = NotBZ 2002, 108 m. Anm. *Schreiber*.
154 NJW 2003, 1401 = FamRZ 2003, 249 = FamRB 2003, 122.
155 NJW 2013, 82 = DNotZ 2013, 33 = FGPrax 2012, 254.
156 Soergel/*Zimmermann*, BGB, Vor § 1821 Rn 8.
157 *Dümig*, FamRZ 2003, 1, 2 f.; *Wertenbruch*, NJW 2015, 2150 unter der Prämisse, dass schon der Beitritt eines Minderjährigen stets nach § 1822 Nr. 3 oder Nr. 10 BGB genehmigungsbedürftig ist.
158 MüKo-BGB/*Kroll-Ludwigs*, § 1821 Rn 9 Fn 18; *Lautner*, MittBayNot 2002, 256, 258 ff.; *Schreiber*, NotBZ 2002, 109, 110.

Minderjährigen (deshalb) nicht gerichtlich genehmigt wurde. Andernfalls könnte jede gerichtliche Kontrolle durch die Zwischenschaltung einer Gesellschaft ohne Weiteres umgangen werden. Dem Minderjährigenschutz ist aber Genüge getan, wenn schon der Beitritt des Minderjährigen zu der Gesellschaft nach § 1822 Nr. 3 oder Nr. 10 BGB genehmigt wurde, und zwar – entgegen der Meinung des OLG Koblenz – ohne Rücksicht darauf, ob die Gesellschaft tatsächlich (noch) ein Erwerbsgeschäft im Sinne dieser Vorschrift betreibt. Einer weiteren Genehmigung der Grundstücksveräußerung durch die Gesellschaft bedarf es dann nicht.

Hinweis:

Für die Praxis empfiehlt es sich, mit Rücksicht auf die Rechtsprechung des OLG Koblenz und des OLG Nürnberg, in den nach § 1822 Nr. 3 BGB zu genehmigenden Gesellschaftsvertrag ausdrücklich eine Regelung aufzunehmen, wonach die Veräußerung von Gesellschaftsgrundbesitz von der Geschäftsführungs- und Vertretungsbefugnis der geschäftsführenden Gesellschafter umfasst wird, da dann für derartige Veräußerungen eine gesonderte gerichtliche Genehmigung nicht mehr erforderlich ist.

Zwischenbilanz zum VersAusglG in der notariellen Praxis
Neun Jahre nach der Reform – Beobachtungen aus der Sicht eines Notars[1]

Notar Dr. Wolfgang Reetz, Köln

Gliederung

---

[1] Vorliegend handelt es sich um die erweiterte schriftliche Fassung eines Vortrages vor den Teilnehmern des Wissenschaftliches Symposium zum Familienrecht der Notarrechtlichen Vereinigung in Würzburg vom 8. Juni 2018.

6. Versorgungsausgleich in der „Inhaltskontrolle" – Amtsermittlung?
    a) Prüfungspflicht des Familiengerichts
    b) Kernbereich
    c) Versorgungsausgleich in der Wirksamkeitskontrolle
    d) Versorgungsausgleich in der Ausübungskontrolle
7. Auswahl von höchst- und obergerichtlichen Entscheidungen mit Bezug zu
    Vereinbarungen

1. Ausgangslage: Reform des Versorgungsausgleichs im Jahr 2009

Seit nunmehr beinahe neun Jahren gilt das Versorgungsausgleichsrecht nach dem
VersAusglG.[2] Dabei steht die realisierte Reform nicht etwa für eine Fortschreibung
und Nachbesserung des bis zum 1. September 2009 geltenden Systems, sondern für
einen Systemwechsel. Dieser Systemwechsel wird sicherlich am nachdrücklichsten
durch die Einführung des „Hin- und Herausgleichs", das Verlassen des Systems des
Einmalausgleichs in eine Richtung, den Abschied von der rechnerischen „Vergleich-
barmachung" (Stichwort: Barwert-Verordnung) aller Anrechte und die Konzentration
auf die Realteilung gekennzeichnet. Nicht vergessen werden darf indes, dass auch die
Stärkung von **Vereinbarungen über den Versorgungsausgleich** und damit einher-
gehend die Stärkung der **notariellen Beratung- und Gestaltungsfunktion** ein we-
sentliches Regelungsziel der Reform darstellt.

Im Folgenden sollen zumindest einige – sehr willkürlich ausgewählte – Aspekte aus
der Sicht der notariellen Praxis angesprochen werden.

Um das Ergebnis vorweg zu nehmen, aus meiner Sicht ist die **Reform gelungen**; sie
hat die Vereinbarungskultur im Versorgungsausgleich gestärkt und zu einer Vielzahl
neuer Gestaltungen, aber auch zu Neubewertungen bekannter Probleme geführt:

2. Ausgangslage: Stellung von Vereinbarungen nach dem VersAusglG (§§ 6 bis 8 VersAusglG)

a) Förderung der Vereinbarungsfreiheit

Für alle Arten vertraglicher Vereinbarungen über den Versorgungsausgleich, die bis
zum Eintritt der Rechtskraft der familiengerichtlichen Entscheidung über den Wertausgleich getroffen werden, ergibt sich seit dem 1. September 2009 die Befugnis zur
Modifikation bis hin zum gänzlichen Ausschluss des Versorgungsausgleichs, also die

---

2   Gesetz zur Strukturreform des Versorgungsausgleichs (VAStrRefG) v. 3.4.2009 (BGBl. 2009 I S. 700).

einfachgesetzlich garantierte **Vereinbarungsfreiheit der Ehegatten**, aus § 6 Abs. 1 S. 1 VersAusglG.[3] Im Verhältnis zu seinen Vorgängervorschriften (§ 1408 Abs. 2 BGB aF, § 1587a BGB aF) fördert und privilegiert das **VersAusglG** privatautonome Vereinbarungen und **erweitert die Dispositionsbefugnis** der Ehegatten; Vereinbarungen zum Versorgungsausgleich sind „**grundsätzlich erwünscht**".[4] Förderung und Erweiterung privatautonomer Vereinbarungen sind dabei ein zentrales Anliegen der Reform aus dem Jahre 2009;[5] dies ist in streitigen Konstellationen **bei der Auslegung** von Normen des VersAusglG **zu berücksichtigen**. Nicht zu Unrecht heißt es: „Der Versorgungsausgleich fördert Vereinbarungen, er empfindet sie nicht mehr, wie bisher, als eher störenden Eingriff".[6] Die Ehegatten sollen den Wertausgleich durch Vereinbarung möglichst selbst regeln.[7]

Der **Bedeutungswandel von Ehegattenvereinbarungen** wird durch die **gerichtliche Bindung** nach § 6 Abs. 2 VersAusglG unterstrichen. Das VersAusglG will das bis dahin faktisch geltende Monopol der Gerichte zum Abschluss scheidungsbezogener Vereinbarungen über den Versorgungsausgleich durchbrechen.[8]

Dabei bildet die „neu gewonnene" Gestaltungsfreiheit den sachgerechten Ausgleich für die nach wie vor deutliche Orientierung des Gesetzgebers am Leitbild der „**Ein- oder Alleinverdienerehe**"[9] (früher gelegentlich als „Hausfrauenehe" bezeichnet), die der sozialen Wirklichkeit zunehmend weniger entspricht.[10] Zutreffend formuliert der BGH, dass in einer gelebten, **partnerschaftlichen Doppelverdienerehe** die Eheleute die Unzulässigkeit oder auch nur das Erschweren einer von ihnen gewünschten Ausschlussvereinbarung und eine ihrem frei gebildeten Vertragswillen widersprechende Zwangsteilhabe an den Anrechten des wirtschaftlich erfolgreicheren Ehegatten als staatliche Bevormundung empfinden müssten.[11]

---

3   Wick FuR 2010, 376; Langenfeld Eheverträge-HdB, 6. Aufl. 2011, Rn. 585; NK-BGB/Götsche § 6 Rn. 1.

4   Vgl. BT-Drs. 16/10144, 51; OLG Schleswig (2. Senat) FamRZ 2013, 887 = BeckRS 2012, 23385; BeckFormB BHW/Brambring, 10. Aufl. 2009, Form. VersAusglG V 23.1; Brambring EheV und Vermögenszuordnung Rn. 88; Langenfeld Eheverträge-HdB, 6. Aufl. 2011, Rn. 586; s. auch Hahne FamRZ 2009, 2041; Eichenhofer NotBZ 2009, 339 (341); Weil/Voucko-Glockner NZFam 2015, 406; Wick FuR 2010, 376; Wick Der Versorgungsausgleich Rn. 755; Erman/Norpoth/Sasse vor § 6 VersAusglG Rn. 2; Johannsen/Henrich/Hahne § 7 Rn. 10.

5   Hahne FamRZ 2009, 2041; Langenfeld FPR 2009, 497 (498); Rakete-Dombek NJW 2010, 1313 (1316); MüKoBGB/Dörr § 9 Rn. 5; Kemper, Versorgungsausgleich, 2017, § 7 Rn. 2 ff. ff.; NK-BGB/Götsche § 6 Rn. 2; Borth Versorgungsausgleich § 6 Rn. 906.

6   Schmid/Eulering FamRZ 2009, 1269; s. auch NK-BGB/Götsche § 6 Rn. 1, der anmerkt: „die Ehegatten sollen nicht gesetzlich gezwungen sein, einen Versorgungsausgleich durchzuführen".

7   Wick FuR 2010, 301 mwN; Wick Der Versorgungsausgleich Rn. 753; zusf. Reetz, NotarFormulare Versorgungsausgleich, 2013, § 8 Rn. 1 ff.

8   So zu Recht Eichenhofer in Schriften zum Notarrecht 13, 153 (163).

9   Den Begriff „Alleinverdienerehe" verwendet BGH NJW 2014, 1101 = FamRZ 2014, 629.

10   Ausf. und weiterhin gültig Gruntkowski MittRhNotK 1993, 1 (10); s. zudem Staudinger/Rehme, 2007, BGB § 1408 Rn. 43; MüKoBGB/Kanzleiter BGB § 1408 Rn. 18; Langenfeld Eheverträge-HdB, 6. Aufl. 2011, Rn. 579; Reetz, NotarFormulare Versorgungsausgleich, 2013, § 8 Rn. 4.

11   So ausdrücklich BGH NJW 2014, 1101 = FamRZ 2014, 629 unter Verweis auf Langenfeld Eheverträge-HdB, 6. Aufl. 2011, Rn. 651.

Der **Bedeutungswandel von Ehegattenvereinbarungen** ergibt sich zudem aus der keineswegs zufällig gewählten **Stellung der §§ 6–8** im Regelungszusammenhang des VersAusglG. Die gesetzlichen Regelungen zu Vereinbarungen sind bewusst in den Bereich des Wertausgleichs eingegliedert, und systematisch den Regelungen zum Wertausgleich bei Scheidung (§§ 9–19, 28 VersAusglG) vorangestellt.[12]

Signifikanter Ausdruck der Hinwendung zur Vereinbarung über den Versorgungsausgleich ist sicherlich die Einführung von **Regelbeispielen** in den gesetzlichen Normbestand. Dabei benennt § 6 S. 2 Nrn. 1–3 VersAusglG tatsächlich vertragliche Vereinbarungsvarianten, die bereits vor Inkrafttreten des VersAusglG der geübten Gestaltungspraxis entsprachen und von Rspr. und Lit. grundsätzlich anerkannt waren.[13] Das VersAusglG sichert somit den zum 1.9.2009 bestehenden Gestaltungsspielraum im „neuen" Recht" für die Zukunft ab.[14] Die Regelbeispiele stellen indes keinen abschließenden Gestaltungskatalog auf („insbesondere").[15]

Aus dem Gesetzeswortlaut „ganz oder teilweise" lässt sich zudem ableiten, dass auch Vereinbarungen zu abweichenden Regelungen von einem Gesamtausgleich grundsätzlich zulässig sind,[16] also beispielsweise das **Nebeneinander gänzlichen und/ oder teilweisen Ausschlusses einzelner Anrechte** bei gleichzeitiger Beibehaltung der gesetzlichen Teilungsregeln für andere Anrechte der Ehegatten.[17] Überhaupt ergeben sich bereits aus dem **Systemwechsel zum Hin- und Her-Ausgleich** und zur **Realteilung** jedes einzelnen Anrechts Gestaltungsmöglichkeiten, die nach dem **System des Einmalausgleichs** in eine Richtung nicht möglich oder in ihren Wirkungen nicht abschätzbar waren.[18]

b) Übersicht zu Vereinbarungsmöglichkeiten zum Versorgungsausgleich

Aus dem Grundsatz der **Vereinbarungsfreiheit** nach § 6 Abs. 1 S. 1 VersAusglG und der **offenen Konstruktion der Regelbeispiele** des § 6 Abs. 1 S. 2 VersAusglG ergeben sich eine Vielzahl (praktizierter) Vereinbarungstypen und Gestaltungen, die im Folgenden stichwortartig – und natürlich nicht abschließend – benannt sein sollen:

- **Totalausschluss** (gegenseitig oder einseitig; unter Bedingung, Befristung oder Rücktrittsvorbehalt; mit und ohne vollständige oder unvollständige Kompensation),

---

12 Eing. Borth Versorgungsausgleich Rn. 542 f. und Rn. 906; ebenso Hauß/Bührer Versorgungsausgleich Rn. 252; Wick FuR 2010, 301; Wick Der Versorgungsausgleich Rn. 753; Erman/Norpoth/Sasse vor § 6 Rn. 2; NK-BGB/Götsche § 6 Rn. 1.

13 Vgl. BeckOK BGB/Bergmann § 6 Rn. 4.

14 Wick FPR 2009, 219 (220); Wick FuR 2010, 376.

15 BeckOK BGB/Bergmann § 6 Rn. 3; NK-BGB/Götsche § 6 Rn. 18; Kemper, Versorgungsausgleich, 2017, § 7 Rn. 12 f.; Hauß/Bührer Versorgungsausgleich Rn. 267; Weil/Voucko-Glockner NZFam 2015, 406 (407); ähnl. auch Hahne FamRZ 2009, 2041 (2042).

16 Vgl. NK-BGB/Götsche § 6 Rn. 18.

17 S. bspw. Borth Versorgungsausgleich, 6. Aufl. 2012, Rn. 921; Müller, Beratung und Vertragsgestaltung im Familienrecht, 3. Aufl. 2011, Teil 3 Rn. 798 hält offenbar nur Teilausschlüsse für zulässig.

18 Ebenso BeckOK BGB/Bergmann § 7 Rn. 3; Hauß/Bührer Versorgungsausgleich Rn. 258 ff.

- **Totalausschluss bei kurzer Ehedauer** (über 3 Jahre hinaus [§ 3 Abs. 3 VersAusglG]),
- **Teilausschluss** – verschiedene Modifikationen, z.B.:
  - Herausnahme einer oder einzelner Anrechte,
  - Herausnahme einer oder einzelner Versorgungsarten,
  - Begrenzung des Wertausgleichs einzelner oder aller Anrechte,
- Abänderung der **Ausgleichsquote** (niedriger),
- Ausgleich beschränkt auf „**ehebedingte** (Versorgungs-)**Nachteile**"
- Veränderung des **Ausgleichszeitraums** (z.B. „fiktives Ehezeitende"),
- **Saldierungsvereinbarungen** (= Verrechnungsvereinbarung, auch außerhalb des § 10 Abs. 2 VersAusglG) mit oder ohne „Überschussausgleich",
- wertmäßige Einbeziehung nicht ausgleichsreifer Anrechte,
- Arten von **Kompensationen, Abfindungen, Gegenleistungen** (Beispiele),
  - wertäquivalente oder wertdifferente Gegenleistung,
  - frei disponierbare Gegenleistung,
  - versorgungsgeeignete Gegenleistung,
  - Beitragsleistung in eine Versorgung,
  - modifizierter nachehelicher Unterhalt (wenig geeignet),
  - Zugewinnausgleichsforderung,
  - Freistellung von Verbindlichkeiten,
  - Gesamtschuldnerausgleich,
  - (teilweise) Einbeziehung in die Vermögensregelung,
- Vereinbarung zur **Bewertung,**
- limitierte Vereinbarung der oder inhaltlich zur „**externen Teilung**",
- **Bedingungen, Befristungen, Rücktrittsvorbehalte** für alle Konstellationen,
- Vorbehalt des **schuldrechtlichen Ausgleichs,**
- inhaltliche Gestaltung des **schuldrechtlichen Ausgleichs,**
- Vermeidung des **schuldrechtlichen Ausgleichs.**

3. (Korrespondierender) Kapitalwert als „Währungseinheit" in Vereinbarungen

a) Ausgangslage

Eine beachtliche Neuerung des VersAusglG bilden – auch für die Kautelarpraxis – die Kapitalwertangaben der Versorgungsträger.

Gerade bei Vereinbarungen nach § 6 Abs. 1 S. 2 Nr. 1 VersAusglG („Vermögensregelung") oder bei Ausschlussvereinbarungen gegen Kompensation nach § 6 Abs. 1 S. 2 Nr. 2 VersAusglG werden die Ehegatten die **nominalen Angaben der Versorgungsträger** zum „Kapitalwert" oder zum „korrespondierenden Kapitalwert" von Anrechten nach **§ 5 Abs. 3, § 47 Abs. 2 („Einkaufswert" oder „Beitrittswert")** mit dem Verkehrswert von Vermögenswerten, die gerade nicht dem Versorgungsausgleich und seinen Bewertungsvorgaben unterfallen, „verrechnen".[19] In Gesamt- oder Verrechnungsvereinbarungen werden zudem die Ausgleichswerte „nicht gleichartiger Anrechte" nach § 2 VersAusglG gegeneinander saldiert. Dabei sollen die Eheleute nach der gesetzgeberischen Intention und unter Beachtung des Grundsatzes der Transparenz ihre eigenen Altersvorsorge-Anrechte in der verständlichen Währung „Geld", also über Kapitalwertangeben, erfassen können.

Bei all diesen „Verrechnungen" auf der Basis der Kapitalwertangaben können **Fehlvorstellungen der Ehegatten**

- zur Aussagekraft nominaler Wertangaben von Anrechten nach § 2 VersAusglG und

- zur Parität bzw. Äquivalenz bei der Verwendung als Verrechnungsposten

bedeutsam sein.[20]

Selbst „geprüfte Kapitalwertangaben" sind nicht ohne wichtige **Vorbehalte** verwendbar. Diese Vorbehalte gelten insbesondere dann, wenn durch vertragliche Abreden nicht lediglich Vergleiche oder Verrechnungen von Ausgleichswerten bei „Anrechten gleicher Art" vorgenommen werden.[21]

b) Tauglichkeit von Angaben zum „korrespondierenden Kapitalwert"

Bereits § 47 Abs. 1 VersAusglG enthält einen wichtigen, relativierenden „**Warnhinweis**".[22] Danach ist der „korrespondierende Kapitalwert" lediglich eine **Hilfsgröße**[23] für Fälle, in denen der Ausgleichswert nicht bereits als Kapitalwert dargestellt ist. Mit diesem Warnhinweis in § 47 Abs. 1 VersAusglG stellt bereits der Gesetzes-

---

19 BT-Drs. 16/10144, 52; Wick FuR 2010, 376 (377); zusf. Weil/Voucko-Glockner NZFam 2015, 406 (407 f.); Hauß/Eulering, Versorgungsausgleich und Verfahren in der Praxis, 2009, Rn. 704; Münch Ehebezogene Rechtsgeschäfte, 3. Aufl. 2010, Rn. 3006 und Rn. 3013; Kemper, Versorgungsausgleich in der Praxis, 2011, Kap. VII Rn. 14; ebenso BeckOK BGB/Bergmann § 7 Rn. 5; NK-BGB/Götsche § 6 Rn. 23, während in § 47 Rn. 28 nur eine Wertermittlung auf der Basis des § 47 Abs. 6 für zulässig erachtet wird.

20 Vgl. Norpoth FamRB 2009, 288 (290); Erman/Norpoth/Sasse Rn. 6; krit. auch Borth Versorgungsausgleich, 6. Aufl. 2012, Rn. 184; Hauß/Eulering, Versorgungsausgleich und Verfahren in der Praxis, 2009, Rn. 707 ff.

21 Zum Begriff „Anrechte gleicher Art" BGH FamRZ 2012, 192 = NJW-RR 2012, 193; BGH FamRZ 2012, 277 = NJW-RR 2012, 194.

22 Vgl. zB MüKoBGB/Dörr/Scholer § 47 Rn. 5; BeckFormB FamR/Bergschneider/Weil Form. K.I.2. Anm. 2; Reißig, Praxishandbuch Versorgungsausgleich, 2009, Rn. 164 spricht von „Anwendung mit Bedacht"; s. insoweit auch BT-Drs. 16/11903, 111.

23 Vgl. Weil/Voucko-Glockner NZFam 2015, 406 (407); zur Entstehung und Bedeutung des Begriffs der „Hilfsgröße" MüKoBGB/Dörr/Scholer § 47 Rn. 5.

wortlaut klar, dass der korrespondierende Kapitalwert nicht geeignet ist, den **„wahren Wert" einer Versorgung** abzubilden. Dabei wird der gesetzliche „Warnhinweis" durch **§ 47 Abs. 6 VersAusglG** verstärkt.

Der „Einkaufs- oder Beitrittswert" nach § 47 Abs. 2 VersAusglG erfasst den tatsächlichen Wert eines Anrechts regelmäßig nicht, insbesondere nicht unter Berücksichtigung **wertbildender Faktoren** (vgl. § 47 Abs. 6 VersAusglG).[24] Unter anderem aus diesem Grund wird die Geeignetheit des „korrespondierenden Kapitalwerts" als Vergleichsmaßstab und zur Verwendung bei Vereinbarungen der Ehegatten grundsätzlich in Frage gestellt.[25] Unzutreffend ist allerdings die Schlussfolgerung, dass eine Vereinbarung nach § 6 Abs. 1 S. 2 VersAusglG über „Anrechte verschiedener Art" (zB in einer „Verrechnungsvereinbarung") von vornherein unzulässig sei.[26] Eine derart restriktive Auffassung entspricht zudem nicht der gerichtlichen Praxis iRd vergleichbaren Problematik bei (verrechnenden) **Beschränkungen des Versorgungsausgleichs nach § 27 VersAusglG.**[27]

Auch ansonsten gibt das VersAusglG für eine derart restriktive Handhabung keine Grundlage. Die Ehegatten haben vielmehr ein **Wahlrecht** zwischen den verschiedenen Methoden zur Bildung von Vergleichswerten als Grundlage ihrer Vereinbarungen; es steht ihnen frei, lediglich den mitgeteilten „Einkaufs- oder Beitrittswert" nach § 47 Abs. 2 zu verwenden.[28] Eine von den Mitteilungen der Versorgungträger abweichende Bewertung von Anrechten wird zudem regelmäßig das **Ergebnis externer Begutachtung** sein müssen.

Auch wenn berechtigte Bedenken gegen die Verwendung von Kapitalwertangaben der Versorgungträger nach § 5 Abs. 3 VersAusglG verbleiben, bleibt zu berücksichtigen, dass die durch das VersAusglG eingeführte Pflicht zur Mitteilung von ehezeitbezogenen Kapitalwerten gerade auch dem Zweck der **Erleichterung von Ehegattenvereinbarungen** dienen soll. Der Gesetzgeber hat die Unzulänglichkeiten zugunsten der Wiedergewinnung von Dispositionsfreiheit der Ehegatten in Kauf genommen und Wertangaben auf der Basis des § 47 Abs. 2 VersAusglG grundsätzlich genügen lassen.[29] Die Unzulänglichkeit der Kapitalwertangaben führt daher nicht zur Nichtanwendbarkeit, sondern zu **Hinweisen und Belehrungen** durch den beurkundenden Notar.

---

24 **Wertbildende Faktoren** nach § 47 Abs. 6 VersAusglG sind: Umlage, Beitrag (= Finanzierungsverfahren des Versorgungträgers), statische Rente, Anpassung wie gesetzliche Rentenversicherung, Erhöhung in der Leistungsphase, Erhöhung in der Anwartschaftsphase (= Dynamik), Dauer der Versorgungsleistung, Alter und Geschlecht des Ausgleichspflichtigen (= biometrische Rechnungsgrundlagen), isolierte Rente, Invaliditäts- und Hinterbliebenenversorgung (= Leistungsspektrum), (Teil-)Kapitalisierungsrechte, Insolvenzschutz etc.

25 S. etwa die Diskussion im Rahmen des § 14 Abs. 4: Hauß/Bührer Versorgungsausgleich Rn. 999; Glockner/Hoenes/Weil Versorgungsausgleich § 3 Rn. 64 f.

26 Vgl. NK-BGB/Götsche § 47 Rn. 28; NK-BGB/Götsche § 8 Rn. 8; iErg wohl anders BGH NJW 2016, 1166 = FamRZ 2015, 697 = NZFam 2016, 364 mAnm Voucko-Glockner.

27 Vgl. hierzu BGH NJW 2016, 1166 = FamRZ 2015, 697.

28 So auch iErg Wick FuR 2010, 376 (377); ebenso Hahne FamRZ 2009, 2041 (2042); Johannsen/Henrich/Hahne § 47 Rn. 11; Reetz, NotarFormulare Versorgungsausgleich, 2013, Rn. 64; ähnl. Glockner/Hoenes/Weil Versorgungsausgleich § 3 Rn. 50 („offenbar den Parteien freigestellt").

29 So zutr. Weil/Voucko-Glockner NZFam 2015, 406 (407); MüKoVersAusglG/Dörr/Glockner § 47 Rn. 3; Borth Versorgungsausgleich Rn. 195, 915; Wick FuR 2010, 376 (377).

c) Sonstige Schwächen der Nominalwerte?

Bei der Einbeziehung von **Gegen- und Kompensationsleistungen** in Vereinbarungen nach § 6 Abs. 1 S. 2 VersAusglG, die als solche nicht dem Versorgungsausgleich unterliegen (zB Zugewinnausgleichsforderungen, Immobilien, bare Geldzahlungen etc), sind neben den Mängeln der Kapitalwertangaben von Versorgungsträgern, Gesichtspunkte der Parität zu beachten. Die Bewertung von Vermögenspositionen, die keine Anrechte iSd § 2 VersAusglG sind, erfolgt nach Maßstäben, die gänzlich außerhalb des VersAusglG liegen. Ein „Störungsrisiko" kann in diesem Zusammenhang kaum vermieden werden.

Äquivalenzgesichtspunkte sind etwa berührt, wenn die mitgeteilten Ausgleichswerte von Anrechten (§ 5 Abs. 3, § 47 Abs. 2–6 VersAusglG) mit den Nominalwerten anderer Vermögensgegenstände (zB dem „Verkehrswert") schlicht gleichgesetzt werden. Während es sich bei den Ausgleichswerten nach dem VersAusglG regelmäßig um **„Bruttowerte"** handelt, sind die Gegenleistungen **„Nettowerte".**[30] (Renten-) Leistungen aus Versorgungen unterliegen ab dem Zeitpunkt des tatsächlichen Bezugs zunehmend der **„nachgelagerten Besteuerung".** Dies führt zur Besteuerung in der Leistungsphase mit dem sodann maßgebenden, persönlichen Steuersatz und in Abhängigkeit von der jeweils gewährten Versorgung. Zudem unterfallen (Renten-) Leistungen ggf. der **Sozialversicherungspflicht im Bereich der Kranken- und Pflegeversicherung.**

Bei einer Verrechnung der Ausgleichswerte mit sonstigen Vermögenswerten (Immobilie, Zugewinnausgleichsforderung etc) auf der Basis der Nominalangaben (= Regelbeispiel nach § 6 Abs. 1 S. 2 Nr. 1 VersAusglG), kann demnach die ausgleichspflichtige Person nach dem VersAusglG benachteiligt sein. Die Gegenleistung „Vermögenswert" ist nämlich regelmäßig steuerfrei, also ein „Nettowert" (zB die Zugewinnausgleichsforderung nach § 1378 Abs. 1 BGB, § 5 Abs. 2 ErbStG).[31] Es besteht demnach bereits aus diesem Gesichtspunkt grundsätzlich „keine Parität der Nominalwerte".[32] Hierüber sollten sich die Ehegatten im Klaren sein; ein durchschlagendes Argument gegen die Verwendung der Kapitalangaben von Versorgungträgern ist die Äquivalentbetrachtung indes nicht.

---

30   Vgl. NK-BGB/Götsche § 6 Rn. 23 aE; Erman/Norpoth/Sasse Rn. 3; Kemper, Versorgungsausgleich in der Praxis, 2011, Kap. VII Rn. 15; Kemper ZFE 2011, 179 (180); Schramm NJW-Spezial 2009, 292; Bredthauer FPR 2009, 500 f.; Glockner/Hoenes/Weil Versorgungsausgleich § 9 Rn. 11; Hoenes in Grandel FamR Stichwort Nr. 201 Rn. 2; Wick Der Versorgungsausgleich Rn. 768; Hauß/Bührer Versorgungsausgleich Rn. 265; zusf. Reetz, NotarFormulare Versorgungsausgleich, 2013, § 9 Rn. 9.

31   Zusf. Glockner/Hoenes/Weil Versorgungsausgleich § 9 Rn. 11; Hoenes in Grandel FamR Stichwort Nr. 201 Rn. 2, die zu Recht darauf hinweist, dass solche Äquivalenzstörungen auch bei Abfindungen nach § 23 f. zu beachten sind.

32   So die plastische Darstellung bei HK-FamR/Hauß Rn. 15; ebenso Hauß/Bührer Versorgungsausgleich Rn. 265.

4. „Alte Themen" aus dem Versorgungsausgleich im Lichte des VersAusglG

Themen, die ggfs. einer vertraglichen Regelung der Ehegatten bedürfen, sind auch nach dem Inkrafttreten des VersAusglG bestehen geblieben; hier ein kleiner Ausschnitt:

a) Erwerb von Anrechten „mit Hilfe des Vermögens"

aa) Ausgangslage

Nach § 2 Abs. 2 Nr. 1 VersAusglG (s. bereits § 1587 Abs. 1 BGB aF) sind ua solche Anrechte ausgleichspflichtig, die in der Ehezeit **„mit Hilfe des Vermögens"** geschaffen oder aufrechterhalten werden.[33] Die **Mittelherkunft** ist dabei versorgungsausgleichsrechtlich **unbeachtlich.**[34] Zwar beruht Teilhabelegitimation im VersAusglG ebenfalls auf dem Gedanken, dass ein Anrechteerwerb aus einer gemeinsamen Lebensleistung der Ehegatten als eine Variante des „ehebedingten Erwerbs" herrührt; Teilhabe wird allerdings im Versorgungsausgleich – anders als im Recht der Zugewinngemeinschaft – schematisch verwirklicht.[35] Die Wertungswidersprüche zu Fragen der Mittelherkunft im Güterrecht liegen daher auf der Hand.

Werden beispielsweise ehezeitbezogene Anrechte mit **Mitteln aus einem Darlehen** geschaffen oder aufrechterhalten, unterfallen sie dem Versorgungsausgleich.[36] Selbst ein darlehensfinanzierter Anrechteerwerb zur „Wiederauffüllung oder freiwilligen Nachentrichtung von Beiträgen" (§ 187 Abs. 1 Nr. 1 SGB VI) unterliegt dem Ausgleich. Kann der Ausgleichspflichtige, der in der Gütertrennung oder der „modifizierten Zugewinngemeinschaft" lebt, die Darlehensverbindlichkeit nicht als **Abzugsposten in der Zugewinnausgleichsbilanz** verwerten; ist eine vertragliche Regelung im Versorgungsausgleich angezeigt.[37] Der darlehensfinanzierte Anrechteerwerb kann nach § 6 Abs. 1 S. 2 Nr. 2 VersAusglG vom Ausgleich ausgeschlossen werden.

Erwirbt ein Ehegatte im **Güterstand der Gütertrennung** (oder in der „modifizierten Zugewinngemeinschaft") Anrechte nach § 2 VersAusglG aus Mitteln seines gerade nicht dem güterrechtlichen Ausgleich unterliegenden Vermögens, sind diese Anrechte dennoch in den Wertausgleich einzubeziehen;[38] auch insoweit kommt es nach

---

33 Vgl. BGH NJW-RR 1988, 834 = FamRZ 1988, 936 (938); Borth Versorgungsausgleich, 5. Aufl. 2010, Rn. 83; Hauß/Eulering, Versorgungsausgleich und Verfahren in der Praxis, 2009, Rn. 95 ff.

34 Statt aller Borth Versorgungsausgleich, 5. Aufl. 2010, Rn. 83; Kemper, Versorgungsausgleich in der Praxis, 2011, Kap. IV Rn. 31 mwN.

35 Rauscher DNotZ 2012, 708 (712); s. auch Schwamb in Göppinger/Börger Ehescheidung Teil 3 Rn. 42.

36 OLG Koblenz FamRZ 2001, 1221 = NJWE-FER 2001, 282; OLG Hamm FamRZ 1998, 297; s. aber OLG Nürnberg FamRZ 2002, 1632 = FPR 2002, 188; Palandt/Brudermüller § 2 Rn. 6; Kemper, Versorgungsausgleich in der Praxis, 2011, Kap. IV Rn. 31; Reetz, NotarFormulare Versorgungsausgleich, 2013, § 3 Rn. 46; Reetz in Grandel FamR Stichwort Nr. 241 Rn. 42.

37 Vgl. OLG Koblenz FamRZ 2001, 1221 = NJWE-FER 2001, 282; OLG Koblenz FamRZ 2000, 157; allg. Budde FuR 2009, 428; s. auch Reetz, NotarFormulare Versorgungsausgleich, 2013, § 3 Rn. 46.

38 Str., OLG Hamm NJW-RR 2006, 652 = FamRZ 2006, 795 (796); NK-BGB/Götsche § 2 Rn. 89; ähnl. NK-BGB/Götsche § 2 Rn. 73 f.

Ansicht des BGH[39] nicht auf die Mittelherkunft an. Ob in derartigen Fällen eine Vertragsanpassung der getroffenen Zugewinnausgleichsregelung nach § 313 BGB weiterhelfen kann, ist ungewiss.[40] Der vermögensfinanzierte Anrechteerwerb kann jedoch vertraglich (§ 6 Abs. 1 S. 2 Nr. 2 VersAusglG) ausgeschlossen werden.

bb) Erwerb von Anrechten mit Mitteln aus „Anfangsvermögen"

Nach stRspr des BGH[41] sind auch diejenigen Anrechte in den Ausgleich einzubeziehen, die der Ausgleichspflichtige in der Ehezeit mithilfe seines **bei Eheschließung bereits vorhandenen Vermögens** erworben hat.[42] Entgegen den Wertungen des Zugewinnausgleichs muss der ausgleichpflichtige Ehegatte somit die während der Ehezeit aus **Mitteln seines Anfangsvermögens** isd § 1374 BGB erworbenen Anrechte über das VersAusglG dennoch ausgleichen. Ein korrigierender Ausschluss wegen grober Unbilligkeit nach § 27 scheidet regelmäßig aus;[43] eine **vertragliche Lösung** nach § 6 Abs. 1 S. 2 Nr. 2 VersAusglG ist indes möglich.[44] Dabei ist allerdings zu beachten, dass die Einbeziehung von in der Ehezeit mit Mitteln des Anfangsvermögens erworbenen Anrechten in den Versorgungsausgleich regelmäßig zu **keiner Doppelverwertung** führt. Die zum Erwerb des Anrechts eingesetzten Mittel des Anfangsvermögens sind in dem für den Zugewinnausgleich maßgeblichen Endvermögen (§ 1375 BGB) nicht mehr vorhanden und vermindern somit grundsätzlich den Zugewinn;[45] dies kann zu Folgeproblemen führen.[46]

cc) Erwerb von Anrechten mit Mitteln aus „privilegiertem Vermögen" nach § 1374 Abs. 2 BGB

„Mit Hilfe des Vermögens" (§ 2 Abs. 2 Nr. 1 VersAusglG) sind auch solche Anrechte erworben und deshalb ausgleichspflichtig, für die ein **Dritter die Mittel zum Erwerb der Anrechte unmittelbar an den ausgleichspflichtigen Ehegatten leistet** (zB schenkt) und der Ausgleichsverpflichtete sodann während der Ehezeit genau aus diesen Mitteln einmalige oder regelmäßige Beitragszahlungen an den Versorgungsträger erbringt.[47] Das soll selbst dann gelten, wenn die **Mittel aus einer Erbschaft,**

---

39 BGH FamRZ 2012, 434 = DNotZ 2012, 705 mAnm Rauscher; zuvor bereits Rehme FamRZ, 2006, 1451; MüKoBGB/Dörr § 2 Rn. 9; Palandt/Brudermüller § 2 Rn. 14; Brudermüller NJW 2006, 3184.
40 So aber BGH FamRZ 2011, 877 = NJW-RR 2011, 799.
41 BGH FamRZ 2012, 434 = DNotZ 2012, 705 mAnm Rauscher; FamRZ 2011, 877 = NJW-RR 2011, 799; vgl. bereits zuvor FamRZ 1984, 570 = NJW 1984, 1542; s. aber auch OLG Nürnberg FamRZ 2005, 1256 = NJOZ 2005, 2084.
42 Zust. die Lit.: Ruland Versorgungsausgleich Rn. 162; Borth Versorgungsausgleich, 5. Aufl. 2010, Rn. 83; Kemper, Versorgungsausgleich in der Praxis, 2011, Kap. IV Rn. 28 ff.; s. auch Reetz, Notar-Formulare Versorgungsausgleich, 2013, § 3 Rn. 51 ff.
43 So ausdrücklich BGH FamRZ 2012, 434 = DNotZ 2012, 705.
44 BeckOK BGB/Bergmann § 6 Rn. 3.
45 Instruktives Bsp. In BGH FamRZ 2011, 877 = NJW-RR 2011, 799.
46 Vgl. Rauscher DNotZ 2012, 708 (709); Münch Ehebezogene Rechtsgeschäfte, 3. Aufl. 2010, Rn. 3093; Reetz MittBayNot 2014, 313.
47 OLG Koblenz BeckRS 2005, 00348 und bereits BGH FamRZ 1984, 570 = NJW 1984, 1542; s. auch MüKoBGB/Dörr § 2 Rn. 13; Borth Versorgungsausgleich, 5. Aufl. 2010, Rn. 83; Reetz, NotarFormulare Versorgungsausgleich, 2013, § 3 Rn. 54 ff.

also von Todes wegen, erlangt worden sind.[48] Anrechte, die mit **Mitteln aus vorweggenommener Erbfolge** geschaffen oder erhalten werden, sind folgerichtig ebenfalls in den Wertausgleich einzubeziehen.[49] Der Regelungsgedanke des Zugewinnausgleichs zum „privilegiertem Erwerb" nach § 1374 Abs. 2 BGB ist im Rahmen des Versorgungsausgleichs nicht (auch nicht entsprechend) anwendbar.[50] Allerdings kann auch ein Anrechteerwerb aus Mitteln des sog. „privilegierten Vermögens" durch **Ehegattenvereinbarung** nach § 6 Abs. 1 S. 2 Nr. 2 VersAusglG ausgeschlossen werden.[51]

b) Regelungsbedarf bei Anrechten mit Wahlrecht zur Leistungsform

aa) Grundsätze

Grundsätzlich unterfallen **(private) Vorsorgeprodukte** mit der primär vorgesehenen Leistungsform „Rente" in den Versorgungsausgleich. Für die Zuordnung zu einem der scheidungsbezogenen Teilhabesysteme ist allerdings (auch) danach zu unterscheiden, ob es zur Ausübung eines vorbehaltenen **Wahlrechts zur Leistungsform** gekommen ist; hierbei ist wiederum der **Zeitpunkt** der (wirksamen) Ausübung eines solchen Wahlrechts bedeutsam:

bb) Ausübung eines Wahlrechts (Zeitpunkt)

(1) Bedeutung der Rechtshängigkeit

Soweit es auf den **Zeitpunkt der Ausübung** eines Wahlrechts (oder anderer Gestaltungsrechte) ankommt, hat der Zeitpunkt der **Rechtshängigkeit des Scheidungsantrags** abgrenzende Bedeutung. Er ist sowohl für die Bestimmung des Ehezeitendes nach § 3 Abs. 1 VersAusglG[52] als auch für die Bestimmung des Endvermögens im Zugewinnausgleich (§§ 1375 Abs. 1, 1384 BGB) maßgeblich.

(2) Ausübungszeitpunkt bei Kapital-(Lebens-)Versicherung

Übt der Berechtigte einer **Kapital-(Lebens-)Versicherung** das versicherungsrechtliche **Rentenwahlrecht** nach Ende der Ehezeit aus, gleichviel, ob dies noch vor der letzten mündlichen Verhandlung (einschließlich Rechtsmittelinstanz) geschieht oder danach, verbleibt das Anrecht im Bereich des ehelichen Güterrechts und „wechselt" in keinem Fall in den Versorgungsausgleich.[53] Das güterrechtliche **Stichtagsprinzip**

---

48 BGH FamRZ 1987, 48; MüKoBGB/Dörr § 2 Rn. 9.
49 OLG Koblenz FamRZ 2005, 1255.
50 Palandt/Brudermüller § 2 Rn. 6; MüKoBGB/Dörr § 2 Rn. 9; BeckOK BGB/Bergmann § 2 Rn. 5.
51 BeckOK BGB/Bergmann § 6 Rn. 3.
52 Für die Einordnung von Anrechten ist nach Götsche FamRB 2011, 380 mit guten Gründen nicht die Stichtagsverschiebung nach § 3 Abs. 1 VersAusglG maßgeblich, sondern der genaue Zeitpunkt der Rechtshängigkeit; iErg aA Kemper NZFam 2014, 343 (345).
53 BGH FamRZ 2005, 1463 = NJW-RR 2005, 1379; Wönne FPR 2009, 293 (296); NK-BGB/Götsche § 2 Rn. 75; zusf. Reetz, NotarFormulare Versorgungsausgleich, 2013, § 9 Rn. 27; aA OLG Stuttgart BeckRS 2009, 06230 = FamRZ 2009, 1587 mzustAnm Borth.

der § 1375 Abs. 1 BGB, § 1384 BGB steht einer (nachträglich bewirkten) Nichtberücksichtigung im Endvermögen und damit in der Zugewinnausgleichsberechnung entgegen. **Veränderungen nach dem güterrechtlich maßgebenden Stichtag** können ggf. nach § 1378 Abs. 2 BGB zu berücksichtigen sein, nicht aber bei der Berechnung des Endvermögens und damit bei der Bestimmung des Zugewinns und der Zugewinnausgleichsforderung. Eine dem § 5 Abs. 2 S. 2 VersAusglG entsprechende „Rückwirkungsnorm" auf den Berechnungsstichtag kennt das Güterrecht nicht. Damit führt ein „spät" ausgeübtes Wahlrecht nicht zu einem Ausscheiden aus der **Zugewinnausgleichsbilanz**. Hat der Berechtigte hingegen rechtzeitig, also vor dem Stichtag der § 1375 Abs. 1 BGB, § 1384 BGB, die Verrentung seines Anrechts gewählt, unterfällt das Anrecht endgültig dem Versorgungsausgleich. Dies gilt auch dann, wenn diese Wahl später rückgängig gemacht werden könnte.[54]

(3) Ausübungszeitpunkt bei Renten-(Lebens-)Versicherung

Übt der Berechtigte einer privaten, nicht-geförderten **Renten-(Lebens-)Versicherung** das versicherungsrechtliche **Kapitalwahlrecht** nach Ende der Ehezeit, jedoch vor der letzten mündlichen Verhandlung (einschließlich Rechtsmittelinstanz) aus, darf es nicht mehr im Versorgungsausgleich berücksichtigt werden. Nach wirksamer Ausübung des Kapitalwahlrechts ist das Anrecht nicht mehr auf eine Rentenleistung gerichtet.[55] Das **Stichtagsprinzip** des § 3 Abs. 1 VersAusglG und des § 5 Abs. 2 S. 1 VersAusglG stehen nach Auffassung des BGH[56] einer nachträglich bewirkten, endgültigen Nichtberücksichtigung im Versorgungsausgleich nicht entgegen. Rechtliche oder tatsächliche **Veränderungen nach dem Ende der Ehezeit** sind nach § 5 Abs. 2 S. 2 VersAusglG[57] insoweit – also nach Rechtshängigkeit der Scheidung – zu berücksichtigen, als sie auf den Ehezeitanteil **zurückwirken**.[58] Die **„späte" Ausübung des Wahlrechts** steht einer solchen Rückwirkung auf den Ehezeitanteil gleich.[59] Damit wird der Fall einer späten Ausübung des Wahlrechts bei Renten-(Lebens-)Versicherungen anders behandelt als bei Kapital-(Lebens-)Versicherungen.[60]

Konsequent ist ein durch das „spät" ausgeübte Wahlrecht entstandenes Kapitalanrecht sodann mit seinem Wert in die **Zugewinnausgleichsbilanz** (= im Endvermögen

---

54 Zu einer Pensionszusage BGH FamRZ 1993, 684 = NJW 1993, 1262.
55 BGHZ 153, 393 = NJW 2003, 1320 = FamRZ 2003, 664; OLG Hamm BeckRS 2012, 21733 = FamFR 2012, 540 mAnm Friederici; insgesamt krit. Borth Versorgungsausgleich, 5. Aufl. 2010, Rn. 69 mwN.; zusf. Reetz, NotarFormulare Versorgungsausgleich, 2013, § 3 Rn. 28.
56 BGHZ 153, 393 = NJW 2003, 1320; zur Fortführung dieser Rspr. nach Inkrafttreten des VersAusglG ausdrücklich BGH FamRZ 2011, 1931 = NJW-RR 2011, 1633 mAnm Bergmann FamFR 2011, 568; NJW-RR 2012, 769 = FamRZ 2012, 1039 (1040); NJW 2015, 1599 = FamRZ 2015, 998; Vorinstanz OLG Hamm FamRZ 2014, 754 = BeckRS 2013, 22252.
57 Hierzu BGH FamRZ 2012, 851 = NJW-RR 2012, 577 (keine nachträgliche Berücksichtigung der vorzeitigen Inanspruchnahme der Rente); FamRZ 2012, 509 = NJW 2012, 1000; FamRZ 2012, 941 = BeckRS 2012, 08882 (= Änderung in der landesrechtlichen Beamtenversorgung).
58 Bergner § 5 Anm. 4.1 verwendet den vorzugswürdigen Begriff „auswirken".
59 Hierzu BGH FamRZ 2011, 1931 = NJW-RR 2011, 1633; BGH NJW-RR 2012, 769 = FamRZ 2012, 1039 (1040).
60 So auch MüKoBGB/Dörr § 2 Rn. 21 mwN; hiergegen mit guten Argumenten OLG Stuttgart BeckRS 2009, 06230 = FamRZ 2009, 1587 mzustAnm Borth (das Wahlrecht hatte hier der Versorgungsträger, heute wäre die Ausübung des Wahlrechts wohl gänzlich unbeachtlich, weil es sich um ein Anrecht der betrieblichen Altersvorsorge nach BetrAVG handelt).

des betreffenden Ehegatten) einzustellen, soweit die Ehegatten überhaupt in der Zugewinngemeinschaft leben oder keine anderen Gründe einem güterrechtlichen Ausgleich entgegenstehen. Der „späten" **Einbeziehung in den Zugewinnausgleich** steht nach Ansicht des BGH das Stichtagsprinzip der § 1375 Abs. 1 BGB, § 1384 BGB nicht entgegen, denn das Anrecht war als wirtschaftlicher Wert schon bei Rechtshängigkeit („latent") vorhanden und der bloße Wechsel der Ausgleichsform schließt es nicht aus, das Anrecht nach Ausübung des Wahlrechts in die Zugewinnausgleichsbilanz einzustellen.[61] Auch der Halbteilungsgrundsatz ist nicht verletzt, weil der ehezeitbezogene Teil des Anrechts (grundsätzlich) güterrechtlich ausgeglichen wird;[62] § 2 Abs. 4 VersAusglG ist ebenfalls gewahrt.

Allerdings kann der güterrechtliche Ausgleich bei „später" Ausübung des (Kapital-) Wahlrechts nach Rechtshängigkeit des Scheidungsantrags gänzlich scheitern, wenn:[63]

- über den Zugewinn bereits rechtskräftig entschieden ist;[64]

- Verjährung eingetreten ist oder

- selbst bei Berücksichtigung des Anrechts im Endvermögen rechnerisch kein Ausgleichsanspruch entsteht.[65]

cc) Wahlrechte bei „Gütertrennung" und „modifizierter Zugewinngemeinschaft"

Die wirksame Ausübung versicherungsvertraglicher **Wahlrechte** vor dem Ende der Ehezeit iSd § 3 Abs. 1 VersAusglG (bzw. vor der letzten tatrichterlichen Entscheidung über den Wertausgleich) kann insbesondere bestehende **ehevertragliche Konzepte** planwidrig beeinträchtigen. Dies gilt immer dann, wenn einerseits der scheidungsbezogene Vermögensausgleich durch Vereinbarung des **Güterstands der Gütertrennung** oder der sog. „**modifizierten Zugewinngemeinschaft**" vermieden werden soll und keine koordinierende Vereinbarung zum Versorgungsausgleich vorliegt oder andererseits lediglich der **Ausschluss des Versorgungsausgleichs** nach § 6 Abs. 1 S. 2 Nr. 2 VersAusglG vorgesehen ist.[66]

Kommt es infolge der wirksamen Ausübung eines Wahlrechts dazu, dass Anrechte **planwidrig endgültig nicht ausgeglichen** werden, ist eine Anpassung ehevertraglich vereinbarter – güterrechtlicher – Regelungen wohl nur ausnahmsweise unter dem

61 BGH NJW-RR 2012, 769 = FamRZ 2012, 1039; FamRZ 2011, 1931 = NJW-RR 2011, 1633; zuvor bereits BGHZ 153, 393 = NJW 2003, 1320 = FamRZ 2003, 664 (665); FamRZ 2003, 923 = NJW-RR 2003, 1153; Friederici FamFR 2012, 299.
62 BGH NJW-RR 2012, 769 = FamRZ 2012, 1039 mAnm Friederici FamFR 2012, 299.
63 Zur Rechtslage vor dem VersAusglG Büte FuR 2003, 400 (401); zusf. NK-BGB/Götsche § 2 Rn. 72 und Rn. 80; Borth FamR 2011, 1919 (1920); Friederici FamFR 2012, 299 (= Anm. zu BGH NJW-RR 2012, 769 = FamRZ 2012, 1039).
64 Hierzu Kemper NZFam 2014, 343 (347).
65 Hierzu Kemper NZFam 2014, 343 (347).
66 Fall: BGH NJW 2015, 1599 = FamRZ 2015, 998; Vorinstanz OLG Hamm FamRZ 2014, 754 = BeckRS 2013, 22252.

Gesichtspunkt der „Störung der Geschäftsgrundlage" nach § 313 BGB denkbar.[67] Der BGH hat die Fälle eines planwidrigen Nichtausgleichs bei Gütertrennung (also auch bei „modifizierter Zugewinngemeinschaft") ausdrücklich hingenommen und als Problem der **Belehrungs- und Haftungsverantwortung der Notare** gedeutet.[68] Liegen indes die Voraussetzungen des § 27 **VersAusglG** vor (keine billigenswerten Motive zur „späten" Ausübung des Wahlrechts), kann in demselben Umfang, in dem ein Ausgleich güterrechtlich nicht erfolgen kann, der Ausgleich der von dem anderen Ehegatten erworbenen Anrechte beschränkt werden.[69]

dd) Gleichgelagerte Konfliktfälle

Der Ausübung eines Wahlrechts stehen von den Wirkungen her betrachtet folgende Fälle gleich; auch sie können Anlass zu einer präventiven, vertraglichen Regelung bieten:

- Änderung der Leistungsform durch Versorgungsträger: Der Versorgungsträger ändert binnenrechtlich wirksam die Leistungsform eines bei ihm bestehenden Rentenanrechts in ein reines Kapitalanrecht.[70]

- Änderung der Leistungsform durch Anrechteumwandlung: Ein zunächst betrieblich erworbenes Anrecht wird noch vor Ende der Ehezeit in eine private Kapitalversicherung „umgewandelt".[71]

- Änderung der Leistungsform durch Liquidationsversicherung: Ein Anrecht der betrieblichen Altersvorsorge wird in ein Anrecht aus einer Liquidationsversicherung nach § 4 Abs. 4 BetrAVG umgewandelt.[72]

5. Regelungsbedarf bei Anrechten aus der Beamtenversorgung und VersAusglG?

a) Landesrechtliche Beamtenversorgung

Eine signifikante Veränderung hat sich seit dem Inkrafttreten des VersAusglG für den Versorgungsausgleich bei Anrechten aus **landesrechtlichen Dienst- und Amts-**

---

67 Vgl. NK-BGB/Götsche § 2 Rn. 86; im Zweifel für eine Korrektur über „Inhaltskontrolle" Borth Versorgungsausgleich, 5. Aufl. 2010, Rn. 76 mwN; s. auch Münch Ehebezogene Rechtsgeschäfte, 3. Aufl. 2010, Rn. 28 mwN; Reetz, NotarFormulare Versorgungsausgleich, 2013, § 3 Rn. 32; Kogel FamRZ 2005, 1785 f.; OLG Hamm NJW-RR 2006, 652 = FamRZ 2006, 795.

68 Ausdrücklich in BGH NJW-RR 2012, 769 = FamRZ 2012, 1039 (1040); s. bereits zuvor BGH NJW-RR 2003, 1153 = FamRZ 2003, 923 (924).

69 BGH NJW 2015, 1599 = FamRZ 2015, 998 („beherrschender Gesellschafter-Geschäftsführer", dessen werthaltiges Anrecht nicht BetrAVG unterfällt); Vorinstanz OLG Hamm FamRZ 2014, 754 = BeckRS 2013, 22252; ebenso OLG Köln BeckRS 2012, 24684 = FamRZ 2012, 1881 (Ls.).

70 Vgl. insoweit den Sachverhalt in AG Groß-Gerau FamRZ 2011, 1736 = BeckRS 2011, 25130 (hier ohne Sachverhalt).

71 Vgl. BGH FamRZ 2014, 104 = NJW-RR 2014, 323.

72 Vgl. OLG München v. 12.4.2011 – 33 UF 189/11.

verhältnissen (Beamtenversorgung) ergeben; dies hat in die notarielle Praxis Eingang gefunden:

Da die öffentlich-rechtlichen Dienst- und Amtsverhältnisse in den Ländern,[73] anders als im Bund, nicht durch das VAStrRefG[74] bzw. das BVersTG[75] in das System der „internen Teilung" nach §§ 10 ff. VersAusglG einbezogen worden sind, erfolgt der Wertausgleich zwingend durch Begründung oder Aufstockung eines Anrechts bei einem Träger der gesetzlichen Rentenversicherung im Wege der **externen Teilung** nach § 16 Abs. 1 VersAusglG. Sind **beide Ehegatten Landesbeamte** (zB die „Lehrerehe")[76] oder Beamte einer kommunalen Gebietskörperschaft, wird der jeweilige volle Ausgleichswert dennoch zwingend in der gesetzlichen Rentenversicherung „nachversichert", obwohl hieran regelmäßig keiner der Ehegatten ein Interesse hat.

Dabei ist die nach § 16 Abs. 1 VersAusglG in voller Höhe durchzuführende **externe Teilung** in die Zielversorgung der gesetzlichen Rentenversicherung trotz des Vorliegens von „Anrechten gleicher Art" zwingend, weil der Versorgungsträger keine interne Verrechnung nach § 10 Abs. 2 VersAusglG vornehmen kann; die Verrechnungsbefugnis ist gesetzlich nur für Fälle der internen Teilung vorgesehen. Eine externe Teilung in die gesetzliche Rentenversicherung, beschränkt auf die Verrechnungsdifferenz (= „Spitzenbetragsausgleich") der sich gegenüberstehenden Ausgleichswerte, kann durch **Vereinbarung mit dem Versorgungsträger** nicht durchgeführt werden; dem steht auf der Seite der öffentlich-rechtlichen Versorgungsträger der **Vorbehalt des Gesetzes** (zumeist § 3 Abs. 1 der jeweiligen LBeamtVG) entgegen.

Insgesamt können die beamteten Ehegatten und gleichgestellte Personen die Nachteile der zwingend vorgesehenen externen Teilung in die gesetzliche Rentenversicherung allerdings durch **Vereinbarungen nach § 6 Abs. 1 S. 2 VersAusglG** vermeiden oder zumindest abmildern.[77] Im Wesentlichen geschieht dies durch Saldierungs- bzw. Verrechnungsvereinbarungen[78] oder Kapitalabfindungen[79] (auch als „Spitzenbetragsausgleich"); Maßstab ist regelmäßig und abermals der korrespondierende Kapitalwert (§ 47 Abs. 2 VersAusglG) der jeweiligen Anrechte. Der BGH hat diese Art

---

73 Hierher gehören auch die als öffentlich-rechtliche Körperschaften organisierten Religionsgesellschaften: Wick Der Versorgungsausgleich Rn. 530; s. auch BeckFormB FamR/Bergschneider/Weil Form. K.I.10. Anm. 1.

74 Gesetz zur Strukturreform des Versorgungsausgleichs (VAStrRefG) v. 3.4.2009 (BGBl. 2009 I S. 700).

75 Bundesversorgungsteilungsgesetz v. 3.4.2009 (BGBl. 2009 I 700).

76 Hierzu der „Lehrerfall" BGH NJW 2014, 1882 = FamRZ 2014, 1179; aA die Vorinstanz OLG Schleswig (4. Senat) NJW 2014, 1882 = FamRZ 2012, 1144 mAnm Borth; s. auch Reetz, NotarFormulare Versorgungsausgleich, 2013, § 9 Rn. 139 ff.

77 Hierzu ausdrücklich BeckOK BGB/Bergmann § 6 Rn. 14; NK-BGB/Götsche § 6 Rn. 67; Erman/Norpoth/Sasse Rn. 2; Mayer in LHFM Notar-HdB Teil 3 Rn. 158; Münch FPR 2011, 504 (509).

78 Muster: BeckFormB FamR/Bergschneider/Weil Form. K.IV. 3; Münch Versorgungsausgleich, 1. Aufl. 2010, Rn. 234; Münch FamR § 4 Rn. 358; Reetz, NotarFormulare Versorgungsausgleich, 2013, Form. 9.55 f.

79 Muster: BeckFormB FamR/Bergschneider/Weil Form. K.I.10; Reetz, NotarFormulare Versorgungsausgleich, 2013, Form. 9.54.

der Problemlösung, in einer für die Praxis der Vereinbarungen zum Versorgungsausgleich nicht zu überschätzenden Entscheidung, ausdrücklich gebilligt.[80]

b) Bundesrechtliche Beamtenversorgung

Die öffentlich-rechtlichen Dienst- und Amtsverhältnisse im Bund sind durch das VAStrRefG bzw. das BVersTG in das Ausgleichssystem der internen Teilung (§§ 10 ff. VersAusglG) einbezogen worden. Allerdings könnten die Ehegatten auch hier, und über die Saldierungskompetenz der Versorgungsträger nach § 10 Abs. 2 VersAusglG hinausgehend, ihre bei dem Dienstherrn erworbenen Anrechte bzw. deren relevante Ausgleichswerte auf der Basis des mitgeteilten korrespondierenden Kapitalwerts in eine umfassende Verrechnungs- bzw. Saldierungsvereinbarung einbeziehen. Auf diese Weise kann jedenfalls die Teilung und Kürzung der Altersdienstbezüge der Ehegatten verhindert oder zumindest vermindert werden.[81]

c) Wegfall des Aufschubs der Kürzung – „Rentner- oder Pensionistenprivileg"

Vor dem Inkrafttreten des VersAusglG wurden nach § 101 Abs. 3 SGB VI aF, § 57 Abs. 1 S. 1 BeamtVG aF bzw. § 55c Abs. 1 S. 2 SVG aF die zum Zeitpunkt des Wirksamwerdens der Entscheidung über den Versorgungsausgleich bereits gewährte Versorgung des Ausgleichspflichtigen (sog. „Besitzstand") erst ab dem Zeitpunkt gekürzt, ab dem der Ausgleichsberechtigte ebenfalls Rentenzahlungen aus dem Wertausgleich erhalten würde (= Aufschub der Kürzung – „Rentner- oder Pensionistenprivileg").[82]

Der BGH bewertete § 101 Abs. 3 SGB VI aF als „versicherungsfremde Sozialleistung".[83] Das VersAusglG hat die vorgenannten Regelungen nicht übernommen.[84] Es sieht vielmehr vor, dass die laufende Rente (= Leistungsphase) des Ausgleichspflichtigen von dem Monat an zu kürzen ist, ab dem der Wertausgleich durch Teilung des Anrechts wirksam wird (§ 101 Abs. 3 SGB VI, § 57 Abs. 1 S. 1 BeamtVG bzw. § 55c Abs. 1 S. 2 SVG).

Die sofortige Teilung und Kürzung kann zu einer (vorübergehenden) **Versorgungslücke des Ausgleichsverpflichteten** führen; das gilt in einem signifikanten Maße in der sog. **Altersdifferenzehe**. Es gilt umso mehr, wenn kein hinreichender Ausgleich durch eine abmildernde Anpassung nach §§ 32–38 VersAusglG erlangt werden kann.

---

80   BGH NJW 2014, 1882 = FamRZ 2014, 1179 („Lehrerehe"); aA die Vorinstanz OLG Schleswig (4. Senat) NJW 2014, 1882 = FamRZ 2012, 1144 mAnm Borth; OLG Celle NotBZ 2012, 388.

81   Reetz, NotarFormulare Versorgungsausgleich, 2013, § 9 Rn. 145.

82   Zusf. NK-BGB/Götsche Vor § 6 Rn. 30 mwN; Schwamb in Göppinger/Börger Ehescheidung Teil 3 Rn. 63.

83   Vgl. BGH FamRZ 2013, 189 = NJW 2013, 226 mAnm Hauß; FamRZ 2013, 690 mAnm Holzwarth; FamRZ 2014, 461 = NJW-RR 2014, 321; ausf. verfassungsrechtliche Hinweise in OLG Celle BeckRS 2012, 12828 = FamFR 2012, 351.

84   Vgl. BT-Drs. 16/10144, 100, 105; Übergangsregelung § 268a Abs. 2 SGB VI; zur Verfassungsmäßigkeit VGH München BeckRS 2011, 30371; s. auch Ruland FamFR 2009, 37; Bergner NJW 2009, 1169 (1174 f.).

Die Möglichkeit zur Wiederauffüllung nach § 187 Abs. 1 Nr. 1 SGB VI, § 281a Abs. 1 Nr. 1 SGB VI oder § 58 BeamtVG stellt zumeist keine finanziell darstellbare Alternative dar. Nachteile, die aus dem Wegfall des Rentner- oder Pensionistenprivilegs erwachsen, können zudem keine Unbilligkeit nach § 27 VersAusglG begründen.[85]

Der Wegfall des Pensionistenprivilegs betrifft zumeist nur **Bundesbeamte**, Bundesrichter und Soldaten der Bundeswehr. Für die **Landes- und Kommunalbeamte** gilt nach Art. 125a Abs. 1 GG, § 108 BeamtVG das zum 31.8.2006 (= vor der Föderalismusreform) geltende BeamtVG als zeitpunktbezogenes Landesrecht fort, solange der jeweils kompetenzrechtlich zuständige Landesgesetzgeber (vgl. Art. 74 Abs. 1 Nr. 27 GG) kein eigenes ausgleichsrelevantes Beamtenversorgungsrecht (zB § 18 Abs. 1 und 3 Nr. 2 BayDienstRG, Art. 92 BayBeamtVG iVm Art. 102 Abs. 2 BayBeamtVG[86]) geschaffen hat.[87]

Der Wegfall des Rentner- oder Pensionistenprivilegs wird von den Betroffenen als erhebliche Benachteiligung ihres Besitzstands empfunden, weshalb **vertragliche Vermeidungsgestaltungen** in Scheidungsvereinbarungen nach Maßgabe der Regelbeispiele des § 6 Abs. 1 S. 2 VersAusglG nachgefragt werden. Betroffen sind zumeist Gestaltungen aus dem Ehetypus der (gescheiterten) **Altersdifferenzehe**.[88]

Die **Vermeidungsstrategien aus dem Bereich vertraglicher Regelungen bei Scheidung** beziehen sich zumeist auf „Vorbehaltsvereinbarungen" nach dem Regelbeispiel des § 6 Abs. 1 S. 2 Nr. 3 VersAusglG, als der Vereinbarung des „schuldrechtlichen Ausgleichs" (Durchführung nach den disponiblen §§ 20–24 VersAusglG), bei einem Anrecht, das an sich „ausgleichsreif" ist.[89] Die durch eine solche Vorbehaltsvereinbarung ggf. realisierenden **Nachteile des jüngeren, ausgleichsberechtigten Ehegatten** sind ohne adäquate Sicherheiten erheblich und kaum kalkulierbar.[90]

Zu den immer zu beachtenden Mängeln einer solchen „Vorbehaltsvereinbarung" zählt, dass dem ausgleichsberechtigten Ehegatten nach § 25 Abs. 2 VersAusglG keine Hinterbliebenenversorgung zusteht, und er keine verlängerte schuldrechtliche Ausgleichsrente gegenüber dem Versorgungsträger geltend machen kann. Das gilt selbst dann, wenn der ausgleichsberechtigte Ehegatte dafür die Anspruchsvoraussetzungen in seiner Person erfüllen würde. Über die nachteiligen Rechtsfolgen einer

---

85 OLG Saarbrücken FamRZ 2012, 449 = BeckRS 2011, 24198; OLG Koblenz BeckRS 2013, 04985; s. auch BGH FamRZ 2014, 461 = NJW-RR 2014, 321.

86 Die Regelungen zum Wegfall des „Pensionistenprivilegs" sind mit der Bayerischen Verfassung vereinbar: BayVerfGH FamRZ 2014, 38 = BeckRS 2013, 50370; Länderübersicht bei Hauß/Bührer Versorgungsausgleich Rn. 1207.

87 Vgl. Hauß FamRB 2010, 251 f.; Vouko-Glöckner/Vogts FamRZ 2010, 950 (951); NK-BGB/Götsche § 10 Rn. 45; Münch Versorgungsausgleich, 1. Aufl. 2010, Rn. 85 und Rn. 244.

88 S. auch Brüggen in Göppinger/Börger Ehescheidung, 9. Aufl. 2009, Teil 3 Rn. 63; Reetz, NotarFormulare Versorgungsausgleich, 2013, § 9 Rn. 148.

89 Dies kann beiläufig auch aus der Entscheidung BGH FamRZ 2014, 461 = NJW-RR 2014, 321 herausgelesen werden.

90 Muster: Reetz, NotarFormulare Versorgungsausgleich, 2013, Form. 9.58 (Gegenleistung: dinglich gesicherte Leibrente).

Vereinbarung nach Abs. 1 S. 2 Nr. 3 VersAusglG hat der Notar zu belehren,[91] sie schränken den Anwendungsbereich vertraglicher Regelungen stark ein.

6. Versorgungsausgleich in der „Inhaltskontrolle" – Amtsermittlung?

a) Prüfungspflicht des Familiengerichts

Nach § 8 Abs. 1 VersAusglG iVm § 26 FamFG hat das Familiengericht (auch das Rechtsmittelgericht) im Versorgungsausgleichsverfahren (§§ 217 ff. FamFG) **von Amts wegen** zu prüfen, ob und in welchem Umfang Vereinbarungen zum Versorgungsausgleich einer Wirksamkeits- oder Ausübungskontrolle standhalten. Auch bereits vor Inkrafttreten des VersAusglG hatte das Familiengericht im FGG-Verfahren zum Versorgungsausgleich rechtsvernichtende oder rechtshindernde Einwendungen von Amts wegen zu berücksichtigen.

Der **Amtsermittlungsgrundsatz** erfuhr allerdings im Versorgungsausgleichsverfahren seit jeher eine spezifische Einschränkung dahingehend, dass es letztlich den Verfahrensbeteiligten überlassen blieb, die ihnen vorteilhaften Umstände, die dem Gericht nicht ohne Weiteres bekannt sein konnten und mussten, von sich aus vorzubringen und durch Tatsachenvortrag und geeigneten Beweisantritt an der Aufklärung des Sachverhalts mitzuwirken.[92] Dennoch war im Rahmen des § 8 Abs. 1 VersAusglG die genaue **Reichweite der aus dem Amtsermittlungsgrundsatz resultierenden Prüfungspflicht und -dichte umstritten.** Die Bedeutung der Fragestellung ergibt sich daraus, dass das **Familiengericht in seiner Entscheidung gebunden** ist, falls einer ehevertraglichen Vereinbarung zum Versorgungsausgleich keine Wirksamkeits- (und Durchführungs-)hindernisse entgegenstehen (§ 6 Abs. 2 VersAusglG).

Ohne Rücksicht auf einen Vortrag der Beteiligten prüft das **Gericht „von Amts wegen"** die **formellen Wirksamkeitserfordernisse** an eine Vereinbarung nach § 7 VersAusglG sowie **materiell-rechtliche Vereinbarungshindernisse,** beispielsweise nach § 8 Abs. 2 VersAusglG, also Verstöße gegen wirksame binnenrechtliche Regelungen der Versorgungsträger.

Der **BGH**[93] und die **überwiegende Lit.**[94] sind allerdings auch unter der Ägide des VersAusglG gegenüber einer allzu restriktiven Handhabung des verfahrensrechtli-

91 BeckFormB FamR/Bergschneider/Weil Form. K.III. Anm 1; Münch Versorgungsausgleich, 1. Aufl. 2010, Rn. 218.

92 Vgl. BGH NJW-RR 2007, 361 = FamRZ 2007, 366 (Versorgungsausgleich mit Auslandsberührung); bestätigt für das VersAusglG durch BGH FamRZ 2014, 105 = NJW 2014, 61; Reetz, NotarFormulare Versorgungsausgleich, 2013, Rn. 73.

93 BGH FamRZ 2014, 629 = NJW 2014, 1101; ebenso OLG Brandenburg FamRZ 2013, 1729 = BeckRS 2012, 16681; NJOZ 2015, 1793 = BeckRS 2015, 02234; OLG Rostock FuR 2015, 362 = BeckRS 2015, 03673 = FamRZ 2015, 410 mablAnm Borth.

chen Amtsermittlungsgrundsatzes (§ 26 FamFG) der Ansicht, dass es – wie allgemein in Fällen der Inhaltskontrolle von Eheverträgen – zunächst die **Sache der Ehegatten** ist, eine evident einseitige und unzumutbare Lastenverteilung durch die vertragliche Gestaltung **vorzutragen,** um auf diese Weise den Tatrichter in die Prüfung eintreten zu lassen. Diese Handhabung korrespondiert mit der Praxis des § 27 VersAusglG; auch hier erforscht das Familiengericht – trotz des § 26 FamFG – nicht von sich aus das Vorliegen von **Härtegründen.**[95] Regelmäßig ist deshalb der **insgesamt Benachteiligte** über die bloße Verfahrensförderungspflicht nach § 27 FamFG hinaus gehalten, von sich aus durch entsprechenden Sachvortrag Tatsachen mitzuteilen, aus denen sich schlüssige Verdachtsmomente seiner einseitigen, schweren Benachteiligung ergeben.[96] Ansonsten kommt eine Prüfung durch den Tatrichter ohne einen ansatzweisen Vortrag eines Beteiligten nur in Betracht, wenn sich Anhaltspunkte für eine evident einseitige und unzumutbare Lastenverteilung **aus den Verfahrensakten aufdrängen** und **auf der Hand liegen (= Sachverhaltsumstände).**[97] Solche Anhaltspunkte sind Hinweise auf Verstöße gegen von der Rspr. und der Lit. entwickelte, **typische Unwirksamkeitsfallgruppen.**[98] Bei anwaltlich vertretenen Ehegatten ist das Gericht regelmäßig nicht gehalten, von sich aus eine Inhalts- und Wirksamkeitskontrolle vorzunehmen.[99]

Allerdings gebietet es die Amtsermittlungspflicht nicht, zur Vorbereitung einer (präventiven) Ausübungs- und Wirksamkeitskontrolle stets die ansonsten erforderlichen **Auskünfte bei den Versorgungsträgern** einzuholen,[100] und auf deren Grundlage im Rahmen einer „Vorprüfung" eine **„Ausgleichsbilanz"** zu erstellen. Gleiches gilt für

---

94 Wick FuR 2010, 301; Wick FPR 2009, 219 (220) unter Verweis auf das vergleichbare Geltendmachen von Härtegründen (hierzu auch BGH NJW 2001, 3335 (3336) = FamRZ 2001, 1447); Rotax ZFE 2009, 453 (459 f.); Brüggen MittBayNot 2009, 337 (345); Brambring FS Kanzleiter, 2010, 101 (109); Brambring EheV und Vermögenszuordnung Rn. 90; Reetz, NotarFormulare Versorgungsausgleich, 2013, Rn. 71 ff.; Schwamb in Göppinger/Börger Ehescheidung Teil 3 Rn. 30; Münch FamR § 4 Rn. 246; Johannsen/Henrich/Hahne, 5. Aufl. 2010, § 6 Rn. 1 aE; Palandt/Brudermüller § 6 Rn. 5 und Vor Rn. 13; BeckFormB FamR/Bergschneider/Weil Form. K.I.1. Anm. 3; Weil FPR 2010, 450 (454).
95 Vgl. BGH FamRZ 2014, 105 = NJW 2014, 61; ebenso Wick Der Versorgungsausgleich Rn. 787.
96 Vgl. NK-BGB/Götsche § 6 Rn. 58; Sarres FamFR 2012, 29 (30); das OLG Brandenburg FamRZ 2013, 1729 = BeckRS 2012, 16681 stellt strenge Anforderungen an eine substantiierte Darlegung.
97 BGH FamRZ 2014, 629 = NJW 2014, 1101; ebenso OLG Brandenburg NJOZ 2015, 1793 = BeckRS 2015, 02234; OLG Brandenburg FamRZ 2013, 1729 = BeckRS 2012, 16681; Palandt/Brudermüller § 6 Rn. 5; BeckOK BGB/Bergmann § 6 Rn. 2; Hauß/Eulering, Versorgungsausgleich und Verfahren in der Praxis, 2009, Rn. 162; Münch FPR 2011, 504 (506 f.).
98 Johannsen/Henrich/Hahne, 5. Aufl. 2010, § 6 Rn. 1; BeckOK BGB/Bergmann § 6 Rn. 2; NK-BGB/Götsche § 6 Rn. 58; Hauß FPR 2011, 28 (30); Münch FamRB 2010, 51 (55 f.); wohl auch Wick FuR 2010, 301; vgl. zB für den Fall der Schwangerschaft OLG Brandenburg NotBZ 2011, 127 = NJOZ 2010, 2496.
99 Schulz/Hauß Vermögensauseinandersetzung Rn. 1.
100 OLG Rostock FuR 2015, 362 = BeckRS 2015, 03673 = FamRZ 2015, 410 mablAnm Borth; OLG Brandenburg FamRZ 2013, 1729 = BeckRS 2012, 16681; BeckOK BGB/Bergmann § 6 Rn. 2; Palandt/Brudermüller § 6 Rn. 5 mwN; Wick FPR 2009, 219 (220); Bergmann FamRZ 2015; 924; aA offenbar OLG München FamRZ 2011, 1813.

das Anfordern der **VA-Fragebögen** von den Parteien.[101] Dies kommt einer amtsseitigen Vorermittlung zur Herbeiführung von Verdachtsmomenten gleich.[102]

Der Amtsermittlungsgrundsatz ist nach alledem im Zusammenhang der versorgungsausgleichsrechtlichen Inhaltskontrolle nach Abs. 1 als **Anlasskontrolle** („Veranlassungsprinzip") zu begreifen.[103]

Das Prinzip der Anlasskontrolle ist „vereinbarungsfreundlich" und wird zugleich dem Verweischarakter des § 8 Abs. 1 VersAusglG auf die Praxis der Inhaltskontrolle unter bewusster Abwendung von § 1587o BGB aF am ehesten gerecht.[104] Zudem ist zu berücksichtigen, dass im Grundsatz von der Wirksamkeit der notariell vereinbarten Regelungen der Ehegatten auszugehen ist, da nur in Ausnahmefällen ein Unwirksamkeitsgrund zu bejahen sein wird;[105] Inhaltskontrolle ist insoweit **„Missbrauchskontrolle"** als Korrektiv zur Richtigkeitsgewähr privatautonomer Vereinbarungen

b) Kernbereich

Im Rahmen der (abstrakten) **Kernbereichsabstufung** gehört der **Versorgungsausgleich** infolge seiner sozial realitätsbezogenen Einordnung als **vorweggenommener Unterhalt wegen Alters** (vgl. § 1571 BGB) auf die **zweite Stufe**; das gilt auch seit Inkrafttreten des VersAusglG. Vereinbarungen zum (entschädigungslosen) Global- oder Totalausschluss werden daher weiterhin und im Ergebnis **nach denselben Kriterien** geprüft werden **wie ein Verzicht auf Altersunterhalt** ohne hinreichende Kompensation.[106] Der Versorgungsausgleich ist aus der Sicht der Kernbereichsabstufung weniger vermögens- bzw. güterechtsbezogen, sondern **überwiegend unterhaltssichernd,** nämlich als ehezeitbezogene Teilhabe zur Absicherung des wiederkehrenden Unterhaltsbedarfs bei Alter oder Invalidität zu verstehen.[107] Diese Einordnung bringt den Versorgungsausgleich als Scheidungsfolge trotz des Ausgleichs von „Vorsorgevermögen" in den **„Unterhaltsverbund".**

---

101 OLG Rostock FuR 2015, 362 = BeckRS 2015, 03673 = FamRZ 2015, 410 mablAnm Borth und zust. Anm Bergmann FamRZ 2015, 924; BeckOK BGB/Bergmann § 6 Rn. 2.
102 So iErg auch Johannsen/Henrich/Holzwarth Rn. 1.
103 BGH FamRZ 2014, 629 = NJW 2014, 1101; zuvor bereits Bergschneider RNotZ 2009, 457 (466); Hahne FamRZ 2009, 2041 (2043); Johannsen/Henrich/Hahne, 5. Aufl. 2010, Rn. 1 aE; Johannsen/Henrich/Holzwarth Rn. 1; Palandt/Brudermüller § 6 Rn. 5; Schwamb in Göppinger/Börger Eheschei-dung Teil 3 Rn. 30; mit überzeugenden Argumenten Wick Der Versorgungsausgleich Rn. 787; Hauß/Bührer Versorgungsausgleich Rn. 329; Reetz, NotarFormulare Versorgungsausgleich, 2013, Rn. 73; Münch Ehebezogene Rechtsgeschäfte Rn. 2995 ff.; Münch FPR 2011, 504 (506 f.); zur Anlasskontrolle bei Vorliegen von Härtegründen (heute § 27) bereits BGH NJW 2001, 3335 (3336).
104 Vgl. BGH FamRZ 2014, 629 = NJW 2014, 1101.
105 Ausdrücklich OLG Rostock = FamRZ 2015, 410 = FuR 2015, 362 = BeckRS 2015, 03673.
106 Vgl. BGHZ 158, 81 (98) = FamRZ 2004, 601 = NJW 2004, 930 (934); BGH NJW 2005, 137 = FamRZ 2005, 26 (27); NJW 2005, 139 = FamRZ 2005, 185 (187); FamRZ 2008, 582 = NJW 2008, 1080; NJW 2008, 3426 = FamRZ 2008, 2011 (2013); NJW 2009, 2124 = FamRZ 2009, 1041 (1043); ähnl. auch OLG Brandenburg BeckRS 2013, 05310 = FamRZ 2013, 1893 (Ls.); Bergschneider Eheverträge 69.
107 BGH FamRZ 2014, 629 = NJW 2014, 1101; OLG Hamm NotBZ 2012, 390 = BeckRS 2012, 01678; s. auch Johannsen/Henrich/Holzwarth VersAusglG § 8 Rn. 5; Reetz, Notarformulare Versorgungsausgleich, 2013, VersAusglG § 8 Rn. 74.

Die abstrakt hochrangige Einstufung sieht der BGH[108] auch dadurch veranlasst, dass die **Ansammlung von Vorsorgevermögen** – gerade in den Regelsicherungssystemen (vgl. § 32 VersAusglG) – der wirtschaftlichen Dispositionen der Ehegatten weitgehend entzogen ist und auf diese Weise sichergestellt werden soll, dass das gebildete Vermögen entsprechend seiner Zweckbestimmung für die Absicherung bei Alter oder Invalidität tatsächlich zur Verfügung steht. Die „Vereinbarungsfreundlichkeit" als Regelungsziel des VersAusglG hat die Kernbereichseinstufung des Versorgungsausgleichs durch die Rspr. bisher erkennbar nicht beeinflusst.

Die abstrakt hochrangige Einstufung bedeutet jedenfalls, dass Vereinbarungen mit einseitig belastendem Ausschlusscharakter in einem besonderen Maße durch die **individuelle Gestaltung der ehelichen Lebensverhältnisse** mit Blick auf die **Altersvorsorgebiografie** und auch unter Beachtung der berechtigten Belange des begünstigten Ehegatten gerechtfertigt sind und im Gesamtergebnis eine hinnehmbare und **gerechtfertigte Lastenverteilung** darstellen muss.[109]

Ob und inwieweit die vergleichsweise strengen Anforderungen an die Disponibilität auch **Modifikationen des Versorgungsausgleichs** (also Teilausschlüsse) betreffen, die in ihren Wirkungen deutlich unterhalb eines Totalausschlusses liegen, ist in Einzelheiten unklar.[110] Der BGH[111] stellt jedoch regelmäßig heraus, dass Gestaltungen, die die Grenze eines **Ausgleichs „ehebedingter Versorgungsnachteile"** beachten, immer möglich sind. Maßstab einer einseitigen Benachteiligung ist jedenfalls auch im Bereich des Versorgungsausgleichs nicht der **Halbteilungsgrundsatz**.[112]

c) Versorgungsausgleich in der Wirksamkeitskontrolle

Unter **Berücksichtigung der hohen Kernbereichseinstufung** gelten für die Wirksamkeitskontrolle nach § 138 Abs. 1 BGB keine spezifischen Besonderheiten für den Versorgungsausgleich. Allerdings zeigt die Rspr. deutlich, dass zur Vermeidung einer objektiven Benachteiligung typengerechte Verträge vorausgesetzt, wenn nicht gar verlangt werden. Das entspricht dem Anspruch notarieller Gestaltung. Hiernach ist der vereinbarte Ausschluss des Versorgungsausgleichs – trotz der hohen Einstufung dieser Scheidungsfolge – für sich genommen dann nicht sittenwidrig (§ 138 Abs. 1 BGB), wenn beispielsweise in einer **„partnerschaftlichen Doppelverdienerehe"** im **Zeitpunkt des Vertragsschlusses** für beide Ehegatten redlicherweise nicht absehbar war, ob, wann und unter welchen wirtschaftlichen Gegebenheiten für den verzichtenden Ehegatten im Alter signifikante und verbleibende Lücken in der Versorgung entstehen und verbleiben könnten (= verbleibende Nachteile in der Versorgungsbiographie),[113] die **ehebedingt** sind. Dies gilt insbesondere dann, wenn beide Ehegatten bei

---

108 BGH FamRZ 2014, 629 = NJW 2014, 1101; NJW 2013, 457 = FamRZ 2013, 269.
109 Vgl. BGH NJW 2008, 1076 = FamRZ 2008, 386 f.; Reetz, Notarformulare Versorgungsausgleich, 2013, VersAusglG § 8 Rn. 74; zusf. Hahne FamRZ 2009, 2041 (2044).
110 Vgl. Reetz, Notarformulare Versorgungsausgleich, 2013, VersAusglG § 8 Rn. 75.
111 BGH FamRZ 2014, 629 = NJW 2014, 1101.
112 Ebenso NK–BGB/Götsche, 2. Aufl. 2010, VersAusglG VersAusglG § 8 Rn. 7.
113 BGH FamRZ 2008, 582 = NJW 2008, 1080; FamRZ 2005, 691 (692) = NJW 2005, 1370; Reetz, Notarformulare Versorgungsausgleich, 2013, VersAusglG § 8 Rn. 80.

Vertragsschluss für die Zukunft und für die Rollenverteilung in ihrer Ehe davon aus-
gingen und auch ausgehen durften, dass sie weiterhin (sozialversicherungsrelevante)
Erwerbseinkünfte erzielen werden und deshalb der Ausbau der Altersversorgung jeweils durch die eigene Erwerbstätigkeit sichergestellt ist.[114]

Findet der Ausschluss (vgl. § 6 Abs. 1 S. 1 Nr. 2 VersAusglG) im Rahmen eines vorsorgenden Ehevertrags zu einem Zeitpunkt statt, der als sehr weit von einem denkbaren Renteneintritt der Ehegatten bezeichnet werden kann („**rentenferne Jahr-
gänge**"), ist zudem zu berücksichtigen, dass die Annahmen der Ehegatten zu ihrem
beiderseitigen Anrechteerwerb vor und nach einer denkbaren Scheidung selten als
anfänglich unrealistisch zu bewerten sein werden. Eine daran anknüpfende Ausschlussvereinbarung wird man deshalb auf den Zeitpunkt ihres Zustandekommens
betrachtet, kaum als sittenwidrig einstufen können (= keine Vorhersehbarkeit einseitiger Lastenverteilungswirkung).[115]

Erst recht ist es bei einer gescheiterten **partnerschaftlichen Doppelverdienerehe**
kein geeigneter Ansatz zur Sittenwidrigkeitsprüfung, wenn beide Ehegatten ihr **ge-
plantes Ehemodell tatsächlich verwirklicht** und deshalb beide ihre eigene Altersversorgung „plankonform" auf- oder ausgebaut haben, der eine Ehegatte aber aus
nicht ehebedingten Gründen deutlich mehr Versorgungsanrechte erworben hat und
deshalb im Alter evident besser dastehen wird.[116]

Sittenwidrigkeit einer Ausschlussvereinbarung ist hingegen anzunehmen, wenn der
objektive Gehalt einer ehevertraglichen Gesamtregelung erkennbar auf eine **einseitige Benachteiligung** eines Ehegatten angelegt ist und der **Ausschluss kompensa-
tionslos** bleibt (und auf der subjektiven Seite eine ungleiche Verhandlungsposition
ausgenutzt wird).[117] Ein solcher Fall liegt mit Blick auf den Versorgungsausgleich
vor (= Prüfung der Einzelklausel), wenn in einer „**Alleinverdienerehe**"[118] der Ausschluss dazu führt, dass ein Ehegatte auf Grund des bereits beim Vertragsschluss ge-
planten (oder zu diesem Zeitpunkt schon verwirklichten) Zuschnitts der Ehe über
keine hinreichende Alterssicherung verfügt und verfügen wird. Häufig wird in einem
solchen Fall ein Sachverhalt zugrunde liegen, in dem ein Ehegatte – wie bereits im
Zeitpunkt des Vertragsschlusses geplant oder gar verwirklicht – der Betreuung der
gemeinsamen Kinder widmet und deshalb auf eine versorgungsbegründende Erwerbstätigkeit in der Ehe verzichtet.[119] Die Ausschlussvereinbarung ist in einer solchen Konstellation mit dem Gebot ehelicher Solidarität schlechthin unvereinbar, falls

---

114 Vgl. BGH DNotZ 2017, 870 = FamRZ 2017, 884 = NJW 2017, 1883; s. auch Reetz, Notarformulare
     Versorgungsausgleich, 2013, VersAusglG § 8 Rn. 80.
115 Zu einer Scheidungsvereinbarung OLG Hamm FamRZ 2013, 1311 mwN = FamFR 2013, 249 m Anm
     Holzwarth; s. auch Reetz, Notarformulare Versorgungsausgleich, 2013, VersAusglG § 8 Rn. 80.
116 So iErg auch BGH FamRZ 2014, 629 = NJW 2014, 1101.
117 Im Fall BGH FamRZ 2009, 2011 mAnm Bergschneider war die Ehefrau bei Vertragsschluss im neun-
     ten Monat schwanger, die Berufsaufgabe wegen Kinderbetreuung war absehbar und der Vertragsent-
     wurf ist erstmals in der notariellen Verhandlung bekannt gegeben worden; s. auch BGH NJW 2009,
     2124 = FamRZ 2009, 1041 mAnm Bergschneider.
118 Die Bezeichnung verwendet BGH FamRZ 2014, 629 = NJW 2014, 1101.
119 So ausdr. BGH FamRZ 2014, 629 = NJW 2014, 1101 unter Hinweis auf BGH NJW 2008, 3426 =
     FamRZ 2008, 2011.

keine geeignete Kompensation erfolgt.[120] Die Ausschlussgestaltung führt hier zwangsläufig zu einer (bleibenden) ehebedingten **Lücke in der Versorgungsbiografie.**

In Fällen der **Funktionsäquivalenz von Versorgungs- und Zugewinnausgleich**, in denen ein Ehegatte als Selbstständiger voraussichtlich seine Altersversorgung durch Bildung von grundsätzlich dem Zugewinnausgleich unterfallenden Vermögen betreiben wird, während der andere Ehegatte voraussichtlich zur Altersversorgung lediglich Anrechte erwerben wird, die dem Versorgungsausgleich unterliegen, führt der ehevertragliche Ausschluss des Zugewinnausgleichs unter Beibehaltung des Versorgungsausgleichs zum **einseitigen Ausschluss eines Ehegatten von der Teilhabe an der Altersvorsorge** des anderen im Scheidungsfall. In einem solchen Fall liegt – objektiv – eine einseitige Lastenverteilung vor.[121]

d) Versorgungsausgleich in der Ausübungskontrolle

Ein wirksam vereinbarter (Teil-)Ausschluss des Versorgungsausgleichs hält der **Ausübungsprüfung** nicht stand, wenn er dazu führt, dass ein Ehegatte aufgrund der Änderung der gemeinsamen Lebensumstände über keine hinreichende Alterssicherung verfügt und dieses Ergebnis mit dem **Gebot ehelicher Solidarität** schlechthin unvereinbar ist.[122] Spezifische Besonderheiten gelten insoweit für den Versorgungsausgleich nicht.

Der im Einzelfall erforderlichen Anpassung kann der Ausgleichsverpflichtete jedenfalls nicht entgegenhalten, der Berechtigte habe es selbstverschuldet unterlassen, in der Ehezeit eigene Anrechte zu erwerben, wenn die Veränderung der Lebensumstände schicksalhaft oder auf einer gemeinsamen Lebensplanung beruht oder vom Ausgleichspflichtigen **geduldet** oder gar **gebilligt** worden ist.[123]

Kommt es zur **Anpassung** (§ 8 Abs. 1 Alt. 2 VersAusglG iVm §§ 242, 313 BGB) ist es auch im Bereich des Versorgungsausgleichs **regelmäßig sachgerecht,** diesen nicht etwa in vollem Umfang durchzuführen, sondern **nur die ehebedingten Versorgungsnachteile** des benachteiligten Ehegatten **auszugleichen.**[124] Die am Nachteilsausgleich orientierte Anpassung korrigiert die mit einem wirksamen (Teil-) Ausschluss ursprünglich verfolgte Absicht der Ehegatten bei einer später abweichenden Lebensgestaltung gegenüber der vorgestellten Lebensplanung am **Maßstab der Verhältnismäßigkeit.**[125]

Der BGH lässt damit auch für die Scheidungsfolge „Versorgungsausgleich" den ursprünglichen Willen der Ehegatten derart bestehen, dass der verzichtende Ehegatte

120 Vgl. insbes. BGH NJW 2008, 3426 = FamRZ 2008, 2011; Borth Versorgungsausgleich, 6. Aufl. 2011, Rn. 934; Brambring EheV und Vermögenszuordnung Rn. 90.
121 OLG Karlsruhe NZFam 2015, 126 = FamRZ 2015, 500 = RNotZ 2015, 220 (nrkr).
122 BGH FamRZ 2013, 770 = NJW 2013, 1359; NJW 2005, 139 = FamRZ 2005, 185 (187).
123 So ausdr. der Ls. von BGH FamRZ 2013, 770 = NJW 2013, 1359.
124 BGH FamRZ 2013, 770 = NJW 2013, 1359; NJW 2005, 137 = FamRZ 2005, 26; NJW 2005, 139 = FamRZ 2005, 185 (187); s. auch Reetz, Notarformulare Versorgungsausgleich, 2013, VersAusglG § 8 Rn. 87 mwN.
125 Vgl. Reetz, Notarformulare Versorgungsausgleich, 2013, VersAusglG § 8 Rn. 87.

jedenfalls nicht an der Versorgung des insgesamt höherwertig versorgten Ehegatten hälftig teilhat. Maßstab der Anpassung ist vielmehr eine „**hypothetische Versorgungsbiografie**" (unter Einbeziehung typischer Karriereentwicklungen) des benachteiligten Ehegatten, die anhand von Rentenberechnungen aufzustellen ist.[126] Neuerdings verwendet der BGH auch die Figur eines von den Ehegatten „**beabsichtigten Versorgungskonzepts**" als Maßstabsversorgung. Jedenfalls ist § 287 ZPO zur Feststellung des ehebedingten Versorgungsnachteils und der „hypothetischen Versorgungsbiographie" anwendbar,[127] **ggf.** sind **gutachterliche Feststellungen** erforderlich.[128] Es werden dann – einzelanrechtsbezogen und im Rahmen der einzelnen Ausgleichswerte – derart viele Anteile von Anrechten übertragen, bis der ehebedingte Versorgungsnachteil hinlänglich ausgeglichen ist. Die **Obergrenze des Ausgleichs** durch Anpassung ist immer die Höhe des Anspruchs bei uneingeschränkter Durchführung des Versorgungsausgleichs.[129]

Zeitlich vor dem Stichtag der Eheschließung, aber gerade im Hinblick auf die Eingehung der Ehe, **bereits vorgenommene Veränderungen der Versorgungsbiografie** (einschließlich der Berufsaufgabe infolge der vorehelichen Geburt gemeinsamer Kinder), die nach der Scheidung letztlich als Versorgungsnachteil verbleiben, sind mit dem vorehelichen Anteil des erlittenen Nachteils nicht zu berücksichtigen.[130] Dies entspricht dem Grundsatz, dass allein das Zusammenleben in nichtehelicher Lebensgemeinschaft vor der Eheschließung keine rechtlich gesicherte Position begründet.[131]

Als **Fälle relevant abweichender Lebensgestaltung** gegenüber der vorgestellten Lebensplanung im Zeitpunkt des Vertragsschlusses (in vorsorgenden Eheverträgen) gelten im Rahmen der **Ausübungskontrolle** zum Versorgungsausgleich:[132]

- beide Ehegatten wollten eigentlich immer erwerbstätig sein;[133]

- die spätere, jedoch zunächst ausgeschlossene **Berufsaufgabe der Frau** (zB wegen der Betreuung gemeinsamer Kinder / Pflege eines Familienangehörigen / berufsbedingter (Mit-)Umzug des Ehegatten in eine andere Stadt);[134]

---

126 Vgl. BGH FamRZ 2008, 582 = NJW 2008, 1080; Bergschneider Eheverträge 31 f.; Borth Versorgungsausgleich, 6. Aufl. 2011, Rn. 935 f.; zusf. Reetz, Notarformulare Versorgungsausgleich, 2013, VersAusglG § 8 Rn. 88; BeckFormB FamR/Bergschneider/Weil Form. K.I.1. Anm. 3.

127 BGH NJW 2013, 380; Borth Versorgungsausgleich, 6. Aufl. 2011, Rn. 936; Reetz, Notarformulare Versorgungsausgleich, 2013, VersAusglG § 8 Rn. 88.

128 Vgl. Wick FuR 2010, 301 (305); Reetz, Notarformulare Versorgungsausgleich, 2013, VersAusglG § 8 Rn. 88.

129 Vgl. BGH FamRZ 2013, 770 = NJW 2013, 1359; Hahne in Schriften zum Notarrecht 44, 111 (115); s. das Berechnungsbeispiel bei Borth Versorgungsausgleich, 6. Aufl. 2011, Rn. 936; s. auch Reetz, Notarformulare Versorgungsausgleich, 2013, VersAusglG § 8 Rn. 89 f.

130 Ausdr. für den Versorgungsausgleich BGH FamRZ 2013, 770 = NJW 2013, 1359 unter Weiterentwicklung der Beschlüsse BGH NJW 2012, 1506 = FamRZ 2012, 776; FamRZ 2013, 860 = NJW 2013, 1444 mAnm Born; die zeitliche Grenze der Eheschließung verwischt hingegen OLG Brandenburg FamRZ 2013, 1893 (Ls.); s. auch Reetz, Notarformulare Versorgungsausgleich, 2013, VersAusglG § 8 Rn. 88.

131 BGH FamRZ 2013, 860 = NJW 2013, 1444 (1445) für den nachehelichen Unterhalt.

132 Zusf. zu den diversen Fallgruppen Reetz, Notarformulare Versorgungsausgleich, 2013, VersAusglG § 8 Rn. 91 mwN.

133 BGH NJW 2007, 2851 = FamRZ 2007, 1310 (ein Ehegatte selbstständig, der andere angestellt); OLG Frankfurt FamRZ 1997, 1450.

- die (letztlich auch versorgungsgeeigneten) **Vermögensverhältnisse beider Ehegatten** erschienen zunächst gesichert und verschlechtern sich deutlich;[135]
- beträchtliche **Altersversorgungen** waren bei Eheschließung **bereits erworben** und fallen später weg;[136]
- anfänglich realistische Vorstellung über den Aufbau einer jeweils eigenen Altersversorgung zerschlagen sich;[137]
- **Erkrankung** eines Ehegatten;[138]
- allgemein das Nichtleisten von versprochenen Kompensationsleistungen.[139]

Trotz **relevanter abweichender Lebensgestaltung** gegenüber der vorgestellten Lebensplanung im Zeitpunkt des Vertragsschlusses (in vorsorgenden Eheverträgen) können vertragliche Ausschlussgestaltungen ohne Anpassung und ohne vereinbarte Kompensation Bestand haben, wenn[140]

- der benachteiligte Ehegatte bereits vorehelich einen signifikanten Teil seiner Altersvorsorge erworben hatte und nach den Regeln des Ehevertrags – wenn auch eingeschränkt – ausbauen kann;[141]
- die Unterbrechung der Erwerbstätigkeit durch den Erwerb von **Kindererziehungszeiten** in der gesetzlichen Rentenversicherung kompensiert ist (anders möglicherweise, wenn die Unterbrechung deutlich länger als drei Jahre andauert);[142]
- ein **hoher Geldbetrag** gezahlt wurde, den der betreffende Ehegatte zur Alterssicherung hätte verwenden können;[143]
- in der Alters-Differenzehe als Zweitehe der begünstigte Ehegatte ein erhebliches Interesse daran hat, dass seine Versorgung durch eine Scheidung nicht weiter geschmälert wird („**berechtigtes Interesse**").[144]

Ein lediglich nicht ehebedingter, **unterschiedlicher Anrechteerwerb in der Ehezeit**, rechtfertigt für sich betrachtet keine Anpassung.[145]

---

134 Vgl. OLG Koblenz RNotZ 2009, 487 (Auswirkung der Geburt eines Kindes auf Ausschluss des Versorgungsausgleichs bei ursprünglich beabsichtigter Kinderlosigkeit); ebenso OLG Düsseldorf FamRZ 2006, 347 = NJW 2006, 2049; OLG Dresden FamRZ 2006, 1546 (1547) = BeckRS 2008, 24689; OLG Schleswig FamRZ 2007, 1891 (1893) = NJW-RR 2007, 1012.
135 Vgl. OLG Braunschweig FamRZ 2005, 2071 = BeckRS 2008, 26262; OLG Brandenburg FamRZ 2007, 736 (737) = NJW-RR 2007, 226 zu Unternehmensgewinnen.
136 BGH FamRZ 2005, 691 = NJW 2005, 1370.
137 OLG München FamRZ 2003, 376 = MittBayNot 2003, 226; OLG Karlsruhe FamRZ 2007, 477 (478) = BeckRS 2006, 11976.
138 BGH FamRZ 2008, 582 = NJW 2008, 1080.
139 Vgl. BGH NJW 2005, 2386 = FamRZ 2005, 1444 (1449).
140 Zusf. Ruland Versorgungsausgleich Rn. 890; zu den diversen Fallgruppen auch Reetz, Notarformulare Versorgungsausgleich, 2013, VersAusglG § 8 Rn. 92 mwN.
141 Vgl. BGH NJW 2005, 1370 = FamRZ 2005, 691 mAnm Bergschneider.
142 Nicht-Pflichtversicherte erwerben ebenfalls EP in der gRV, zu den entsprechenden Regelungen für Beamtinnen (Bund) gilt die Elternzeitverordnung (EltZV).
143 AG Mönchengladbach-Rheydt FamRZ 2007, 1026 (1027) = BeckRS 2007, 11190; Ruland Versorgungsausgleich Rn. 890.
144 OLG Saarbrücken FamRZ 2008, 1189 (1190) = BeckRS 2007, 18783: Fall eines entschädigungslosen Ausschlusses zwischen zwei berufstätigen Ehegatten ohne Kinder.

7. Auswahl von höchst- und obergerichtlichen Entscheidungen mit Bezug zu Vereinbarungen

Abschließend sollen zumindest einige höchst- und obergerichtliche Entscheidungen mit Bezug zu Versorgungsausgleichsvereinbarungen nach § 6 VersAusglG aufgelistet werden, und zwar auch soweit sie im Vortrag nicht ausdrücklich angesprochen werden konnten. Die Auswahl der Entscheidungen ist im gleichen Maße willkürlich, wie die für den Vortrag ausgewählten Themen mit Bezug zum „neuen" Versorgungsausgleich:

- Anrechte mit Kapitalwahlrechten und planwidriger Nichtausgleich bei Gütertrennung bzw. „modifiziertem Zugewinngemeinschaft"

BGH, Beschl. v. 18. 4. 2012 – XII ZB 325/11, FamRZ 2012, 1039 (1040)

- Übergabe-, Betriebsveräußerungs- und vergleichbare Austauschverträge gegen „Verrentung des Kaufpreises"

BGH, Beschl. v. 21.11.2013 - XII ZB 403/12, FamRZ 2014, 282 = MittBayNot 2014, 339

- Inhaltskontrolle (§ 8 Abs. 1 VersAusglG, § 26 FamFG) als Anlasskontrolle („Veranlassungsprinzip")

BGH, Beschl. v. 29.01.2014 - XII ZB 303/13, FamRZ 2014, 629 = DNotI-Report 2014, 44 = DNotZ 2014, 361

- Saldierungsvereinbarungen unter Einbeziehung der BeamtV und der gRV

BGH, Beschl. v. 30. 4. 2014 - XII ZB 668/12, DNotZ 2014, 630 = FamRZ 2014, 1179

- § 47 Abs. 2 VersAusglG (= korrespondierender Kapitalwert) - „Verrechnen" von Ausgleichswerten

BGH, Beschl. v. 16.12.2015 - XII ZB 450/13, NJW 2016, 1166 = FamRZ 2015, 697

- Vereinbarung eines „fiktiven Ehezeitendes" für den Versorgungsausgleich (§§ 3 Abs. 1, 5 Abs. 2 S. 1 VersAusglG)

OLG Frankfurt, Beschl. v. 12.10.2016 - 4 UF 118/13, FamRZ 2017, 881 = BeckRS 2016, 110806

- kapitalgedeckte betriebliche Anrechte - „Wertverzehr" nach Ehezeitende

BGH, Beschl. v. 17.2.2016 – XII ZB 447/13, Z 209, 32 = FamRZ 2016, 775

- geringwertige Anrechte (§ 18 VersAusglG) in der Gesamtsaldierung bzw. Gesamtbilanz nach § 31 VersAusglG beim Tod des geschiedenen Ehegatten

BGH, Beschl. v. 22.3.2017 – XII ZB 385/15, NJW 2017, 3226 = FamRZ 2017, 960

---

145 Vgl. etwa BGH FamRZ 2014, 629 = NJW 2014, 1101; OLG Koblenz BeckRS 2004, 05457 = FamRZ 2005, 40 (Ausschluss trotz Kinderwunsch).

* Vereinbarungen im Zusammenhang mit § 33 VersAusglG (Aussetzung der Kürzung)

Borth, FamRZ 2012, 1571 unter Hinweis auf BGH, Urt. v. 25. 1. 2012 – XII ZR 139/09, FamRZ 2012, 525 = NJW 2012, 1209.

Übergabe und Betreuung

von Notar Prof. Dr. Dr. Herbert Grziwotz, Regen

I. Demographische Entwicklung und Demenz

1. Zunahme der Demenzerkrankungen

Über den demographischen Wandel in Deutschland ist sehr viel geschrieben worden.[1] Sicher ist, dass in unserem Land immer weniger junge und immer mehr alte Menschen leben („Gesellschaft der Hundertjährigen").[2] Dabei nimmt die Lebenserwartung weiter zu.[3] Bis 2030 wird jeder Dritte (33 %) mindestens 65 Jahre oder älter sein.[4] Die Alterung schlägt sich besonders gravierend in den Zahlen der Hochbetagten nieder. 2013 lebten 4,4 Mio. 80-Jährige und Ältere in Deutschland; dies entsprach 5 % der Bevölkerung. Ihre Zahl wird bis 2030 wachsen und 2060 wird bereits jeder Achte 80 Jahre und älter sein.[5] In der älter werdenden Gesellschaft nehmen auch die Demenzerkrankungen zu. Sie stellen in steigendem Maß ein gesellschaftliches Problem dar.[6] Aufgrund des medizinischen Fortschritts und der damit verbundenen weitgehenden Abwesenheit anderer tödlicher Krankheiten wird „jeder Mensch früher oder später an Demenz leiden".[7] Bereits zwischen dem 50. und 60. Lebensjahr nimmt das Gehirnvolumen um ca. zehn Prozent ab; zugleich wird es um fünf bis zehn Prozent leichter. Der präfrontale Cortex (Planen, Arbeitsgedächtnis, Organisieren) und der Hippocampus (Langzeitgedächtnis, Speichern von Informationen) sind von den Veränderungen beim Älterwerden am stärksten betroffen. Zudem hat der Abbau der weißen Substanz eine Abnahme der Denkgeschwindigkeit zur Folge.[8] Demenzielle Erkrankungen können zwar in jedem Lebensalter auftreten, nehmen aber im Alter zu. Leidet nur ein Prozent der 60-Jährigen darunter, sind es bei den 75-Jährigen schon sieben Prozent und bei den 85-Jährigen ungefähr 30 Prozent.[9] Mittelfristig wird jede dritte Person, die das Rentenalter erlebt, später an Demenz erkranken.[10] Die häufigste

1   S. nur den Bestseller von *Schirrmacher,* Das Methusalem-Komplott, 2005, S. 45 ff.; dagegen *Strange,* Keine Angst vor Methusalem, 2006, S. 111 ff. S. dazu *Byrant,* in: APuZ 10–11/2011, 40/45 f.

2   S. *Kühn,* in: bpb v. 29.8.2017, abrufbar unter http://www.bpb.de/politik/innenpolitik/demografischer-wandel/196911/fertilitaet-mortalitaet-migration (Stand: 16.5.2018) u. *Schwentker/Vampel,* in: APuZ 10-11/2011, 3 f.

3   *Statistisches Bundesamt (Hrsg.),* Bevölkerung Deutschlands bis 2060, 13. koordinierte Bevölkerungsvorausberechnung, 2015, S. 8 u. 17.

4   *Statistisches Bundesamt (Hrsg.),* Bevölkerung Deutschlands bis 2060, 13. koordinierte Bevölkerungsvorausberechnung, 2015, S. 17.

5   *Statistisches Bundesamt (Hrsg.),* Bevölkerung Deutschlands bis 2060, 13. koordinierte Bevölkerungsvorausberechnung, 2015, S. 19 und 56.

6   S. nur *Schmoeckel,* NJW 2016, 433; *Losch,* ZErb 2017, 188/189.

7   So *Fries,* AcP 216, 2016, 421/425.

8   *Aleman,* Wenn das Gehirn älter wird, 2. Aufl. 2014, S. 90.

9   Zu den Zahlenangaben s. *Deutsche Alzheimer-Gesellschaft,* Demenz, 2015, S. 8; *Aleman,* Wenn das Gehirn älter wird, 2. Aufl. 2014, S. 115; *Fries,* AcP 216, 2016, 421/425; *Losch,* ZErb 2017, 188/189.

10 *Fries,* AcP 216, 2016, 421/425.

Form ist die Alzheimer-Demenz, eine neurodegenerative Erkrankung, bei der Nervenzellen absterben.[11] Die vaskuläre Demenz entsteht aufgrund von Durchblutungsstörungen, die zu schlaganfallartigen Verschlechterungen der Hirnleistung führen. Sekundäre Demenzen werden durch nicht-hirnorganische Grunderkrankungen (z.B. Stoffwechselerkrankungen, Alkoholismus, Vergiftungen und Infektionskrankheiten) hervorgerufen.[12]

2. Erkrankung und Geschäftsfähigkeit

Wo liegt die Grenze zwischen bloßer Vergesslichkeit und beginnender Demenz?[13] Die Demenz beginnt mit „leichten kognitiven Beeinträchtigungen" (LKB = MCI „mild cognitive impairment").[14] Für Juristen entscheidend ist, wann die Erkrankung dazu führt, dass die betreffende Person nicht mehr geschäftsfähig ist.[15] Der Übergang hierbei ist fließend und entzieht sich einer Typisierung in Form klar abgrenzbarer Krankheitsstadien.[16] Bekanntlich litt der 40. Präsident der Vereinigten Staaten Ronald Reagan bereits 1986, bis 1989 war er im Amt, an Alzheimer.[17]

Höchst umstritten ist, ob es bei Demenzkranken lichte Momente (luzide Intervalle) geben kann, in denen die Fähigkeit, Rechtsgeschäfte frei abzuschließen, gegeben ist. Dies wird zunehmend abgelehnt.[18] Es kommt dabei sicherlich auf das Stadium und die Art der Krankheit an. Schwierig wird es für Juristen, wenn – wie im Fall des OLG München –[19] ein Facharzt für Innere Medizin und zwei Ärzte für Neurologie und Psychiatrie ein lichtes Intervall bzw. Schwankungen für möglich halten, aber ärztliche Mitarbeiter einer Klinik für Neurologie dies anders sehen. Der Notar kann bei volljährigen Urkundsbeteiligten, auch wenn diese nach moderner Terminologie

---

11 1906 entdeckt von *A. Alzheimer,* s. dazu nur *Jucker,* in: Frankfurter Allgemeine" v. 13.2.2017, abrufbar unter http://www.faz.net/aktuell/wissen/medizin-ernaehrung/warum-alzheimer-immer-noch-unheilbar-ist-14800590.html (Stand: 16.5.2018).

12 S. zum Ganzen nur *Pschyrembel,* Klinisches Wörterbuch, 267. Aufl. 2017 s. v. Demenz; *Boehm,* Der demenzkranke Erblasser, 2017, S. 31 ff.; *Alzheimer Forschung Initiative e. V.,* Die Alzheimer-Krankheit und andere Demenzen, 5. Aufl. 2016, S. 18 ff. u. Was ist Demenz? Was ist Alzheimer?, abrufbar unter http://www.alzheimerinfo.de/alzheimer/demenz_alzheimer/index.jsp (Stand: 16.5.2018).

13 Zu den Symptomen (Vergesslichkeit, Depression, Gereiztheit, Persönlichkeitsveränderungen, Verlust des Geruchssinns, Halluzinationen, sprachliche Schwierigkeiten, Orientierungslosigkeit, Probleme im Alltag und abnehmende Aktivität) s. nur *Neumann,* Drohende Demenz? 10 wichtige Symptome, die Sie kennen sollten, v. 7.7.2016, abrufbar unter https://www.beuthel.de/blog/drohende-demenz-10-wichtige-symptome (Stand: 16.5.2018) u. https://www.alz.org/dementia/mild-cognitive-impairment-mci.asp (Stand: 16.5.2018).

14 Zur Diagnose s. nur *Aleman,* Wenn das Gehirn älter wird, 2. Aufl. 2014, S. 91 ff. u. *Alzheimer Forschung Initiative e. V.;* Diagnose-Verfahren bei Alzheimer, 3. Aufl. 2015, S. 10 ff.

15 Zu den Phasen der Erkrankung s. *Duning/Johnen,* Leichte kognitive Beeinträchtigung, abrufbar unter https://www.ukm.de/fileadmin/ukminternet/daten/kliniken/neurologie/Forschung/AG_Neurokognition/Duning_Differenzialdiagnose.pdf (Stand: 16.5.2018). Zu einem Fall s. OLG München, Beschl. v. 5.6.2009 – 33 Wx 278, 279/08, DNotZ 2011, 43 = FamRZ 2009, 2033 = MittBayNot 2009, 382 = NJW-RR 2009, 1599.

16 Ausführlich *Wetterling,* ErbR 2014, 94/98 ff. u. kurz *Fries,* AcP 216, 2016, 421/426.

17 *Buijssen,* Demenz und Alzheimer verstehen, 6. Aufl. 2011, S. 124 f. u. kurz *Aleman,* Wenn das Gehirn älter wird, 2. Aufl. 2014, S. 115.

18 So z.B. *Cording,* ZEV 2010, 115/120; s. dazu *Schmoeckel,* NJW 2016, 433/437.

19 OLG München, Beschl. v. 1.7.2013 – 31 Wx 266/12, ZEV 2013, 504.

hochbetagt sind, von deren Geschäftsfähigkeit ausgehen.[20] Nur diesbezügliche Zweifel hat er in der Niederschrift einschließlich der diesbezüglichen Feststellungen zu vermerken (§ 11 Abs. 2 BeurkG).[21] Ausnahmen bestehen nur dann, wenn der Notar, eventuell auch aus einer anderen Tätigkeit, Kenntnis vom Bestehen einer Betreuung mit Einwilligungsvorbehalt hat[22] oder Umstände vorliegen, die ihm Anlass zu einer Prüfung der Geschäftsfähigkeit geben (z.b. hohes Lebensalter, Rollstuhl, weitere körperliche Einschränkungen). Hierbei hat er einzelfallbezogen „mit der gebotenen Sensibilität" vorzugehen.[23] Im Regelfall genügt es, wenn sich der Notar auf ein Gespräch mit auch hochbetagten Beteiligten beschränkt. Neuere Untersuchungen scheinen ohnehin zu belegen, dass die Zahl der Neuerkrankungen möglicherweise sinkt, jedenfalls aber der Ausbruch der Krankheit und damit die Geschäftsunfähigkeit verzögert werden kann.[24]

Ist ein Betriebsinhaber oder Hauseigentümer geschäftsunfähig, ergibt sich für eine notarielle Übergabe zunächst das Problem, dass seine Willenserklärung nichtig ist (§ 105 BGB). Er erhält einen Betreuer, den das Betreuungsgericht bestellt (§ 1896 Abs. 1 S. 1 BGB). Es wird sich bei Geschäftsunfähigkeit aufgrund Demenz regelmäßig um eine Totalbetreuung handeln.[25] Der Betreuer ist in seinem Aufgabenkreis gesetzlicher Vertreter des Betreuten (§ 1902 BGB). Er kann jedoch in Vertretung des Betreuten keine Schenkungen vornehmen, ausgenommen Pflicht- und Anstandsschenkungen sowie Gelegenheitsgeschenke, wenn dies dem Wunsch des Betreuten entspricht und nach seinen Lebensverhältnissen üblich ist (§ 1908i Abs. 2 S. 1 i.V.m. § 1804 BGB).

II. Glücksfall „Vorsorgevollmacht"?

1. Beglaubigte Vorsorgevollmacht – Probleme der betreuungsbehördlichen Beglaubigung

Vollmachten bedürfen grundsätzlich nicht der Form des Rechtsgeschäfts, auf das sich die Vollmacht bezieht (§ 167 Abs. 2 BGB). Auch Generalvollmachten in vermögens-

20 OLG Hamm, Urt. v. 8.7.2015 – 11 U 180/14, RNotZ 2016, 60/64. Zu den Notarkosten bei Zweifeln an der Geschäftsfähigkeit eines Beteiligten s. OLG Düsseldorf, Beschl. v. 11.8.2016 – I-10 W 115/16, NJOZ 2017, 188.

21 S. hierzu nur *Winkler*, BeurkG, 18. Aufl. 2017, § 11 Rn. 14; *Heinemann*, in: Grziwotz/Heinemann, BeurkG, 3. Aufl. 2018, § 11 Rn. 24 u. *Piesga*, in: Armbrüster/Preuß/Renner, BeurkG, 7. Aufl. 2015, § 11 Rn. 15. Krit. aus verfassungsrechtlichen Gründen *Litzenburger*, ZEV 2016, 1 ff.

22 Zum diesbezüglichen Organisationsverschulden s. OLG Frankfurt/M., Urt. v. 6.12.2017 – 4 U 178/16, BeckRS 2017, 144536 = JurionRS 2017, 31248.

23 BGH, Urt. v. 5.12.1995 – XI ZR 70/95, MDR 1996, 348 = NJW 1996, 918; BayObLG, Beschl. v. 28.5.1993 – 1 Z BR 7/93, FamRZ 1994, 593; OLG Frankfurt/M., Beschl. v. 5.9.1995 – 20 W 107/94, FamRZ 1996, 635; OLG Hamm, Urt. v. 8.7.2015 – 11 U 180/14, RNotZ 2016, 60/64; s. auch *Christiandl*, notar 2017, 339 ff.; *Grziwotz*, MDR 2016, 737 ff. u. *Schmoeckel*, NJW 2016, 433 ff.

24 S. nur *Brendler*, in: Frankfurter Allgemeine v. 12.3.2018, abrufbar unter http://www.faz.net/aktuell/wissen/medizin-ernaehrung/alzheimer-demenz-neuerkrankungen-sind-ruecklaeufig-15487276.html (Stand: 16.5.2018).

25 Vgl. BayObLG, Beschl. v. 12.3.1997 – 3 Z BR 47/97, FamRZ 1998, 452 = NJW-RR 1997, 967.

rechtlicher Hinsicht können deshalb formfrei erteilt werden. Sogar eine Befreiung des Bevollmächtigten vom Verbot des Selbstkontrahierens und der Mehrfachvertretung (§ 181 BGB) führt nicht generell zur Einhaltung einer besonderen Form.[26] Bei Grundstücksgeschäften verlangt lediglich die Verfahrensvorschrift des § 29 Abs. 1 S. 1 GBO den Nachweis der Vollmachtsurkunde zumindest in öffentlich beglaubigter Form.[27] Erforderlich ist somit eine schriftliche Vollmacht, bei der die Unterschrift oder das Handzeichen des Vollmachtgebers von einer zuständigen Behörde beglaubigt ist. Dies ist in erster Linie der Notar/die Notarin (§ 129 BGB, § 40 BeurkG). Aber auch ausdrücklich ermächtigte Urkundspersonen bei der nach Landesrecht bestimmten Betreuungsbehörde sind zur öffentlichen Beglaubigung von Unterschriften und Handzeichen auf Vorsorgevollmachten befugt (§ 6 Abs. 2 S. 1 BtBG).[28] Die Kompetenz umfasst somit nicht allgemeine Vollmachten, sondern lediglich solche, die für den Fall der Geschäftsunfähigkeit erteilt werden.[29] Umstritten ist, ob die bloße Bezeichnung als Vorsorgevollmacht genügt,[30] sich aus dem Inhalt der Vorsorgevollmacht die Regelung des Betreuungsfalls ergeben muss[31] oder zusätzlich noch, was praktisch unmöglich ist, der Nachweis des eingetretenen Betreuungsfalls geführt werden muss.[32] Bedeutung hat diese Streitfrage, da Beglaubigungen außerhalb der Zuständigkeit der Betreuungsbehörde formunwirksam sind.[33]

2. Vorsorgevollmacht – Geschäftsfähigkeit des Vollmachtgebers

Vorsorgevollmachten werden mitunter erst in hohem Alter und bei Vorliegen einer Krankheit erteilt. Bei Beurkundung einer Vorsorgevollmacht und der Beglaubigung der Unterschrift oder des Handzeichens unter einem vom Notar gefertigten Entwurf

---

26   MünchKommBGB/*Schubert*, 7. Aufl. 2015, § 167 Rn. 19; Staudinger/*Schilken*, BGB, Neubearb. 2014, § 167 Rn. 22; Meikel/*Hertel*, GBO, 11. Aufl. 2015, § 29 Rn. 48 (anders bei Beurkundung in kurzer Frist, z.B. am Tag nach der Erteilung); vgl. auch Palandt/*Ellenberger*, BGB, 77. Aufl. 2018, § 167 Rn. 2 (nur bei Bindung in rechtlicher und tatsächlicher Weise wie bei Vornahme des formbedürftigen Rechtsgeschäfts).

27   S. nur *Demharter*, GBO, 31. Aufl. 2018, § 29 Rn. 24 u. Meikel/*Hertel*, GBO, 11. Aufl. 2015, § 29 Rn. 433 ff.

28   Nach § 6 Abs. 2 S. 2 BtBG gilt dies nicht für Blankounterschriften ohne zugehörigen Text. S. dazu Jurgeleit/*Kania*, Betreuungsrecht, 4. Aufl. 2018, § 6 BtBG Rn. 12 u. *Bienwald*, in: Bienwald/Sonnenfeld/Bienwald/Harm, Betreuungsrecht, 6. Aufl. 2016, § 6 BtBG Rn. 25 u. HK-BUR/*Walther*, Stand: April 2017, § 6 BtBG Rn. 71. Die Gebühr für die Beglaubigung beträgt grundsätzlich 10 Euro (§ 6 Abs. 5 BtBG).

29   S. nur OLG Dresden, Beschl. v. 4.8.2010 – 17 W 677/10, BeckRS 2010, 26768 = NotBZ 2010, 409.; *Demharter*, GBO, 31. Aufl. 2018, § 29 Rn. 42 u. Meikel/*Hertel*, GBO, 11. Aufl. 2015, § 29 Rn. 429.

30   Vgl. OLG Jena, Beschl. v. 6.6.2013 – 9 W 266/13, FamRZ 2014, 1139 = NotBZ 2014, 341 (in Überschrift und einer Textstelle); OLG Naumburg, Beschl. v. 7.11.2013 – 12 Wx 45/13, NJOZ 2014, 1013 = NotBZ 2014, 234 (Vordruck Vorsorgevollmacht) u. HK-BUR/*Walther*, Stand: April 2017, § 6 BtBG Rn. 70, wonach jede Vollmacht genügt, die eine Betreuung überflüssig macht. So wohl auch Jürgens/Winterstein, BtBG, 5. Aufl. 2014, § 6 Rn. 10 u. *Bienwald*, in: Bienwald/Sonnenfeld/Bienwald/Harm, Betreuungsrecht, 6. Aufl. 2016, § 6 BtBG Rn. 21.

31   DNotI-Report 2005, 121/125; *Böhringer*, BWNotZ 2006, 118/124; Meikel/*Hertel*, GBO, 11. Aufl. 2015, § 29 Rn. 429.

32   *Demharter*, GBO, 31. Aufl. 2018, § 29 Rn. 42; *Spanl*, Rpfleger 2007, 372/374; *Renner*, ZNotP 2009, 371/384.

33   Hügel/*Otto*, GBO, 3. Aufl. 2016, § 29 Rn. 203; *Demharter*, GBO, 31. Aufl. 2018, § 29 Rn. 42.

trifft diesen die Pflicht, sich von der Geschäftsfähigkeit zu überzeugen (§ 11 BeurkG).[34] § 11 Abs. 1 BeurkG stellt dabei nicht schlechthin auf die volle Geschäftsfähigkeit ab, sondern auf die für die zu beurkundende Erklärung jeweils „erforderliche" Geschäftsfähigkeit.[35]

Bei der Beurkundung einer Vorsorgevollmacht kommt es nach einer Entscheidung des OLG München[36] darauf an, ob der bereits (leicht) demente Vollmachtgeber das Wesen seiner Erklärung begreift und sie in Ausübung freier Willensentschließung abgibt. Die Voraussetzung des Bewusstseins von der Bedeutung seiner Vollmacht im Einzelfall und der vorausgegangene freie Willensentschluss zu ihrer Erteilung dürfen keinem begründeten Zweifel unterliegen. Wenn nicht zweifelsfrei feststeht, dass der Vollmachtgeber bei Erteilung der Vollmacht geschäftsunfähig war, soll nach dieser Entscheidung jedenfalls eine notariell erteilte Vollmacht maßgebend bleiben. Dies betrifft insbesondere auch Hinweise von (nicht begünstigten) Personen auf einen schlechten Gesundheitszustand des Vollmachtgebers zum Zeitpunkt der Erteilung.[37]

Anders ist dies bei Vorsorgevollmachten, bei denen unter einem vorgefertigten Text lediglich die Unterschrift beglaubigt wird. Bei der reinen Unterschriftsbeglaubigung trifft den Notar/die Notarin, aber auch eine andere zur Beglaubigung zuständige Person, keine Pflicht, die Geschäftsfähigkeit nach § 11 BeurkG zu prüfen. Diese Vorschrift findet auf die bloße Unterschriftsbeglaubigung keine Anwendung.[38] Deshalb besteht bei einer diesbezüglichen Vollmacht das Risiko, dass mangels Geschäftsfähigkeit des Vollmachtgebers zum Zeitpunkt der Erteilung die Vollmacht unwirksam ist (§ 105 Abs. 1 BGB). Ein Vertrauen in die vorgelegte Vollmachtsurkunde analog § 172 BGB besteht nicht. Die Urkundsperson, die die Unterschrift oder das Handzeichen beglaubigt, muss nur die Amtstätigkeit unterlassen, wenn sie von der Geschäftsunfähigkeit des Vollmachtgebers überzeugt ist.[39] Insofern besteht zumindest ein eingeschränktes Vertrauen in die Wirksamkeit einer beglaubigten Vorsorgevollmacht.[40]

---

34 S. nur *Heinemann,* in: Grziwotz/Heinemann, BeurkG, 3. Aufl. 2018, § 11 Rn. 5; *Piesga,* in: Armbrüster/Preuß/Renner, BeurkG, 7. Aufl. 2015, § 11 Rn. 5.

35 *Winkler,* BeurkG, 18. Aufl. 2017, § 11 Rn. 2; *Heinemann,* in: Grziwotz/Heinemann, BeurkG, 3. Aufl. 2018, § 11 Rn. 6.

36 OLG München, Beschl. v. 5.6.2009 – 33 Wx 278, 279/08, DNotZ 2011, 43 = FamRZ 2009, 2033 = MittBayNot 2009, 382 = NJW-RR 2009, 1599/1602.

37 Krit. aber *Renner,* notar 2017, 218/221 f.

38 Allg. Ansicht, s. nur *Limmer,* in: Eylmann/Vaasen, BNotO/BeurkG, 4. Aufl. 2016, § 11 BeurkG Rn. 1a; *Winkler,* BeurkG, 18. Aufl. 2017, § 11 Rn. 2; *Heinemann,* in: Grziwotz/Heinemann, BeurkG, 3. Aufl. 2018, § 11 Rn. 6; *Preuß,* in: Armbrüster/Preuß/Renner, BeurkG, 7. Aufl. 2015, § 40 Rn. 27; *Tersteegen,* NJW 2017, 1717/1720; *Renner,* notar 2017, 218/222; vgl. auch DNotI-Report 2015, 153/154.

39 *Preuß,* in: Armbrüster/Preuß/Renner, BeurkG, 7. Aufl. 2015, § 40 Rn. 45.

40 De lege ferenda für eine notarielle Prüfungspflicht, obwohl der Notar diesbezüglich nur ein Laie ist und insbesondere ein „Fassadenverhalten" (S. 222) schwer durchschauen kann, *Renner,* notar 2017, 218/224 f.

3. Vorsorgevollmacht und Erbschleicherei

Unter Befreiung von dem Verbot des Selbstkontrahierens erteilte Vorsorgevollmachten können auch zur Steuerersparnis genutzt werden. Beispiel ist die schenkungs- und erbschaftsteuerfreie Übertragung des Familienheims auf den Ehegatten zu Lebzeiten des nicht mehr geschäftsfähigen Partners, wenn der Zuwendungsempfänger die Immobilie veräußern möchte, da – anders als beim Erwerb von Todes wegen (§ 13 Abs. 1 Nr. 4b ErbStG) – in diesem Fall keine 10-jährige Behaltensfrist besteht (§ 13 Abs. 1 Nr. 4a ErbStG).[41] Vorsorgevollmachten werden mitunter aber auch zur Korrektur oder bei einer bindenden Verfügung von Todes wegen aufgrund der §§ 2287, 2288 BGB häufig nur versuchten Korrektur einer Erbeinsetzung oder Vermächtnisanordnung benutzt.[42] In diesem Fall einer mangelnden Respektierung des Willens des Vollmachtgebers kann ein Vollmachtsmissbrauch vorliegen. Hierzu gehören auch Kontaktverbote, die im Ringen um Einfluss auf eine durch Krankheit oder Behinderung geschwächte Person ausgesprochen werden.[43] Drängt sich einem Notar/einer Notarin der Verdacht des Missbrauchs der Vertretungsmacht auf, besteht gegenüber dem Vertretenen eine eingeschränkte Schutzpflicht. Es muss insoweit eine massive Verdachtsmomente voraussetzende objektive Evidenz des Missbrauchs vorliegen.[44] Dies ist nicht bereits dann der Fall, wenn der Vertreter, dem die Befreiung vom Verbot des Selbstkontrahierens erteilt wurde, zu seinen Gunsten Vermögensübertragungen vornimmt. Der Notar muss auch nicht nach eventuell entgegenstehenden bindenden Verfügungen von Todes wegen in seiner Urkundensammlung forschen. Grundsätzlich trägt der Vollmachtgeber bei Erteilung einer Vorsorgevollmacht, die er selbst wegen einer späteren Geschäftsunfähigkeit nicht mehr überwachen kann, das Risiko des Vollmachtsmissbrauchs nämlich selbst.[45]

4. Vorsorgevollmacht und Schenkungsbeschränkung

Mustervorsorgevollmachten sehen häufig standardmäßig vor, dass die Vertrauensperson hinsichtlich der mit Ja angekreuzten Angelegenheit den Vollmachtgeber vertreten darf. Hierzu gehört auch: „Schenkungen in dem Rahmen vornehmen, der ei-

---

41   Zur Beschränkung der Steuerbefreiung auf den Schutz des gemeinsamen familiären Lebensraums und zu dem Problem, dass der verfügende Ehegatte zum Zeitpunkt der Übertragung in einem Pflegeheim lebt, *Tiedtke/Schmitt,* NJW 2009, 2632/2633 u. krit. *Grziwotz,* NJW 2018, 1422/1424.

42   Ausführlich *Bonefeld,* ZErb 2014, 241/244 f.

43   S. dazu *D. Schwab,* FamRZ 2014, 888/890 f.

44   St. Rspr., s. nur BGH, Urt. v. 19.4.1994 – XI ZR 18/93, MDR 1994, 1195 = NJW 1994, 2082; BGH, Urt. v. 29.6.1999 – XI ZR 277/98, MDR 1999, 1279 = NJW 1999, 2883; BGH, Urt. v. 15.6.2004 – XI ZR 220/03, FamRZ 2004, 1349 = MDR 2004, 1430 = NJW 2004, 2517; BGH, Beschl. v. 30.3.2011 – XII ZB 537/10, FamRZ 2011, 104 = MDR 2011, 789 = NJW 2011, 2137; BGH, Beschl. v. 21.3.2012 – XII ZB 666/11, FamRZ 2012, 871 = MDR 2012, 648 = NJW-RR 2012, 834; OLG Schleswig, Beschl. v. 28.11.2013 – 5 W 40/13, NJW-RR 2014, 741/742.

45   BGH, Urt. v. 15.6.2004 – XI ZR 220/03, FamRZ 2004, 1349 = MDR 2004, 1430 = NJW 2004, 2517; OLG Schleswig, Beschl. v. 28.11.2013 – 5 W 40/13, NJW-RR 2014, 741/742. Zum Schutz durch einen (regelmäßig nicht gewollten) Kontrollbevollmächtigten s. *Bonefeld,* ZErb 2014, 241/245, der übersieht, dass eine Person, bei der ein Kontrollinstanz erforderlich ist, regelmäßig der falsche Bevollmächtigte sein dürfte.

nem Betreuer rechtlich gestattet ist."[46] Eine derartige Vorsorgevollmacht ist dahingehend auszulegen, dass sich dieses (teilweise) Schenkungsverbot nicht alleine auf das Verpflichtungsgeschäft beschränkt; das Verbot erfasst auch das dingliche Erfüllungsgeschäft. Die Einschränkung der Vollmacht entspricht somit der Beschränkung, die für einen Betreuer als gesetzlichem Vertreter nach §§ 1908i Abs. 2 S. 1, 1804 BGB gilt.[47]

III. Übergabe, vorweggenommene Erbfolge – Schenkung oder nicht?

1. Akt der Ordnung der letzten Dinge

Bei der Übertragung des Familienheims oder eines Betriebs auf die nächste Generation und der Übergabe eines Betriebs an einen geeigneten Nachfolger handelt es sich nicht nur um ein Rechtsgeschäft, sondern in den Augen der Beteiligten „um einen Akt der Ordnung der letzten Dinge".[48] Zivilrechtlich handelt es sich meist um eine gemischte Schenkung, eine Auflagenschenkung oder einen familienrechtlichen Vertrag (z.B. Altenteilsvertrag, Ausstattung).[49] Die Einordnung hat Bedeutung für die Zulässigkeit einer Haus- oder Betriebsübergabe durch einen Betreuer. Allerdings ist die Rechtsprechung zur Frage der (teilweisen) Unentgeltlichkeit nicht einheitlich. Auch in der Literatur[50] besteht keine Einigkeit. *Bernhard Eccher*[51] nennt zutreffend die „Entgeltfremdheit" als charakteristisches Merkmal. Die Vereinbarungen beruhen regelmäßig nicht auf einer kaufmännischen Abwägung von Leistung und Gegenleistung.[52]

---

46 S. z.B. *Bayer. Staatsministerium der Justiz (Hrsg.)*, Vorsorge für Unfall, Krankheit, Alter durch Vollmacht, Betreuungsverfügung, Patientenverfügung, 18. Aufl. 2017, S. 23 u. *Bundesministerium der Justiz und für Verbraucherschutz (Hrsg.)*, Betreuungsrecht, Stand: September 2017, S. 3.

47 OLG Frankfurt/M., Beschl. v. 27.10.2014 – 20 W 252/14, BeckRS 2015, 13193.

48 S. zu diesem Begriff *L. Thoma*, Bauernmoral (1908), in: Gesammelte Werke, 1. Bd., 1968, S. 559/564.

49 S. nur *von Hoyenberg*, Vorweggenommene Erbfolge, 2010, 1. Kap. Rn. 5 ff.; *Langenfeld/Günther*, Grundstückszuwendungen zur lebzeitigen Vermögensnachfolge, 6. Aufl. 2010, Kap. 1, Rn. 48 ff.; *J. Mayer*, in: J. Mayer/Geck, Der Übergabevertrag, 3. Aufl. 2013, § 2 Rn. 6 ff.; *Spiegelberger*, Vermögensnachfolge, 2. Aufl. 2010, § 1 Rn. 26 ff.; *Waldner*, Vorweggenommene Erbfolge, 2. Aufl. 2011, Rn. 5 ff.

50 S. nur die Nachw. Fn. 49.

51 *Eccher*, Antizipierte Erbfolge, 1980, S. 160 ff. u. 200 u. ihm folgend *Spiegelberger*, Vermögensnachfolge, 2. Aufl. 2010, § 1 Rn. 36.

52 Zutreffend *Spiegelberger*, Vermögensnachfolge, 2. Aufl. 2010, § 1 Rn. 36; ähnlich *von Hoyenberg*, Vorweggenommene Erbfolge, 2010, 1. Kap. Rn. 5.

2. Unentgeltliche Zuwendung = Schenkung?

a) Das Problem

Im Kern geht es um die Frage, ob (teil-)unentgeltliche Zuwendungen stets als betreuungsrechtlich verbotene Schenkungen anzusehen sind,[53] oder ob es unentgeltliche Geschäfte gibt, die nicht dem Sonderrecht der Schenkung unterfallen. Allerdings muss diese Unterscheidung das Problem des Schenkungsverbot für einen Betreuer gemäß §§ 1908i Abs. 2 S. 1, 1804 BGB nicht zwingend lösen. Ist Zweck des Verbots, dass aus dem Vermögen des Betreuten nichts zu seinem Nachteil unentgeltlich weitergegeben werden darf, können hierunter auch weitere unentgeltliche Geschäfte zu subsumieren sein.[54] Das Abgrenzungsproblem zwischen Unentgeltlichkeit und Schenkung betrifft nicht nur das Handeln des Betreuers, sondern auch das Schenkung- und Einkommensteuerrecht, das Recht der Vor- und Nacherbschaft, die Testamentsvollstreckung, das Pflichtteilsrecht,[55] den Schenkungswiderruf wegen Notbedarfs sowie lebzeitige Zuwendungen bei wechselbezüglichen gemeinschaftlichen Testamenten oder bindenden erbvertraglichen Verfügungen.

b) Steuer- und Zivilrecht

Die Notare haben dem für die Verwaltung der Erbschaftsteuer zuständigen Finanzamt eine beglaubigte Abschrift einer Urkunde über Rechtsgeschäfte zu übersenden, „die zum Teil oder der Form nach entgeltlich sind, bei denen aber Anhaltspunkte dafür vorliegen, dass eine Schenkung oder Zweckzuwendung unter Lebenden vorliegt".[56] Schenkungsteuerrechtlich ist das Vorliegen einer freigebigen Zuwendung maßgeblich (§ 7 Abs. 1 Nr. 1 ErbStG). Dieser Begriff ist weiter als derjenige einer Schenkung in zivilrechtlichem Sinn. Insbesondere ist es dafür unerheblich, ob eine Minderung der Substanz des Vermögens des Schenkers und eine Vermehrung des Vermögens des Beschenkten vorliegen.[57] Auch eine unentgeltliche Gebrauchsüber-

---

53 Grundlegend *Oertmann,* Entgeltliche Geschäfte, 1912, S. 76 ff. u. kurz *Eccher,* Antizipierte Erbfolge, 1980, S. 159.

54 S. nur BGH, Beschl. v. 25.1.2012 – XII ZB 479/11, FamRZ 2012, 270 = MDR 2011, 652 = MittBayNot 2013, 312 = NJW 2012, 1956/1957 = ZEV 2012, 371 u. kurz *Sonnenfeldt,* FamRZ 2017, 1525/1527.

55 S. zu Pflichtteilsergänzungsansprüchen bei unbenannten Zuwendungen unter Ehegatten BGH, Urt. v. 27.11.1991 – IV ZR 164/90, BGHZ 116, 167 = FamRZ 1992, 300 = NJW 1992, 564; BGH, Urt. v. 10.12.2003 – IV ZR 249/02, BGHZ 157, 178 = DNotZ 2004, 1382 = FamRZ 2004, 453 = NJW 2004, 1382 = NotBZ 2004, 157 = ZNotP 2004, 152 u. BGH, Urt. v. 14.3.2018 – IV ZR 170/16, FamRZ 2018, 775 = NJW 2018, 1475 = NZFam 2018, 427 = RNotZ 2018, 332 = ZEV 2018, 274. Vgl. auch *Löhnig,* NJW 2018, 1435 ff.

56 § 8 Abs. 1, 2 u. 4 ErbStDV.

57 Vgl. BFH, Urt. v. 30.3.1994 – II R 105/93, BFH/NV 1995, 70; BFH, Urt. v. 27.10.2010 – II R 37/09, DStRE 2011, 163/165 u. BFH, Urt. v. 27.11.2013 – II R 25/12, MittBayNot 2014, 489 = ZEV 2014, 267 zu zinslosen bzw. zinsgünstigen Darlehen.

lassung ist schenkungsteuerrechtlich relevant,[58] obwohl zivilrechtlich keine Schenkung, sondern eine Leihe vorliegt.[59] Unentgeltlich im Sinne des Steuerrechts ist auch eine Vermögensübergabe gegen (umfassende) Versorgungsleistungen im Rahmen der vorweggenommenen Erbfolge.[60] Anders ist dies bei der Übernahme von Verbindlichkeiten des Übergebers. Inwieweit die Vereinbarung von Gleichstellungsgeldern an Geschwister zur Entgeltlichkeit führt oder eine unentgeltliche Zuwendung unter Geschwistern vorliegt, ist derzeit umstritten.[61] Sogar im Steuerrecht scheint keine centgenaue Rechnung zu erfolgen. So wird bei der Vereinbarung eines verbilligten Erbbauzinses zwischen einem Landwirt und seinem Kind eine 10 %-Geringfügigkeitsgrenze gegenüber dem ortsüblichen Erbbauzins anerkannt, die nicht zur Entnahme des mit dem Erbbaurecht belasteten Grundstücks aus dem Betriebsvermögen führt.[62]

c) Schenkung im Betreuungsrecht

Zivilrechtlich liegt eine Schenkung bei einer Zuwendung vor, die den Empfänger aus dem Vermögen des Gebers bereichert und bei der beide Teile darüber einig sind, dass sie unentgeltlich erfolgt.[63] Diese dogmatische Klarheit ist jedoch nur eine vordergründige. Die Rechtsprechung stellt nämlich der Schenkung Zuwendungen unabhängig von einer Einigung über die Unentgeltlichkeit gleich, wenn ein ohne wirtschaftlichen Gegenwert erfolgter Vermögensabfluss beim „Zuwendenden" zu einer materiell-rechtlichen, dauerhaften und nicht nur vorübergehenden oder formalen Vermögensmehrung des Empfängers führt.[64] Auf das subjektive Tatbestandsmerkmal wird gleichsam verzichtet, wenn die Bereicherung des Beschenkten auf einer entsprechenden Entreicherung des Schenkers beruht und nicht von einer den Erwerb ausgleichenden Gegenleistung des Erwerbers rechtlich abhängig ist. Allerdings soll es be-

---

58   S. dazu nur *Curdt,* ZEV 2016, 685/687. Vgl. zum „Verleihen" einer Person BFH, Urt. v. 30.8.2017 – II R 46/15, DStR 2017, 2466. Zur Einstufung einer von einer GmbH bezahlten überhöhten Miete als verdeckte Gewinnausschüttung und nicht als Schenkung s. nunmehr BFH, Urt. v. 13.9.2017 – II R 54/15, DStRE 2018, 224; BFH, Urt. v. 13.9.2017 – II R 42/16, BB 2018, 737 = DStR 2018, 185 u. BFH, Urt. v. 13.9.2017 – II R 32/16, DStRE 2018, 227; anders noch BFH, Urt. v. 7.11.2007 – II R 28/06, DStR 2008, 346.

59   BGH, Urt. v. 11.12.1981 – V ZR 247/80, BGHZ 82, 354 = MDR 1982, 394 = NJW 1982, 820; BGH, Urt. v. 27.1.2016 – XII ZR 33/15, BGHZ 208, 357 = FamRZ 2016, 709 = MDR 2016, 509 = MietRB 2016, 144 = MittBayNot 2017, 472 = NJW 2016, 2652; BGH, Urt. v. 20.9.2017 – VIII ZR 279/16, ZfIR 2018, 63; vgl. auch BGH, Beschl. v. 11.7.2007 – IV ZR 218/06, FamRZ 2007, 1649 = MittBayNot 2008, 62 = ZEV 2008, 192 zu Wohnrecht.

60   S. nur Kirchhof/*Kube,* EStG, 17. Aufl. 2018, § 23 Rn. 11.

61   S. dazu nur BFH, Urt. v. 10.5.2017 – II R 25/15, BFHE 258, 81 = NotBZ 2017, 387 = RNotZ 2017, 607 = NJW 2017, 2783 = ZEV 2017, 532 u. Kirchhof/*Kube,* EStG, 17. Aufl. 2018, § 23 Rn. 11.

62   BFH, Urt. v. 24.3.2011 – IV R 46/08, BFHE 233, 162 = BStBl. II 2011, 692 = BFH/NV 2011, 1225 = DStRE 2011, 923/926; allg. zur 10 %-Grenze s. BFH, Urt. v. 19.12.2002 – IV R 46/00, BFHE 201, 454 = BFH/NV 2003, 979 = DStRE 2003, 773; BFH, Urt. v. 2.10.2003 – IV R 13/03, BFHE 203, 373 = BFH/NV 2004, 132 = DStR 2003, 2156 u. BFH, Urt. v. 14.12.2006 – IV R 10/05, BFHE 216, 241 = DB 2007, 1175 = DStRE 2007, 875.

63   BGH, Urt. v. 10.12.2003 – IV ZR 249/02, BGHZ 157, 158 = DNotZ 2004, 475 = FamRZ 2004, 453 = NJW 2004, 1382; BGH, Urt. v. 14.3.2018 – IV ZR 170/16, NJW 2018, 1475 = NZFam 2018, 427 = ZEV 2018, 274.

64   S. zum Schenkungsbegriff nur MünchKommBGB/*J. Koch,* 7. Aufl. 2016, § 516 Rn. 5 ff. u. Staudinger/ *Chiusi,* BGB, Neubearb. 2013, § 516 Rn. 8 ff.

reits zur Entgeltlichkeit führen, wenn durch eine Zuwendung langjährige Dienste nachträglich vergütet werden.[65] Insgesamt hat es den Anschein, dass trotz des grundsätzlichen Festhaltens am Schenkungsbegriff im Rahmen der Zuwendungen eines Betreuers eine wirtschaftliche Betrachtung im Vordergrund steht.[66] Die Aufgabe einer Rechtsposition, die keinen realen Vermögenswert des Betreuten darstellt, wie z.b. ein vom Betreuten aufgrund seiner Erkrankung definitiv nicht mehr nutzbares Wohnungsrecht, wird deshalb vom Schenkungsbegriff nicht erfasst.[67] Demgegenüber kann auch die Einräumung eines Vorrangs (z.B. Rangrücktritt eines Nießbrauchs oder eines Wohnungsrechts hinter ein Grundpfandrecht) eine Schenkung sein.[68] Auf die verwendeten Begriffe (z.b. vorweggenommene Erbfolge, Überlassung, Veräußerung) kommt es ebenfalls nicht an.[69] Auch der Umstand, dass der Notar eine beglaubigte Abschrift eines Vertrages an die Schenkungsteuerstelle schickt, ist – entgegen der Ansicht der Sozialbehörden und -gerichte[70] – kein zwingendes Indiz für eine Schenkung. Betroffen sind jedoch auch Schenkungen aus einem Gesamthandsvermögen, an dem der Betreute mit einer weiteren Person beteiligt ist (z.B. Gesamtgut einer Gütergemeinschaft), und zwar unabhängig von der Verwaltungsbefugnis. Gemischte Schenkungen können im Hinblick auf das Schenkungsverbot und seine Folgen nicht in einen entgeltlichen und einen unentgeltlichen Teil aufgespalten werden.[71]

d) Damoklesschwert „unheilbare Nichtigkeit"

Ein Verstoß gegen das Schenkungsverbot führt zur Nichtigkeit des Verpflichtungs- und des Erfüllungsgeschäfts. Beide sind unheilbar nichtig. Dies gilt auch dann, wenn eine Zuwendung nach den §§ 1821, 1822, 1908i Abs. 1 BGB genehmigungspflichtig ist und vom Betreuungsgericht zu Unrecht genehmigt wird, obwohl es wegen seiner

---

65   BGH, Urt. v. 27.11.1991 – IV ZR 164/90, BGHZ 116, 167 = FamRZ 1992, 300 = NJW 1992, 564;
     BGH, Urt. v. 14.3.2018 - IV ZR 170/16, DNotZ 2018, 633 = ErbR 2018, 3320; FamRZ 2018, 775 =
     NJW 2018, 1475 = NZFam 2018, 427 = RNotZ 2018, 332 = ZEV 2018, 274; teilw. abw. OLG Hamm,
     Beschl. v. 16.4.1984 – 15 W 105/84, FamRZ 1985, 206/207 = OLGZ 1984, 432 u. OLG Frankfurt/M.,
     Beschl. v. 10.9.2007 – 20 W 69/07, FamRZ 2008, 544 = NJOZ 2008, 508 (Zuwendung gegen Pflegetä-
     tigkeit).
66   Ebenso MünchKommBGB/*Kroll-Ludwigs,* 7. Aufl. 2017, § 1804 Rn. 5.
67   BGH, Beschl. v. 25.1.2012 – XII ZB 479/11, FamRZ 2012, 270 = MDR 2011, 652 = MittBayNot 2013,
     312 = NJW 2012, 1956/1957 = ZEV 2012, 371; teilw. abw. OLG Nürnberg, Urt. v. 22.7.2013 – 4 U
     1571/12, MDR 2014, 22 = MittBayNot 2015, 30 = NotBZ 2013, 403 = ZEV 2014, 37 bei obj. Aus-
     übungsmöglichkeit. Zum Verzicht auf einen Nießbrauch s. OLG Köln, Urt. v. 9.3.2017 – 7 U 119/16,
     MDR 2017, 697 = NJW-RR 2017, 915.
68   Ebenso MünchKommBGB/*Kroll-Ludwigs,* 7. Aufl. 2017, § 1804 Rn. 7.
69   BayObLG, Beschl. v. 24.5.1996 – 3Z BR 104/96, BayObLGZ 1996, 118 = FamRZ 1996, 1359 = Mitt-
     BayNot 1996, 432 = NJW-RR 1997, 452; OLG Frankfurt/M., Beschl. v. 10.9.2007 – 20 W 69/07,
     FamRZ 2008, 544 = NJOZ 2008, 508; NK-BGB/*Fritsche,* 3. Aufl. 2014, § 1804 Rn. 2.
70   S. nur LSG Berlin-Brandenburg, Urt. v. 9.3.2017 – L 23 SO 288/14, BeckRS 2017, 112497.
71   OLG Hamm, Urt. v. 23.5.1991 – 22 U 150/90, NJW-RR 1992, 1170/1171; OLG Frankfurt/M., Beschl.
     v. 10.9.2007 – FamRZ 2008, 544 = NJOZ 2008, 508; KG, Beschl. v. 13.3.2012 – 1 W 542/11, FamRZ
     2012, 1165 = NJOZ 2012, 1492 = NotBZ 2012, 219; MünchKommBGB/*Kroll-
     Ludwigs,* 7. Aufl. 2017, § 1804 Rn. 8; Palandt/*Götz,* BGB, 77. Aufl. 2018, § 1804 Rn. 1; NK-BGB/
     Fritsche, 3. Aufl. 2014, § 1804 Rn. 2; Erman/*Schulte-Bunert,* BGB, 15. Aufl. 2017, § 1804 Rn. 2. Zu
     den Voraussetzungen einer gemischten Schenkung s. BGH, Urt. v. 18.10.2011 – X ZR 45/10, FamRZ
     2012, 207 = MDR 2012, 204 = NJW 2012, 605.

Nichtigkeit nicht genehmigungsfähig ist. Es handelt sich bei dem Schenkungsverbot für den Betreuer nämlich um ein Verbotsgesetz, das auch vom Betreuungsgericht zu beachten ist.[72] Allerdings soll das Vorliegen einer betreuungsgerichtlichen Genehmigung für das Grundbuchamt und damit wohl auch für den Notar ein starkes Indiz für ein entgeltliches Geschäft sein.[73] Beide sind an diese Einstufung jedoch nicht gebunden, sondern haben eigenverantwortlich zu prüfen, ob eine Entgeltlichkeit vorliegt oder nicht.[74]

3. Unentgeltliche Zuwendung oder Kauf zum „Freundschaftspreis"?

Wird eine Schenkung als entgeltliches Geschäft getarnt (sog. verschleierte Schenkung), so ist sie als Scheingeschäft (§ 117 Abs. 2 BGB) und wegen des Verstoßes gegen das Verbot der §§ 1804, 1908i Abs. 2 S. 1 BGB nichtig.[75] Bei Vorliegen eines auffälligen und groben Missverhältnisses wird ebenfalls eine (teilweise) Unentgeltlichkeit angenommen.[76] Allerdings lässt sich z.b. der Verkehrswert eines Grundstücks im Regelfall nicht exakt im Sinne einer mathematischen Genauigkeit ermitteln.[77] Hierbei werden sich je nach Lage, Beschaffenheit, planerischer Situation etc. Toleranzen hinsichtlich der Feststellung des Wertes ergeben. Deshalb fällt es bei Beurkundungen meist schwer, Anhaltspunkte für einen Unterwertverkauf auszumachen.[78] Der Tatbestand einer zumindest teilweisen Schenkung setzt voraus, dass die Vertragsparteien den überschießenden Leistungsteil dem Zuwendungsempfänger unentgeltlich zuwenden, sodass die Gegenleistung nicht lediglich ein gewollt günstiger Preis sein soll.[79] Bei einem Insichgeschäft und bei Vorliegen eines Näheverhältnisses des Betreuers zum Erwerber besteht regelmäßig Anlass zu einer besonders

---

72 KG, Beschl. v. 13.3.2012 – 1 W 542/11, FamRZ 2012, 1165 = MDR 2012, 654 = NJOZ 2012, 1492 = NotBZ 2012, 219; BayObLG, Beschl. v. 9.7.1987 – BReg. 3 Z 91/87, Rpfleger 1988, 22; Münch-KommBGB/*Kroll-Ludwigs,* 7. Aufl. 2017, § 1804 Rn. 1; Erman/*Schulte-Bunert,* BGB, 15. Aufl. 2017, § 1804 Rn. 1; Palandt/*Götz,* BGB, 77. Aufl. 2018, § 1804 Rn. 1. Zur Zuständigkeit für eine Klage auf Aufhebung eines Schenkungsvertrags wegen Geschäftsunfähigkeit des Schenkenden s. EuGH, Urt. v. 16.11.2016 – C-417/15, NJW 2017, 315 = ZEV 2017, 220. Ein Verstoß gegen das Schenkungsverbot kann zudem strafrechtlich eine Untreue (§ 266 StGB) sein.

73 KG, Beschl. v. 13.3.2012 – 1 W 542/11, FamRZ 2012, 1165 = MDR 2012, 654 = NJOZ 2012, 1492 = NotBZ 2012, 219.

74 OLG München, Beschl. v. 7.11.2017 – 34 Wx 321/17, ErbR 2018, 111 = NJW-Spezial 2018, 7 zur Prüfung des Grundbuchamts bei Verfügungen des Testamentsvollstreckers.

75 MünchKommBGB/*Kroll-Ludwigs,* 7. Aufl. 2017, § 1804 Rn. 7. Kurz dazu *Grziwotz,* FamRB 2014, 351/356.

76 BGH, Urt. v. 23.9.1981 – Iva ZR 185/80, BGHZ 82, 274 = MDR 1982, 124 = NJW 1982, 43; BGH, Urt. v. 17.4.2002 – IV ZR 259/01, NJW 2002, 2469; Erman/*Schulte-Bunert,* BGB, 15. Aufl. 2017, § 1804 Rn. 2; Palandt/*Weidlich,* BGB, 77. Aufl. 2018, § 2287 Rn. 4.

77 BGH, Urt. v. 10.10.2013 – III ZR 345/12, BGHZ 198, 265 = MDR 2013, 1397 = NJW-RR 2014, 90; BGH, Urt. v. 26.6.2015 – V ZR 271/14, DNotZ 2015, 819 = MDR 2015, 1058 = MittBayNot 2016, 185 = NJW 2015, 3169 = ZfIR 2015, 901.

78 Zu einem entsprechenden Belehrungsvermerk s. LG Schwerin, Beschl. v. 10.10.2016 – 4 T 6/16, notar 2017, 322 = NotBZ 2016, 477.

79 BGH, Urt. v. 18.10.2011 – X ZR 45/10, FamRZ 2012, 207 = MDR 2012, 204 = NJW 2012, 605; OLG Hamm, Beschl. v. 30.10.2017 – 13 UF 256/16, FamRZ 2018, 434 = NJW-RR 2018, 7 = NZFam 2018, 370; OLG München, Beschl. v. 16.11.2017 – 34 Wx 266/17, ErbR 2018, 112 = FuR 2018, 162 = ZEV 2017, 733; OLG Stuttgart, Beschl. v. 29.5.2018 – 8W 146/18, Zerb 2018, 191 = ZEV 2018, 424 (LS).

sorgfältigen Prüfung der Entgeltlichkeit.[80] Allerdings soll dann, wenn sich die Parteien auf einen Kaufpreis von 80–90 % des durch ein Gutachten ermittelten Verkehrswerts geeinigt haben, ein entgeltliches Geschäft vorliegen.[81] Nach einer noch weitergehenden Ansicht soll es den Parteien sogar frei stehen, eine aus objektiver Sicht wesentlich geringere Gegenleistung noch als gleichwertig anzusehen. Gerade innerhalb verwandtschaftlicher bzw. freundschaftlicher Verhältnisse bestehe für die subjektive Bewertung ein weiter Spielraum.[82] Wegen des Schutzzwecks des §§ 1908i Abs. 2 S. 1, 1804 BGB ist dies allerdings fraglich. Jemand, der fremdes Vermögen verwaltet, ist nämlich zur unentgeltlichen Weggabe von Vermögensgegenständen nicht berechtigt.[83] Deshalb ist kein Platz für einen diesbezüglichen Spielraum des Betreuers.

4. Schuldübernahme, Pflegleistungen etc.

Mitunter erfolgen Vermögensübertragungen nicht unentgeltlich. Insbesondere bei Betrieben müssen hohe Bankverbindlichkeiten übernommen werden. Gerade die Finanzierungsinstitute drängen dann auf eine Übertragung des Unternehmens auf die nächste Generation und machen auch die Weitergewährung von Krediten davon abhängig. Kinder sind manchmal aus familiärer Solidarität sogar bereit, Bankschulden zu übernehmen, die kein außenstehender Dritter als Kaufpreis zahlen würde. Dies betrifft auch Hausrettungsfälle, in denen ein Erwerb in der Zwangsversteigerung verbunden mit einer Privatinsolvenz der Eltern wirtschaftlich vernünftiger wäre. Liegt eine derartige Konstellation einer echten Gegenleistung vor,[84] handelt es sich um keine Schenkung des Betreuten an sein Kind, auch wenn der Notar vorsichtshalber eine beglaubigte Abschrift an die Schenkungsteuerstelle schickt.

Schwieriger wird die Einstufung einer Überlassung, bei der das Kind die gesamten Verbindlichkeiten schuldbefreiend übernimmt und sich die Übergeber ein dinglich gesichertes Wohnrecht an bestimmten Räumlichkeiten vorbehalten.[85] Noch komplizierter ist die Übernahme von Pflegeleistungen, die nicht vergütet werden und sich auf die bloße Anwesenheit des Abkömmlings, Gespräche mit dem Betreuten, klei-

---

80 OLG Düsseldorf, Beschl. v. 11.1.2008 – I-3 Wx 228/07, FGPrax 2008, 94/96 = RNotZ 2008, 544; OLG München, Beschl. v. 16.11.2017 – 34 Wx 266/17, ErbR 2018, 112 = FuR 2018, 162 = ZEV 2017, 733, jeweils zu Verfügungen des Testamentsvollstreckers.

81 KG, Beschl. v. 13.3.2012 – 1 W 542/11, FamRZ 2012, 1165 = MDR 2012, 654 = NJOZ 2012, 1492 = NotBZ 2012, 219 (bei betreuungsgerichtlicher Genehmigung); OLG München, Beschl. v. 16.11.2017 – 34 Wx 266/17, ErbR 2018, 112 = FuR 2018, 162 = ZEV 2017, 733 (zu Verfügungen des Testamentsvollstreckers und 93 %).

82 So OLG Brandenburg, Beschl. v. 27.2.2008 – 9 UF 219/07, NJW 2008, 2720 = NJW-Spezial 2008, 581/582 im Rahmen des § 1374 Abs. 2 BGB. Ähnlich Palandt/*Weidlich*, BGB, 77. Aufl. 2018, § 2287 Rn 4 u. NK-BGB/*Dendorfer-Dilges/Wilhelm*, 3. Aufl. 2016, § 516 Rn. 46.

83 KG, Beschl. v. 13.3.2012 – 1 W 542/11, FamRZ 2012, 1165 = MDR 2012, 654 = NJOZ 2012, 1492 = NotBZ 2012, 219, allerdings unter Hinweis auf die noch maßgeblichen subjektiven Wertvorstellungen der Parteien.

84 S. nur *Medicus/Lorenz*, SchuldR II BT, 17. Aufl. 2014, Rn. 404. Zum Nachweis gegenüber dem Grundbuchamt s. *Demharter*, GBO, 31. Aufl. 2018, § 51 Rn. 42.2 u. § 52 Rn. 23 u. Meikel/*Hertel*, GBO, 11. Aufl. 2015, § 29 Rn. 636.

85 Zu einer entsprechenden Gestaltung, bei der die Eltern später aufgrund eines angeblich zusätzlich bestehenden Mietvertrages im Rahmen der Leistungen nach dem SGB II einen Bedarf für Mietkosten geltend machten, LSG Nordrhein-Westfalen, Urt. v. 2.3.2017 – L 19 AS 1458/16, MittBayNot 2018, 134 = ZEV 2017, 479 (LS).

nere Fahrten mit Dienstleistungen sowie die Organisation der professionellen Pflege beschränken. Derartige Leistungen bleiben im Rahmen des zwischen Eltern und erwachsenen Kindern auch ohne Übergabe Üblichen. Allerdings sind sie rechtlich nicht bedeutungslos, sondern werden im Rahmen der Ausgleichung zwischen Abkömmlingen als besondere Leistungen auch mit ihrem immateriellen Wert für die betroffenen Eltern berücksichtigt.[86] Wird im Rahmen einer Veräußerung ein Recht vereinbart, wie etwa ein Nießbrauch oder ein Wohnungsrecht, handelt es sich nicht um eine Gegenleistung. Das vorbehaltene Recht mindert vielmehr den Wert der Leistung.[87] Allerdings gilt dies nicht für ein Wohnungsrecht zugunsten des unter Betreuung stehenden und im Heim untergebrachten Veräußerers, der dieses wegen seines Gesundheitszustandes nie mehr ausnutzen kann.

5. Die (angemessene) Ausstattung als Joker?

Die Ausstattung enthält zwar alle Tatbestandsmerkmale einer Schenkung, wird vom Gesetz aber nur als solche qualifiziert, wenn sie einen angemessenen Umfang übersteigt (§ 1624 Abs. 1 BGB).[88] Es handelt sich bei der Ausstattung um eine Start- und Existenzgründungshilfe, die einem Kind, also nicht etwa einem Neffen oder einer Nichte, einem Enkelkind, einem Stief- oder Schwiegerkind, aus Anlass der Selbstständigkeit vom Elternhaus oder bei der Verehelichung gewährt wird. Unerheblich ist, wenn neben dem Zweck der Ausstattung noch andere Motive vorliegen, solange die Absicht der Ausstattung überwiegt.[89] Wollen die Eltern nur von Kosten entlastet und hinsichtlich bestimmter Versorgungsleistungen gesichert sein, handelt es sich um einen Vertrag der vorweggenommenen Erbfolge und nicht um eine Ausstattung.[90] Um keine Ausstattung handelt es sich auch beim Vorbehalt des wirtschaftlichen Eigentums aufgrund eines Nießbrauchs, da in diesem Fall gerade keine wirtschaftliche Übertragung an das Kind erfolgt.[91] Umstritten ist, ob vorbehaltene Rückforderungsrechte einer Ausstattung entgegenstehen können. Jedenfalls bei Rückforderungsrechten, die Zustimmungsvorbehalte auch für eine ordnungsgemäße Wirtschaft vorsehen, liegt eine selbstständige, d.h. von den Eltern unabhängige wirtschaftliche Position nicht vor.[92] Auch wenn zugunsten eines erwachsenen Kindes des unter

---

86 Vgl. § 2057a Abs. 1 S. 2 BGB; s. dazu OLG Schleswig, Urt. v. 27.11.2016 – 3 U 25/16, ZEV 2017, 400/401 u. kurz *W. Kössinger*, in: Nieder/Kössinger, Handbuch der Testamentsgestaltung, 5. Aufl. 2015, § 2 Rn. 250.

87 OLG Braunschweig, Beschl. v. 11.11.1993 – 4 W 13/93, FamRZ 1995, 443/445; OLG München, Beschl. v. 13.4.2018 – 34 Wx 420/17, ZEV 2018, 300 (LS).

88 S. nur NK-BGB/*Dendorfer-Ditges/Wilhelm*, 3. Aufl. 2016, § 516 Rn. 29 u. *Waldner*, Vorweggenommene Erbfolge, 2. Aufl. 2011, Rn. 8.

89 *Waldner*, Vorweggenommene Erbfolge, 2. Aufl. 2011, Rn. 8; *Grziwotz*, FamRB 2014, 351/356; *Grziwotz*, in: Richter/Doering-Striening/Schröder/Schmidt (Hrsg.), Seniorenrecht, 2. Aufl. 2011, § 8 Rn. 74; vgl. LG Kassel, Beschl. v. 12.10.2012 – 31 349/12, NJW-RR 2013, 199/200.

90 Ebenso *v. Hoyenberg*, Vorweggenommene Erbfolge, 2010, 1. Kap. Rn. 60.

91 Ebenso *v. Hoyenberg*, Vorweggenommene Erbfolge, 2010, 1. Kap. Rn. 60.

92 Str., vgl. *Langenfeld/Günther*, Grundstückszuwendungen, 6. Aufl. 2010, Kap. 7 Rn. 41. S. auch BGH, Urt. v. 6.7.2012 – V ZR 122/11, FamRZ 2012, 1705 = MDR 2012, 1148 = MittBayNot 2013, 218 = NJW 2012, 3162 = NotBZ 2012, 417 = ZEV 2012, 550 = ZfIR 2012, 872.

Betreuung stehenden Eigentümers einer Immobilie eine Verfügung getroffen wird, um der Familie diesen zu erhalten, liegt keine Ausstattung vor.[93]

Typische Fälle der Ausstattung sind die Übertragung eines Bauplatzes, eines von den Eltern nicht mehr benötigten Eigenheims oder einer vermieteten Immobilie, auf deren Erträge die Eltern nicht angewiesen sind.[94] Aber auch die Übergabe eines landwirtschaftlichen oder sonstigen Betriebs kann eine Ausstattung darstellen.[95] Auch wenn es sich um keine Schenkung handelt, unterliegt sie wohl der Gläubigeranfechtung und der Anfechtung durch den Insolvenzverwalter.[96] Obwohl es sich bei einer „Ausstattungs-Übergabe" um keine Schenkung handelt, hat der Gesetzgeber die im früheren Vormundschaftsrecht (§ 1902 Abs. 1 BGB a.F.) enthaltene Sonderbestimmung über die Genehmigungsbedürftigkeit der Zuwendung als Ausstattung, die zunächst gestrichen werden sollte, ausdrücklich beibehalten (§ 1908 BGB).[97] Der Betreuer kann eine Ausstattung aus dem Vermögen des Betreuers zwar gewähren, bedarf hierzu aber der Genehmigung des Betreuungsgerichts. Maßstab für die Erteilung der Genehmigung ist das Wohl des Betreuten unter besonderer Berücksichtigung seiner Wünsche, soweit diese seinem Wohl nicht zuwiderlaufen (§ 1901 Abs. 2 S. 1, Abs. 3 S. 1 BGB).[98] Dabei soll im Rahmen der Prüfung der Angemessenheit der Ausstattung auch der mutmaßliche Wille des Betreuten zu berücksichtigen sein.[99] Zudem sollen auch die erkennbaren Interessen des Betreuten einbezogen werden.[100] Insbesondere bei einem landwirtschaftlichen Übergabevertrag mit dem Ziel der Weiterführung des Betriebs, der dem Willen der Beteiligten entspricht, von den üblichen Lebensverhältnissen in der Landwirtschaft nicht abweicht und auch ohne die Betreuungsbedürftigkeit des Übergebers anstünde, soll eine Genehmigungsfähigkeit vorliegen. Entscheidend für die diesbezügliche Entscheidung des OLG Stuttgart war allerdings, dass sich der Übernehmer für den Fall, dass eine Versorgung und Pflege der Eltern auf dem übergebenen Hof nicht mehr möglich oder zumutbar war, verpflichtet hat, „die Kosten einer Heimunterbringung ohne Einschränkungen zu übernehmen".[101] Dies wird zur Zeit aber nicht der Normalfall sein. Zudem sollte ein gravierender Nachteil der Ausstattung nicht übersehen werden: Lässt sich kein Pflichtteilsverzicht (§ 2346 Abs. 2 BGB) oder ein Vertrag nach § 311b Abs. 4 S. 2 BGB er-

---

93 BayObLG, Beschl. v. 6.6.2003 – 3 Z BR 88/03, FamRZ 2003, 1967 = Rpfleger 2003, 649.
94 Vgl. OLG Stuttgart, Beschl. v. 30.6.2014 – 8 W 495/03, FamRZ 2005, 62 = MittBayNot 2005, 229/230 f.; LG Mannheim, Urt. v. 18.3.1970 – 5 S 139/69, NJW 1970, 2111; *Saller*, NotBZ 2002, 81/85.
95 LG Traunstein, Beschl. v. 7.4.2004 – 4 T 1365/04, MittBayNot 2005, 231/232.
96 Str., vgl. *Jacob*, AcP 207, 2007, 198/211; *Huber*, AnfG, 11. Aufl. 2016, § 4 Rn. 23; Braun/*de Bra*, InsO, 7. Aufl. 2017, § 134 Rn. 37, jeweils m.w.Nachw.
97 Vgl. BR-Drs. 11/4528, 211/229.
98 BayObLG, Beschl. v. 6.6.2003 – 3 Z BR 88/03, FamRZ 2003, 1967 = Rpfleger 2003, 649.
99 OLG Karlsruhe, Beschl. v. 18.4.2000 – 11 Wx 148/99, MDR 2000, 1439 = NJW-RR 2000, 1313 u. ihm folgend OLG Stuttgart, Beschl. v. 30.6.2014 – 8 W 495/03, FamRZ 2005, 62 = MittBayNot 2005, 229/231.
100 OLG Stuttgart, Beschl. v. 30.6.2014 – 8 W 495/03, FamRZ 2005, 62 = MittBayNot 2005, 229/231.
101 OLG Stuttgart, Beschl. v. 30.6.2014 – 8 W 495/03, FamRZ 2005, 62 = MittBayNot 2005, 229/232, das zudem auf die Zwangsvollstreckungsunterwerfung des Übernehmers hinsichtlich der Ansprüche der Eltern verweist, so dass im Falle von Meinungsverschiedenheiten über den Umfang der Leistungspflicht das wirtschaftliche Risiko eines Rechtsstreits das Kind trifft.

reichen, ist die Ausstattung über die 10-Jahres-Frist des § 2325 Abs. 3 S. 2 BGB hinaus beim Pflichtteil zwingend zur Ausgleichung zu bringen (§ 2316 Abs. 3 BGB).[102]

IV. Anstand, Pflicht, Gelegenheit und Interessen – Ausnahmen auch für Vermögensübertragungen?

1. Schenkungsverbot mit Ausnahmen

§§ 1908i Abs. 2 S. 1, 1804 S. 2 BGB enthalten Ausnahmen vom Schenkungsverbot für einen Betreuer. Wie einem Vormund sind ihm Schenkungen gestattet, die einer sittlichen Pflicht oder einer auf den Anstand zu nehmende Rücksicht entsprechen. Gelegenheitsgeschenke kann er auch dann machen, wenn dies dem Wunsch des Betreuten entspricht und nach seinen Lebensverhältnissen üblich ist (§ 1908i Abs. 2 S. 1 BGB). Bei der Pflicht- und Anstandsschenkung handelt es sich um besondere Formen der Schenkung. Sie können nicht wegen Verarmung des Schenkers zurückgefordert und nicht wegen groben Undanks widerrufen werden (§ 534 BGB); sie unterliegen auch nicht der Pflichtteils- und Zugewinnausgleichsergänzung (§§ 2330, 1375 Abs. 2 S. 1 Nr. 1 BGB). Die Gelegenheitsgeschenke, auf die § 1908i Abs. 2 S. 1 BGB die Schenkungsmöglichkeit des Betreuers erweitert, finden sich auch in § 1380 Abs. 1 S. 2 BGB. Dort werden sie aber lediglich als Maßstab für den Wert zur Unterscheidung anrechnungspflichtiger Zuwendungen von anrechnungsfreien verwandt. Eine Zuwendung an den Ehegatten ist danach dann nicht auf die Zugewinnausgleichsforderung anzurechnen, wenn sie – gemessen an den Lebensverhältnissen der Ehegatten – den Wert eines Gelegenheitsgeschenkes nicht übersteigt, auch wenn es sich um kein Gelegenheitsgeschenk handelt.[103] Im Rahmen des § 1908i Abs. 2 S. 1 BGB ist nach h.M. ebenfalls eine enge und restriktive Auslegung geboten, so dass nur Zuwendungen mit einem geringen Wert unter die Ausnahme fallen.[104] Umgekehrt qualifiziert ein geringer Wert eine Zuwendung nicht automatisch als nach der Ausnahmeregelung gestattete Schenkung.[105] Diese Ausnahmen vom Schenkungsverbot werden in der Literatur[106] teilweise für zu eng und verfassungswidrig gehalten, da der „in guten Tagen" geäußerte Wille des Betreuten nicht verwirklicht werden kann.

---

102 S. nur *Waldner,* Vorweggenommene Erbfolge, 2. Aufl. 2011, Rn. 8; *R. Kössinger,* in: Nieder/ Kössinger, Handbuch der Testamentsgestaltung, 5. Aufl. 2015, § 21 Rn. 149; im Übrigen kurz *Eberl-Borges,* ErbR 2018, 289.

103 Str., s. nur OLG Köln, Beschl. v. 20.5.1998 – 27 WF 46/98, FamRZ 1998, 1515 (LS) = FuR 1998, 430 = NJWE-FER 1999, 30; MünchKommBGB/*E. Koch,* 7. Aufl. 2017, § 1380 Rn. 13.

104 OLG Frankfurt/M, Beschl. v. 27.10.2014 – 20 W 252/14, BeckRS 2015, 13193 Rn. 13 m.w.Nachw.

105 NK-BGB/*Fritsche,* 3. Aufl. 2014, § 1804 Rn. 4.

106 *Canaris,* JZ 1987, 993 ff.; vgl. auch *Holzhauer,* FamRZ 2000, 1063/1068. Gegen die verfassungsrechtlichen Bedenken MünchKommBGB/*Schwab,* 7. Aufl. 2017, § 1908i Rn. 40.

2. Anstandsschenkung

Anstandsschenkungen sind die nach der örtlichen und schichtspezifischen Verkehrs-
sitte üblichen Gelegenheitsgeschenke aus Anlass von Festtagen, persönlichen Feiern
und im Rahmen einer Gastfreundschaft sowie Trinkgelder. Sie müssen zwar keiner
sittlichen Pflicht entsprechen; es genügt eine geringere moralische Verpflichtung.[107]
Ihr Unterbleiben muss jedoch nach den Anschauungen der mit der unter Betreuung
stehenden Person sozial gleich gestellten Kreise zu einer Einbuße an Achtung und
Ansehen führen.[108] Nächstenliebe soll dagegen nicht genügen.[109] Auch wenn der
Wert der Zuwendung nicht unbedingt entscheidend ist, wird es sich in der Regel um
Geschenke von geringerem Wert handeln.[110] Als Maßstab für den Umfang eines Ge-
schenks ist auf diejenigen Personen abzustellen, die aus dem sozialen Umkreis des
Betreuten stammen.[111] Bei einem Multimillionär, der bereits früher teure Geschenke
gemacht hat, kann auch ein wertvolles Geschenk dem Anstand entsprechen. Bei
normalen Vermögensverhältnissen wird die Zuwendung einer Immobilie dagegen
kaum unter den Begriff der Anstandsschenkung subsumiert werden können.[112]

3. Pflichtschenkung – sittliche Rechtfertigung oder Pflicht?

Das Bestehen einer sittlichen Pflicht wird von der h.M. zurückhaltend beurteilt.[113]
Auch hier genügt es nicht, dass der Betreute aus Nächstenliebe hilft, die Schenkung
sittlich gerechtfertigt erscheint oder objektive Umstände zu der Schenkung veranlassen. Vielmehr muss das Unterlassen der Schenkung dem Betreuten als Verletzung
einer für ihn bestehenden sittlichen Pflicht zur Last zu legen sein.[114] Dabei kommt es
auch darauf an, wie groß das Vermögen des Betreuten ist und was ihm selbst ver-

---

107 LG Aachen, Urt. v. 14.2.2017 – 3 S 127/16, BeckRS 2017, 105856 = MittBayNot 2018, 238 = NJW-
Spezial 2017, 392.
108 BGH, Urt. v. 19.9.1980 – V ZR 78/79, NJW 1981, 111; LG Aachen, Urt. v. 14.2.2017 – 3 S 127/16,
BeckRS 2017, 105856 = MittBayNot 2018, 238 = NJW-Spezial 2017, 392; Münch-
KommBGB/*Schwab,* 7. Aufl. 2017, § 1908i Rn. 41; NK-BGB/*Heitmann,* 3. Aufl. 2014, § 1908i
Rn. 35.
109 NK-BGB/*Fritsche,* 3. Aufl. 2014, § 1804 Rn. 4.
110 OLG Frankfurt/M., Beschl. v. 27.10.2014 – 20 W 252/14, BeckRS 2015, 13193; BayObLG, Beschl. v.
6.6.2003 – 3 Z BR 58/03, FamRZ 2003, 1967 = Rpfleger 2003, 649; OLG Düsseldorf, Urt. v.
27.1.2017 – I-7 U 40/16, FamRZ 2017, 2073/2074; *Böhmer,* MittBayNot 1996, 405/406; großzügiger
BayObLG, Beschl. v. 8.10.1997 – 3 Z BR 192/97, FamRZ 1999, 47 = NJWE-FER 1998, 81/82; LG
Kassel, Beschl. v. 12.10.2012 – 3 T 349/12, FamRZ 2013, 579 = NJW-RR 2013, 199 (Auszahlung von
80.000 EUR an Söhne); MünchKommBGB/*Schwab,* 7. Aufl. 2017, § 1908i Rn. 41 u. NK-BGB/
Heitmann, 3. Aufl. 2014, 1908i Rn. 35.
111 LG Lübeck, Urt. v. 30.1.1996 – 6 S 136/95, FamRZ 1996, 961/962 = FPR 1999, 49; LG Aachen, Urt.
v. 14.2.2017 – 3 S 127/16, BeckRS 2017, 105856 = MittBayNot 2018, 238 = NJW-Spezial 2017, 392;
LG Kassel, Urt. v. 12.10.12 – 31 349/12, NJW-RR 2013, 199/200; Erman/*Schulte-Bunert,* BGB,
15. Aufl. 2017, § 1804 Rn. 3.
112 Vgl. BGH, Urt. v. 19.9.1980 – V ZR 78/79, NJW 1981, 111; BGH, Urt. v. 18.4.1986 – V ZR 280/84,
NJW-RR 1986, 1202; OLG Frankfurt/M., Beschl. v. 27.10.2014 - 20 W 252/14, BeckRS 2015, 13193.
113 BGH, Urt. v. 7.3.1984 – IVa ZR 152/82, FamRZ 1984, 580 = MDR 1984, 917 = NJW 1984,
2939/2940; MünchKommBGB/*Schwab,* 7. Aufl. 2017, § 1908i Rn. 41; NK-BGB/*Fritsche,* 3. Aufl.
2014, § 1804 Rn. 36.
114 BayObLG, Beschl. v. 24.5.1996 – 3 Z BR 104/96, BayObLGZ 1996, 118/121 = FamRZ 1996,
1359/1360 = MittBayNot 1996, 432 = NJW-RR 1997, 452; BayObLG, Beschl. v. 8.10.1997 – 3 Z
192/97, FamRZ 1999, 47 = NJWE-FER 1998, 81.

bleibt.[115] Auch die persönlichen Beziehungen der Beteiligten sind maßgebend.[116] Allein der Umstand, dass die erwachsenen Kinder sich um ihre Eltern kümmern, sie beraten und auch die rechtliche Betreuung übernehmen, begründet allein nicht eine sittliche Pflicht der Eltern zu Schenkungen, da sich die entsprechende Beistandspflicht aus § 1618a BGB ergibt.[117] Auch eine Steuerersparnis der künftigen Erben durch eine lebzeitige Übertragung begründet keine anzuerkennende sittliche Pflicht.[118] Anders ist dies bei langjährigen unentgeltlichen besonderen Leistungen, Opfern und Versorgungen, die der Zuwendungsempfänger erbracht hat.[119] Weitere Beispiele sind Unterhaltszahlungen an nahestehende Personen sowie die Sicherung des Lebensunterhalts des Partners.[120]

Weitergehend wird eine sittliche Pflicht zu einer Schenkung teilweise bereits dann bejaht, wenn das Rechtsgeschäft unter Berücksichtigung aller materiellen und immateriellen Interessen (Sicherung des Familienfriedens, Zusammenhalt in der Familie) der unter Betreuung stehenden Person für diese vorteilhaft ist und deshalb letztlich in deren Interesse liegt.[121] Teilweise wird es sogar als ausreichend für eine sittliche Pflicht angesehen, wenn die Schenkung dem Willen des Betreuten entspricht.[122] Dieser weiten Auslegung, die auch den Vollzug früher geplanter Stiftungen und von Verträgen der vorweggenommenen Erbfolge ermöglichen würde, ist die oben dargestellte h.M. nicht gefolgt. Risiko für die Vertragsgestaltung ist deshalb die Nichtigkeit diesbezüglicher Rechtsgeschäfte. Hierauf sollten die Beteiligten hingewiesen werden.

4. Gelegenheitsgeschenke

Der Begriff der Gelegenheitsgeschenke wird nicht definiert. Es dürfte sich im Wesentlichen aber um die in § 134 Abs. 2 InsO und § 4 Abs. 2 AnfG genannten „gebräuchlichen Gelegenheitsgeschenke geringen Werts" handeln.[123] Allerdings wird in § 1908i Abs. 2 S. 1 BGB auf das Merkmal der Gebräuchlichkeit verzichtet.[124] Be-

---

115 OLG Brandenburg, Urt. v. 23.5.2007 – 4 U 192/04, BeckRS 2009, 05840.

116 OLG Frankfurt/M., Beschl. v. 27.10.2014 – 20 W 252/14, BeckRS 2015, 13193; MünchKommBGB/*Kroll-Ludwigs*, 7. Aufl. 2017, § 1804 Rn. 13.

117 Vgl. BayObLG, Beschl. v. 8.10.1997 – 3 Z BR 192/97, FamRZ 1999, 47 = NJWE-FER 1998, 81.

118 BayObLG, Beschl. v. 24.5.1996 – 3 Z BR 104/96, BayObLGZ 1996, 118 = FamRZ 1996, 1359 = MittBayNot 1996, 432 = NJW-RR 1997, 452.

119 Vgl. OLG Hamm, Urt. v. 14.9.2017 – 10 U 1/17, NJW-RR 2018, 454 = ZEV 2018, 166 (LS); NK-BGB/*Fritsche*, 3. Aufl. 2014, § 1804 Rn. 36.

120 NK-BGB/*Fritsche*, 3. Aufl. 2014, § 1804 Rn. 36; Erman/*Schulte-Bunert*, BGB, 15. Aufl. 2017, § 1804 Rn. 3.

121 OLG Hamm, Urt. v. 7.1.1987 – 15 W 242/85, DNotZ 1987, 760 = FamRZ 1987, 751 = NJW-RR 1987, 453; OLG Stuttgart, Beschl. v. 4.10.2000 – 8 W 590/99, BWNotZ 2001, 64/65; OLG Stuttgart, Beschl. v. 30.6.2004 – 8 W 495/03, FamRZ 2005, 62/63 = MittBayNot 2005, 229; LG Traunstein, Beschl. v. 7.4.2004 – 4 T 1365/04, MittBayNot 2005, 231/232; krit. BayObLG, Beschl. v. 6.6.2003 – 3 Z BR 88/03, FamRZ 2003, 1967 (LS) = Rpfleger 2003, 649/651; OLG Frankfurt/M., Beschl. v. 10.9.2007 – 20 W 69/07, FamRZ 2008, 544 = NJOZ 2008, 18; Staudinger/*Veit*, BGB, Neubearb. 2014, § 1804 Rn. 20; *Böhmer*, MittBayNot 2005, 232.

122 OLG Karlsruhe, Beschl. v. 18.4.2000 – 11 Wx 148/99, MDR 2000, 1439 = NJW-RR 2000, 1313.

123 So MünchKommBGB/*E. Koch*, 7. Aufl. 2017, § 1380 Rn. 12.

124 *Böhmer*, MittBayNot 1996, 405/406; Hk-BGB/*Kemper*, 9. Aufl. 2017, § 1908i Rn. 4.

troffen sind die allgemein üblichen Geschenke zu bestimmten Fest- und Feiertagen (z.b. Hochzeitstag, Weihnachten) sowie wegen eines bestimmten Anlasses (z.B. Hochzeit, bestandene Prüfung). Nach dem Willen des Gesetzgebers handelt es sich lediglich um eine „vorsichtige" Erweiterung der Schenkungsmöglichkeiten für unter Betreuung stehende Personen.[125] Für sie bestehen zwei Voraussetzungen:

- Das Gelegenheitsgeschenk muss dem Wunsch des Betreuten entsprechen. Dieser muss nicht in einer Betreuungsverfügung bei (noch) bestehender Geschäftsfähigkeit geäußert worden sein. Dies ist zwar möglich, es genügt aber das Vorliegen natürlicher Einsichtsfähigkeit. Frühere geäußerte Wünsche gelten als fortdauernd, wenn in der Vergangenheit entsprechende Geschenke häufiger gemacht wurden.[126] Gleiches gilt für einen mutmaßlichen Willen.[127]

- Es muss sich ferner um ein nach den Lebensverhältnissen des Betreuten übliches Geschenk handeln.[128] Es kommt somit auf die Vermögensverhältnisse des Betreuten zur Zeit der Zuwendung und darauf an, in welchem Umfang dieser früher entsprechende Geschenke gemacht hat. Danach sind insbesondere Zuwendungen an fürsorgliche nahestehende Personen möglich.[129] Bei wertvollen Schenkungsgegenständen, wie Immobilien, Wohnungsrechten oder Geldzuwendungen, sind die Voraussetzungen eines „üblichen Gelegenheitsgeschenks" nach h.M. regelmäßig nicht erfüllt.[130]

Die nachweisbare Absicht der nunmehr betreuten Person bei noch bestehender Geschäftsfähigkeit, eine (selbstständige oder unselbstständige) Stiftung zu errichten[131] oder eine Übergabe durchzuführen, lässt sich nach h.M., auch wenn der Betreute dadurch keinen Nachteil erfährt, nicht mehr realisieren. Sein eindeutig geäußerte Wille wird gleichsam ignoriert.[132] Folgt man deshalb der Mindermeinung, die wegen des praktischen Bedürfnisses auch Verträge der vorweggenommenen Erbfolge im Rahmen von Gelegenheitsgeschenken zulassen möchte,[133] riskiert man – selbst bei einer eventuellen Genehmigung durch das Betreuungsgericht – die Nichtigkeit des Rechtsgeschäfts. Auch der grundbuchamtliche Vollzug heilt nicht, vielmehr ist auch die Eigentumsumschreibung nichtig. Auf dieses Risiko ist bei einer Beurkundung, auch wenn das Betreuungsgericht „kein Problem sieht", hinzuweisen.

---

125 BT-Drs. 11/4528, 160; Staudinger/*Bienwald*, BGB, Neubearb. 2017, § 1908i Rn. 181 u. 185; Palandt/*Götz*, BGB, 77. Aufl. 2018, § 1908i Rn. 17; BeckOK BGB/*G. Müller*, BGB, 45. Ed. 1.11.2017, § 1908i Rn. 6; Erman/*Roth*, 15. Aufl. 2017, § 1908i Rn. 37a; NK-BGB/ *Heitmann*, 3. Aufl. 2014, § 1908i Rn. 37; MünchKomm-BGB/*Schwab*, 7. Aufl. 2017, § 1908i Rn. 42.
126 Palandt/*Götz*, BGB, 77. Aufl. 2018, § 1908i Rn. 17.
127 NK-BGB/*Heitmann*, 3. Aufl. 2014, § 1908i Rn. 37; MünchKomm-BGB/*Schwab*, 7. Aufl. 2017, § 1908i Rn. 42.
128 OLG Stuttgart, Beschl. v. 30.6.2004 – 8 W 495/03, FamRZ 2005, 62 = MittBayNot 2005, 229/230.
129 OLG Brandenburg, Urt. v. 25.7.2007 – 4 U 192/04, BeckRS 2009, 05840; Palandt/*Götz*, BGB, 77. Aufl. 2018, § 1908i Rn. 17.
130 OLG Frankfurt/M., Beschl. v. 27.10.2014 – 20 W 252/14, BeckRS 2015, 13193 („... liegt für Schenkung eines Hausgrundstücks auf der Hand"); *Böhmer*, MittBayNot 1996, 406 m.w.Nachw.
131 Ausführlich *Grziwotz*, ZEV 2005, 338 ff.
132 Krit. deshalb *Canaris*, JZ 1987, 993 ff. u. ihm folgend Erman/*Roth*, 15. Aufl. 2017, § 1908i Rn. 38a.
133 S. nur LG Traunstein, Beschl. v. 7.4.2004 – 4 T 1365/04, MittBayNot 2005, 231; vgl. dazu auch Staudinger/*Bienwald*, BGB, Neubearb. 2017, § 1908i Rn. 186 u. *Holzhauer*, FamRZ 2000, 1063 ff.

Familiensteuerrecht

Notar Dr. Christof Münch, Kitzingen

Gliederung:

Mein Thema heute lautet „Familiensteuerrecht". Ich möchte also mit Ihnen am Schluss dieses familienrechtlichen Tages einige Schnittstellen des Familienrechtes mit dem Steuerrecht betrachten. Dieser Rechtsbereich wird in der Praxis immer wichtiger und diktiert geradezu einen Teil unserer Vertragsgestaltung. Wenn am Ende meines Vortrages die Erkenntnis steht, dass man auch familienrechtliche Ge-

staltungen in den meisten Fällen mit dem steuerlichen Berater absprechen muss, dann
hat diese Darstellung ihren Sinn erreicht.[1]

1. Scheidung und Auseinandersetzung – Alltagsfälle mit komplizierten Steuerfolgen

Am Beginn soll die Scheidungsvereinbarung stehen, die nach oft längerer Diskussion
und anwaltlicher Vorbereitung zum Notar kommt. Wenn dieser dann den Entwurf
fertigt und bei der Versendung anmerkt, man möge doch bitte den Entwurf auch
steuerlich überprüfen lassen, dann kommt es oft zu erstaunten Rückfragen. Wir werden aber sehen, dass sehr viele Konstellationen steuerliche Fragen aufwerfen. So hatte der BFH z.B. über eine Auseinandersetzungsvereinbarung zu entscheiden.

1.1. Auseinandersetzung

Fall 1.1.:

*Zwei Ehegatten lassen sich scheiden. Ihr Vermögen bestehe aus einer GbR, die
gewerbliche Einnahmen erzielt, und dem eigenbewohnten Einfamilienhaus. An
beidem sind die Ehegatten je hälftig beteiligt. Beide Objekte sind noch mit Verbindlichkeiten belastet. Nun übernimmt in der Scheidungsvereinbarung der
Ehemann den GbR-Anteil der Ehefrau und diese den Hausanteil des Ehemannes
jeweils mit den zugeordneten Verbindlichkeiten unter entsprechender Freistellung des anderen.[2]*

Die Ehegatten hatten sich im vorliegenden Fall auf ein Urteil des Großen Senats des
BFH[3] aus dem Jahre 1990 berufen, wonach ein sog. **Mischnachlass erfolgsneutral**
aufgeteilt werden könne.

Das hat der BFH nicht gelten lassen, sondern er hat zivilrechtlich argumentiert. Der
Nachlass stehe den Miterben der Erbengemeinschaft zur gesamten Hand als Sonder-
vermögen zu. Bei der **Zugewinngemeinschaft** hingegen werde gar kein gemeinsames Vermögen gebildet. Daran ändere auch die spätere Einbeziehung in die Zugewinngemeinschaft und die Berechnung des Zugewinns nichts. Anders hatte das FG
München[4] für die Gütergemeinschaft entschieden, die aber wiederum ein Gesamthandsvermögen aufweist.

Der BFH stellt klar – und dies gilt für alle nachfolgenden Themen gleichermaßen –,
dass auch die **Besonderheiten der Ehe als Erwerbs- und Verbrauchsgemeinschaft
keine andere steuerliche Beurteilung** rechtfertige.

---

1   Hierzu näher: Münch, Handbuch Familiensteuerrecht, 2015.
2   BFH, DStR 2002, 1209.
3   BFH, NJW 1991, 249.
4   FG München, FPR 1993, 812.

Fall 1.1. – Lösung

Es liegt eine steuerpflichtige Veräußerung des Anteils an der GbR vor. Diese für die Ehefrau als Veräußerer negative Einschätzung wird in solchen Fällen daher künftig zu einer anderen Berechnung der Auseinandersetzung führen. Es gilt, unter Einbeziehung der steuerlichen Berater, den Steuereffekt mit einzukalkulieren.

1.2. Übertragung zur Abgeltung des Zugewinns

Die zivilrechtliche Betrachtung des BFH ergibt, dass der Anspruch auf Zugewinnausgleich ein reiner auf Geld gerichteter Anspruch ist, dessen Erfüllung in Geld keine weiteren Steuerfolgen auslösen sollte.

Da aber häufig die Liquidität fehlt, um den Zugewinn völlig in Geld auszuzahlen, wird nicht selten die Übertragung eines anderen Vermögensgutes zur Abgeltung des Zugewinns vereinbart. Dabei handelt es sich nach Ansicht des BFH um eine **Leistung an Erfüllungs Statt**. Diese wertet das Gericht ungeachtet der zivilrechtlichen Konstruktion als **steuerlich entgeltlich**.[5] Dies steht im Gegensatz zu zivilrechtlicher Literatur und Rechtsprechung, die ausdrücklich höchstrichterlich[6] einen entgeltlichen Austauschvertrag ablehnt und stattdessen von einem bloßen Hilfsgeschäft zur Erfüllung ausgeht,[7] wird aber vom BFH später auch für den Bereich des Pflichtteilsrechtes bestätigt,[8] so dass die Gestaltungspraxis bei aller Kritik[9] davon ausgehen muss,[10] zumal der BFH ziemlich apodiktisch ausgesprochen hat, für seine steuerliche Einschätzung komme es auf die zivilrechtlichen Meinungen nicht an.

Fall 1.2.:

Ein Pflichtteilsberechtigter wird für seinen Pflichtteil mit der Übertragung eines Gesellschaftsanteils abgefunden. Laut BFH handelt es sich um eine entgeltliche, Steuern auslösende Übertragung des Gesellschaftsanteils, da der gesetzlich erworbene Pflichtteilsanspruch durch eine entgeltliche besondere Vereinbarung zwischen Erben und Pflichtteilsberechtigtem über die Anteilsübertragung abgegolten worden sei.[11]

In diesem Zusammenhang werden Vorschläge unterbreitet, **ehevertraglich** den Zugewinn abweichend zu regeln und statt einer Geldzahlung einen **gegenständlichen Zugewinn** zu vereinbaren.[12] Dies ist freilich ein schwieriger Rat. Geschieht dies vorbeugend bereits im Ehevertrag, so weiß man nie, was der Gegenstand bei etwaiger Scheidung wert ist und wie hoch der Gesamtzugewinn ist. Geschieht dies aber schei-

---

5   BFH, BStBl. 1977 II, 389 und BFH, DStR 2003, 457.
6   BGH, NJW 1984, 429, 431 = BGHZ 89, 126, 133.
7   Bamberger/Roth/Dennhardt, BGB, 3. Aufl., 2012, § 364, Rn. 1; Palandt/Grüneberg, BGB, 77. Aufl., 2018, § 364, Rn. 2; Staudinger/Olzen (2016), § 364, Rn. 7 ff. m.w.N.
8   BFH, DStRE 2005, 449.
9   Wälzholz, MittBayNot 2005, 465 f.; Tiedtke/Langhein, FPR 2007, 368 f.
10 OFD Münster, ZEV 2006, 311.
11 BFH, DStRE 2005, 449.
12 So Stein, DStR 2012, 1063 f.

dungsnah in einer Scheidungsvereinbarung, so wird die Finanzverwaltung dies steuerlich kaum anders werten als eine vertragliche Leistung an Erfüllungs Statt.

> Hinweis:
>
> Steuerlicher Rat ist dringend erforderlich, wenn steuerlich verhaftete Gegenstände oder Rechte zur Abgeltung des Zugewinns übertragen werden sollen!

1.3. Anrechnung auf den Zugewinn, § 1380 BGB

Auch wenn ein Ehegatte dem anderen Vermögensgüter **unentgeltlich zuwendet** und dabei anordnet, dass dieser sich die Zuwendung nach **§ 1380 BGB** auf einen späteren Zugewinn **anrechnen lassen muss**, verbergen sich dahinter ertragsteuerliche Fallstricke. Die Zuwendung ist zunächst **schenkungsteuerlich** als unentgeltlich anzusehen, auch wenn sie sich als ehebedingte Zuwendung darstellt.[13] Überschreitet die Schenkung die Freibeträge, so fällt also Schenkungsteuer an. Für diese Fälle trifft § 29 Abs. 1 Nr. 3 ErbStG die Anordnung, dass diese Schenkungsteuer mit Wirkung für die Vergangenheit erlischt, soweit die Zuwendung (später) auf die Ausgleichsforderung angerechnet wird.

Eine solche **Anrechnung erfolgt** zivilrechtlich später **nicht, wenn** der Zugewinn im Todesfalle durch das **erbrechtliche Viertel** ausgeglichen wird. Dieser Ausgleich unterliegt einer Pauschalierung und setzt nicht einmal voraus, dass überhaupt Zugewinn erzielt wurde oder der Überlebende ausgleichsberechtigt ist. Daher gelangt auch § 1380 BGB hier zivilrechtlich nicht zur Anwendung.[14] Gleichwohl ist § 29 Abs. 1 Nr. 3 ErbStG nach dessen **Satz 2** anwendbar, so dass also eine etwaige Schenkungsteuer wegfällt, wenn die unentgeltliche Zuwendung im Rahmen des nach § 5 Abs. 1 ErbStG fiktiv zu berechnenden Zugewinns berücksichtigt wird.

Zu einer **Anrechnung** kommt es auch **nicht, wenn** der **beschenkte Ehegatte zuerst verstirbt**[15] oder – davor wird in letzter Zeit verstärkt gewarnt[16] – in den Fällen der Schenkung über den Zugewinnausgleichsanspruch hinaus, also einer sog. **überhöhten Vorwegleistung**. Allerdings wird in letzteren Fällen zu Recht vertreten, dass § 29 Abs. 1 Nr. 3 ErbStG gleichwohl anwendbar ist,[17] zumal die h.M. zivilrechtlich eine zweite Zugewinnberechnung folgen lässt und letztendlich die Vorwegleistung in der Gesamtzugewinnrechnung doch berücksichtigt.[18]

Wenn aber im Todesfalle die güterrechtliche Lösung zum Tragen kommt oder wenn in einem Scheidungsverfahren oder bei Wechsel des Güterstandes der Zugewinn be-

---

13 BFH, NJW 1994, 2044; RE 7.2. ErbStR (2011); zur Unentgeltlichkeit in Bezug auf Pflichtteilsergänzungsansprüche aktuell BGH v. 14.3.2018 – IV ZR 170/16 -, ZEV 2018, 274 m. Anm. Horn.

14 Palandt/Brudermüller, BGB, § 1371 Rn. 3; MüKo-BGB/Koch, 7. Aufl., 2017, § 1371, Rn. 13.

15 Reich in von Oertzen/Loose, Erbschaftsteuer- und Schenkungsteuergesetz, 2017, § 29, Rn. 34.

16 Mack/Stenert, DStR 2017, 2645 f., wo Ansichten der Finanzverwaltung kolportiert, aber leider nicht zitiert werden (Tz. 2) , wo aber zu Recht betont wird, nach Sinn und Zweck des § 29 Abs. 1 Nr. 3 ErbStG müsse die Zuwendung in Höhe des eigentlichen Zugewinnausgleichsbetrags steuerfrei bleiben; so nun ausdrücklich auch Jülicher in Troll/Gebel/Jülicher, ErbStG (55. Erg, Stand 2/2018), § 29, Rn. 88 mit dem Hinweis, die Anwendung der Nr. 3 sei um die der Nr. 1 zu ergänzen.

17 Meincke/Hannes/Holtz, ErbStG, 17. Aufl., 2018, § 29, Rn. 13; Mack/Stenert, DStR 2017, 2645 f.

18 MüKo-BGB/Koch, § 1380, Rn. 2.

rechnet wird, dann **kommt die Anrechnung zur Anwendung**. Diese reduziert zunächst das Ausgleichspotential. **Fraglich ist aber, was steuerlich bei der Anrechnung geschieht.** Das ist bisher nicht rechtlich geklärt und die Ansichten gehen auseinander.

Während nach **einer Auffassung** die Zuwendung auch nach Wirksamwerden der Anrechnung eine **unentgeltliche bleibt**,[19] sind **andere** der **Ansicht**, dass mit dem Eingreifen der Anrechnung der Rechtsgrund für die Zuwendung mutiert. Die **Zuwendung** wird danach quasi **in eine entgeltliche umqualifiziert**. Sie trägt gleichsam latent einen weiteren Rechtsgrund in sich, der nun zur Wirkung kommt, sie wird zur entgeltlichen Leistung. Man spricht auch von einer antizipierten Leistung an Erfüllungs Statt.[20] Dafür wird vor allem § 29 Abs. 1 Nr. 3 ErbStG ins Feld geführt, der anordnet, dass eine Schenkungsteuer mit Wirkung für die Vergangenheit erlischt, wenn eine besteuerte unentgeltliche Zuwendung auf den Zugewinnausgleich später angerechnet worden ist. Das wäre freilich ein **Danaergeschenk**, wenn die **Entgeltlichkeit** dann auch **ertragsteuerrechtlich** anzuwenden wäre und die Übertragung zu einer Veräußerung mit einem entsprechenden Veräußerungsgewinn mutierte.

Auswertbare Rechtsprechung zum Problemkreis gibt es noch wenig. Zwar werden zwei Entscheidungen des FG Münster[21] und des BFH[22] zu Fällen des § 17 EStG für die Ansicht einer fortdauernden Unentgeltlichkeit zitiert.[23] Die Urteile beschäftigen sich aber nicht ausdrücklich mit dem Problemkreis, so dass sie allein nur mit Einschränkung herangezogen werden können, zumal der BFH[24] bei der Leistung an Erfüllungs Statt ganz apodiktisch von einer Entgeltlichkeit ausgeht, völlig unabhängig von der zivilrechtlichen Einstufung.

Hinweis:

Derzeit ist nicht gewiss, ob sich unentgeltliche Zuwendungen im Rahmen einer Anrechnung nach § 1380 BGB in entgeltliche verwandeln, was fatale ertragsteuerliche Folgen nach sich ziehen kann.

Die Gestaltungspraxis sollte daher genau prüfen, ob bei der Übertragung steuerverhafteter Objekte eine Anrechnung benötigt wird.

Gegen eine Umqualifizierung spricht Folgendes:

Die **Anrechnungsbestimmung** nach § 1380 BGB ist eine **einseitige empfangsbedürftige Erklärung**, die mindestens zeitgleich mit der Zuwendung abgegeben werden muss[25] und auch konkludent erklärt sein kann.[26] Eine solche einseitige Erklärung ist nicht in der Lage, einen vertraglichen Rechtsgrund zu begründen. Ja, die Anrech-

19 So etwa Hermanns, DStR 2002, 1065 ff.
20 Hollender/Schlütter, DStR 2002, 1932 f.; wohl auch Weidlich, ZEV 2014, 345, 350.
21 FG Münster, BeckRS 2009. 26028522.
22 BFH, DStR 2012, 1172.
23 Stein, DStR 2012, 1734 f.; Jülicher in Troll/Gebel/Jülicher, ErbStG (55. Erg, Stand 2/2018), § 29, Rn. 93.
24 BFH, DStRE 2005, 449.
25 MüKo-BGB/Koch, § 1380, Rn. 3
26 BGH, MittBayNot 2001, 324.

nung erfolgt nach § 1380 Abs. 1 S. 2 BGB sogar im Zweifel ohne Bestimmung, wenn die Zuwendung Gelegenheitsgeschenke überschreitet. Das **unterscheidet die Anrechnung deutlich von der „Austauschabrede" einer Leistung an Erfüllungs Statt.**

Ferner ist die Anrechnung nach § 1380 BGB ein reines Rechenkorrektiv.

Für die **Praxis** ist neben den oben genannten Entscheidungen von Bedeutung, dass sich die **Kommentare** zum Erbschafts- und Schenkungsteuergesetz eindeutig gegen die Umwandlung in ein ertragsteuerlich entgeltliches Rechtsgeschäft aussprechen.[27] Demnach würden die Fälle einer Übertragung mit Anrechnung nach § 1380 BGB und der nachherigen Aufhebung des Güterstandes anders behandelt als die Aufhebung des Güterstandes mit anschließender Übertragung an Erfüllungs Statt.[28]

1.4. Veräußerungsgewinnbesteuerung nach § 23 EStG im Rahmen der Scheidungsvereinbarung

1.4.1. Entgeltlichkeit

Tatbestandsmäßig für § 23 EStG sind nur entgeltliche oder teilentgeltliche Veräußerungen. In vielen **Scheidungsvereinbarungen** steht die **Veräußerung der Immobilie im Mittelpunkt**. Nachdem der BFH für die Ehe keine Sonderregelungen anerkennt, prüft die Finanzverwaltung und -rechtsprechung bei der Übernahme von Immobilien im Rahmen einer Scheidungsvereinbarung das Entstehen einer Veräußerungsgewinnsteuer wie bei fremden Dritten.

Fall 1.4.1.:

Ehemann M, der mit seiner Ehefrau F im gesetzlichen Güterstand lebte, erwarb 2012 ein Grundstück für 100.000,– € zum alleinigen Eigentum und vermietete es. Im Jahr 2018 wird die Ehe von M und F geschieden. F hat einen Zugewinnausgleichsanspruch i.H.v. 250.000,– €. Zur Abgeltung dieses Anspruchs überträgt ihr M dieses Grundstück, das bei Übertragung ebenfalls 250.000,– € wert ist.[29]

Diese Auffassung ist durch zwei OFD-Verfügungen aus dem Jahre 2001 in den Blickpunkt geraten,[30] in denen die OFDs für den oben bezeichneten Fall vertreten, dass es sich bei der **Übertragung zur Abgeltung des Zugewinnanspruchs** um eine **entgeltliche Veräußerung** handelt, die zu einem Veräußerungsgewinn nach § 23 EStG führt.

---

27 Jülicher in Troll/Gebel/Jülicher, ErbStG, § 29, Rn. 93; Wälzholz in Viskorf/Schuck/Wälzholz, Erbschaftsteuer- und Schenkungsteuergesetz, Bewertungsgesetz, 5. Aufl., 2017, § 29, Rn. 41; Reich in von Oertzen/Loose, Erbschaftsteuer- und Schenkungsteuergesetz, § 29, Rn. 36; Meincke/Hannes/Holtz, ErbStG, 17. Aufl., 2018, § 29, Rn. 14.

28 Darauf weisen ausdrücklich hin Jülicher in Troll/Gebel/Jülicher, ErbStG, § 29, Rn. 93 und Reich in von Oertzen/Loose, Erbschaftsteuer- und Schenkungsteuergesetz, § 29, Rn. 36.

29 Die Berücksichtigung von Abschreibungen wird an dieser Stelle ausgeblendet.

30 OFD Frankfurt, FR 2001, 322 und OFD München, DB 2001, 1533.

Lösung des Falles 1.4.1.:

M erzielt mit der Übertragung einen **steuerpflichtigen Veräußerungsgewinn** *nach § 23 EStG in Höhe von 150.000,– €.*

Dieses Ergebnis einer anfallenden Einkommensteuer auf die Übertragung stört die familienrechtliche Zugewinnberechnung. Dies wird im nächsten Themenpunkt unter dem Stichwort latente Ertragsteuer noch vertieft werden.

Nach der OFD-Verfügung fällt das Ergebnis ebenso aus, wenn eine Verrechnung mit Unterhaltsansprüchen erfolgt. Hierzu folgender Fall:

Fall 1.4.2.:

Ehemann M, der mit seiner Ehefrau F im gesetzlichen Güterstand lebte, erwarb 2012 ein Grundstück für 100.000,– € zum alleinigen Eigentum und vermietete es. Im Jahr 2018 wird die Ehe von M und F geschieden. F hat einen Zugewinnausgleichsanspruch i.h.v. 250.000,– €. Zur Abgeltung dieses Anspruchs überträgt ihr M dieses Grundstück, das bei Übertragung bereits 300.000,– € wert ist. Die überschießenden 50.000,– € sollen mit Unterhaltsansprüchen der F verrechnet werden

Lösung des Falles 1.4.2.:

M erfüllt damit zwei unterschiedliche Forderungen, so dass er einen **steuerpflichtigen Veräußerungsgewinn** *von 200.000,– € erzielt.*

Nur ganz schwer zu erkennen sind steuerliche Folgen für die Beteiligten in den Fällen der **Teilentgeltlichkeit.** Auch hierzu ein Beispielsfall:

Fall 1.4.3.:

Ehemann M, der mit seiner Ehefrau F im gesetzlichen Güterstand lebte, erwarb 2012 ein Grundstück für 100.000,– € zum alleinigen Eigentum und vermietete es. Im Jahr 2018 wird die Ehe von M und F geschieden. F hat einen Zugewinnausgleichsanspruch i.h.v. exakt ebenfalls 100.000,– €. Zur Abgeltung dieses Anspruchs übertrug ihr M dieses Grundstück, das bei Übertragung aber schon 150.000,– € wert war, ohne dass der höhere Betrag mit anderen Ansprüchen der F verrechnet wurde, weil M an einer einvernehmlichen Lösung ohne großen Aufwand gelegen war.

Zu 100.000,– € gekauft und zu 100.000,– € eingesetzt. Da liegt der Gedanke an eine Gewinnrealisierung eher fern. Aber: Der Veräußerungsvorgang ist in einen entgeltlichen Teil (100.000,– € von 150.000,– € = 2/3) der Abgeltung des Zugewinns und einen unentgeltlichen Teil (1/3) aufzuspalten. Das hat zur Folge, dass die **Anschaffungskosten ebenfalls aufzuspalten** sind und nur in Höhe von 2/3 dem entgeltlichen Veräußerungserlös gegenübergestellt werden dürfen. Als Anschaffungskosten sind mithin nur 66.667,– € anzusetzen.

Lösung des Falles 1.4.3.:

M hat einen Veräußerungsgewinn von 33.333,– € zu versteuern.

Der Fall wurde hier mit der sog. **Trennungstheorie** gelöst, die den Vorgang in einen entgeltlichen und einen unentgeltlichen Teil aufspaltet. Dies entspricht der Ansicht der Finanzverwaltung. In der **Rechtsprechung** hat sich der IV. Senat des BFH **gegen die Trennungstheorie** ausgesprochen und will bei der Übertragung von Gegenständen des Sonderbetriebsvermögens in das Gesamthandsvermögen derselben Mitunternehmerschaft die Einheitstheorie anwenden und prüfen, ob die Gegenleistung den Gesamtbuchwert übersteigt.[31] Der I. Senat hat sich dem angeschlossen.[32] Die Finanzverwaltung hat mit einem Nichtanwendungserlass reagiert.[33]

Ob dies **Auswirkungen auf die Veräußerung von steuerverstrickten Gegenständen des Privatvermögens** hat ist **umstritten.** Mitglieder des Großen Senats beim BFH plädieren für die Beibehaltung der Trennungstheorie,[34] andere halten die Rechtsprechung zur Einheitstheorie auf § 23 EStG übertragbar.[35] In einer Beitrittsaufforderung des X. Senats wurde das BMF ausdrücklich danach gefragt, ob die Modifizierung der Trennungstheorie Auswirkungen auf die Veräußerung von Wirtschaftsgütern des Privatvermögens hat.[36] Die Rechtsfrage wurde inzwischen dem Großen Senat des BFH vorgelegt.[37] Hier wird die Rechtsentwicklung zu beobachten sein.

Ob Übertragungen mit einer Anrechnungsbestimmung noch unentgeltlich in diesem Sinne sind,[38] wird von der Literatur zum Teil in Frage gestellt,[39] ohne dass dies von der Finanzverwaltung bisher aufgegriffen wurde.

Zu beachten ist, dass bei allen Übertragungen, die sich im Sinne des § 23 EStG als Veräußerung darstellen, diese zugleich eine Anschaffung für den Erwerber sind, so dass diesbezüglich eine neue Veräußerungsfrist von 10 Jahren zu laufen beginnt. Das kann insbesondere Bedeutung haben, wenn ein Ehegatte zunächst den Hälfteanteil des anderen übernimmt, um später das gesamte Anwesen weiterzuverkaufen.

Fall 1.4.4:

M und F hatten ein Haus erworben und 8 Jahre darin gewohnt. Dann kam es zur Scheidung und F übertrug ihre Haushälfte entgeltlich für 200.000,– € auf M. Die Veräußerung war aufgrund der Nutzung zu eigenen Wohnzwecken steuerfrei. M war das Haus aber verleidet und er zog aus und vermietete das Haus. Vier Jahre später verkaufte er es dann für 500.000,– €.

Lösung Fall 1.4.4.:

Für seine eigene Haushälfte hat M die Zehnjahresfrist überschritten, so dass der Verkauf nicht steuerpflichtig ist i.S.d. § 23 EStG. Für die Hälfte aber, die er von F erworben hat, sind erst vier Jahre abgelaufen. Daher erzielt M hier einen steuerpflichtigen Veräußerungsgewinn in Höhe von 50.000,– €.

---

31 BFH, DStR 2012, 1500; BFH, DStR 2012, 2051.
32 BFH, DStR 2013, 2158, Tz. 23.
33 BMF v. 12.9.2013, BStBl. 2013 I, 1164.
34 Heuermann, DB 2013, 1328 f.
35 Demuth, DStR-Beihefter 49/2012, 146.
36 BFH, DStRE 2014, 1025.
37 BFH, DStR 2015, 2834.
38 So etwa MüKo-BGB/Koch, § 1380, Rn. 8.
39 Etwa Engels, Steuerrecht für die familienrechtliche Praxis, 3. Aufl., 2017, Rn. 1310a.

1.4.2. Sonstige Rechtsprobleme im Tatbestand des § 23 EStG

Gebäude und Außenanlagen bezieht das Gesetz mit ein, wenn sie innerhalb der Veräußerungsfrist errichtet, ausgebaut oder erweitert werden. Dabei gilt es zu beachten, dass die Baumaßnahmen keine eigene Veräußerungsfrist in Lauf setzen, sondern das Gebäude teilt das Schicksal des Veräußerungsgewinns für Grund und Boden.[40] Es erfolgt keine Trennung in zwei Wirtschaftsgüter. Hierzu der nächste Fall:

Fall 1.4.5.:[41]

*Der Steuerpflichtige St. erwarb am 05.01.2007 ein Grundstück für 100.000,– €
und errichtete hierauf 2011 ein Hausanwesen für 300.000,– €, das er vermietete. Am 15.02.2018 veräußerte er Grundstück mit Gebäude für 500.000,– €.*

Lösung Fall 1.4.5.:

Aufgrund der gesetzlichen Regelung, dass Gebäude nur einzubeziehen sind, der Fristlauf sich aber nach der Anschaffung und Veräußerung des Grund und Bodens richtet, ist die Veräußerung steuerfrei, da die Veräußerungsfrist bereits abgelaufen ist.

Was den **Ablauf der 10-Jahresfrist** anbelangt, so ist hierfür der **schuldrechtliche Vertrag** entscheidend.[42] Besitzübergang, Geldfluss oder Grundbucheintragung spielen keine Rolle.

Hinweis:

Für den Ablauf der 10-Jahresfrist sind die schuldrechtlichen Verträge maßgeblich.

Schwierige Fragen stellen sich bei **Angeboten, Rücktrittsmöglichkeiten oder aufschiebenden Bedingungen.** Man wird von folgenden Grundsätzen ausgehen können:

(1) Ein **bindendes Angebot** allein ist noch keine Veräußerung, auch wenn es vom Verkäufer kommt. Der BFH[43] hat sich hierzu folgendermaßen geäußert: „Ist aber … bei Abgabe des Verkaufsangebots die Gefahr noch nicht übergegangen und hat der Verkäufer dem Käufer noch kein wirtschaftliches Eigentum verschafft, so müssen beide Vertragserklärungen innerhalb der Frist abgegeben werden." Später hat er bekräftigt, dass das bindende notarielle Kaufangebot noch nicht einem Erwerbsvertrag gleichsteht.[44] Wenn jedoch zusätzlich zu dem Angebot noch Rechte und Risiken im Rahmen einer rechtlich geschützten Position übergehen, der Käufer etwa die Immobilie schon in Besitz nimmt und die Lasten trägt oder Zahlungen leistet, die dann später auf den Kaufpreis angerechnet werden, dann wird man das Angebot dem schuldrechtlichen Vertrag gleichstellen müssen.[45]

---

40 BMF, BStBl. 2000 I, Rn. 9 ff. mit Ergänzung BStBl. 2007 I, 262.
41 Nach BMF, BStBl. 2000 I, S. 1383, Rn. 9.
42 BFH, DStRE 2006, 661; Herrmann/Heuer/Raupach/Musil, EStG KStG, 284. Akt. 2018, § 23 EStG, Rn. 92.
43 BFH, BStBl. 2002 II, S. 10, 11.
44 BFH, DStR 2013, 1021 zu §§ 7h, 7i EStG.
45 Vgl. etwa BFH, DStR 2006, 2163.

(2) Ein Vertrag, zu dem die **Genehmigung noch** aussteht,[46] oder

(3) bei welchem dem Käufer ein **einseitiges Rücktrittsrecht** eingeräumt wurde,[47] ist nach Auffassung des BFH ebenfalls noch nicht Veräußerung bzw. Anschaffung i.S.d. § 23 EStG.

(4) Haben die Vertragsparteien eine **aufschiebende Bedingung** vereinbart, so soll dies nach Ansicht des BFH jedoch zum Abschluss eines schuldrechtlichen Vertrages genügen, auch wenn die Bedingung erst außerhalb der Frist eintritt.[48]

Insgesamt ist die Rechtslage hier unübersichtlich,[49] so dass eindeutige Gestaltungsempfehlungen kaum möglich sind, soweit die Fälle nicht den von der Rechtsprechung entschiedenen entsprechen.

1.4.3. Steuerprivileg bei Nutzung zu eigenen Wohnzwecken

Abschließend zu diesem Themenbereich soll noch die **Ausnahme von der Besteuerung** nach § 23 EStG bei der **Nutzung zu eigenen Wohnzwecken** betrachtet werden. Ausgenommen von der Besteuerung ist demnach Grundbesitz,[50] der entweder

• zwischen Anschaffung/Herstellung und Veräußerung ausschließlich **zu eigenen Wohnzwecken** genutzt wurde oder

• im Jahr der Veräußerung und in den beiden vorangegangenen Jahren zu eigenen Wohnzwecken genutzt wurde.

Bei einer **unentgeltlichen Überlassung** an ein Kind im Sinne des § 32 Abs. 1 bis 5 EStG soll noch eine Nutzung zu eigenen Wohnzwecken vorliegen. Bei einer unentgeltlichen Überlassung **an** andere **Angehörige** hingegen liegt eine solche **Nutzung zu eigenen Wohnzwecken nicht** vor, selbst wenn diesen ein Unterhaltsanspruch zusteht,[51] so etwa aktuell das FG Baden-Württemberg für ein unterhaltsberechtigtes Kind, das nicht unter § 32 EStG fällt.[52] Das bedeutet insbesondere, dass bei einer Überlassung zur Nutzung an den anderen Ehegatten keine Eigennutzung mehr vorliegt. Man spricht von der sog. „**Trennungsfalle**".

Hinweis:

Wenn der Eigentümer-Ehegatte auszieht und dem anderen Ehegatten die Immobilie überlässt, so liegt keine Nutzung zu eigenen Wohnzwecken mehr vor. Das Steuerprivileg bei späterer Veräußerung kann dadurch verloren gehen.

---

46   BFH, BStBl. 2002 II, 10.
47   BFH, DStRE 2006, 661.
48   BFH, DStR 2015, 742.
49   Was beim Angebot nicht zuletzt auf die Kommentierung in Schmidt/Weber-Grellet, EStG, § 23, Rn. 37 beruht, aus der nicht ganz deutlich hervorgeht, dass neben dem Angebot noch weitere Aspekte gegeben sein müssen, um das Angebot einem Vertrag gleichzustellen (allerdings ist Auflage 37 knapper und verweist auf Auflage 36).
50   Bei teilweiser Nutzung zu eigenen Wohnzwecken entfällt nur für diesen Teil und den anteiligen Grund und Boden die Besteuerung, BMF, BStBl. 2000 I, 1383 f., Rn. 16.
51   BMF, BStBl. 2000 I, 1383 ff., Rn. 22 f.
52   FG Baden-Württemberg, DStRE 2018, 205.

Besteht an der Immobilie Miteigentum, so sind die beiden Miteigentumsanteile getrennt zu betrachten, d.h. dass ggf. der ausziehende Ehegatte bei der Veräußerung seines Anteils Nachteile erleidet.

> Hinweis:
>
> Beim Scheidungsmandat ist diese Frage schon zu Beginn zu erörtern. Das Privileg geht dann nicht verloren, wenn die Ehegatten in einem Haus getrennt leben.

Hinsichtlich des **zeitlichen Umfangs der Nutzung zu eigenen Wohnzwecken** gibt § 23 EStG **zwei Alternativen** vor. Ihre Auslegung durch die Finanzverwaltung ist schwierig, sollte aber im Detail bekannt sein, um die entsprechenden Konsequenzen für die Vertragsgestaltung ziehen zu können.

- **Ausschließliche Nutzung zu eigenen Wohnzwecken zwischen Anschaffung/ Herstellung und Veräußerung:** Nach den Ausführungsbestimmungen der Finanzverwaltung ist für den Zeitpunkt der Anschaffung bzw. Veräußerung – anders als bei der Bestimmung der 10-Jahres-Frist! – jeweils der **Übergang des wirtschaftlichen Eigentums entscheidend.**[53] Dies meint bei einer Grundstücksveräußerung regelmäßig den Übergang von Besitz, Nutzen und Lasten. Ausschließliche Nutzung bedeutet ununterbrochene Nutzung. **Leerstände sind unschädlich** vor Nutzungsbeginn, wenn sie mit der Aufnahme der Eigennutzung in Zusammenhang stehen (z.B. für Umbauzwecke), und zwischen Nutzungsende und Veräußerung, wenn der Steuerpflichtige die **Veräußerungsabsicht** nachweist. Bei einem trennungsbedingten Auszug liegt diese Voraussetzung zumeist nicht vor, so dass die Ehegatten hier in der Regel auf die nächste Alternative angewiesen sind. Nach dieser Alternative ist die Veräußerung auch dann steuerfrei, wenn die Eigennutzung nur für einen ganz kurzen Zeitraum erfolgte.[54]

- Nutzung zu eigenen Wohnzwecken im Jahr der Veräußerung und in den beiden vorangegangenen Kalenderjahren. Hierzu fordert die Finanzverwaltung[55] die Eigennutzung in einem zusammenhängenden Zeitraum[56] innerhalb der letzten drei Kalenderjahre. Der Zeitraum muss aber nicht die vollen drei Kalenderjahre umfassen. Im Extremfall genügt somit zur Erfüllung dieser Voraussetzungen ein Nutzungszeitraum von etwas über 12 Monaten, wenn sich dieser über drei Kalenderjahre erstreckt.[57] Ein Leerstand soll nach der Finanzverwaltung unschädlich sein, wenn die Veräußerung noch im Jahr der Nutzungsbeendigung erfolgt. Da bei einem scheidungsbedingten Auszug dieser i.d.R. nicht im Hinblick auf eine Veräußerung erfolgt (so die Leerstandsformel der Finanzverwaltung in der ersten Alternative), wird man bei einem Auszug vor Veräußerung auf diese Alternative zu-

---

53 BMF, BStBl. 2000 I, S. 1383 ff., Rn. 25.

54 Gottwald, MittBayNot 2001, 8, 13.

55 BMF, BStBl. 2000 I, S. 1383 ff., Rn. 25.

56 Das Erfordernis des zusammenhängenden Zeitraums ergibt sich m.E. nicht aus dem Gesetzestext, da sich das Wort „ausschließlich", aus dem die Finanzverwaltung „ununterbrochen" liest, eindeutig nur auf die erste Alternative bezieht. Daher zu Recht krit. Gottwald, MittBayNot 2001, 8, 13; Korn/Carlé, EStG, § 23 Rn. 33, der auch eine Fremdvermietung als unschädlich ansieht, wenn sich diese nicht über den Zeitraum eines Kalenderjahres erstreckt.

57 Arens, FPR 2003, 426, 427; Karasek, FamRZ 2002, 590, 591.

rückzugreifen haben. Dabei sei nochmals ins Gedächtnis gerufen, dass die Finanzverwaltung unter Veräußerung den Übergang des wirtschaftlichen Eigentums verstehen will. Das bedeutet, dass im Jahr des Auszugs bei Veräußerung auch das wirtschaftliche Eigentum übergegangen sein muss. Dies wird oft nicht gesehen.

Daher muss die Vertragsgestaltung folgenden Hinweis beachten:

Hinweis:

I.R.d. § 23 EStG ist die Trennungsfalle zu beachten. Nach dem Auszug eines Eigentümerehegatten liegt eine Eigennutzung i.d.R. nur vor, wenn noch im Jahr des Auszugs eine Veräußerung unter Übergang von Besitz, Nutzen und Lasten erfolgt.

Hierzu folgender

Fall 1.4.6.:

M und F erwarben mit Übergang von Besitz, Nutzen und Lasten zum 01.05.2015 ein Einfamilienhaus zum Miteigentum je zur Hälfte. Nach Renovierung zogen sie am 01.09.2015 ein. An Weihnachten 2016 erfolgte nach einem Zerwürfnis die Trennung. M zog sofort aus, F zog im Januar 2017 zu ihrer Mutter. Sie hatte bis dahin ohne weitere Absprache das Haus bewohnt. Kinder hatten M und F nicht. Im Oktober 2017 schlossen sie schließlich eine Scheidungsfolgenvereinbarung, wonach M das Haus gegen Zahlung eines Übernahmepreises zu Alleineigentum erwarb. Besitz, Nutzen und Lasten sollten mit Zahlung des Übernahmepreises und Schuldentlassung der F für die Hausdarlehen übergehen. Diese Voraussetzungen traten im Dezember 2017/alternativ im Januar 2018 ein.

Bei der Lösung wird die Problematik der Eigennutzung deutlich:

Lösung Fall 1.4.6.:

Der Auszug erfolgte trennungsbedingt, der Leerstand ist daher nicht durch die beabsichtigte Veräußerung verursacht. F hat das Anwesen noch zu eigenen Wohnzwecken im Jahr der Veräußerung 2017 und auch in den beiden vorangegangenen Jahren 2015 und 2016 ununterbrochen genutzt. Daher ist die Veräußerung ihres Anteils wegen der Eigennutzung nicht nach § 23 EStG zu versteuern, soweit Besitz, Nutzen und Lasten noch in 2017 übergingen. Geschah dies hingegen erst im Januar 2018, so ist die Veräußerung ihres Anteils nach Ansicht der Finanzverwaltung steuerpflichtig.

Würde das Haus fremdveräußert, so wäre der Anteil des M in jedem Falle steuerpflichtig, da er keinen zusammenhängenden Nutzungszeitraum von drei Jahren aufweist.

Hinweis:

Für die Vertragsgestaltung ergibt sich daraus der Rat, den Übergang von Besitz, Nutzen und Lasten bei einer Scheidungs(folge-)vereinbarung fest im Jahr des Auszuges zu vereinbaren.

---

2. IDW S 13 – Der neue Standard zur Unternehmens- bewertung im Familien- und Erbrecht – Gedanken zum Verhältnis von Betriebswirtschaft und Familienrecht

Im zweiten Teil des Vortrages soll der Fokus auf Fragen der **Unternehmensbewertung** im Rahmen der Zugewinnberechnung gerichtet sein. Dabei wird zunächst das von der Rechtsprechung präferierte **Ertragswertverfahren** erläutert, dann die **spezifisch familienrechtlichen Vorgaben** für die Unternehmensbewertung und schließlich der neue Bewertungsstandard **IDW S 13**. Schließlich soll noch ein besonderer Blick auf die **latente Ertragsteuer** und ihre Rolle in der Zugewinnberechnung erfolgen.

2.1. Modifizierter Ertragswert – IDW S 13 und Doppelverwertungsverbot

Das BGB schreibt bei der Ermittlung des Unternehmenswertes im Rahmen des Zugewinns keine bestimmte Bewertungsmethode vor. Die Betriebswirtschaft favorisiert schon seit längerem die Ertragswertmethode und auch der **BGH** hat die Anwendung der **Ertragswertmethode ausdrücklich als vorzugswürdig** anerkannt.[58]

Kurz erklärt versteht man unter dem **Ertragswert** die **Summe aller zukünftigen Erträge** des fortgeführten Unternehmens[59] **vermehrt um** den **Veräußerungswert des nicht betriebsnotwendigen** Vermögens zu Einzelveräußerungspreisen.[60] Unterste Grenze des Unternehmenswertes[61] ist hierbei der Liquidationswert.[62] Die zukünftigen Erträge werden auf den Bewertungsstichtag **abgezinst** (kapitalisiert), um zu einem **Barwert** des Unternehmens am **Bewertungsstichtag** zu kommen.[63] Sofern die künftige Ertragsperiode unbefristet ist, geschieht die Kapitalisierung der zukünftigen Erträge nach der **Formel für die immerwährende Rente**.[64]

Der hierbei verwendete Abzinsungsfaktor heißt **Kapitalisierungszinssatz**. Er setzt sich zusammen aus dem **Basiszinssatz**, der sich üblicherweise nach der durchschnittlichen Effektivverzinsung inländischer öffentlicher Anleihen bemisst, und verschiedenen Zuschlägen (die den Barwert vermindern, z.B. Unternehmensrisiko) und Abschlägen (die den Barwert erhöhen, z.B. Geldentwertung). Als ein allgemeiner Standard, an den man sich bei der Unternehmensbewertung halten kann und der auch

58 BGH, NJW 2011, 2572.
59 Piltz/Wissmann, NJW 1985, 2673, 2674.
60 Borth, FamRB 2002, 339, 341; Burg/Gimnich, NotBZ 2005, 279, 286; Großfeld/Egger/Tönnes, Recht der Unternehmensbewertung, 8. Aufl., 2016, Rn 332 ff.; OLG Düsseldorf, DB 2000, 81.
61 Zum zusätzlichen Abzug negativen Eigenkapitals und zum Verbot der nochmaligen Berücksichtigung dieser Verbindlichkeiten im Endvermögen: BGH, FamRZ 2005, 99, 100.
62 Kuckenburg, FuR 2005, 401; Piltz/Wissmann, NJW 1985, 2673, 2674; Bamberger/Roth/J. Mayer, BGB, § 1376 Rn 11.
63 Großfeld/Egger/Tönnes, Recht der Unternehmensbewertung, Rn 378.
64 BGH, FamRZ 1982, 54, 55.

bei der ehevertraglichen Gestaltung als allgemein zugänglich und vernünftig in Bezug genommen werden kann, haben sich die vom Hauptfachausschuss des Instituts
der Wirtschaftsprüfer verabschiedeten „**Grundsätze zur Durchführung von Unter-
nehmensbewertungen (IDW S. 1)**" etabliert.[65]

Die Bewertung hängt dabei ganz **entscheidend von ihrem Zweck ab**. Auch die be-
triebswirtschaftliche Unternehmensbewertung stellt den Bewertungsauftrag und die
daraus zu ziehenden Schlussfolgerungen in die Vorüberlegungen ein.[66] Daher ist
nunmehr zu fragen, welche **spezifischen Vorgaben aus dem Familienrecht** für die
Bewertung eines Unternehmens im Rahmen der Zugewinnberechnung existieren.

- Für die Bewertung im Anfangs- und Endvermögen ist stets der **volle, wirkliche
Wert** festzustellen.[67]

- Es handelt sich um eine **strenge Stichtagsbewertung** zu zwei – seit der Reform
der Zugewinngemeinschaft eigentlich drei – Stichtagen, des Anfangs-, End- und
Trennungsvermögens, letzteres wegen der Vermutung des § 1375 Abs. 2 S. 2
BGB. Bewertungen zu länger zurückliegenden Stichtagen führt die Rechtsprechung dabei nach der sog. „**Wurzeltheorie**" durch, d.h. sie berücksichtigt Umstände, die im Kern bereits zum damaligen Zeitpunkt angelegt und absehbar waren, blendet aber zwischenzeitliche Entwicklungen und Erkenntnisse aus.[68]

- Entsprechend den Prinzipien des gesetzlichen Güterstandes soll **der in der Ehe
erwirtschaftete Unternehmenswert** zwischen den Ehegatten **hälftig aufgeteilt**
werden, sodass jeder Ehegatte nach Durchführung des Zugewinnausgleichs gleich
viel hat.[69] Während bei der Wertberechnung zwischen Verkäufer und Erwerber jeder Teil eine Bewertung vornimmt und ein in Aussicht genommenes Geschäft nur
zustande kommt, wenn die Beteiligten eine Annäherung bei der Bewertung erzielen, ist die Bewertung im Zugewinnausgleich eine „**Mussbewertung**", die notfalls
durch das Gericht entschieden wird.[70]

- Sodann enthält der Zugewinnausgleich **spezifische Reaktionsmechanismen** wie
etwa die **Stundung** nach § 1382 BGB, welche ein Ausweichen auf eine andere
Bewertungsmethode ggf. überflüssig machen. Ferner steht mit § 1377 Abs. 3 BGB
eine **Auffangvorschrift** zur Verfügung, die zulasten des Unternehmer-Ehegatten
den Unternehmenswert als Zugewinn ansieht, wenn der Wert beim Anfangsvermögen nicht nachgewiesen werden kann. Hierin liegt bei überschuldetem Anfangsvermögen, das nun nach § 1374 Abs. 1 Satz 2 BGB beachtlich ist, eine Gefahr, denn die Vermutung des § 1377 Abs. 3 BGB wurde nicht angepasst. Über-
schuldetes Anfangsvermögen wäre daher gesondert festzustellen.

---

65 Stand 2.4.2008, in: IDW Prüfungsstandards, IDW Stellungnahmen zur Rechnungslegung, Band 2
    (Loseblatt).
66 IDW S 1, Tz. 2.
67 BGH, NJW 2011, 2572, Tz. 24.
68 Beispielhaft OLG Karlsruhe, BeckRS 2013, 13603; BGH, NJW 1973, 509, 511.
69 Braunhofer, Unternehmens- und Anteilsbewertung, 1995, S. 118.
70 Piltz/Wissmann, NJW 1985, 2673, 2675.

- Bei der Bewertung im Zugewinnausgleich ist zu beachten, dass im Zusammenhang mit der Scheidung i.R.d. Zugewinns das vorhandene Vermögen aufgeteilt wird, dass aber i.R.d. Unterhalts das **künftige Einkommen des ausgleichsverpflichteten Ehegatten** eine Rolle spielt und eine Doppelverwertung vermieden werden muss, sodass nicht derselbe Wert oder seine konstituierenden Faktoren einmal im Zugewinn und zum anderen bei der Unterhaltsberechnung herangezogen werden können.[71] Dies würde dem allgemein vom BGH ausgesprochenen Doppelverwertungsverbot zuwiderlaufen, das dieser für etwa für Mitarbeiterbeteiligungen, Schulden und Steuererstattungen aufgestellt hat.[72] In welchem Bereich eine Vermögensposition zugeordnet wird,[73] kann **von erheblicher wirtschaftlicher Bedeutung** sein, wenn etwa der Unterhalt wegen Wiederheirat entfällt oder der Zugewinnausgleich schon verjährt ist[74] oder auf Unterhalt oder Zugewinn ehevertraglich verzichtet worden war. Zu beachten ist ferner gerade im Hinblick auf die Unternehmensbewertung, dass die Zugewinnberechnung nach Durchführung der Prognose unveränderlich ist, auch bei völlig anderer Gewinnentwicklung; die Unterhaltsbemessung hingegen kann angepasst werden.

Welche Konsequenz hat dies nun für die Bewertung im Rahmen des Zugewinns? Im **Grundsatz** ist zunächst bei den dargestellten **betriebswirtschaftlichen Bewertungsmethoden** anzusetzen, d.h. die Ertragswertmethode steht im Vordergrund.

Allerdings ist immer im Blick zu behalten, dass bei der Bewertung im Zugewinnausgleich **nicht** die künftigen **Erträge** als Wert zu erfassen sind, **sondern** der am Stichtag bestehende **Vermögenswert** des Unternehmens, der sich nur in den künftig zu erzielenden Erträgen spiegelt.[75] Zudem werden die **künftigen Erträge** – d.h. der Wertmesser für den Vermögenswert – i.R.d. Ehegattenunterhalts dann zur Unterhaltsberechnung herangezogen. Hier ist das soeben geschilderte **Verbot der Doppelverwertung** zu beachten. Aus diesem Grunde muss mit der allgemeinen Aussage, dass die Bewertung sich nach dem Bewertungszweck zu richten habe, Ernst gemacht werden.

Die Tendenz, auch **Unternehmen** im Zugewinn hoch zu bewerten, **die in dritter Hand nichts wert sind**, weil sie allein auf der persönlichen Leistung des Inhabers beruhen,[76] muss sich wieder abschwächen. Es wird zwar dabei zu bleiben haben, dass auch unveräußerliche Beteiligungen aufgrund ihres Nutzungswertes im Zugewinn zu bewerten sind. Jedenfalls aber muss die **persönliche Leistung** eines solchen Inhabers für die **Unterhaltsbemessung** vorbehalten bleiben und nicht werterhöhend im Zugewinn wirken.

---

71 Jaeger in Johannsen/Henrich, Familienrecht, 6. Aufl., 2015, § 1376 Rn 20.
72 BGH, FamRZ 2003, 432; BGH, FamRZ 2004, 1352 = NJW 2004, 2675; BGH, FamRZ 2005, 967;vgl. auch aktuell BGH, FamRZ 2017, 519; hierzu Borth, FamRZ 2017, 682 f.
73 Gegen Wahlrecht und für Vorrangigkeit der Unterhaltsberücksichtigung Gerhardt/Schulz, FamRZ 2005, 145, 146.
74 Eingehend Kogel, FamRZ 2004, 1614, 1615 f.
75 BGH, FamRZ 1999, 361, 363.
76 Bamberger/Roth/J. Mayer, BGB, § 1376 Rn 13.

Solches kann vor allem dadurch geschehen, dass dort, wo bisher ein **kalkulatorischer Unternehmerlohn** abgezogen wurde, wie etwa bei der Verwendung der Ertragswertmethode, nicht nur auf den durchschnittlichen Lohn nach einer vergleichbaren Position abgestellt wird, sondern i.R.d. Zugewinns mit Blick auf die Einstellung des „Unternehmerlohnes" in den Unterhalt der **konkrete Unternehmerlohn** berücksichtigt – d.h. im Zugewinn abgezogen – wird. Diesem Vorschlag des Referenten[77] hat sich zunächst der 17. Deutsche Familiengerichtstag[78] und dann der BGH angeschlossen.[79]

Dabei sind entsprechende Abzüge für alle im Unternehmen tätigen Unternehmer vorzunehmen, nicht nur für denjenigen, von dem Zugewinnausgleich verlangt wird.[80]

In gleicher Weise ist dann bei der Bewertung einer **Freiberuflerpraxis** bei Errechnung des **Goodwills** jeder personenbezogene Anteil aus diesem Goodwill zu eliminieren. Es ist daher mit Blick auf die unterhaltsrechtliche Erfassung gerade **nicht der höhere** „**subjektgebundene Goodwill**" in die Bewertung beim Zugewinn einzustellen, sondern nur der niedrigere „objektgebundene Goodwill".[81]

Fall 2.1.:

Ein Herzspezialist[82] lässt sich scheiden. Einen Ehevertrag hat er nicht geschlossen. Aufgrund der Spezialisierung und des herausragenden Rufes könnte kein dritter Praxiserwerber die Arztpraxis mit vergleichbarem Erfolg führen.[83] Die Praxis wird dann im Zugewinn insoweit berücksichtigt als die objektiven Umstände des Goodwill betroffen sind, nicht jedoch hinsichtlich des „Freiberuflerlohnes" (bzw. beim Ertragswert eben abzüglich des „Freiberuflerlohnes".) Der Freiberuflerlohn hingegen wird bei der Unterhaltsberechnung berücksichtigt, aber jedenfalls nicht doppelt.[84] Es wird nun aus Sicht des Verbotes der Doppelverwertung nicht der kalkulatorische Arztlohn – etwa eines angestellten Oberarztes – abgezogen, sondern der individuelle „Freiberuflerlohn" des Herzspezialisten. Das heißt, dass der Praxiswert im Zugewinn erheblich sinkt.

---

77 C. Münch, FamRZ 2006, 1164 f.
78 Ergebnisse in FamRZ 2007, 2040, 2041 B II.2. (AK 7).
79 BGH, NJW 2008, 1221; hierzu C. Münch, NJW 2008, 1201.
80 BGH, NJW 2018, 61 f.
81 Ausdrücklich BGH, NJW 2011, 999; a.A. Bamberger/Roth/J. Mayer, BGB, § 1376 Rn 13.
82 Beispiel aus Bamberger/Roth/J. Mayer, BGB, § 1376 Rn 13.
83 Für die Eliminierung der subjektiven Elemente Johannsen/Henrich/Jaeger, Familienrecht, § 1376 Rn 20; Braunhofer, Unternehmens- und Anteilsbewertung, S. 119; Klingelhöffer, FamRZ 1991, 882, 885.
84 Vgl. auch Klingelhöffer, FamRZ 1991, 882, 884, der auf den Widerspruch hinweist, dass der Unternehmer unterhaltsrechtlich zur Fortsetzung der Berufstätigkeit verpflichtet wird, während er im Zugewinnausgleich behandelt wird, als hätte er sein Unternehmen verkauft.

Hinweis:

Das Verbot der Doppelverwertung hat Konsequenzen für die Unternehmensbewertung im Zugewinn. Hier muss bei der Bewertung der konkrete, nicht (nur) der kalkulatorische Unternehmerlohn abgezogen werden, der dann für den Unterhalt zur Verfügung steht. Bei Berechnung des Goodwills ist der objektgebundene, nicht jedoch der subjektgebundene Goodwill für inhaberbezogene Unternehmen heranzuziehen.

In zwei weiteren Urteilen ist der BGH sodann vertieft auf die Unternehmensbewertung von **Freiberuflerpraxen** eingegangen.[85] Diese Grundsätze müssen ebenso für andere **inhaberbezogene Unternehmen** gelten. Der BGH kommt hierbei zum Ergebnis, dass auf diese ein **modifiziertes Ertragswertverfahren** anzuwenden ist, das sich im Wesentlichen durch zwei Abweichungen zum reinen Ertragswertverfahren auszeichnet:

- Einmal wird die Ertragsprognose nicht auf ewig hochgerechnet, sondern nur auf einige Jahre, da nur so lange die Wertigkeit des Unternehmens mitgegeben werden kann, wirkt doch der Einfluss des bisherigen Inhabers nur noch begrenzt nach (**begrenzter Prognosezeitraum**).

- Ferner ist der konkret gerechtfertigte, individuelle Unternehmerlohn abzuziehen.

Der BGH[86] hat sich weiter mit einem **Mietbetrieb** befasst und untersucht, ob für diesen auch eine Modifizierung des Ertragswertverfahrens gerechtfertigt ist. Dabei kommt es darauf an, ob der **Standort** für den Betrieb **von herausragender Bedeutung** ist und ob dieser durch **langfristige Mietvertragsbindung** gesichert ist. Wird ersteres bejaht und letzteres verneint, dann ist eine Verkürzung des Ergebniszeitraums nach Ansicht des BGH gerechtfertigt.

Der BGH[87] hat für den Betrieb des **Handelsvertreters** geurteilt, dass hier eine **ausschließliche Subjektgebundenheit** vorliegt, weil der Betrieb auf einem höchstpersönlichen, nur dem Inhaber verliehenen Recht beruht und somit nicht veräußerlich ist. Als Folge ist im Zugewinn hierfür kein Wert anzusetzen.

In seinem neuesten Urteil zu diesem Bereich hat der BGH entschieden, dass auch eine **nicht unternehmensleitende Tätigkeit der Inhaber** bei der Berechnung des Unternehmenswertes im Zugewinn berücksichtigt werden muss und dass der Abzug für alle Inhaber erfolgt, nicht nur für denjenigen, der nun auf Zugewinn in Anspruch genommen wird. Hinsichtlich der konkreten Tätigkeiten trifft einen Unternehmer eine sekundäre Darlegungslast, wenn gutachtlich ein bestimmter Wert angesetzt ist und er diesen für zu hoch hält. Der ansonsten darlegungspflichtige Ausgleichsgläubiger steht hier außerhalb des Geschehensablaufs.[88]

Nun soll der Blick darauf gerichtet werden, wie die **Praxis der Unternehmensbewertung** auf diese Rechtsprechung reagiert hat.

---

85 BGH, NJW 2011, 999; BGH, NJW 2011, 2572.
86 BGH, NJW 2014, 294.
87 BGH, NJW 2014, 625 mit abl. Anm. Hoppenz.
88 BGH, NJW 2018, 61, Tz. 29 ff. m. Anm. C. Münch.

Zunächst haben sich 2014 **IDW und Bundessteuerberaterkammer** der **Bewertung von sog. KMU**[89] angenommen und hierzu umfangreiche **Hinweise** veröffentlicht.[90] Diese Stellungnahme nennt folgende Problempunkte bei den KMU:

*   kein unabhängiges Fremdmanagement,

*   betrieblicher und privater Bereich nicht strikt getrennt,

*   Mitarbeit von Familienmitgliedern häufig zu nicht marktgerechten Konditionen,

*   kaum Zugang zum Kapitalmarkt,

*   mittel- und langfristige Unternehmensplanung schwach ausgeprägt,

*   geringe Diversifikation.

Kann auf diese Weise die Ertragskraft nur eingeschränkt und temporär weitergegeben werden, ist die modifizierte Ertragswertmethode angezeigt, insb. ein zeitlich begrenzter Abrechnungzeitraum.[91] Die Hinweise zur Bewertung von KMU sind nicht als abweichende Bewertungsmethode zu verstehen, sondern als Konkretisierung der Grundsätze des IDW S1.[92]

Zu diesen Fragen der Abstimmung der Bewertung auf die Rechtsgebiete des Familien- oder Erbrechts ist ferner nunmehr ein neuer Standard IDW S 13 erlassen worden. Der neue IDW S 13[93] befasst sich mit der Unternehmensbewertung im Familien- und Erbrecht und löst die bisherige Stellungnahme von 1995 ab. Die Notwendigkeit einer Neufassung wird vor allem mit der Anpassung an die geschilderte Rechtsprechung des BGH insbesondere die sog. Veräußerungsfiktion begründet.[94] Auch hier wird an die Unternehmensbewertung ein zweiter Schritt angehängt. Anders als in der Stellungnahme von 1995 geht es aber nicht um die Überleitung auf einen fairen Einigungswert, sondern um die Überleitung auf einen Ausgleichs- oder Auseinandersetzungswert.[95] Dabei wird klargestellt, dass es keine Bewertung mit vom IDW S. 1 abweichenden Bewertungsregelungen gibt, sondern eine anzuhängende zweite Stufe.[96]

Das literarische Echo auf diesen Standard ist groß.[97] Mit dem neuen Standard geht die Bewertungspraxis auf die **Rechtsprechung des BGH** zur Unternehmensbewer-

---

89 KMU sind kleine und mittlere Unternehmen (vgl. die Empfehlungen der Europäischen Kommission ABl.EU 2003 Nr. L124, 36).

90 Veröffentlicht in den IDW-Fachnachrichten Heft 4/2014, 282 ff; abrufbar auf den Internetseiten der Bundessteuerberaterkammer.

91 Kuckenburg/Perleberg-Kölbel, Unternehmen und Unternehmer im Familienrecht, 2018, Teil D, Rn. 362.

92 Ballhorn/König, FamRZ 2018, 161, 162.

93 IDW S 13 in der Loseblattsammlung, 58. Erg. Lief. Stand August 2016 und IDW-Life 2016, 548 ff.; hierzu Ihlau/Kohl, WPG 2016, 163 ff.; abgelöst wird damit die Stellungnahme HFA 2/1995, Zur Unternehmensbewertung im Familien- und Erbrecht, WPg 1995, 522 ff.

94 Ballhorn/König, FamRZ 2018, 161.

95 IDW S 13, Rn 7; Ballhorn/König, BB 2015, 1899.

96 IDW S 13, Rn 2 ff.

97 Ballhorn/König, BB 2015, 1899; Ihlau/Kohl, WPg 2016, 163 f.; Kuckenburg, FuR 2015, 557; Zwirner/Zimny, DB 2016, 241 f.; Borth, FamRZ 2017, 1739 ff.; Ballhorn/König, NZFam 2016, 1085; Ballhorn/König, FamRZ 2018, 161 ff.

tung im Familienrecht ein und setzt diese in die Bewertungspraxis um. Das hat zu dem erstaunten Ausruf geführt: „Die Gralshüter der Deutschen Bewertungslehre folgen den betriebswirtschaftlichen Überlegungen des XII. Zivilsenats des BGH."[98]

Demnach regelt der neue Standard IDW S 13 unter anderem die **Bewertung an den verschiedenen Stichtagen**, nämlich der Eheschließung (Anfangsvermögen), dem Vermögen zum Zeitpunkt der Trennung (vgl. § 1375 Abs. 2 BGB) und dem Stichtag für das Endvermögen, in der Regel also der Rechtshängigkeit des Scheidungsantrags (§ 1384 BGB). Hierbei nimmt der Standard Bezug auf die vorgestellte „Wurzeltheorie" und postuliert die Methodenstetigkeit der Bewertung. Dabei sollen die Bewertungsgrundsätze zum Bewertungszeitpunkt einheitlich Anwendung finden.[99] Allerdings bleiben auch mit dieser Vorgabe Fragen offen, so etwa die nach der Auswirkung völlig unterschiedlicher Steuerregime oder nach der Neufassung von zum damaligen Zeitpunkt bereits vorhandenen Bewertungen[100] oder die Frage der Rückwirkung von Methodenanpassungen und Methodenverbesserungen.[101]

Ferner nimmt IDW S 13 die Rspr. des BGH auch insoweit auf, als es für die **Unternehmensbewertung nur auf die übertragbare Ertragskraft** ankommt. Eine solche Übertragbarkeit ist dann bei personenbezogenen Unternehmen eingeschränkt. Hier stimmen IDW und BGH überein. Für die Berücksichtigung des Unternehmerlohnes folgt IDW S 13 dem BGH insoweit, dass nicht ein kalkulatorischer durchschnittlicher, sondern der **konkret gerechtfertigte Unternehmerlohn** zu berücksichtigen ist.[102]

Allerdings setzt IDW S 13 aus betriebswirtschaftlicher Sicht[103] die Rechtsprechung in geänderter Weise bzw. mit anderer Methodik um. So soll schon auf erster Stufe bei der Berechnung des Unternehmenswertes die mangelnde Übertragbarkeit der Ertragskraft berücksichtigt werden, indem der Ersatz der bisherigen Unternehmer durch eine marktüblich entlohnte Fremdgeschäftsführung unterstellt und in der Planungsrechnung das Abschmelzen des künftigen Ertragspotentials vorgesehen wird.[104]

Das Thema des **Abzugs des Unternehmerlohns** hingegen wird in der **zweiten Stufe** angegangen[105]. Hierfür soll aber nur auf marktübliche, messbare Qualifikationen abgestellt werden, nicht jedoch auf individuelle Kenntnisse und Fähigkeiten, weil diese schon bei der Abschmelzung berücksichtigt und kaum objektivierbar seien. Dem Begriff des individuellen Unternehmerlohnes steht man hier aufgrund **mangelnder „Skalierbarkeit"** dieser Fähigkeiten skeptisch gegenüber.[106]

---

98 Kuckenburg, FuR 2015, 557; a.A. Borth, FamRZ 2017, 139, der die Frage der Unvereinbarkeit des IDW S 13 mit der Rechtsprechung des BGH stellt.
99 IDW S 13, Rn. 16 ff.; 22.
100 Zwirner/Zimny, DB 2016, 241, 243.
101 Hierzu Ihlau/Kohl, WPg 2016, 163, 165.
102 BGH NJW 2008, 1221; BGH NJW 2011, 2572 ff. unter Berufung auf C. Münch, FamRZ 2006, 1164, 1170 und C. Münch, NJW 2008, 1201.
103 Ballhorn/König, FamRZ 2018, 161 ff.
104 Vgl. die Hinweise zu KMU, Tz. 23 ff.; Ballhorn/König, FamRZ 2018, 161, 162.
105 IDW S 13, Rn. 31.
106 Ballhorn/König, FamRZ 2018, 161, 162/3.

Dies entspricht nicht der Rechtsprechung des BGH, die **Betriebswirtschaft** hat sich **mit dem familienrechtlichen Problem der Doppelverwertung im Zugewinn und Unterhalt nicht auseinandergesetzt**. Sie bleibt vielmehr aufgerufen, Kriterien zur Bemessung des individuellen Unternehmerlohnes zu entwickeln.

Für die **Unterhaltsberechnung** bedeutet dies, dass man Abzüge auf beiden Ebenen der Bewertung nach IDW S 13 suchen und aufaddieren muss, um die unterhaltsrechtliche relevante Differenz, die auf der Leistung des Unternehmers beruht, herauszufinden.

2.2. Latente Ertragsteuer und tax amortization benefit

Bei der Unternehmensbewertung wurde als Konsequenz der Bewertungsmethode schon lange die **latente Ertragsteuer** einberechnet, und zwar als Konsequenz der Bewertungsmethode und unabhängig davon, ob eine konkrete Veräußerung beabsichtigt sei.[107] Früher hatte der BGH dabei auch die Heranziehung eines pauschalen Steuersatzes gebilligt.[108]

Demgegenüber hat der BFH jüngst für eine andere Bewertungsmethode entschieden, dass bei der Ermittlung des Substanzwertes als Mindestwert von Kapitalgesellschaftsanteilen für Zwecke der Erbschaftsteuer nach § 11 Abs. 2 BewG keine latente Ertragsteuer abzuziehen ist, wenn eine Veräußerung/Liquidation noch nicht beschlossen ist und sich von der Bewertung im Zugewinnausgleich abgrenzt.[109]

In einem Urteil, dessen Bedeutung für die Familienrechtspraxis erst nach und nach erkannt wurde, hat der BGH den Anwendungsbereich für den **Abzug der latenten Ertragsteuer** deutlich ausgedehnt und entschieden, dass aus Gründen der Gleichbehandlung **auch bei der Bewertung anderer Vermögensgegen**stände die latente Ertragsteuer abgezogen werden muss,[110] also auch bei Grundstücken, Lebensversicherungen und Wertpapieren.

Ferner hat der BGH deutlich gemacht, dass er hierbei eine **fiktive Veräußerung zum Stichtag** unterstellt, so dass er nur auf den Augenblick schaut und nicht prüft, ob ein Objekt etwa durch späteren bloßen Zeitablauf aus dieser Steuerbelastung ausscheidet. Somit muss der BGH nicht erörtern, wie wahrscheinlich oder unwahrscheinlich eine Veräußerung ist oder ob die Veräußerbarkeit etwa aufgrund einer gesellschaftlichen Sperrklausel vollends fehlt. Noch nicht erörtert sind Fragen, ob sich auch andere Abzugsposten aus dieser fiktiven Veräußerung ergeben, etwa eine dann (fiktiv) fällig werdende Vorfälligkeitsentschädigung.[111]

Der BGH will die Ertragsteuer zum Dritten nach dem individuellen Steuersatz bemessen, der bei einer Veräußerung zum Stichtag anfallen würde. Damit muss für jeden Ehegatten die Steuerlast unter Heranziehung seines Gesamteinkommens indivi-

---

107 Schon BGH, NJW 1972, 125; BGH, NJW-RR 1990, 68; BGH, NJW-RR 2005, 153.
108 So etwa 35% in DStR 2011, 581, Tz. 31.
109 BFH, DStR 2018, 343.
110 BGH, NJW 2011, 2572.
111 Für ihren Abzug etwa Kogel, Strategien zum Zugewinnausgleich, 5. Aufl., 2016, Rn. 1147.

duell berechnet werden. Sie kann für Ehegatten daher auch unterschiedlich hoch ausfallen, so dass nicht einmal mehr Miteigentum im Zugewinn gleich viel wert ist! Verwerfungen ergeben sich auch bei der Frage, ob die latente Steuerlast nach der **Grund-** oder der **Splittingtabelle** zu berechnen ist. Findet die Bewertung außerhalb des Jahres der Trennung statt, müsste nach der Grundtabelle ein hoher Betrag abgezogen werden. Ist dies anders, wenn nach § 1375 Abs. 2 BGB wegen einer Vermögensminderung das Vermögen zum Trennungszeitpunkt zu bewerten ist? Was geschieht, wenn der Ehegatte noch im selben Jahr wieder heiratet? Bei der Zugewinnberechnung im Todesfall fände die Splittingtabelle Anwendung. Der Vermögenswert wäre also bei Scheidung und Tod unterschiedlich.

Bei der **Immobilienbewertung** wegen der Veräußerungsgewinnbesteuerung spielt die latente Ertragsteuer ebenso eine Rolle. Die neue Rechtsprechung des **BGH** wird dahin verstanden, dass die **latente Steuer immer abgezogen** werden müsse, **wenn** sie **bei einer Veräußerung zum Stichtag angefallen wäre**, unabhängig davon, dass das Objekt ggf. durch reinen Zeitablauf später aus der Steuerverhaftung herausfällt.[112] Das soll auch bedeuten, dass für die Ausnahme der Eigennutzung die entsprechenden – verkürzten – Fristen bereits abgelaufen sein müssen, wenn die Ausnahme eingreifen soll.[113] Hierzu gibt es jedoch beachtliche Gegenstimmen, die in diesen Fällen entweder eine latente Steuer gar nicht abziehen möchten[114] oder nur im Verhältnis des verbleibenden 10-Jahreszeitraums zum abgelaufenen[115] oder mit einer entsprechenden Abzinsung bzw. einem Rechtsnachteil aus der aufzuschiebenden Veräußerung.[116]

Taktische Erwägungen im Hinblick auf die **Steuerbelastung** würden dann künftig den Zeitpunkt der Einreichung des Scheidungsantrages mitbestimmen.

Acht zu geben ist, dass die **Steuer nicht doppelt berücksichtigt** wird, so z.B. einmal durch Abzug der latenten Steuer und einmal bereits innerhalb der Bewertung. Allerdings ist die Berücksichtigung persönlicher Steuern im Rahmen der Bewertung (Wert nach Unternehmenssteuern und persönlicher Steuern der Anteilseigner) zu unterscheiden von der latenten Ertragsteuer aus der Aufdeckung stiller Reserven.[117]

Die **individuelle Berechnung** ist **nach hier vertretener Ansicht** eine **Verirrung**. Die latente Ertragsteuer muss als Element Bewertung vom Gegenstand her gedacht werden, nicht von der Person des Inhabers. Daher genügte die Bewertung mit einem Pauschalsteuersatz etwa wie die 35 % des IDW S. 1.[118] Damit wären auch Bewertungsunsicherheiten ausgeglichen. Zudem sollte der Abzug bei Anfangs- und Endvermögen mit dem gleichen Satz erfolgen. Das aber ist nicht die derzeitige Praxis des BGH.

---

112 Kogel, Strategien zum Zugewinnausgleich, Rn. 1143 f.; Klein, FPR 2012, 324 f.
113 Schlimpert, DS 2013, 342, 345 f.
114 Palandt/Brudermüller, BGB, § 1376, Rn. 3; Hoppenz, FamRZ 2012, 1618 f.
115 Piltz, NJW 2012, 1111, 1115.
116 Fassnacht, FamRZ 2014, 1681, 1683 ff.
117 Ballhorn/König, FuR 2016, 383, 385.
118 IDW S 1, Rn. 43; Schulz, FamRZ 2014, 1684 f.; a.A. Schlünder, FamRZ 2015, 372, 375.

Im **Familienrecht** hat diese Sicht nun zu einem regelrechten Aufschrei geführt, weil bewusst geworden ist, wie kompliziert solche Berechnungen sind,[119] die in der Regel nur noch unter Hinzuziehung steuerlicher Berater zu bewältigen sind.

Auch die **Rechtsprechung zur latenten Ertragsteuer** findet sich in **IDW S 13** wieder.[120] So wird die fiktive Veräußerung am Stichtag unterstellt und die dadurch ausgelöste persönliche Ertragsteuerbelastung abgezogen und zwar zu allen Stichtagen.[121] Der Standard merkt nun zusätzlich an, dass einem Abzug latenter Ertragsteuer aber auch etwaige **tax amortisation benefits** (sog. „tab") gegenüberzustellen sind.[122] Damit setzt der IDW S 13 die Veräußerungsfiktion des BGH konsequent um und berücksichtigt werterhöhend einen **abschreibungsbedingten Steuervorteil**, den der Erwerber erlangt und der diesen in die Lage versetzt, einen höheren Kaufpreis zu kalkulieren. Somit handelt es sich um einen **betriebswirtschaftlich notwendigerweise zu berücksichtigenden Werteffekt.**[123]

Dies ist hingegen **im Familienrecht noch zu diskutieren.** Dieser Gesichtspunkt ist somit in die zivilrechtliche Dogmatik noch einzuarbeiten.[124] Der BGH hat in seinem jüngsten Urteil zur Unternehmensbewertung zwar die Grundsätze IDW S 13 in Bezug genommen, aber leider die Gelegenheit nicht genutzt, zum „tab" Stellung zu nehmen.[125]

In **ersten familienrechtlichen Stellungnahmen** werden folgende **Unterschiede** zwischen der Rechtsprechung des BGH und dem IDW S 13 **hervorgehoben:**[126]

- Gegen die Berücksichtigung des TAB spreche familienrechtlich, dass ein solcher etwa bei Beteiligungen an Kapitalgesellschaften nicht vorkomme und dass dieser durch die Ansammlung stiller Reserven und deren späterer Besteuerung wieder egalisiert werde.
- Der IDW S 13 fordere eine Zukunftsprognose, während der BGH sich mit der Übernahme von Vergangenheitswerten begnüge.
- Nach IDW S 13 könnten auch Informationen nach dem Bewertungsstichtag Berücksichtigung finden.[127] Dies widerspreche der Wurzeltheorie des BGH.
- Bei der Regelung der latenten Ertragsteuer in IDW S 13 ist die Kritik, welche annimmt, eine latente Ertragsteuer werde bei einem Anfangsvermögen von 0 abge-

119 Hoppenz, FamRZ 2012, 1618; Klein, FPR 2012, 324 f.; Stabenow/Czubayko, FamRZ 2012, 682; Kogel, NJW 2011, 3337 f.; Fassnacht, FamRZ 2014, 1681, 1683; Schulz, FamRZ 2014, 1684; Kogel, FamRB 2015, 156; Kuckenburg, FuR 2015, 95 f.; dass der Leidensdruck der Anwaltschaft nicht erhöht wird meint hingegen Schlünder, FamRZ 2015, 372 f.
120 IDW S 13, Rn 38 f.
121 Kritisch zur latenten Ertragsteuer bei Berechnung eines Fortführungswerte: Ballhorn/König, FuR 2016, 383 ff.
122 IDW S 13, Rn 39; hierzu Ballhorn/König, FamRB 2017 33 f.
123 Ballhorn/König, FamRZ 2018, 161, 165; Jonas/Wieland-Blöse in Fleischer/Hüttemann, Rechtshandbuch Unternehmensbewertung, 2015, § 15, Rn. 84, 89; dagegen Borth, FamRZ 2017, 1739, 1744: keine gesicherte Rechtsposition.
124 Ballhorn/König, BB 2015, 1899, 1902.
125 BGH, NJW 2018, 61 f. mit Anm. C. Münch.
126 Kuckenburg, FuR 2018, 78 aufbauend auf Borth, FamRZ 2017, 1739.
127 IDW S 13, Tz. 26.

lehnt[128] aber nicht berechtigt, denn die Tz. 37 ist wohl so zu lesen, dass die latente Ertragsteuer immer bei End- und Anfangsvermögen abzuziehen ist (bei 0 gibt es eben dann keinen Abzug).

*   Auch gebe es unterschiedliche Ansichten, ob sich beim modifizierten Ertragswert die personenbezogenen Erträge linear oder degressiv abbauen.

Insgesamt bleibt der Eindruck, IDW S 13 und Rechtsprechung des BGH sind nicht deckungsgleich, aber angenähert. Die hier genannten Differenzen scheinen überbrückbar. Im Hinblick auf den individuellen Unternehmerlohn aber hat die Bewertungspraxis das familienrechtliche Doppelverwertungsverbot nicht verinnerlicht. Hier sollte der BGH bei seiner Linie bleiben.

3. Familienrechtliche Kompensationen als steuerbare Schenkungen?

Der nächste Abschnitt soll ein Thema behandeln, das mir schon länger ein Anliegen ist.[129] Den hierzu geäußerten Gedanken wird in der notariellen und steuerlichen Literatur weitgehend zugestimmt,[130] allein die Rechtsprechung des BFH geht andere Wege. Die Brisanz des Themas hat aber nichts an Aktualität verloren. So spricht Grziwotz davon, dass der „haushaltsführende(...) Partner verfassungswidrig nahezu ‚verhöhnt‘" werde.[131]

3.1. Verzicht auf Zugewinn

Wir kennen alle die **Rechtsprechung des BGH zur Inhaltskontrolle von Eheverträgen**. Der BGH hat als Reaktion auf zwei Entscheidungen des BVerfG[132] seit dem Jahre 2004 eine Inhaltskontrolle von Eheverträgen implementiert, bei der er im Rahmen einer Wirksamkeitskontrolle zunächst prüft, ob der Vertrag im Zeitpunkt seines Abschlusses wirksam war, und im Rahmen der sich anschließenden Ausübungskontrolle wirksamer Verträge kontrolliert, ob der Vertrag trotz einer Änderung der Lebensplanung der Ehegatten noch zur Anwendung gelangen kann. Dabei bejaht der BGH in seinem Grundsatzurteil[133] eine Sittenwidrigkeit dann, wenn „Ansprüche aus dem Kernbereich ganz oder jedenfalls zu erheblichen Teilen abbedungen werden, **ohne dass dieser Nachteil für den anderen Ehegatten durch anderweitige Vorteile gemildert ... wird."** Auch in anderen Urteilen geht der BGH von einer Sittenwidrigkeit aus, wenn der Ehevertrag für einen Ehegatten **„ausnahmslos nachteilig"** ist, da er dann mit dem „Gebot der ehelichen Solidarität" unvereinbar ist.[134] In einer

---

128 Bezug genommen wird von Kuckenburg, FuR 2018, 78 die Tz. 37.
129 C. Münch, DStR 2008, 26; C. Münch, FPR 2012, 302.
130 Geck, DNotZ 2008, 347, 355; von Oertzen, FamRZ 2010, 1785, 1786; Jeep, NZFam2014, 293, 297.
131 Grziwotz, FamRB 2017, 205.
132 BVerfG, FamRZ 2001, 343 und BVerfG, FamRZ 2001, 985.
133 BGH, NJW 2004, 930, Tz. III.3.a).
134 BGH, NJW 2006, 2331, Tz. 14.

anderen Entscheidung stellte der BGH entscheidend darauf ab, dass ein Ehegatte seine **nacheheliche Verantwortung nicht gänzlich abbedungen** hatte, sondern im Rahmen einer Kompensation einen Entschädigungsbetrag zugesichert hatte.[135]

Aus der **jüngsten Entscheidung** des **BGH zur Unternehmerehe**[136] ergibt sich die Notwendigkeit von Kompensationen in besonderer Weise. So spricht der BGH mehrmals von Verzichten ohne Kompensation und betont die Notwendigkeit einer Kompensation insbesondere bei einem Ehevertrag nach Heirat, bei dem schon Ansprüche entstanden waren.[137] Er spricht davon, dass der untersuchte Vertrag einem „kompensationslosen Totalverzicht" nahekomme.

Mit anderen Worten ist ein **Ehevertrag, der ehebedingte Nachteile ausgleichen muss**, aus familienrechtlicher Sicht **rechtssicher nur zu gestalten**, wenn die Vertragsteile eine **Kompensation** vereinbart haben.

Im Familienrecht wird die **Kompensation** gar nicht so sehr als Gegenleistung wahrgenommen, sondern viel eher als **Minderung der Verzichtsfolgen**. Die Ausgleichszahlung oder sonstige Kompensation macht den Verzicht sozusagen zum Teilverzicht, der dann familienrechtlich noch tolerabel ist.

Zudem leistet die Kompensation eheverträglich die inzwischen in der Literatur vehement geforderte **Wertschätzung der Familienarbeit**[138] und gleicht hierdurch entstehende Nachteile aus.

Und was sagt nun der **BFH** zu solcher Kompensation?

*„Der **Verzicht** auf eine im Zeitpunkt des Vertragsabschlusses noch nicht entstandene, möglicherweise erst zukünftig entstehende Ausgleichsforderung stellt **keinen in Geld bewertbaren Vermögenswert** dar, sondern verkörpert allenfalls eine **bloße Erwerbschance**, die nicht in Geld veranschlagt werden kann und deshalb nach § 7 Abs. 3 ErbStG bei der Feststellung, ob eine Bereicherung vorliegt, nicht zu berücksichtigen ist."*[139]

Der **BFH** spricht dem Verzicht also jeden Vermögenswert ab und sieht die **Kompensation als unentgeltliche Zuwendung** i.S.d. § 7 Abs. 1 ErbStG an. Hier widersprechen sich nun die Rechtsordnungen. Das, was der BFH als bloße Erwerbschance betrachtet, ist für den BGH ein zwingender, nicht disponibler Anspruch, der erst durch die Kompensationsleistung verzichtbar wird.

Auf die **subjektiven Anforderungen** einer Schenkung soll hier nicht mehr vertieft eingegangen sein. Auch wenn die Finanzgerichtsbarkeit die Anforderungen für die freigiebige Zuwendung i.S.d. § 7 ErbStG deutlich geringer ansetzt als sie für die Schenkung nach § 516 BGB bestehen, gehört doch zumindest das **Bewusstsein der Unentgeltlichkeit** dazu, nicht jedoch der Wille zu einer Schenkung. Der Wille zur Freigiebigkeit soll auf der Grundlage der dem Zuwendenden bekannten Umstände

---

135 BGH, NJW 2005, 1370.
136 BGH, NJW 2017, 1883 f.
137 BGH, NJW 2017, 1883 f., Rn. 41.
138 Hierzu C. Münch, FamRB 2018, 247 ff.
139 BFH, ZEV 2007, 500 m. Anm. C. Münch.

nach den Maßstäben des allgemein Verkehrsüblichen bestimmt werden.[140] Wer erlebt hat, wie **Eheverträge** gerade im Unternehmensbereich unter Einschaltung mehrerer Anwälte von beiden Seiten über Monate **verhandelt** werden, dem wird **nichts ferner liegen, als hier an eine Unentgeltlichkeit zu denken.** Die Kompensationen sind hier hart verhandelt und gleichen den Verzicht aus. Hier ein synallagmatisches Austauschverhältnis abzulehnen, widerspricht allen familienrechtlichen Bestrebungen zur Erreichung gerechter Eheverträge.[141]

Gleichwohl muss sich die **Vertragsgestaltung** auf die Rechtsprechung des BFH einrichten und daher die **Kompensationen möglichst so wählen, dass keine Schenkungsteuer entsteht.**[142] Hierfür kann man entweder die Steuerfreiheit der Übertragung des Familienheims nach § 13 Nr. 4a ErbStG nutzen oder sich innerhalb der **Freibeträge** halten. Beachtet werden sollte, dass eine Pflicht zur Kompensation möglichst erst **nach der Heirat,** aber **vor rechtskräftiger Scheidung** entsteht, um die Freibeträge unter Ehegatten zur Verfügung zu haben. Die Steuerklasse I gilt bis zur Rechtskraft der Scheidung.[143]

3.2. Verzicht auf Unterhalt

Fall 3.1.:

M und F vereinbaren vor Heirat ehevertraglich die Begrenzung des Unterhaltsanspruchs der F auf monatlich wertgesichert 5.000,– €. Eine Erwerbsobliegenheit wird ausdrücklich ausgeschlossen. Bei Wiederheirat halbiert sich der Unterhaltsbetrag. M verpflichtet sich zur Zahlung eines Geldbetrages in Höhe von 750.000,– € an F als Gegenleistung für den Verzicht, fällig mit Abschluss des Ehevertrages (alternativ: zahlbar nach Eheschließung binnen dreier Monate).[144]

Wie bei der Betrachtung des Verzichtes auf Zugewinn auch, ist beim Unterhaltsverzicht die Inhaltskontrolle von Eheverträgen zu beachten. Da der Unterhalt, insbesondere der Kindesbetreuungsunterhalt, aber auch der Alters- und Krankheitsunterhalt zum **Kernbereich der Scheidungsfolgen** zählt, wurde im vorliegenden Fall zur Absicherung des teilweisen Unterhaltsverzichts und ggf. auch zum Ausgleich etwaiger ehebedingter Nachteile eine erhebliche Kompensationszahlung vereinbart.

In dem zugrundeliegenden Fall hat sich der BFH nun sogar mit der Inhaltskontrolle befasst und dazu folgendes ausgeführt:

„Der Klägerin stand bei Zuwendung des Geldbetrages kein gesetzlicher Leistungsanspruch zu. Insbesondere löste der Umstand, dass die Klägerin auf einen

---

140 So die noch immer maßgebliche Entscheidung des BFH, BStBl. 1994 II, 366.
141 Hier zu Recht kritisch Meincke/Hannes/Holtz, ErbStG, § 7, Rn. 94.
142 Angesichts der im nächsten Abschnitt vorgestellten klaren Aussage, besteht wohl wenig Hoffnung, dass der BFH neuere Fälle unter Geltung der Rechtsprechung zur Inhaltskontrolle anders behandelt, was freilich wünschenswert wäre, vgl. Schlünder/Geißler in C. Münch, Familienrecht in der Notar- und Gestaltungspraxis, 2. Aufl., 2016, § 18, Rn. 180.
143 Jülicher in Troll/Gebel/Jülicher, ErbStG, § 15, Rn. 26.
144 Sachverhalt nachgebildet BFH, DStR 2008, 348.

*etwaigen Anspruch auf nachehelichen Unterhalt teilweise verzichtet hat, keinen gesetzlichen Zahlungsanspruch aus. Auch die auf § 138 Abs. 1 BGB beruhende Wirksamkeitskontrolle von vor der Eingehung der Ehe geschlossenen Eheverträgen führt **nicht zu einem Zahlungsanspruch** des potentiell Unterhaltsberechtigten bereits bei Beginn der Ehe, sondern **nur zur Unwirksamkeit des Verzichts.** "[145]*

Nicht zuletzt diese Passage dürfte es sein, die bei *Grziwotz* zur Auffassung führt, der haushaltsführende Ehepartner werde durch die Finanzrechtsprechung verfassungswidrig „verhöhnt".[146] Diese Rechtsprechung des BFH ist nicht nur für den Nichtunternehmer-Ehegatten problematisch, sondern vielmehr noch für den Unternehmer, denn dieser ist darauf angewiesen, mittels einer fairen Kompensation einen wirksamen Verzicht zu erzielen.

Das **Auseinanderfallen von Familienrecht und Steuerrecht** führt in diesen Fällen zu nicht mehr hinnehmbaren Ergebnissen.

So sieht das Steuerrecht in dem familienrechtlich **nicht disponiblen Anspruch** aus dem Kernbereich eine bloße **Erwerbschance.**

Das Steuerrecht berücksichtigt nicht die **grundgesetzlich garantierte Freiheit,** den Ehetyp zu wählen und die dadurch bedingten **ehetypengerechten Verträge** zu schließen. Es besteht für die Ehegatten eine „binnenfamiliäre Organisationsautonomie",[147] die nicht durch steuerrechtliche Folgen zunichte gemacht werden darf.

Kann der Vertrag wirksam dann nur mit Kompensation geschlossen werden, so darf diese nicht vom Steuerrecht als Schenkung angesehen sein. **Vergleicht** man die Sachlage **mit der richterlichen Tätigkeit** etwa im Wege der Ausübungskontrolle, so spricht der Richter in ebensolcher Weise Kompensationen zu oder schränkt Verzichte ein, ohne dass man auf die Idee käme, hierin eine Schenkung zu sehen.

Mindestens muss aber in einer solchen Vereinbarung ein **Vergleich mit gegenseitigem Nachgeben** gesehen werden, mit dem ein angemessener Interessenausgleich gefunden wird und der nach der Rechtsprechung des **BGH** daher **nicht unentgeltlich** ist.[148]

Aus diesem Grunde sollte die steuerliche Rechtsprechung schon von sich aus zu einem Austauschvertrag ohne unentgeltliche Leistung kommen.

Ansonsten müsste überlegt werden, **gesetzliche Veränderungen** herbeizuführen, so dass man im Rahmen solcher Verzichte mit Kompensation nicht mehr zu einer unentgeltlichen Leistung kommt.[149]

---

145 BFH, DStR 2008, 348.
146 Grziwotz, FamRB 2017, 205.
147 Friauf, NJW 1986, 2595, 2598; Loschelder, FamRZ 1988, 333, 336; Rauscher, FamRZ 1997, 1121, 1123.
148 BGH, NJW-RR 2007, 263.
149 So ausdrücklich von Oertzen, FamRZ 2010, 1785, 1788 mit dem Vorschlag einer Änderung des § 7 ErbStG.

3.3. Unterhaltsverstärkende Vereinbarungen

Ein weiteres Feld, das die notarielle Arbeit seit der Unterhaltsreform des Jahres 2008 bereichert, sind die **unterhaltsverstärkenden Vereinbarungen.** Nachdem der Kindesbetreuungsunterhalt als Basisunterhalt nur noch für **drei Jahre** festgeschrieben ist und alle weiteren Zeiträume im Wege von Billigkeitsentscheidungen eröffnet werden müssen, ist dies vielen – zumeist – Müttern, die für die Kindererziehung ihren Beruf länger unterbrechen oder gar aufgeben, **zu wenig an Sicherheit.** Daher werden in solchen Fällen immer öfters nicht nur Unterhaltsbegrenzungen auf bestimmte Höchstbeträge vereinbart, sondern zusätzlich werden über die drei Jahre hinaus bestimmte Mindestzeiträume von einer Erwerbsobliegenheit freigestellt und eine längere Zeit für den Kindesbetreuungsunterhalt fest vereinbart.

Dies ist **kein Modell für die finanziell beengte Ehe,** denn der vertraglich vereinbarte Unterhalt nimmt nicht am ersten Rang des Kindesbetreuungsunterhalts teil, so dass etwa nach einer Scheidung und einer Zweitehe andere Unterhaltsberechtigte möglicherweise vorrangig sind und bei einer Mangelverteilung der Unterhalt nicht gesichert ist.

In der **Diskrepanzehe** aber bietet dieses Modell Sicherheit und wird immer häufiger verwendet. Es kann dann etwa die **Zeit des Basisunterhaltes verlängert** werden oder ein **individuelles Altersphasenmodell** vereinbart werden, so dass für die vereinbarte Zeit eine Abänderung nach Billigkeit oder aufgrund von § 1578b BGB ausgeschlossen wird.[150]

Auch in diesem Falle ist die Verlängerung des Unterhaltszeitraums **meist Ausgleich für Verzichte** im Hinblick auf die Unterhaltshöhe oder in anderen Bereichen, etwa beim Zugewinn. Die Verlängerung ist ferner die Basis für eine wichtige Entscheidung, nämlich die eigene Betreuung des Kindes über die ersten drei Jahre hinaus und dadurch ggf. eintretende berufliche Nachteile.

Zwar gibt es für diesen Fall **noch keine BFH-Entscheidung,** es besteht jedoch die **Sorge,** dass auch die Vereinbarung von Unterhaltszahlungen über das gesetzliche Maß hinaus – und außerhalb der engen Grenzen des § 13 Abs. 1 Nr. 12 ErbStG – vom BFH als **steuerlich unentgeltlich** eingestuft werden könnte, weil auf der anderen Seite ein Verzicht auf Ansprüche steht, die nur als Erwerbschance betrachtet werden. Dabei wäre bei Unterhaltszahlungen nach Scheidung noch zu bedenken, dass die Zahlungen dann nur noch innerhalb der Steuerklasse II mit kleinem Freibetrag und sofort steigender Progression fallen.[151] Entstanden wäre die Schenkungsteuer bei Begründung eines „Rentenstammrechtes", wenn dieses noch innerhalb der Ehe vertraglich vereinbart würde.[152]

---

150 Formulierungsvorschläge bei C. Münch, Ehebezogene Rechtsgeschäfte, Rn. 3182 ff.
151 Von Oertzen, FamRZ 2010, 1785 f.
152 Gottschalk in Troll/Gebel/Jülicher, ErbStG, § 9, Rn. 81.

4. Untiefen bei der Schenkungsteuerfreiheit des Familienheims

Die steuerfreie Zuwendung eines Familienheims unter Lebenden nach § 13 Abs. 1 Nr. 4a ErbStG wird oft als Königsweg einer Schenkung unter Ehegatten[153] aufgezeigt. Gerade weil der BFH für die Ehe als Erwerbs- und Wirtschaftsgemeinschaft keine Sonderregeln anerkennen will, sind Ausnahmen von der Besteuerung natürlich hoch willkommen in der Gestaltungspraxis. Einige neuere Entscheidungen lassen aber auch in diesem Bereich erahnen, dass den Vorteilen auf der einen Seite zahlreiche Fehlerquellen und Untiefen auf der anderen Seite gegenüberstehen. Dies gilt ebenso bei der Steuerfreistellung nach § 13 Abs. 1 Nr. 4b und 4c ErbStG für den Todesfall.

4.1. Vorteile bei einer Schenkung des Familienheims unter Lebenden

Die **Vorteile** einer Schenkung des Familienheims unter Lebenden zwischen Ehegatten hat die Finanzverwaltung in den Erbschaftsteuer-Richtlinien[154] gut zusammengefasst:

Keine Anrechnung auf Freibeträge; da es sich um eine sachliche Steuerbefreiungsvorschrift handelt, wird das geschenkte Familienheim weder auf die Freibeträge angerechnet noch mit anderen Erwerben im 10-Jahreszeitraum zusammengerechnet.

Dies ist **unabhängig vom Wert des zugewendeten Familienheims**. Eine Angemessenheitskontrolle findet nicht statt.[155] Auf diese Weise können also ganz erhebliche Vermögenswerte steuerfrei zwischen Ehegatten zugewendet werden.

Es besteht **keine Behaltepflicht oder Verwendungsbeschränkung** und damit keine nachlaufende Kontrolle durch die Finanzverwaltung. Das Familienheim kann also nach der Schenkung auch veräußert werden. Man spricht auch von einer sog. **Familienheimschaukel**, wenn das Familienheim an den Schenker selbst wieder veräußert wird, so dass letztlich eine Geldzuwendung bleibt. Allerdings weist die Finanzverwaltung insoweit auf die Grenzen des § 42 AO hin, so dass es nicht empfehlenswert ist, solche Maßnahmen unmittelbar aufeinanderfolgend und mit vorgefasstem Plan zu tätigen. Wenn aufgrund veränderter Sachlage aber ein neuer Entschluss gefasst wurde und der Beschenkte in der Zwischenzeit frei verfügungsberechtigt war, dann kann das Familienheim zurückgekauft werden. Das **Familienheim** kann auch als solches von seiner **Nutzung** etwa durch Umzug **aufgegeben** werden. Hierin liegt ein sehr großer Vorteil gegenüber der Übertragung des Familienheims von Todes wegen nach § 13 Abs. 1 Nr. 4b ErbStG, weil hier der von Todes wegen erwerbende Ehegatte das Privileg nur erhält, wenn er das Familienheim weitere 10 Jahre selbst nutzt.

---

153 Nachfolgende Ausführungen gelten für eingetragene Lebenspartner entsprechend.
154 R E 13.3. (5) ErbStRL (2011).
155 So ausdrücklich R E 13.3 (5) S. 2, 3 ErbStRL (2011).

Die Steuerfreistellung des Familienheims ist **nicht etwa auf ein Familienheim** pro Empfänger oder Veräußerer **beschränkt**. Vielmehr kann die Zuwendung mit jedem neuen Familienheim, für das die Voraussetzungen vorliegen, erneut exerziert werden. Der **Güterstand der Ehegatten** spielt bei der Steuerfreistellung **keine Rolle**, sodass eine solche auch bei Gütertrennung in Betracht kommt.

Diese massiven Steuervorteile haben den **BFH**[156] bewogen, anlässlich einer Entscheidung noch zum Recht vor 2009 seine **Zweifel an der Verfassungsmäßigkeit** der Norm deutlich auszusprechen. Es ist also nicht auszuschließen, dass bei einem Fall zum neuen Recht eine Vorlage zum BVerfG erfolgt.[157] Daher sollten anstehende Übertragungen durchgeführt werden.

Grziwotz sieht es genau umgekehrt: Das Diktum des **BVerfG** zum **Anspruch der Ehegatten auf gleiche Teilhabe am Erwirtschafteten**[158] könne nicht nur bei Scheidung und den ehevertraglichen Verzichten thematisiert werden, sondern müsse sich auch auf die erbrechtliche Situation beziehen. Das Erbschaftsteuerrecht dürfe die Ehegatten nicht für die fehlende dingliche Mitberechtigung des gesetzlichen Güterstandes bestrafen und dadurch die Ehefrau zur „permanent Beschenkten" machen.[159]

4.2. Voraussetzungen der Privilegierung des Familienheims

Zunächst wird als Familienheim ein bebautes Grundstück angesehen, soweit darin **eine Wohnung gemeinsam zu eigenen Wohnzwecken genutzt** wird. Das ist nur dann der Fall, wenn sich in dieser Wohnung der **Mittelpunkt des familiären Lebens** befindet, wobei sich dies nicht nach der „Widmung" richtet, sondern nach der **tatsächlich geübten Nutzung**. Das gilt nur für Wohnungen in einem Mitgliedstaat der EU oder des EWR.

Aufgrund der verfassungsmäßigen Bedenken legt der BFH die Vorschrift sehr eng aus und hat entschieden, dass die Voraussetzungen **bei Ferien- oder Zweitwohnungen nicht vorliegen**.[160]

Wenn in der Wohnung nur **untergeordnete Räumlichkeiten** anders genutzt werden, etwa als Arbeitszimmer, steht dies dem Steuerprivileg **nicht entgegen**.[161] Wird nur ein **Teil des betroffenen Gebäudes** zu eigenen Wohnzwecken genutzt, so ist das **Steuerprivileg entsprechend anteilig zu gewähren**. Eine Aufteilung in Wohnungs- und/oder Teileigentum zur Herstellung selbständiger Objekte ist nicht (mehr) erforderlich.[162] Es ist nach Wohn- und Nutzflächen anteilig aufzuteilen.[163]

---

156 BFH, ZEV 2013, 688.
157 Vgl. Wachter, ZEV 2014, 191, 194.
158 BVerfG, NJW 2002, 1185.
159 Grziwotz, NJW 2018, 1424.
160 BFH, ZEV 2013, 688.
161 R E 13.3. (2), S. 9 ErbStRL (2011); FG Köln, BeckRS 2018, 9845.
162 BFH, ZEV 2009, 257.
163 R E 13.3. (2), S. 14 ErbStRL (2011).

Ein an das Familienheim angrenzendes Gartengrundstück mit eigener Flurnummer soll trotz eines einheitlichen Nutzungszusammenhangs nicht begünstigt sein.[164] Die Voraussetzungen müssen nach §§ 11, 9 Abs. 1 Nr. 2 ErbStG **im Zeitpunkt der Ausführung der Zuwendung** gegeben sein.[165] Hierzu

Fall 4.1.:

M und F beabsichtigen zu heiraten. Das Familienheim soll aus Haftungsgründen F erwerben, M will es aber bezahlen. Bei der Vorbereitung ihrer Hochzeitsfeier entdecken die beiden ein altes Herrenhaus, das es ihnen angetan hat und das sie sich nach einer mehrmonatigen Generalsanierung als ihr zukünftiges Heim gut vorstellen können. Als der Makler auf eine Entscheidung drängt, beschließen sie den sofortigen Erwerb für 1,5 Mio. €.[166]

F kauft und M bezahlt. 2 Monate später heiraten sie, weitere vier Monate später ziehen sie glücklich ein.

Alternative: M gewährt der F ein verzinsliches Darlehen. Mit diesem Geld kauft F das Haus.

a) Nach der Heirat erlässt M das Darlehen zur Rückzahlung.

b) Nach dem Einzug erlässt M das Darlehen zur Rückzahlung.

Vor der Lösung des Falles richtet sich der Blick noch auf die möglichen Zuwendungsweisen, die § 13 Abs. 1 Nr. 4a ErbStG für die Zuwendung zwischen Ehegatten unter Lebenden aufzählt:

- Übertragung Alleineigentum oder Miteigentum an bereits gehörendem Grundstück

- Zahlung oder Herstellung durch einen Ehegatten und Einräumung von Miteigentum oder Alleineigentum für den anderen Ehegatten

- Tilgung eines Darlehens für Kauf oder Herstellung aus Mitteln des anderen Ehegatten

- Befreiung von einer Schuld eines Ehegatten gegenüber dem anderen, die im Zusammenhang mit Kauf oder Herstellung des Familienheims eingegangen wurde

- Begleichung nachträglicher Herstellungs- oder Erhaltungsaufwendungen aus Mitteln des anderen Ehegatten.[167]

Untersucht man nun den vorliegenden Fall, so stellt man fest:

Fall 4.1.- Lösung:

Wenn M bezahlt und F kauft, ohne dass beide verheiratet sind und ohne dass ein Familienheim schon als Mittelunkt der familiären Lebensführung existiert, so ist die Privilegierung des § 13 Abs. 1 Nr. 4a ErbStG nicht anwendbar.

---

164 FG Düsseldorf, BeckRS 2018, 9839.
165 Schlünder/Geißler in C. Münch, Familienrecht in der Notar- und Gestaltungspraxis, § 18, Rn. 221.
166 Sachverhalt nachgebildet BFH, DStRE 2011, 163.
167 Aufzählung der privilegierten Handlungen in R E 13.3. (4) ErbStRL (2011).

Da M und F nicht verheiratet sind – eine Heirat demnächst hilft nach der Finanzrechtsprechung nichts[168] – liegt eine Zuwendung vor, die nach Steuerklasse III zu beurteilen ist, so dass lediglich ein Steuerfreibetrag von 20.000,– € existiert. Es sind daher aus 1.480.000,– € 30% Schenkungsteuer angefallen.

In der Alternative a) sind M und F bei Darlehenserlass verheiratet, es liegt aber noch kein Familienheim vor. Auch hier wird die Privilegierung des § 13 Abs. 1 Nr. 4a ErbStG nicht anwendbar sein. Es gilt allerdings Steuerklasse I mit einem Freibetrag von 500.000,– €. Es wären dann 1.000.000,– € mit 19% zu versteuern.

In der Alternative b) sind M und F verheiratet und ein Familienheim liegt vor. Nun greift für den Darlehenserlass die Privilegierung des § 13 Abs. 1 Nr. 4a ErbStG ein, so dass die Zuwendung völlig steuerfrei bleibt und auch nicht auf Freibeträge angerechnet wird.

Hinweis:

Mit der Möglichkeit der Darlehensgewährung und anschließendem Erlass kann der Zeitpunkt der Zuwendung „nach hinten" verschoben werden, wenn die Voraussetzungen des § 13 Abs. 1 Nr. 4a ErbStG noch nicht vorliegen! Darlehensvertrag und tatsächliche Durchführung, wie etwa Zinszahlungen, sollten dann nachweislich sein.

Bei der Zuwendung unter Lebenden ist Folgendes zu beachten:

Die Zuwendung kann **unter Vorbehalt eines Nießbrauchs** oder Wohnungsrechtes erfolgen.[169] Unschädlich ist auch, wenn etwa für den Scheidungsfall ein **Rückerwerbsrecht** vereinbart wird. Für den Fall, dass wider Erwarten der **Schenker den Beschenkten überlebt,** wird sogar ein **Rückerwerbsrecht ausdrücklich empfohlen,** da dann bei einem solchermaßen vorbehaltenen Rückerwerb im Gegensatz zur „Rückvererbung" das Familienheim nicht in die Schenkungsteuer fällt.[170]

Die bloße **Schenkung eines Zuwendungsnießbrauchs oder -wohnrechtes** soll hingegen **nicht begünstigt** sein,[171] da hierin nicht die Einräumung von Miteigentum oder Eigentum liegt. Die zu Ziffer 4b) ergangene Rechtsprechung[172] dürfte hierfür gleichermaßen gelten.

Angesichts des Wortlautes „Eigentum oder Miteigentum" wird **nicht** als **sicher** eingestuft, wie die Übertragung von **Gesamthandseigentum** zu werten ist, wenn die Ehegatten entweder in Gütergemeinschaft verheiratet sind oder das Familienheim in der Rechtsform der GbR halten. Angesichts der sehr engen Auslegung des BFH wird von Übertragungen in diesen Fällen trotz der Transparenzregel des § 10 Abs. 1 S. 4

---

168 BFH, DStRE 2011, 163.
169 Wachter, ZEV 2014, 191, 193 m.w.N.; Mack, ErbR 2017, 538, 541.
170 Jülicher in Troll/Gebel/Jülicher, ErbStG, § 13, Rn. 76.Mack, ErbR 2017, 538, 542.
171 Mack, ErbR 2017, 538, 541; Jülicher ZEV 2014, 562 als Schlussfolgerung aus dem BFH-Urteil, das solches für den Erbfall ablehnt.
172 BFH, DNotZ 2014, 691.

ErbStG **abgeraten**, wenn diese auf das Privileg des § 13 Abs. 1 Nr. 4a ErbStG angewiesen sind.[173]

Wenn **trennungsbedingt nur noch ein Ehegatte mit Kind** in dem Haus wohnt, der andere aber ausgezogen ist, so will das FG Berlin[174] **weiterhin** von einem **Familienheim** ausgehen. Der BFH hat dieser Ansicht in einem obiter dictum zugestimmt.[175] Das sollte als Grundlage für eine Gestaltung genügen.[176]

4.3. Verschärfte Anforderungen beim Erwerb des Familienheims von Todes wegen

Wird das **Familienheim** nicht unter Lebenden übertragen, sondern **von Todes wegen erworben**, so ist nur noch der Erwerb von Eigentum oder Miteigentum begünstigt, nicht mehr jedoch die anderen in 4a) genannten Formen der Zuwendung. Der Erblasser muss das Familienheim **bis zum Erbfall selbst genutzt** haben (Ausnahme: zwingende Gründe) und beim **Erwerber** muss es **unverzüglich** zur **Selbstnutzung** bestimmt sein. Ferner fällt in diesen Fällen die Steuerbefreiung weg, wenn der Erwerber das Familienheim innerhalb von **10 Jahren** nach dem Erwerb nicht mehr zu eigenen Wohnzwecken nutzt (Ausnahme: zwingende Gründe). Erwirbt nicht der Ehegatte, sondern Kinder, ist das Privileg zusätzlich auf eine Wohnfläche von 200 qm beschränkt.

All dies zeigt, dass die Übertragung unter Lebenden wesentlich vorteilhafter ist. Folgende Punkte sind beim Erwerb des Familienheims von Todes wegen zu beachten:

Die letztwillige Zuwendung eines Wohnrechtes oder eines Nießbrauchs erfüllt die Voraussetzungen des § 13 Abs. 1 Nr. 4b) ErbStG nicht.[177]

Die Nutzung durch den Erblasser als **Zweitwohnung** genügt nicht.[178]

Hatte der Erblasser noch kein Eigentum, sondern lediglich ein **Anwartschaftsrecht** aufgrund erklärter Auflassung und eingetragener Vormerkung, so erfüllt dies nicht die Voraussetzungen, wie der BFH jüngst entschieden hat.[179] Der BFH legt die Vorschrift gewohnt streng aus und setzt das Anwartschaftsrecht dem Eigentum nicht gleich. Der Erwerb lediglich eines Eigentumsverschaffungsanspruch stehe auch sonst nicht dem Grundbesitz gleich, etwa für § 19 BewG.

Wenn der Erwerber das Familienheim – etwa **im Rahmen einer vorweggenommen Erbfolge – weiter überträgt, fällt die Steuerbefreiung selbst dann weg**, wenn der Erwerber aufgrund eines **vorbehaltenen Nießbrauchsrechts** oder Dauerwohnrechts das Familienheim tatsächlich weiter nutzt.[180] Dies soll auch dann gelten, wenn der

173 Wachter, ZEV 2014, 191, 192; Ziegler, MittBayNot 2017, 354, 356.
174 FG Berlin, DStRE 2004, 217.
175 BFH, NJW 2009, 1373, 1374.
176 Skeptisch insoweit Mack, ErbR 2017, 538, 541 ohne Berücksichtigung des BFH.
177 BFH, DNotZ 2014, 691.
178 So aktuell FG München, DStRE 2018, 428 – Erblasser war mit anderem Hauptwohnsitz gemeldet.
179 BFH, DStR 2018, 671 = NJW 2018, 1422 m. Anm. Grziwotz.
180 FG Hessen, DStRE 2016, 1447.

Zweiterwerber seinerseits begünstigungsfähig i.S.d. § 13 Abs. 1 Nr. 4c) ErbStG ist (Übertragungskette).[181]

Hinweis:
Diese Einschränkung gilt es in der **notariellen Praxis** zu beachten. Hier kommt es häufig vor, dass ererbter Grundbesitz von der Witwe weiter auf die Kinder übertragen werden soll. Wenn hier der Wegfall der Privilegierung aufgrund der Grundbesitzwerte Schenkungsteuer auslösen würde, so ist **Vorsicht** geboten. Die Einschaltung eines Steuerberaters ist in diesen Fällen dringend zu empfehlen.

Einige Entscheidungen beschäftigen sich mit der Frage, **wann** eine **Selbstnutzung** durch den Erblasser vorliegt bzw. wann der Erwerber die Selbstnutzung **unverzüglich** aufgenommen hat und ob bei Verneinung **zwingende Gründe** bestehen:

Danach muss der Erwerber grundsätzlich **innerhalb von sechs Monaten** nach Erwerb die Absicht der Selbstnutzung fassen und auch umsetzen. Allerdings können **Gründe**, die nicht dem Einflussbereich des Erwerbers unterliegen, den Zeitraum **verlängern**, so etwa eine schwierige Vermächtniserfüllung, für die zunächst ein Betreuer bestellt und eine **betreuungsgerichtliche Genehmigung** einzuholen ist, so dass aufgrund der Unwägbarkeiten eine vorherige Renovierung und ein Umzug nicht zugemutet werden kann.[182]

Wenn der Einzug und die **Selbstnutzung unverzüglich** erfolgt sind, **schadet** eine erst **später erfolgte Erbauseinandersetzung nicht**, so Rechtsprechung und Verwaltung.[183]

Zur Selbstnutzung folgender Fall:

Fall 4.2.:

M und F haben ein Haus zum Miteigentum je zur Hälfte. M stirbt und vererbt seine Hälfte an die gemeinsame Tochter T. Diese hält sich zwar gelegentlich im Haus auf, überlässt aber die Nutzung unentgeltlich ihrer Mutter F.

Nach BFH[184] kann sich T nicht auf die Privilegierung des § 13 Abs. 1 Nr. 4c ErbStG berufen, weil eine Selbstnutzung nicht vorliegt, wenn T ihren geerbten Anteil der Mutter zur unentgeltlichen Nutzung überlässt.

Bei den **zwingenden Gründen**, welche einen Erwerber an der Selbstnutzung hindern, hat der BFH eine **berufliche Verhinderung** (hier: Professor mit Verpflichtung zur Wohnungsnahme am Dienstsitz) **nicht** anerkannt.[185]

Die Finanzverwaltung erkennt als zwingende Gründe auf Erwerberseite an: Tod des Erwerbers, Pflegebedürftigkeit oder Minderjährigkeit, die eine Führung eines eigenen Haushalts nicht zulassen.[186]

---

181 FG Münster , DStRE 2018, 231 = NJW-Spezial 2017, 7 (nicht rechtskräftig; anhängig beim BFH unter II R 38/16).
182 FG Münster, DStRE 2018, 233.
183 BFH, DStR 2015, 2066; Oberste Finanzbehörden der Länder, DStR 2016, 814.
184 BFH, DStRE 2017, 149.
185 BFH, DStRE 2015, 1249; dem folgend Oberste Finanzbehörden der Länder, DStR 2016, 814.

Eine Selbstnutzung durch den Erblasser liegt nicht vor, wenn diese zwar geplant war, aber durch zwingende Gründe (Krankheit) verhindert wurde, bevor sie jemals aufgenommen war.[187]

Hinweis:

Diese komplizierten Voraussetzungen sollten bei der Testamentsbesprechung durchaus geschildert werden, wenn Anordnungen im Hinblick auf die Privilegierung getroffen werden sollen. Vorgeschlagen wird auch z.b. ein Wahlvermächtnis nach § 2154 BGB zwischen dem Familienheim oder – bei geplantem Auszug – anderem Vermögen.[188]

---

5. Fazit

Der Vortrag konnte hoffentlich deutlich machen, dass das **Familienrecht** und das **Steuerrecht** zwei durchaus **verzahnte Rechtsgebiete** sind, so dass die Notare bei ihren familienrechtlichen Gestaltungen stets das Bewusstsein haben sollten, dass sie damit wichtige steuerliche Felder berühren. Eine **Einbindung des steuerlichen Beraters** – in Fällen gegengerichteter Interessen etwa von Ehegatten bei der Scheidung, wo z.b. der Veräußerungsgewinn des einen dem anderen Abschreibungspotential schafft ggf. sogar mehrerer steuerlicher Berater – sollte daher zur Regel werden.

Lassen Sie mich zum Schluss noch auf eine Entscheidung hinweisen, die Neuland betritt. Das **FG Hessen** hat entschieden,[189] dass Kind im Sinne der **Schenkungsteuerklasse I** auch das **biologische, nicht aber rechtliche Kind** eines Mannes ist. Im Notariat geht es dabei meist um Zuwendungen, für welche die Steuerklasse I benötigt wird.

Bisher ging man von einem **Gleichklang des bürgerlich-rechtlichen Verständnisses** von Kindschaft aus, so dass nur das rechtliche Kind als Kind i.S.d. § 15 ErbStG galt. Der Grund liegt darin, dass die **Vaterschaftsvermutung des § 1592 Nr. 1 BGB** gemäß **§ 1594 Abs. 2 BGB eine Sperrwirkung** für eine anderweitige Begründung einer rechtlichen Vaterschaft entfaltet. Das FG Hessen argumentierte hingegen mit der Rechtsentwicklung, die ausgehend von Judikaten des EGMR[190] und des BVerfG[191] inzwischen dem biologischen Vater eigene Rechte zuerkannt habe, wie dies spätestens mit dem **Gesetz zur Stärkung der Rechte des leiblichen, nicht rechtlichen Vaters 2013**[192] zum Ausdruck gekommen sei. Dies sah das FG Hessen als maßgeblich an für die Ermittlung des sog. „normativen Gesetzessinns", also der **Aussage eines Gesetzes nach heutigem Verständnis**. Der Fall ist nunmehr beim

---

186 RE 13.4 (6) ErbStRL (2011); Oberste Finanzbehörden der Länder, DStR 2016, 814.
187 FG München, DStR 2017, 737.
188 Jülicher in Troll/Gebel/Jülicher, ErbStG, § 13, Rn. 76a.
189 FG Hessen, ZEV 2017, 288 m. Anm. von Oertzen.
190 EGMR, NJW 2011, 3565 und EGMR, NJW 2012, 2781.
191 BVerfG, NJW 2003, 2151.
192 BGBl. 2013 I, 2176.

BFH anhängig[193] und es bleibt abzuwarten, ob der BFH dieser Einschätzung folgen wird. Angesichts des Wandels im Bereich des Familienrechts auch in anderen Bereichen – etwa der Ehe für alle – erscheint es durchaus sachgerecht, das Gesetzesverständnis diesem Wandel anzupassen. Zumal die Sperrwirkung hier insoweit nicht berücksichtigt werden müsste, da nicht Rechte des „rechtlichen Vaters" beeinträchtigt werden. Dieser behielte aber ebenso die Steuerklasse I, so dass es eine doppelte Privilegierung gäbe.

---

193 II R 5/17.